오다·도요토미 정권의 사사寺社 지배와 천황

박수철 지음

2013년도
대한민국학술원 선정
우수학술도서
이 도서는 교육부의 지원으로
대한민국학술원에서 선정한
"2013년도 우수학술도서"임.

서울대학교출판문화원

박수철(朴秀哲)

1966년생. 서울대학교 역사교육과(학사), 동양사학과(석사)를 거쳐 교토(京都) 대학에서 일본사로 박사학위를 받았다. 서울대학교 일본자료센터 연구원, 전남대학교 사학과 교수를 거쳐 현재 서울대학교 동양사학과 교수로 재직 중이다. 일본 전국시대와 오다(織田) · 도요토미(豊臣) 시대를 연구하고 있다. 주된 관심은 중 · 근세 국가체제에 있으며, 천황 및 사원 · 신사와의 관계를 통해 무사권력의 특질을 규명하는 작업을 진행 중이다.

주요 논저로 「織田정권의 '武家神格化'와 天皇」, 「織田政權における寺社支配の構造」, 「豊臣政權における寺社支配の理念」, 『아틀라스 일본사』(공저), 『전쟁과 동북아의 국제질서』(공저)가 있다.

오다 · 도요토미 정권의 사사寺社지배와 천황

펴낸곳 서울대학교출판문화원
펴낸이 성낙인
지은이 박수철

초판 1쇄 발행 2012년 9월 30일
초판 3쇄 발행 2015년 10월 25일
출판등록 제15-3호

주소 (08826) 서울시 관악구 관악로 1
대표전화 02-880-5252
팩스 02-888-4148
마케팅팀(주문상담) 02-889-4424, 02-880-7995
이메일 snubook@snu.ac.kr
홈페이지 www.snupress.com
영문홈페이지 eng.snupress.com

ISBN 978-89-521-1352-8 93910

2013년 대한민국학술원 우수학술도서

아즈치 성

아즈치 성–원경

아즈치 성–성곽 1

아즈치 성-성곽 2

천수각 터

천수각 모형–외부

천수각 모형–내부

평산(平山)성인 아즈치 성은 전국시대 산성이 근세 평지성으로 전환하는 중간 단계에 위치한다. 해발 표고가 낮아진 불리한 점을 보완하기 위해 아즈치 성은 5층 천수각을 쌓았는데 이 천수각은 일본 근세 성곽의 특징으로 발전한다.

아즈치 석불

아즈치 성의 석불 1

아즈치 성의 석불 2

아즈치 성의 석불 3

아즈치 성의 석불 4

석재를 축성에 적극 이용한 점이 근세 성곽의 특징이다. 아즈치 성의 축조 과정에도 많은 석재가 동원되었다. 그런데 여기에는 묘지석과 석불도 들어있다. 축성에 부족한 돌을 석불로 대체한 점에 신불의 권위를 두려워하지 않던 오다 노부나가의 모습이 엿보인다.

┃소켄지

소켄지 터

현 소켄지의 노부나가 상

아즈치 산상에 위치. 아즈치 성과 함께 소실되었으나 현재의 자리로 이전하여 재건. 예수회 선교사 프로이스의 기록에 따르면 노부나가는 소켄지를 건립하고 살아있는 신불인 자신을 숭배하게 했다.

히데요시 출생지와 묘지

히데요시 출생지라 전해지는 곳

교토 아미타 봉

히데요시 묘지

나고야 시에 있는 히데요시의 출생지라 전해지는 곳과 교토 히가시야마(東山) 아미타 봉에 있는 히데요시의 묘지. 히데요시는 이곳에 묻혀 새로운 하치만(新八幡) 신이 되고자 했다. 무가 최고 권력자의 신격화 지향은 오다 노부나가 시기부터 확인되며, 히데요시의 도요쿠니 다이묘진, 도쿠가와 이에야스의 도쇼다이곤겐으로 이어진다.

호코지와 도요쿠니 신사

호코지 대불전 터

도요쿠니 신사

히데요시는 나라 도다이지 대불전을 본떠 교토에 호코지 대불전을 조영한다. 그러나 게이초 대지진으로 크게 파괴되자 후일 히데요리가 유지를 이어 재차 조영했다. 이 과정에서 그 유명한 호코지 종명사건이 발생한다. 도요쿠니 신사는 호코지 대불전 터에 세워진 히데요시의 신사이다.

곤고부지

곤고부지 편액

도요토미 히데쓰구 할복장소

곤고부지는 엔랴쿠지를 세운 사이초(最澄)와 더불어 헤이안 시대를 대표하는 구카이(空海)가 세운 절로 종교적 권위를 바탕으로 큰 권세를 떨쳤다. 후일 모쿠지키쇼닌 오고는 학문을 강조하여 중세 이래의 풍조를 일소한다. 아래 사진은 히데쓰구가 할복한 장소인 곤고부지 야나기노마이다.

❙이마보리 히요시 신사

이마보리 히요시 신사

이마보리 히요시 신사 사무소

이마보리 히요시 신사 주변 풍경

오미 국 이마보리 향[현재 시가(滋賀) 현 요카이치(八日) 시]에 소재하는 엔랴쿠지의 말사. 호나이 상인 등 중세 촌락과 상업 활동의 실상을 생생하게 보여주는 대규모 중세 문서인 『이마보리히요시신사문서(今堀日吉神社文書)』가 소개되어 유명해졌다.

요시다 신사

요시다 신사–입구

요시다 신사 대원궁–원경

요시다 신사 대원궁–근경

불교에 종속된 일본 사상계가 자립을 도모한 것은 무로마치 중기이며 그 중심에 요시다 신도가 있다. 요시다 신도가들은 요시다 신사에 천신지기 팔백만신을 모시는 대원궁(大元宮)을 설치하고 여기에 참배하면 전국의 모든 신사를 참배하는 것과 동일한 효과를 얻을 수 있다고 선전했다.

1580년경의 일본

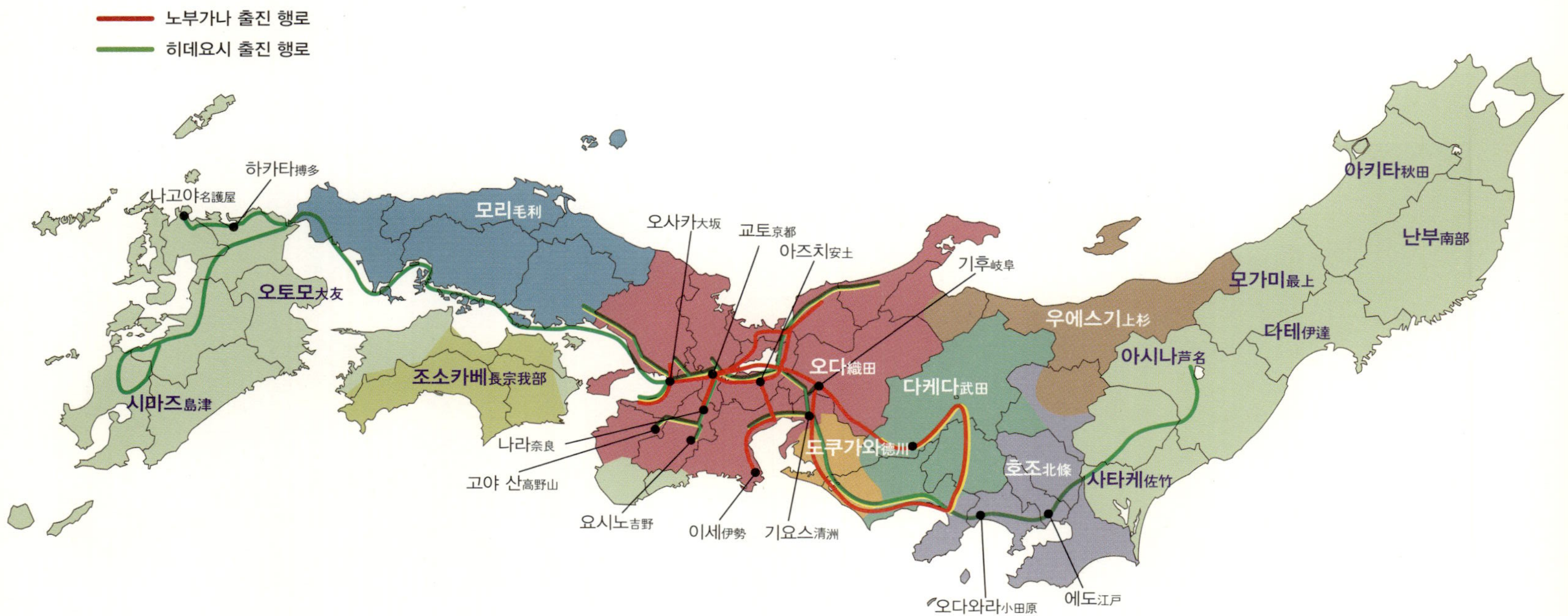
노부가나 출진 행로
히데요시 출진 행로
아키타秋田
난부南部
모가미最上
다테伊達
우에스기上杉
아시나芦名
사타케佐竹
호조北條
다케다武田
도쿠가와德川
오다織田
모리毛利
조소카베長宗我部
오토모大友
시마즈島津
하카타博多
나고야名護屋
오사카大坂
교토京都
아즈치安土
기후岐阜
나라奈良
고야 산高野山
요시노吉野
이세伊勢
기요스清洲
오다와라小田原
에도江戶

주요 교통로
국 경계
에치젠越前
이치조다니一乗谷
아사쿠라 요시카게朝倉義景
와카사若狭
미노美濃
아자이 나가마사浅井長政
사이토 다쓰오키斎藤龍興
오다니 성小谷城
단바丹波
기후 성岐阜城
엔랴쿠지延曆寺
오미近江
기요스清洲
아즈치 성安土城
히에이 산比叡山
롯카쿠 요시타카六角義賢
교토京都
나가시마長島
아쓰타 신사熱田神社
미카와三河
셋쓰摂津
나가시노長篠
전투지
야마시로山城
이시야마石山
오사카大阪
이가伊賀
오와리尾張
가와치
河内
사카이堺
나라奈良
이즈미
和泉
야마토大和
이세伊勢
고야 산高野山
곤고부지金剛峰寺

| 노부나가 · 히데요시 혼인도

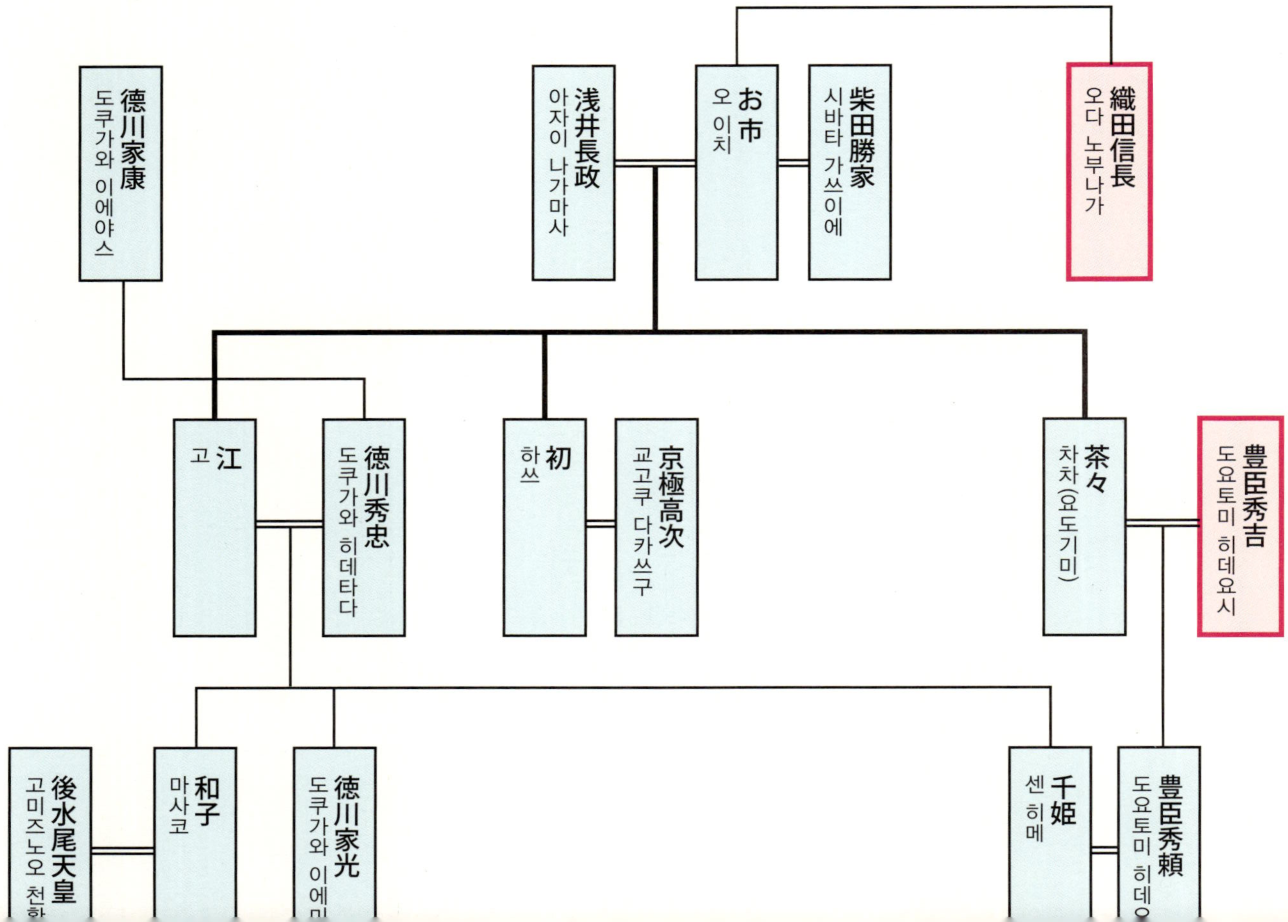

거의 매일같이 최루탄의 하얀 연기가 뭉게구름처럼 피어 매캐한 냄새가 교정을 뒤덮던 1980년대 중반의 어지러운 학내 상황은 막 대학교에 입학한 저자에게도 큰 심적 고통으로 다가왔다. 때론 '자고나면 한 명씩'이라 할 정도로 연일 들리는 학생의 분신이란 극한 선택을 접하는 것도 힘들었지만, 사소한 일상에서도 동기 · 선후배들의 격렬한 의견 대립과 갈등을 보면서 인간의 본질과 이를 통제하는 사회구조, 국가 통제 시스템을 곰곰이 곱씹어 보게 되었다. '회색지대'에서 방황하던 저자는 이 과정에서 변혁기를 살아갔던 인간과 그 삶을 규정한 거대한 사회 흐름에 관심을 가졌다. 학부 졸업 논문 주제로 일본 에도 막부 말기 '호농豪農층'을 선택한 것도 변혁기에 대한 관심 때문이다.

그러나 저자의 당초 관심은 한국사회에 있었다. 대학에 진학하여 처음 공부에 재미를 느낀 분야가 한국사였고 그중에서도 경제사에 매력을 느꼈다. 그런데 강의와 공부를 통해 '경영형 부농'과 '신사紳士'를 알게 되면서 점차 이들과 대비되는 일본의 중간층에 관심이 생겼다. 또 우리 사회를 제대로 이해하려면 내부가 아닌 외부의 시각에서 고찰하는 편이 오히려 객관성을 확보할 수 있는 방법이 아닐까하는 생각이 들었다. 아울러 1982년 교과서파동 이후 달라진 한국사회의 흐름에도 영향을 받았다. 반일로 일관했던 이전 시대와 달리 1980년대 중반 한국사회는 그동안 일본인과 일본사회를 감정적으로만 대했다는 자성 속에 진정한 '극일'을 위해 일본인의 논리와 생각을 좀 더 객관적으로 분석해야 한다는 목소리가 커졌다.

일본사에 뜻을 두면서 이에 대해 제대로 공부할 수 있는 동양사학과 과목을 중점적으로 수강했다. 대학원에 진학하여 1994년 석사논문으로 「전국시대 오미近江 슈고守護 롯카쿠六角씨의 지역 통일과정」을 쓴 것은 호농의 원류를 궁금해 하다가 점차 시대를 거슬러 올라간 것이다. 당시 저자는 전국시대라는 희유의 변혁기를 움직인 주체로 국인·토호층에 주목했고 이들과 호농을 비교하면 흥미로울 것 같다는 생각을 했다. 그러나 이를 구체적인 논문으로 구현하지 못하고 방황하던 중 우연히 『오미가모군지近江蒲生郡志』(全10巻)를 접하였다. 경성제국대학 시기에 모은 자료와 서적을 통상 구장도서(현재 서울대학교 고문헌자료실에 소장)라고 불렀는데, 당시에는 석사과정생도 서고에 직접 들어가 구장도서를 눈으로 직접 보고 꺼내올 수 있었다. 그날도 구장도서 서고에서 놀던(?) 저자의 눈에 우연히 이 자료집이 들어왔고 이를 통독하면서 전국시대 오미가 매우 재미있는 지역임을 알게 되었다. 교토 인근에 위치하는 오미 지역은 슈고, 사원, 쇼군, 국인 · 토호, 민중, 상인 등 다양한 세력이 얽히고설켜 실로 전국시대의 축소판이었다. 저자는 오미처럼 분열되고 갈라진 지역에서도 '통합'의 움직임이 전개되었음을 밝혔다. 이것이 본격적인 첫 연구라 아직도 애착이 가는 논문이다. 보잘것없는 논지의 논문을 다행히 좋게 보아주신 동양사학과 선생님들의 평가에 고무되어 공부를 계속했고, 마침 일본 문부성 장학생에 선발되어 유학길에 올랐다.

국내에서는 사료도 태부족이거니와 이를 모으는 데 많은 시간과 품이 들었다. 교토 대학은 일개 사학과 도서관도 2명의 전문 관리 사서를 따로 둘 정도로 막대한 분량의 서적과 자료를 갖고 있었다. 다다미가 깔린 고문서 자료실에서 원문서를 보면서, 돌이켜보면 아무런 책무 없이 공부에만 집중했던 시기였다. 당초 논문을 쓴다는 것은 자기 주장을 입증하기 위해 논지를 세우는 것이라 생각했는데, 이때 생각이 조금 변하여 다양한 자료를 통해 실상을 '복원'하는 일이 보다 어렵고 중요한 작업임을 깨달았다. 가장 신기했던 경험은 사료를 읽어나가면서 중간에 애매한 부분이 나오면, '잘 모르겠다'고 말하는 지도교수의 자세였다. '모르면 모른다'고 말하기. 그러나 이는 단순히 모르는 것이 아니라 해당 모든 연구 성과와 자료를 섭렵한 위에서 하는 발언이라 무게감을 느꼈다. '모른다'는 말을 들은 순간 도리어 극복해야 할 대상이 분명하고 뚜렷해지는 묘한 경험을 하였다.

박사학위논문은 「쇼쿠호織豊 정권의 사사지배–그 구조와 이념–」이다. 석사논문으로 무사권력(롯카쿠 씨)과 종교(엔랴쿠지)의 대립이 중세를 관통하는 중요 문제임을 알았고, 이에 관한 관심은 유학생 시기에도 지속되었다. 다만 이왕 일본에 유학한 바에야 일본사의 핵심 주제를 다루어보고자 하는 욕심(?)이 있었다. 이것이 오다 · 도요토미 정권에 관심을 갖게 된 이유이다. 저자는 '근세적 권력인가? 중세적 권력인가?'라는 선행연구의 이분론적 시각을 벗어나 오다 · 도요토미 정권을 종합적으로 파악하고자 했다. 박사학위논문 중 두 편은 『사림史林』과 『일본사연구』에 각각 실려 학계의 평가를 받았다. 이 시기 작성된 글이 대략 이 책 제1부를 구성하는 논문들이다. 박사학위 취득 후 지도교수는 도쿠가와 이에야스에 관해 논문 한 편을 더 쓰고 이를 함께 묶어 책으로 펴내자는 제안을 했지만, 그 후 저자는 여러 일에 쫓겨 결국 에도 막부까지 영역을 확장하지 못했다.

귀국 후 서울대학교 국제지역원 일본자료센터(현 일본연구소)의 연구원을 거쳐 전남대학교 사학과에 부임하면서 새로운 환경에 놓였다. 그러나 강의와 교육, 여러 프로젝트, 잡다한 학내외 업무를 병행하면서 이렇다 할 연구 업적을 내지 못한 채 시간만 흘러갔다. 그러면서도 천황문제는 계속 손에서 놓지 않았다. 오다 · 도요토미 정권과 사사의 관계를 해명하려면 결국은 종교적 권위의 한 축을 담당한 천황의 문제를 규명할 필요가 있다고 생각했기 때문이다. 이런 입장에서 논지를 세워 정리한 글이 이 책 제2부의 논문들이다. 선행연구는 오다 · 도요토미 정권이 일관된 천황 관계를 갖고 있는 것으로 보았으나, 저자는 시기에 따라 변화하는 매우 가변적인 것으로 파악했다. 그 외 틈틈이 오다 · 도요토미 정권에 관한 잡다한 주제도 다루었는데, 바로 이 책 제3부의 논문들이다. 그중 오다 노부나가에게서 확인되는 '가부키모노'의 특질은 학부 이래 관심이 있던 전국시대의 변혁 주체와 연결되는 부분이다. 또 무사의 사상과 관련하여 '공명功名'이란 일본 특유의 명예 · 명성 개념을 분석했다.

불비하고 불충분한 논지를 생각할 때 이를 하나의 저서로 모은다는 것은 큰 용기가 필요했다. 박사학위 후 이제 10여 년이 넘었으니 그간의 글을 하나로 묶어야 한다는 사명감을 느끼면서도 막상 방향성 없이 나열된 논문에 '모자'(서론)를 씌우고 '신발'(결론)을 신기는 일은 쉽지 않았다. 더욱이 '옷'을 새로 입히려고 살펴보니 '몸통'에 해당하는 그간 논문에 오식과 오탈자가 많아 더욱 부끄러웠다. 본래 이런 종류의 학술서는 해당 주제에 관한 전체상이 그려진 후 완성해야 하는데 아직 그 단계에 이르지 못했다. 이 모든 것을 생각하면 더욱 주저되는 일이나, 그래도 무언가 전체적인 틀을 가지고 일단 정리하지 않으면 향후 연구가 더 이상 진전되지 못할 것 같은 강박증이 생겼다. 더욱이 이제 박사학위가 학문의 도달점에서 출발점으로 의미가 변하였듯 저자도 이 책이 끝이 아닌 시작이란 점에 의미를 부여하면서 무거운 짐의 무게를 다소 덜고자 한다. 그러나 준열한 학계의 여러 선생님, 선·후배의 질책을 생각하면 송구스럽기 그지없다.

비록 불충분한 저서이지만 이런 형태로나마 문세問世하는 데 주변의 소중한 도움이 얻었더다면 출간 자체가 아예 불가능했을 것이다. 먼저 일본사에 뜻을 둔 이래로 김용덕 선생님께 받은 학은은 이루 다 말할 수 없다. 일본사의 가장 기본적인 지식과 역사관, 학자로서의 객관적인 학문 자세를 배웠으며, 그 외에도 교토대 유학, 일본자료센터 취직 등 삶의 고비고비마다 선생님의 은혜를 입었다. 고 민두기, 오금성, 유인선, 이성규, 박한제, 김호동 선생님께는 동양사학과 특유의 엄격한 사료 비판과 폭넓은 역사 시각을 배웠다. 또 학부 이래로 경제사에 눈을 뜨게 해준 이경식 선생님을 비롯한 역사교육과의 여러 선생님, 그리고 일본사를 처음 가르쳐 주신 김은숙 선생님께도 감사를 드린다. 유학을 가기 직전 방송통신대학교 조교로 근무할 때는 정재정 선생님의 도움을 입었다. 고 정병철 선생을 비롯한 전남대와의 인연도 소중하다. 일말의 연고도 없는 저자를 불러 교육과 연구의 기회를 주신 김동수 선생님을 위시한 전남대 여러 선생님께도 감사를 표하고 싶다. 그 외 5년 유학생활 내내 신세를 졌고 다양한 학문적 자극을 주신 후지이 조지 선생님을 비롯한 교토대 선생님들께도 감사를 드린다. 언제나 학문적인 담소를 나누고 지적 자극을 얻을 수는 있는 환경을 마련해준 동양사학과 김형종, 김병준, 박훈, 이은정, 구범진 교수와, 날카로운 질문으로 언제나 강의에 긴장감을 유지하게 해준 서울대 · 전남대 학생들에게도 감사한다. 특히 이 책의 교정 작업에 교토대에 유학 중인 김나영, 김현경과 동양사학과 이정호, 김건우의 도움이 컸다. 아울러 책을 꼼꼼히 보아주고 깔끔하게 꾸며준 김미진 연구원을 비롯한 서울대학교출판문화원 관계자에게도 감사를 드린다.

가족에 대한 고마움도 빼뜨릴 수 없다. 여러모로 부족한 저자가 이

만큼이나 성장한 것은 오로지 부모님의 헌신과 배려 덕분이다. 가난한 초등학교 교장이던 아버지와 전업주부인 어머니는 모든 우선순위가 자식이었다. 작년 초 뇌경색 발병으로 아직도 병마와 싸우시는 아버님과 간병으로 힘들어 하시는 어머님께 이 책을 바친다. 아울러 싫은 소리 한번 없이 언제나 한결같이 옆에서 묵묵히 내조해준 아내와 사랑스런 두 아이 성현이와 예원이, 그리고 이런 보물들을 키워주신 장인 · 장모님께도 깊은 감사를 드린다.

2012년 8월

관악산 아래 소나무가 보이는 연구실에서

박수철

| 차례 |

제2부

오다 · 도요토미 정권과 천황

1945년 이전 일본 역사학계는 오다 · 도요토미 정권을 본질적으로 동일한 성격의 권력으로 파악하였다. 오다 · 도요토미 정권이 전국시대를 통일해나가는 과정에서 낡은 관행과 옛 제도를 일소하고 새로운 사회를 창출한 것으로 보았다. 다나카 요시나리田中義成, 와타나베 요스케渡辺世祐, 하나미 사쿠미花見朔巳 등 1920~1930년대 정치사 중심의 초기 연구를 비롯하여,[1] 사회경제적 측면에서 봉건제 재편성(중세 봉건제의 변질 · 붕괴에 대응하는 통일 재편)설을 주창한 나카무라 기치지中村吉治[2] 등 이 시기 주요 연구자는 오다 · 도요토미 정권의 연속적인 특질에 주목하였다.

그러나 1945년 이후 오다 · 도요토미 정권 사이에 매우 큰 차이와 단절이 존재한다는 주장이 제기된다. 그 시발점이 바로 아라키 모리아키

1 田中義成, 『織田時代史』, 明治書院, 1924; 同, 『豊臣時代史』, 明治書院, 1925[후에 講談社學術文庫(1980)에 재록]; 渡辺世祐, 『安土桃山時代史』日本時代史第8巻, 早稲田大学出版部 1926; 同, 『豊太閤の私的生活』, 創元社, 1939[후에 講談社學術文庫(1980)에 재록]; 花見朔巳, 『日本近世史說』, 日本學術普及會, 1936; 同, 『綜合日本史大系15 · 16』安土桃山時代史1 · 2, 內外書籍株式會社, 1939.

2 中村吉治, 『近世初期農政史研究』, 岩波書店, 1938; 同, 『日本封建制再編成史』日本歷史全書第10卷, 三笠書房, 1940.

安良城盛昭의 '봉건혁명'설이다.[3] 아라키는 고대적 가부장적 노예제 사회로 일본 중세사회를 파악하고, 도요토미 정권이 근세적 토지조사인 태합검지太閤檢地를 통해 5인 가족 중심의 소농을 창출함으로써 일본은 비로소 봉건사회로 이행한다고 주장하였다. 경제적 관점을 중시하는 봉건혁명설은 봉건제 재편성설과 달리, 오다 정권과 도요토미 정권의 '차이'에 주목하고 '연속'이 아닌 '단절'의 측면을 강조하였다. 아라키 설 이후 오다=중세권력, 도요토미=근세권력으로 양자의 성격을 엄밀히 구분하는 연구가 점차 늘어났다. 그렇지만 미야카와 미쓰루宮川滿[4] 등이 도요토미 시기 광범위한 소농 자립 현상을 지적하는 아라키 설에 의문을 표시하고 상대적 혁신설을 주장하여 전후 2대 논쟁의 하나로 일컬어지는 태합검지 논쟁을 촉발하는 등 논란은 계속되었다.

1950 · 60년대 태합검지를 비롯한 경제 토대에 집중된 연구는 1970년대에 이르러 정치 · 법 · 제도 등 이른바 상부구조로 주된 관심이 옮겨갔다. 1960년대까지 경제토대론과 인민투쟁론을 중심으로 전개된 막번제幕藩制 사회론에 관한 논쟁이 일단락되면서 새로운 돌파구로서 근세국가 구조를 해명하는 데 연구 역량이 집중되었다. 그 결과 근세 막번체제가 무사와 백성의 신분 및 거주공간을 분리 · 고정시킨 병농분리제兵農分離制, 쌀米을 단위로 연공과 군역의 통합적 지배를 도모한 석고제石高制, 크리스트교 금지와 무역통제를 핵심 요소로 하는 쇄국제鎖國制라는 세 가지 편성 원리로 이루어졌음이 밝혀졌다.[5] 이러한 근세 막번체제에

3 安良城盛昭, 「太閤檢地の歷史的前提」1 · 2, 『歷史學硏究』163 · 164, 1953; 同, 「太閤檢地の歷史的意義」, 『歷史學硏究』167, 1954; 同, 『太閤檢地と石高制』, 日本放送出版協會, 1969.

4 宮川滿, 『太閤檢地論』1 · 2 · 3, 御茶の水書房, 1957 · 59 · 63; 同, 「太閤檢地論」, 『シンポジウム日本歷史』10(織豊政權論), 學生社, 1972.

5 山口啓二 · 佐々木潤之介, 『體系日本歷史』4(幕藩體制), 日本評論社, 1971; 佐々木潤之介, 『シンポジウム日本歷史』11(幕藩體制論), 學生社, 1974; 同, 『幕藩制國家論』上 · 下, 東京大學出版會, 1984; 朝尾直弘, 『日本近世史の自立』, 校倉書房, 1988.

대한 체계적 분석은 오다 · 도요토미 정권에 관한 연구에도 영향을 주었다.

아사오 나오히로朝尾直弘는 근세 막번제 국가의 핵심을 '쇼군권력'으로 파악하고 그 원형을 오다 정권에서 구하였다.[6] 아사오는 특히 무위武威에 주목하여 무위라는 일본 무사사회의 독특한 자의식이 동아시아 속에서 일본형 화이의식으로 발현된 점에 주목하였다. 현재 통설적 지위에 있는 아사오 설은 전통적 · 중세적 권위 부정을 오다 정권의 특질로 파악한 1960년대 이마이 린타로今井林太郎의 연구를 보다 개념화 · 이론화한 것이다. 아사오 등의 연구로 전후 한 시대를 풍미하던 아라키 설은 부정되고 다시 오다 · 도요토미 정권의 연속성을 중시하는 흐름이 부활하였다. 그러나 오다 정권의 장원 정책을 분석하여 오다 정권의 중세적 특질을 지적한 와키타 오사무脇田修,[7] 정치사 측면에서 오다 정권의 전국시대적 성격을 강조하는 사사키 준노스케佐々木潤之介[8]의 반론도 제기되어 오다 · 도요토미 정권의 성격은 여전히 논란 속에 있다.

1970년대 국가 · 법 · 제도 등 상부구조에 관한 관심의 증대는 천황에 관한 연구에도 커다란 변화를 초래하였다. 당초 전후 일본 역사학계는 '만세일계'의 황국사관을 극복하는 데 역량을 집중하였다. 그리하여 천황은 전국시대 이래 정치적 · 경제적으로 매우 쇠미한 존재였으며 역사상 계속 권력을 장악하지 못한 사실이 밝혀졌다. 이에 따라 천황은 권력과 권위를 상실한 유제遺制에 불과하다는 부정적인 이미지가 주류를 이루었다. 이러한 천황관은 막번제 국가론이 제기된 1970년대에 이

---

6 朝尾直弘, 「「將軍權力」の創出」(1 · 2)(3)(4), 『歷史評論』241 · 266 · 293, 1971 · 72 · 74(후에 同, 『將軍權力の創出』, 岩波書店, 1994에 재록).

7 脇田修, 『近世封建制成立史論』, 東京大學出版會, 1977.

8 佐々木潤之介, 「統一權力の形成過程」, 『體系日本史叢書』2(政治史2), 1965; 同, 「信長における「外聞」と「天下」について」, 『織田政權の硏究』戰國大名論集17, 吉川弘文館, 1985.

르러 크게 바뀐다. 종래와 같이 천황을 단순히 극복해야 할 존재, 혹은 부정적인 존재로만 볼 것이 아니라 근세 막번제 국가 구조 속에서 당시 천황이 수행한 구체적인 역할과 기능을 체계적으로 파악하고자 하였다. 그리하여 무사 정권이 자기 지배를 보완하기 위해 천황의 권위를 이용하였고 이로 인해 천황의 지위가 보존된 점이 밝혀졌다. 천황은 대관식 때 왕King에게 관을 씌워주는 서양의 대사제와 유사하다는 '금관론金冠論'적 시각도 제기되었다.[9] 그러나 1970년대의 연구는 천황을 막번제 국가의 구성요소로서 위치지우면서도 ①천황 · 조정에 대한 정치적 실태에 관한 구체적 실증 작업은 병행되지 않았고, ②천황의 정치적 위치는 주로 추상적인 '전통적 국제國制'의 계승(혹은 율령제의 잔존)이라는 측면에서만 이해되었다.

1980년대에 이르면 천황의 종교적, 주술적 권위라는 인류학적 왕권론적 시각에 입각한 연구가 봇물처럼 나타났다. 그 대부분은 천황을 일본국 통합의 상징 · 일본 전통문화의 핵심이란 입장에서 일본문화론과 관련지어 파악한 연구였고 인류학 · 민속학 · 종교학 등이 중심이었다.[10] 상대적으로 소외되었던 역사학계도 1990년대에 이르면 본격적으로 천황 문제에 관심을 갖기 시작한다. 1989년 쇼와昭和 천황의 사망과 헤이세이平成 천황의 취임은 그 기폭제가 되었다. 천황에 관한 여러 연구 중에서 가장 주목할만한 학설은 와키다 하루코脇田晴子 · 이마타니 아키라今谷明의 전국시대 '천황 권위 재부상'론이다.[11] 이마타니 등은 전국

---

9 山口和夫, 「近世天皇 · 朝廷研究の軌跡と課題」, 『講座 · 前近代の天皇』5(世界史のなかの天皇), 青木書店, 1995; 深谷克己, 『近世の國家 · 社會と天皇』, 校倉書房, 1991; 池享, 「中世後期の王權をめぐって」, 『王權を考える-前近代日本の天皇と權力』, 山川出版社, 2006.

10 久留島典子, 「中世天皇制研究史」, 『講座 · 前近代の天皇』5(世界史のなかの天皇), 青木書店, 1995; 山口和夫, 前揭「近世天皇 · 朝廷研究の軌跡と課題」.

11 脇田晴子, 「戰國期における天皇權威の浮上」上 · 下, 『日本史研究』340 · 341, 1990 · 1991; 同, 『天皇と中世文化』, 吉川弘文館, 2003; 今谷明, 『戰國大名と天皇』, 福武ブックス, 1992; 同, 『武家と天皇』, 岩波書店, 1993; 同, 『信長と天皇-中世的權威に挑む覇王-』, 講談社, 1992.

시대에 들어와 황실이 쇠약해졌다는 쇠미론이나 천황 몰락론은 사실이 아니며, 오히려 이 시기 무로마치 막부의 약체화 · 쇼군권력의 혼미로 인해 천황 권위가 다시 상승 · 부활하였다는 흥미로운 주장을 폈다. 이마타니에 따르면 하극상을 통해 권력을 잡은 전국 다이묘는 통치의 정통성을 확보하기 위해 천황 · 조정에 관위서임官位敍任을 요청하였고 그 반대급부로서 천황의 즉위의례卽位儀禮 · 내리수조內裏修造 등에 다액의 헌금을 제공하였다. 지역 권력자 간의 치열한 항쟁, 중앙권력의 쇠미라는 전국시대의 불안정한 정세가 천황이란 전통적인 권위를 다시 새로운 권력의 구심점으로 부상하게 만들었다. 오다 노부나가는 천황의 권위를 빌려 십여 년간 줄기차게 싸웠던 혼간지本願寺를 굴복시켰고[1580년 오기마치(正親町) 천황이 양자의 화해를 주선], 도요토미 히데요시도 천황을 보좌하는 관백직에 취임한 후 이를 계기로 라이벌 도쿠가와 이에야스를 제압하였다. 이러한 내용을 근거로 이마타니는 도요토미 정권의 전국통일 달성을 히데요시의 '왕정복고'로 평가할 정도이다. 그러나 이마타니의 주장대로 전통적 천황 지배권이 부활했다면, 이때 '전통'은 과연 무엇을 지칭하는가? 첫째 전통의 실체가 불명확하며, 둘째 그 이유로 당시 조정 정치의 실태를 실증적으로 검토하지 않았다는 비판에 직면하였다.[12]

'전통'의 실체에 관해서는 미즈바야시 다케시水林彪의 주장이 눈에 띈다.[13] 미즈바야시는 전통의 속성을 구체화하여 천황제적(율령적) 법체계 · 법의식을 염두에 두면서 이것이 관위제적 신분질서와 단전段錢 등 조세권租稅權이란 형태로 중세를 관통하여 존속한 점에 주목했다. 여기에 자극을 받아 그 후 천황의 통치권적 지배권에 관한 판단 기준을 관위제와

12 池享, 『戰國 · 織豊期の武家と天皇』, 校倉書房, 2003, pp. 16-19.

13 水林彪, 「近世の法と國制研究序說-紀州を素材として」, 『國家學會雜誌』90-1 · 2 · 5 · 6, 91-5 · 6, 92-11 · 12, 94-9 · 10, 95-1 · 2, 1977 · 78 · 79 · 81 · 82.

연결하여 검토하는 연구가 성행한다.

천황과 조정은 자신의 요구에 충실히 부합하는 오다 노부나가의 가치를 인정하였고 노부나가 역시 천황(조정)이 가진 권위와 기능을 충분히 활용하였다.[14] 노부나가는 고쇼御所 수리 · 료쇼料所 부활 등을 통해 천황 · 조정을 보호해주고 그 반대급부로서 관위 승진이나 혼간지와의 칙명 강화 등에 천황의 권위를 이용하였다. 다만 이와 관련하여 ①천황은 최고 권위자로서 대립하는 지배계급 · 영주권력 사이를 조정할 수 있는 지위였고, 이 때문에 노부나가는 천황을 존속시키고 이에 '의존'하였다는 주장(와키타 오사무)과,[15] ②노부나가는 어디까지나 천황을 '이용'한 데 불과하며 오다 정권 후반기 노부나가가 스스로를 절대자로 위치시켜 천황의 권위에서 벗어났다는 주장[아사오 나오히로 · 나가하라 게이지(永原慶二)]이 대립한다.[16] 오다 정권과 천황의 관계는 대략 이 두 가지 논의를 축으로 전개된다. 전술한 이마타니 아키라 등의 전국시대 천황 권위 재부상론은 오다 정권 내 천황의 독자성과 권위를 인정하는 입장이고('의존'론), 노부나가가 천황에게 기대한 역할은 혼간지의 칙명 강화 등을 제외하면 개

14 1574년 노부나가가 정이위(正二位) 우대신(右大臣)까지 승진한 것은 종삼위(從三位) 권대납언(權大納言)이었던 쇼군 아시카가 요시아키(足利義昭)보다 관위체계상 우위에 서기 위함이었다. 그러나 노부나가는 1578년 4월 돌연 관위와 관직을 사임한다. 이에 대해 노부나가가 사관(辭官)을 통해 관위라는 전통적인 틀에서 벗어나려 한 것으로 보는 주장(아사오 나오히로), 번잡한 궁정의례에서 해방되기 위한 것에 불과하다는 견해(와키타 오사무), 좌대신겸우대장(左大臣兼右大將)이었던 아시카가 요시노리(足利義教)가 부하의 배신으로 인해 살해(暗殺)당한 흉례를 피하려 했다는 주장[하시모토 마사노부(橋本政宣)], 자신은 자유롭게 행동할 수 있는 여지를 확보하고 아들 노부타다(信忠)에게 관직을 넘김으로써 후계자의 지위를 확고하게 하려 한 것 이라는 견해(이케 스스무) 등 여러 학설이 있다. 최근에는 1582년 조정이 태정대신 · 관백 · 쇼군이란 전통적인 관직 중에서 노부나가가 원하는 관직을 주려 했다는 이른바 삼직추임(三職推任)도 주된 논쟁의 대상이다. 당초 이 삼직추임은 조정 측에서 주도하였다는 것이 통설[이와사와 요시히코(岩澤愿彦)]이었으나, 근래 다치바나 교코(立花京子)는 노부나가 측이 주도했다는 새 학설을 폈다. 다치바나는 『덴쇼십년하기(天正十年夏記)』4월25일조에서 '(추임에 관해)被申=말씀하셨다'라고 존칭을 사용했다는 점에 주목하여 그 주체를 일기의 저자인 가주지 하레토요(勸修寺晴豊)가 아닌 화자(話者)인 무라이 사다카쓰[村井貞勝: 노부나가의 교토쇼시다이(京都所司代)]로 보았다. 조정 측이 아닌 노부나가 측이 먼저 관위를 요구했다는 주장이나 이를 뒷받침할 결정적인 근거는 없다.

15 脇田修, 前揭『近世封建制成立史論』.

16 朝尾直弘, 前揭『將軍權力の創出』; 永原慶二, 「天下人」, 『日本の社會史』3(權威と支配), 1987.

원改元과 관위 서임 정도로서 노부나가는 천황을 정치적으로 이용한 데 불과하다는 이케 스스무의 주장은 아사오 · 나가하라 계열로서 오다 정권의 독자성을 강조하는 입장이다('이용'론).

이처럼 천황의 지배권 문제, 오다 정권과 천황의 관계는 주로 관위제를 매개로 논의되어 왔는데, 이 점은 도요토미 정권도 기본적으로 마찬가지이다.[17] 이들 연구는 대체로 도요토미 정권이 도입한 무가관위제가 단순히 율령제에서 연유하는 종래의 전통적 국제를 계승한 것이 아니며 상당한 혁신성을 내포한 것으로 본다. 특히 이케 스스무는 관위수여와 관련하여 '전하殿下(=秀吉) 제대부諸大夫'와 '이에야스家康 제대부諸大夫'의 두 종류 제대부의 존재를 지적하면서 이를 무가관위제의 이원성,[18] 이에야스를 의식한 도요토미 정권의 태생적 한계로 파악하면서도, 전통적 유제와 구별되는 도요토미 정권의 독자적인 관위제로 보았다. 그러나 이케는 "전국시대 조정정치가 국정으로서의 실체를 실질적으로도 형식적으로도 상실되어 '형해화'를 넘는 근본적인 변질을 한 것이며, 오다 · 도요토미 정권은 무가권력 내부의 사정에 기초하여 스스로 주도하여 천황을 이용한 것임을 강조해야 하고 무가권력이 율령제 이래 천황의 국제상 권한에 의존한 것은 아니다"[19]는 입장을 내세웠지만, 히데요시가 결국은 관위제와 다른 무가 독자적인 신분위계질서(가령 백작 · 자

---

17 도요토미 히데요시가 무사들에게 하시바(羽柴)란 성(姓)을 부여한 점에 주목한 연구[구로다 모토키(黒田基樹)], 이를 '무가청화가'(武家清華家)[야베 겐타로(矢部健太郎)] 또는 '우림(羽林)체제'의 창출로 파악한 연구[시모무라 이사오(下村效)], 도쿠가와 이에야스의 존재에 주목하여 도요토미 정권 관위제 내의 이원(二元)구조에 주목하는 연구[이케 스스무(池享)], 도요토미 정권 후기의 특색으로 무가의 산위화(散位化) 경향에 주목한 연구(이계황) 등이 있다(黒田基樹, 「慶長期大名の氏姓と官位」, 『日本史研究』 414, 1997; 矢部健太郎, 「豊臣『武家清華家』の創出」, 『歴史學研究』746, 2001; 下村效, 「豊臣氏官位制度の成立と發展」, 『日本史研究』377, 1994; 池享, 前揭『戰國 · 織豊期の武家と天皇』; 李啓煌, 「近世武家官位制の成立過程について」, 『史林』74-6, 1991).

18 그 후 이케는 시모무라의 지적(下村效, 前揭「豊臣氏官位制度の成立と發展」)을 받아 관위추거권이 히데요시에게 일원화되었다는 점은 인정한다(池享, 前揭『戰國 · 織豊期の武家と天皇』, p. 20).

19 池享, 前揭『戰國 · 織豊期の武家と天皇』, p. 19.

작 · 남작처럼)를 창출해내지 못하고 전통적인 관위제의 '형식'과 '틀'을 빌릴 수밖에 없었는가? 어쨌든 천황을 정점으로 하는 관위 체계에 포섭된 것이 아닌가? 등등의 의문이 남으며, 이 점이 해명되지 않는 한 도요토미 정권의 독자적 관위편성 주장은 여전히 일정한 한계를 가질 수밖에 없다.

이처럼 1990년대에 이르러 관위제를 중심으로 조정 · 천황 연구가 붐을 이루어 1970년대 무사정권 중심의 막번제 국가론은 크게 수정된다. 또 무기력한 존재로만 보아왔던 천황과 조정은 국가권력이 작동하는 데 일정한 역할과 기능을 수행하고 있음이 밝혀졌다. 그러나 천황과 오다 · 도요토미 정권에 관한 연구는 여전히 무사 권력자가 천황에게서 수여받는 지위를 표시하는 관위제에 집중되어 왔다. 이로 인해 오다 · 도요토미 정권은 관위제를 매개로 고대 율령제에서 연유하는 일본 국제(전통)를 체현한 천황에 의존할 수밖에 없었다고 보거나('의존'론), 이를 지나친 강조라고 비판하고 오다 · 도요토미 정권의 독자성을 강조하는 입장('이용'론)으로 이분화된 상황이다. 그 해석 여부에 따라 중세권력인가, 근세권력인가로 오다 · 도요토미 정권의 특질이 나뉜다.

오다 · 도요토미 정권의 특질에 관한 선행연구의 이원적 시각은 사원 · 신사 분야도 마찬가지이다. 이 분야는 쓰지 젠노스케辻善之助의 연구[20] 이래 막대한 연구업적이 축적되어 있는데, 그 도달점은 아사오 나오히로의 '신격화'론, 와키타 오사무의 장원 '온존 · 회복'정책론이다. 이들 학설은 기본적으로 오다 정권의 사원 · 신사세력에 대한 통제 · 지배를 강조하거나(아사오), 이를 부정하고 사원 · 신사에 대한 보호를 중시하는 입장(와키타)이다. 그 이면에는 오다 정권을 근세권력(아사오) 혹은 중세권력

---

20 辻善之助, 『日本仏教史』近世編之一, 岩波書店, 1952.

(와키타)으로 파악하는 커다란 입장 차이가 갈려 있다. 그러나 이들 연구는 쓰지 젠노스케의 방대한 업적을 제외하면 오다 · 도요토미 정권의 사원 정책에 관한 전론이라 할 수 없고, 정치사 · 경제사를 분석하는 과정에서 부분적으로 사원 문제가 거론되었을 뿐이다.

그런데 1990년대 천황에 관한 관심이 고조되자, 사상과 권위의 측면에서 천황과 밀접한 관련성을 맺고 있는 사원 · 신사에 관한 연구도 주목받게 된다. 덴쇼지天正寺, 호코지方廣寺 등의 조영에 관한 연구는 이미 1980년대부터 이루어지고 있었지만,[21] 1990년대에 들어와 연구가 한층 심화되어 젠코지여래善光寺如來의 천좌遷座, 교토 천승회千僧會의 개최 등의 분석을 통해 국가권력의 특질이 규명되었다.[22] 특히 이 중에서도 권력적인 측면에서 사원 · 신사와 도요토미 정권의 관계를 분석한 이토 신쇼伊藤眞昭의 연구가 주목된다. 도요토미 정권 시기의 사원에 관한 연구를 정력적으로 추진하고 있는 이토는 교토 행정 전반을 담당한 교토쇼시다이京都所司代를 중심으로 오다 · 도요토미 정권이 행한 사원지배의 실태와 운영을 세밀히 분석하였다.[23]

그런데 이토는 선행연구에 대해 "세속권력이 사사세력을 무력으로 탄압한 측면을 지나치게 전면에 부각"[24]시키고 있다고 비판하면서, 나아가 "어떻게 통일정권이 사사를 그 지배하에 두었는가 하는 (것이) 문제 관심이다. 이러한 관점은 현재에도 계승되고 있다. 최근의 연구로서 박

---

21 大桑齊, 「天正寺の創建 · 中絶から大佛造營へ-天正期豊臣政權と佛教」, 『大谷學報』63-2, 1983(후에 同, 『日本近世の思想と佛教』, 法藏館, 1989에 재록); 三鬼清一郎, 「方廣寺大佛殿造營に關する一考察」, 永原慶二編, 『中世 · 近世の國家と社會』, 東京大學出版會, 1986; 同, 「豊臣社の造營に關する一考察」, 『名古屋大學文學部硏究論集』史學33, 1987.

22 西山克, 「王權と善光寺如來堂」, 『古代 · 中世の信濃社會』, 銀河書房, 1992; 河內將芳, 「京都東山千僧會について-中近世移行期における權力と宗教」, 『日本史硏究』425, 1998; 同, 「豊國社の成立過程について-秀吉神格化をめぐって」, 『ヒストリア』164, 1999(후에 『中世京都の都市と宗教』, 思文閣出版, 2006에 재록).

23 伊藤眞昭, 『京都の寺社と豊臣政權』, 法藏館, 2003.

24 同上, p. 3.

수철씨의 「도요토미 정권에 있어 사사지배의 이념」이 있다"[25]고 규정하면서 이를 자세히 검토·비판하였다. 이토는 도요토미 정권의 사원 정책을 통제와 지배의 대상이 아닌 사사의 자율성이란 측면에서, 통제되면서도 "실제로는 거꾸로 사사가 도요토미 정권을 적극적으로 움직여 나간 것"[26]이란 관점을 제시하였다. 이토는 오다·도요토미 정권과 사사의 관계에서 협조적인 측면과 자율성을 강조하는 입장이지만, 이 주장은 기본적으로 와키타 설의 재해석일 따름이며 나아가 저자의 주장도 일부 잘못 파악하고 있다.[27] 그렇지만 최근에는 이토와 같이 사원뿐 아니라 천황·조정도 협조관계를 파악하려는 관점이 확산되고 있다. 최근 주목받고 있는 이른바 왕권론과 관련하여 오다 정권과 천황의 관계를 분석한 호리 신堀新은 그 대표적 연구자이다. 호리는 선행연구가 조정·천황과 무사권력을 지나치게 대립관계로 파악해왔다고 비판하고 양자의 공무公武협조 관계를 지적하며 '공무결합왕권'이란 신개념을 제시하였다.[28] '공무결합'이란 용어 자체도 검토할 소지가 많지만, 천황·조정과 무사권력을 대립인가, 협조인가의 구도로 파악하는 관점은 1970년대 오다·도요토미 정권을 근세권력인가(아사오), 중세권력인가(와키타)로 이해하는 이분론적 시각의 '변형'이다. 이토가 파악하는 지배(통제)인가, 자율인가의 관점도 이와 비슷하며 이러한 이분론적 시각은 극

25 同上, p. 4.

26 同上, p. 71.

27 저자는 이토가 주장하듯 결코 오다·도요토미 정권의 사원 '탄압'·'지배'의 측면만을 강조하지 않는다. 저자는 오다 정권이 충절→보호, 적대→탄압의 논리에 의해 '전면 보호'형, '일부 보호'(탄압)형, '전면 탄압'형이란 세 가지 유형의 사원대책을 갖고 있는 것으로 이해한다(朴秀哲, 「織田政権における寺社支配の構造」, 『史林』83-2, 2000). 기본적으로 저자는 '통제(지배)인가, 보호인가'라는 양자택일적 시각을 비판하는 입장이다. 따라서 이토와 같이 사사의 자율성만을 강조하는 입장에는 찬성할 수 없다. 아울러 이토는 도요토미 정권 시기에 근세 사원정책의 원형이 성립된 것으로 보아 도요토미 정권과 오다 정권의 성격을 달리 파악한다. 그러나 아라키·와키타 설과 같이 오다 정권과 도요토미 정권의 '단절'을 강조하는 입장에는 동의하기 어렵다. 저자는 오다 정권과 도요토미 정권의 '연속'적인 측면도 아울러 종합적으로 파악해야 한다는 입장이다.

28 堀新, 『織豊期王権論』, 校倉書房, 2011.

복되어야 할 것이다. 저자는 오다 · 도요토미 정권이 이 두 가지 속성을 모두 갖고 있으며, 시기와 상황에 따라 변화하는 가변적인 성격으로 파악한다. 이는 선행연구가 암묵적으로 오다 · 도요토미 정권과 사사 · 천황의 관계를 고정불변의 확정적인 관계로 파악하는 시각에 대한 비판이다.

이러한 문제의식에서 본 연구는 첫째, 오다 · 도요토미 정권과 사원 · 신사의 관계를 살펴본다. 현재도 논쟁의 핵심을 이루는 아사오 나오히로의 '신격화'론(오다 정권=근세권력), 와키타 오사무의 장원 '온존 · 회복' 정책론(오다 정권=중세권력)을 총체적으로 파악한다. 저자는 선행연구처럼 근세권력인가, 중세권력인가라는 이분론적 사고에서 벗어나 양자를 종합적으로 파악하고자 한다. 오다 정권은 중세와 근세의 특질이 혼재해 있으며 저자가 강조하고자 하는 점은 이러한 특질이 정권의 시기 추이에 따라 각기 다르게 발현되었다는 사실이다. 오다 정권은 세 가지 유형의 사원 · 신사 정책을 전개했으며 사원 측의 '충절'에는 '보호'정책으로, '적대'에는 '탄압'으로 대처했다. 오다 정권은 일방적으로 사원을 탄압했다는 이미지가 강한데, 사실은 그렇지 않고 상황에 따라 적절한 방책을 선택하였다. 또 도요토미 정권의 사원 · 신사 정책을 분석하여 도요토미 정권이 사원에 강제한 '무기'소지 금지의 배경을 고찰한다. 종래 도요토미 정권의 사원 승려의 무장 금지령은 도수령刀狩令과 같은 '무기 몰수령'과 관련하여 언급되었는데, 저자는 그 배경을 이루는 이념 · 사상적 측면을 규명하고자 한다. 에도 막부 초기 도쿠가와 정권은 천황을 비롯한 공가와 사원세력에게 '학문'을 주된 과업으로 부과하였는데 그 원류를 도요토미 정권에서 찾고자 한다.

둘째, 천황 등 정치분야와 관련하여 새로운 관점을 제시한다. 현행연구는 오다 · 도요토미 정권이 천황의 권위를 단순히 '이용'한 것에 불과한가, 아니면 불가피하게 '의존'할 수밖에 없었는가로 크게 양분된다. 전국시기 천황 권위 재부상론을 주창하는 이마타니 아키라 · 와키타 하루코는 전통세력과의 타협을 지적한 와키타 오사무처럼 결국 오다 · 도요토미 정권이 천황 권위에 '의존'한 것으로 보는 입장이며, 이를 비판하면서 무가세력은 천황 권위를 '이용'한 것에 불과하다는 이케 스스무의 주장은 신격화 등 무가세력의 독자성을 주장하는 아사오 나오히로 설과 상통한다. 그러나 '이용'인가 '의존'인가 하는 문제는 사실 동전의 앞뒷면과 같아 확연히 나눌 수 없다. 오다 · 도요토미 정권이 천황 권위를 일정 부분 '활용'했던 것은 사실이고, 이를 '이용'인가 '의존'인가로 양분하여 파악하는 관점은 오다 정권이 본질적으로 '근세'권력인가, '중세'권력인가 하는 질문처럼 이분론적 발상에 불과하다. 또 최근 호리 신이 모든 선행연구를 무가와 공가의 '대립'사관이라 비판하고 양자의 '협조'관계를 중시하는 입장을 표방했지만, 저자가 보기에는 중세권력인가 근세권력인가처럼, 대립인가 협조인가의 설정 역시, 양자택일적 관점에 불과하다. 이런 입장에서 본 연구는 오다 · 도요토미 정권이 정권의 추이에 따라 천황 관계가 변화하였다는 정권의 시기별 단계 변화에 주목하고자 한다. '이용'인가 '의존'인가, '대립'인가 '협조'인가는 불변의 고정적인 것이 아니라 시기에 따라 변화하는 동태적인 정책 · 입장으로 이해한다. 오다 정권은 정권 초기에 천황 보호정책을 적극적으로 실시하였는데, 이것은 천황을 신불적 존재로 간주하고 그 보호冥加를 받기 위해서였다. 그 후 정권이 안정화되면서 천황 · 공가와 '무대면無對面'하는 자립적 행태를 보인다. 그리고 이러한 지향은 노부나가의 '무가신격화'로 이어졌다. 그렇지만 아사오가 주장하듯이 노부나가가 천황 권위 자체를 부정한 것은 아니었다. '무가신격화'는 무가의 최고 권력자를 신의 반열에 두었다는 점에 의의가 있다. 도요토미 정권 역시 정권 초기에는 '황윤'설을 반포하는 등 천황과 일체화를 도모하였는데, 고호조 씨를 멸망시킨 후 '태양의 아들'을 표방하여 천황 권위를 벗어나려 했다. 그렇지만 도요토미 히데쓰구豊臣秀次의 자살 사건을 계기로 어린 아들 히데요리를 새로운 후계자로 옹립하는 과정에서 천황의 권위를 다시 적극적으로 활용한다.

셋째, 본 연구에서는 새로운 키워드로 '공명'론과 '가부키'적 요소를 제시한다. 이 개념은 향후 오다 · 도요토미 정권을 비롯하여 일본 중 · 근세이행기 사회를 이해하는 데 새로운 관점을 제시할 수 있을 것이다. 젊은 시절 오다 노부나가는 가부키모노일 가능성이 매우 높다. 노부나가의 가부키적 요소는 거슬러 올라가면 남북조시대 '바사라'와도 연결되는 '이형異形'의 풍조로서 주목할 가치가 있다. 노부나가는 흔히 중근세 이행기의 '혁신'과 '이단'의 아이콘으로 간주되지만 이러한 요소가 출현한 배경은 사실 명확하지 않다. '바사라'로 상징되는 선례의 부정과 이단이란 요소를 연결지어 설명할 수 있다면 향후 오다 · 도요토미 정권의 특질을 넘어 무로마치 전 시대를 파악하는 데 유효한 요소로 자리매김할 수 있다. 한편 '가부키'가 기성 권위에 대한 도전이란 점에서 새로운 가치를 추구하고 있다면 '공명功名'은 이 시기 모든 무사들이 지향했던 보편적이고 일반적 가치체계를 나타내는 개념이다. 명예 · 명성을 의미하는 '공명'은 도요토미 히데요시를 포함한 당시 무사의 행동 양태를 이해하는 데도 유효하다. 저자는 '임진전쟁'(임진왜란)의 배경도 '공명'이란 개념을 통해 해명하고자 한다.

제1부

오다織田 · 도요토미豊臣 정권과 사사寺社

제1장

오다 · 도요토미 정권과 사사

-연구 동향과 과제-

중 · 근세 이행기에 해당하는 오다 · 도요토미 정권 시기는 일본 역사상 큰 변혁기 중 하나이다. 오다 · 도요토미 정권의 출현으로 무가武家 · 공가公家 · 사사寺社로 삼분되어 있던 중세 권문체제가 최종적으로 해체되고 무가 우위의 근세 막번幕藩체제가 형성된다.[1] 이에 따라 사사세력은 중세와 달리 더 이상 독립적인 정치세력의 하나로 존재할 수 없게 된다.

사사세력이란 구로다 도시오黑田俊雄의 정의에 따르면, "남도南都[고후쿠지(興福寺)-역자 주] · 북령北嶺[엔랴쿠지(延曆寺)-역자 주] 등 중앙 대사사를 중심으로 조직되어, 공가와 무가세력에도 대항하던 일종의 사회적 정치적 '세력'"이며 "대략 헤이안 시대 중엽부터 전국시대 말까지 약 6백 년 정도 존속해왔던", "중세와 더불어 흥륭하고 중세와 더불어 쇠퇴한 중세의 한 얼굴"이다.[2] "오다 노부나가 · 도요토미 히데요시가 전국을 통일하기 시

1 그 전환은 중세 장원(莊園) · 공령제(公領制)에서 근세 막번체제로의 전환, 가부장적 노예제에서 농노제로의 전환이라고도 말해지며, 그 성격에 관해서는 봉건제 재편성설 · 순수봉건제 성립설 · 초기절대주의 성립설 · 봉건혁명 성립설 등 여러 설이 제시되어 있다. 다만, "무가세력은 강대한 세력을 자랑한 사사세력을 압도하며, 이들 세력을 해체하여 체제하에 편입시켰다"(勝俣鎭夫, 「十伍-十六世紀の日本-戰國の爭亂」, 岩波講座『日本通史』, 1994, p. 5)는 사실 자체에는 이견이 없다.

2 黑田俊雄, 「まえがき」, 『寺社勢力-もう一つの中世社會』, 岩波書店, 1980.

작했을 때, 사사세력은 최종적인 몰락을 맞이"하고, '통일권력'의 출현으로 "일체의 중세적 사회세력은 멸망"하며, 사사세력도 "중세와 더불어 사회적 · 정치적 세력으로서의 존재(가치)를 상실"한다.[3]

그러나 구로다의 권문체제론은 중세 초기 사회를 해명하는 데 치중하였기에 사사세력 해체 과정은 일부를 전망하는 데 그쳤다. "구로다 씨의 체제 개념인 권문체제론은 전국시대라는 시기를 대상으로 하지 않았다. 구로다 씨의 권문체제 개념은 엄밀히 말해 중세 시기 전체를 설명하는 체제 개념이 아니다"[4]는 주장이나, "현밀체제론顯密體制論을 제창한 구로다 도시오 씨도 중세 후기의 국가와 불교를 현밀 불교의 재편과 그 해체에 이르는 기나긴 도정으로 위치지우나 아직 충분히 검토되었다고는 할 수 없고, 연구사의 면에서도 실증적으로 보다 깊이 연구되어야 할 점이 적지 않다"[5]라는 입장은 모두 구로다 설의 문제점을 지적한 것이다. "사사세력의 몰락 과정에 관해 새로운 시대의 창출이란 관점에서 보다 많이, 또한 자세히 언급되지 않으면 안 된다"[6]라든지, "사사세력을 멸망시킨 진정한 힘이 무엇이었는가를 다시 한 번 생각해보지 않으면 안 된다"[7]고 구로다 자신도 시인하고 있듯, 오다 · 도요토미 정권이 과연 어떠한 원리와 이념을 가지고 사사세력을 해체하려 하였는가? 그 구체적인 실상은 아직도 불분명하다.

물론 오다 · 도요토미 정권과 사사의 관계에 관한 연구는 일찍이 1890년부터 시작되었고,[8] 오다 · 도요토미 정권의 불교 정책을 각각

3 同上, pp. 220-221.

4 矢田俊文, 「戰國期宗教權力論」, 『講座蓮如』第4卷, 平凡社, 1997, p. 27.

5 原田正俊, 「中世後期の國家と佛教-禪宗の展開を通して」, 『日本史硏究』415, 1997, p. 32.

6 黑田俊雄, 前揭『寺社勢力』, p. 221.

7 同上, p. 224.

8 星野恒, 「織田信長ノ僧徒ニ對スル處置」, 『史學會雜誌』1-3, 1890.

'노부나가의 강압 정책'과 '히데요시의 완화 정책'으로 파악한 쓰지 젠노스케辻善之助의 연구에 이르러[9] 이미 상당한 수준에 도달하였다. 또 후술하는 바처럼 쓰지의 연구를 기반으로 아즈치 종론安土宗論이나 법화종法華宗 등에 관해 실증적인 연구가 나타났고, 특히 혼간지本願寺 · 잇코잇키一向一揆 분야는 일일이 열거하기 어려울 정도로 막대한 연구성과가 축적된 것도 사실이다.

그러나 현재 오다 · 도요토미 정권 시기의 사사 연구는 거의 혼간지 · 잇코잇키 분야라 해도 과언이 아니다. 또 오다 · 도요토미 정권의 지배 원리와 구조적 특질에 관한 전론專論은 없고 단편적으로 조금씩 언급되는 데 그친다. 심지어 오다 · 도요토미 정권에게 애당초 사사지배의 논리가 없었다는 주장조차 존재한다.

나가하라 게이지永原慶二에 따르면, "히에이 산比叡山 방화(1571) · 아즈치 종론을 통한 법화종 복속(1579) · 잇코잇키 섬멸과 이시야마石山 혼간지 해체(1580) · 토지조사檢地를 거부한 이즈미和泉 마키노오데라槇尾寺 소실(1581) 등에서 알 수 있듯, 노부나가의 사원세력 (대처)방식은 오로지 강렬한 힘을 통한 복속 및 타도였다. 다른 측면에서 볼 때 이는 노부나가가 자신의 천하 구상 속에 사사세력을 어떻게 위치지워야 할지 구체적인 플랜을 갖고 있지 못했음을 보여준다."[10] 아시카가 요시미쓰足利義滿와 마찬가지로 노부나가도 "최종적으로 무가 왕권의 체제 · 질서 내에 모든 사사세력을 위치지우는 논리와 제도적 구상을 갖지 못했다."[11] 이와 유사한 견해가 도요토미 정권에 관한 연구에도 보인다. 예를 들어 이토 신쇼伊藤眞昭는 "도요토미 정권은 정책상 사사를 간섭하려는 적극적인 의지가

9 辻善之助, 『日本佛教史』第7卷 · 近世編之一, 岩波書店, 1952.
10 永原慶二, 「天下人」, 『日本の社會史』3, 岩波書店, 1987, p. 212.
11 同上, p. 213.

거의 없고 신분질서의 회복 이상(의 정책)은 보이지 않는다"[12]며 무간섭 정책이 히데요시의 사사 정책이라 주장한다. 그러나 과연 오다 · 도요토미 정권 내에 사사지배의 논리가 없었는가? 사사를 간섭하려는 정책적 의지가 없었는가? 이 점에는 동의할 수 없다.[13]

한편 아사오 나오히로朝尾直弘는 오다 · 도요토미 시대에 관해 중요한 견해를 제시한다. 아사오에 따르면 노부나가 · 히데요시 · 이에야스는 "모두 다 군사軍事를 직職으로 하는 무가의 통령統領이 되어, 그 무위武威를 배경으로 공가 · 사사를 총괄하고 잇키를 진압했으며, 국내에서는 '천하인天下人'이라 불리고 구미에서는 '쇼군권력shogunate power'이라 칭한 강력한 주권 행사자로서 모습을 드러냈"다. "중세를 통해 성장해온 무사단 세력은 여기에 이르러, 공가 · 사사권력뿐 아니라 그 영향 아래 있던 민중세력마저 압도하여, 무가 국가라고 할만한 체제를 수립"하였다.[14] 중 · 근세 이행에 관한 아사오의 관점은 기본적으로 타당하다. 다만 아사오는 백성세력을 포함한 혼간지 · 잇코잇키라는 '신불교' 세력을 노부나가의 최대 적으로 파악한다. 따라서 전통적 사사세력인 현밀계 사원 등 '구불교' 세력은 이미 "세력이 약화된" 존재에 불과하며 이에 대한 아사오의 관심은 적은 편이다. 더욱이 도요토미 정권 시기에 이르면 혼간지 · 잇코잇키 세력마저 무가 권력자에 완전히 굴복되어, 더 이상 쇼군권력에 대항하는 사원세력은 존재하지 않는다. 따라서 사사세력에 대한 아사오의 관심은 더욱 더 낮아진다. 이와 같이 중세 권문체제의 한 축이었던 사사세력의 몰락 과정은 아사오 설에서도 충분히 해명되

12 伊藤眞昭, 「京都の寺社と統一政權」, 今谷明 · 高埜利彦編, 『中近世の宗教と國家』, 岩田書院, 1998, p. 251.

13 朴秀哲, 「織田政權における寺社支配の構造」, 『史林』83-2, 2000; 同, 「豊臣政權における寺社支配の理念」, 『日本史研究』455, 2000 참조.

14 朝尾直弘, 「十六世紀後半の日本-統合された社會へ」, 岩波講座『日本通史』近世1, 岩波書店, 1993, p. 4.

지 않았으며 보다 상세한 고찰이 필요하다.

이상과 같은 연구 상황을 전제로, 이 장에서는 오다 · 도요토미 정권과 사사세력에 관한 주요 선행연구의 연구사적 의의와 한계를 분석한다. 다만 방대한 선행연구 전부를 일일이 검토하기란 불가능에 가깝다. 설령 사사에 관한 전론이 아니더라도 사사지배의 실상과 특질에 관해 중요한 지적을 한 연구를 주요 대상으로 한다.

1. 전전戰前~1950년대

다나카 요시나리田中義成의 '악승응징惡僧膺懲 · 불교존중佛敎尊重'론

오다 · 도요토미 정권과 사사의 관계에 대한 연구는 1890년에 시작되어, 1920년 전후 히데요시와 다이고지醍醐寺 산보인三寶院, 히데요시와 혼간지의 관계를 분석한 연구로 이어진다.[15] 1930년대에는 개별 사원에 국한되지 않고 히데요시의 종교 정책 전반을 논한 연구도 나타났다.[16] 그러나 기본적으로 1920년대 중반 다나카 요시나리의 연구를 대폭 수용하여 그 내용을 재확인하거나 부연한 데 불과하다. 정치사에 치중한 다나카의 연구는 엄밀히 말해 사사에 관한 전론은 아니지만 몇 가지 중요한 논점을 제시한다.[17]

다나카 설의 요지는 노부나가의 적은 불교가 아니라 승려라는 것이다. 더욱이 타락한 승려만이 대상이다. 다나카에 따르면 노부나가가 "히에이 산을 불태우고, 일향종一向宗을 정벌했으며, 나라奈良를 치고 고야 산高野山을 공격하는 등 마치 불교를 파괴"한 것처럼 보이지만, 이것

---

15 黒板勝美, 「秀吉と醍醐三寶院」, 日本歴史地理學會編, 『安土桃山時代史論』, 仁友社, 1915; 渡辺世祐, 「本願寺と羽柴秀吉との關係」, 『史學雜誌』33-8, 1922.

16 桑田忠親, 「秀吉の佛教政策について」, 『佛教』1-6, 1935; 圭室諦成, 「秀吉の宗教政策」 · 永島福太郎, 「秀吉の寺社政策」 · 本多辰次郎, 「宗教思想の豊太閤」, 『歴史公論』5-10, 1936 등.

17 田中義成, 『織田時代史』, 明治書院, 1924; 同, 『豊臣時代史』, 明治書院, 1925. 오다 정권과 신사의 관계도 노부나가의 경신(敬神)사상을 언급한 다나카의 연구를 출발점으로 한다. 그것을 오다 신사(織田社) 등을 중심으로 구체화한 것이 미야지 나오카즈(宮地直一)의 연구이다(同, 「織田氏の宗祀」 · 「織豊二氏の郷土に於ける信仰」 · 「豊太閤と豊國大明神」, 『神社と國史』, 古今書院, 1926).

은 "결코 불교 그 자체를 배격한" 것이 아니라, "승려의 타락과 발호를 증오하여 이를 응징한" 것에 불과하다. 중세 이래 "토지를 장악하고 병사를 늘려", "성곽을 소유한 대제후"와 다르지 않은 여러 대사大寺가 "학문은 완전히 버리고 도행道行은 수행하지 않고, 헛되이 세속권력에 의지하여 노부나가의 해내海內 통일 사업을 계속 방해하고, 치안을 어지럽히는 점이 많아 이를 시정하려 한 것으로 불교 자체를 파괴하려 한 것은 아니었다". 더욱이 "도리어 존중한 사례가 한둘이 아니다"라고 하여 다나카는 노부나가의 불교존중을 강조한다. 아즈치 종론도 "악승의 발호를 증오하고 학승을 존중한 일례"라고 하여 노부나가의 사사 탄압 대상은 악승에 국한되며 학승과 불교는 우대했다고 주장한다.

한편 다나카는 도요토미 정권의 사사 정책에 관해 오다 정권과의 차이점과 공통점에 주목한다. "노부나가가 히에이 산 · 고야 산 · 혼간지에 커다란 타격을 가했"지만, "히데요시는 이에 반해 이 모두를 재건하거나 우대하는 사례가 이 삼사三寺에 그치지 않았고, 각 지역의 사사는 히데요시 집권기에 융성한 경우가 자못 많았다." 히데요시는 노부나가의 여러 정책을 답습하지만 "오직 이 사원 정책만은 완전히 노부나가와 반대 방침"이었다. 그러나 히데요시가 "그렇기는 하지만 감히 현저하게 (노부나가의 정책에) 반대하는 태도를 나타내지 않았"다고 하여 서서히 사원 부흥 정책을 실시한 것으로 본다. 이처럼 노부나가의 불교존중 정책은 히데요시의 사사 우대 및 재건 정책으로 계승된다.

노부나가의 '악승응징 및 불교존중', 히데요시의 '사사 재건 및 우대'를 강조하는 다나카 설의 의의는 크게 두 가지이다. 첫째, 사원세력을 세속화한 세력[악승(惡僧)]과 그렇지 않은 세력[학승(學僧)]으로 나누어 파악한 점이다. 사원세력을 한 덩어리가 아닌 악승과 학승으로 나누어 파악하고 노부나가의 대응이 각각 달랐다고 지적한다. 둘째, 일견 상반된 성격으로 보이는 노부나가와 히데요시의 사사 정책이 학승·불교존중의 측면에서 공통된다고 주장한 점이다. 이상 두 가지 점은 현재까지도 통용될 수 있는 중요한 논점이다.

그런데 다나카는 오다·도요토미 시대의 특질과 관련하여 '새로운 시대의 출발점=노부나가'로 파악한다. 비록 그 성격을 '근세'라고 명확히 인식하지 못했으나 "가마쿠라鎌倉 이래 4백 년의 관습을 타파한 일대 혁신"의 시대=오다 시대로 이해한다. 다나카는 전후 연구자와 같이 구시대 및 구세력을 대표하는 불교·사사세력이란 인식이 없기 때문에 노부나가의 불교존중·경신 정책을 구세력과의 타협으로 보지 않고 오히려 노부나가의 혁신성으로 이해한다. 노부나가가 승려의 타락과 발호를 응징하고 학승 장려 등의 정책을 실시했기 때문에 "승려들은 그 위세를 두려워하여 진심으로 학문에 뜻을 둔 자가 점점 더 나오게 되었다. 그렇다면 노부나가는 종교계 쇄신의 기운을 만들어 낸 인물이라 해야 할 것"이라 하여 '종교계 쇄신'의 측면을 강조한다. 이 점이 바로 다나카가 노부나가의 대對사사 정책을 혁신적 성격으로 파악한 근거이다.[18] 요컨대 다나카가 지적한 오다 정권의 혁신성은 전후 연구에서 일반적으로 지적되는, 노부나가가 사사의 전통적·중세적 권위를 부정한 점에 있지 않고 "가마쿠라 이래 4백 년의 관습을 타파"한 '쇄신'에 있다. 이 쇄신을 계승한 자가 히데요시였으며 오다·도요토미 정권의 공통점은 여기에 있다.

그러나 일종의 '복고'라 할 수 있는 노부나가의 '근왕勤王' 사상, 이와시미즈 하치만 궁石清水八幡宮·이세 신궁伊勢神宮의 조영 등의 '경신敬神' 정

---

18 악승응징·학승장려를 통한 불교쇄신을 노부나가의 혁신성으로 파악하는 다나카는 "산법사(山法師: 엔랴쿠지 승려)의 부패"를 지적하면서, "산문(山門: 엔랴쿠지)을 멸망시킨 자는 산문으로 노부나가가 아니다"라는 호안(甫庵)의 『신초기(信長記)』의 입장을 계승·발전한 것으로 보인다[小瀬甫庵, 『信長記』, 現代思潮社(古典文庫), 1981, p. 153].

책마저 혁신이라 평가할 수 있는가는 의문이다.[19] 물론 다나카에게 그것은 단순한 '복고'가 아니라 "가마쿠라 이래 4백 년의 관습을 타파한 일대 혁신"이었지만, 과연 그렇게 평가할 수 있는지, '혁신'의 구체적 내용은 모호한 점이 적지 않다.

쓰지 젠노스케의 '강압 · 완화'정책론

노부나가와 히데요시의 정책을 대비하는 다나카의 연구 방법을 계승하고, 특히 불교 · 사원 전반을 광범위하면서도 깊이 천착한 연구자가 쓰지 젠노스케이다.[20]

쓰지는 먼저 노부나가의 엔랴쿠지 방화, 혼간지 · 잇코잇키 몰살, 고야 산 공격 등 불교에 대한 '탄압' 정책을 분석하여, 그것을 "건설 전의 파괴", "부패한 불교의 사원 · 승려를 제거하고, 이를 대신할 것을 요구하기 위한 것"이라 규정한다. 다시 말해 불교 탄압 정책은 "노부나가의 전全 업적을 통해 나타난 일관된 정신, 즉 옛것을 파괴하고 새로운 것을 건설하려는 방침에서 나온 것"이다. 쓰지에 따르면 노부나가의 불교 탄압은 건설적 또는 긍정적 '파괴'이다. "부흥 개조에 앞서서 먼저 붕괴시켜야 할 것을 제거하지 않으면 안 되"고, "노부나가의 역할은 이것을 청소한 것"으로, "노부나가의 업적은 모두 건설 전의 파괴", "그 파괴는 단순한 파괴이지 않고, 개조를 위한 파괴", "소극적인 파괴가 아니라 적극적인 파괴"이다.[21]

---

19 와키타 오사무(脇田修)는 다나카의 "노부나가가 다른 제씨(諸氏)를 능가하여 보다 빨리 천하의 권세를 장악하게 된 것은 무엇 때문인가. 그것은 오로지 이들 제씨보다 솔선하여 빨리 황실을 받들었기 때문"이란 서술에 주목하여, "이것은 황국사관(皇國史觀)과 상당히 다르긴 하지만, 종래 아카데미즘 업적에도 황실중심사관이 명확히 관철되고 있음을 지적하지 않으면 안 된다"고 비판한다(同, 「近世社會成立の歷史的意義」, 『シンポジウム日本歴史』10 · 織豊政權論, 學生社, 1972, p. 11).

20 辻善之助, 前揭『日本佛教史』第7卷(近世編之一).

21 이러한 쓰지의 견해는 도쿠토미 이이치로(德富猪一郎)의 주장과 사상적으로 일맥상통하는 점이 있다. 도쿠토미는 노부나가의 히에이 산 방화에 대해 "앞뒤 생각 없는 무모한 행동"이라 지적하면서도, "구시

반면 히데요시의 사원 정책은 노부나가와의 차이점을 강조한다. 노부나가의 사원 정책은 "가혹하였고 압박 정책으로써 핍박"했지만, 히데요시의 정책은 혼간지 우대, 노부나가가 불태운 엔랴쿠지 재건 등 불교 보호를 기본으로 하여 관용과 엄격함을 잘 활용하였다. 다만 쓰지는 사원 · 불교에 관한 오다 · 도요토미 정권의 상반된 정책을 지적하면서도, 다나카와 마찬가지로 양 정권을 '연속'적인 성질의 권력으로 파악한다. "노부나가의 사업은 대부분 파괴적이었다. 그렇지만 그것은 건설을 위한 파괴로 즉 부흥의 전제였다. 그리고 파괴의 뒤를 이어 이것을 건설하고 부흥한 것은 히데요시였다"고 위치지워, "노부나가의 강압 정책이 있기 때문에 비로소 히데요시의 완화 정책도 성공하였던 것이다. 만약 히데요시가 노부나가와 같은 입장에 있다면, 히데요시도 또한 노부나가와 같은 정책을 펼쳤을 것"이라 하여, 양자의 연속성을 강조한다.

이와 같이 다나카의 '혁신'이 쓰지에게는 '부흥'으로 바뀌었을 뿐, 오다 · 도요토미 정권을 같은 성격의 권력으로 파악하고 그 연속성을 강조하는 전전戰前 연구의 일반적 흐름은 여기서도 관철된다. 그러나 쓰지는 다나카와 달리 불교에 의존하는 다케다 신겐武田信玄과 그렇지 않은 노부나가를 뚜렷이 대비한다. 또 예수회 『일본연보』에 보이는 노부나가의 신격화에 관한 서술을 인용하여, 노부나가가 신불神佛의 권위조차 부정했기 때문에 비로소 불교 · 사원 전반에 대해 '강압 · 탄압' 정책을 실시하였다고 주장한다. 요컨대 쓰지의 주장은 불교 그 자체의 존중을 강조하는 다나카의 '불교존중'론은 부정하고, '악승응징惡僧膺懲'론 중에서 유독 '응징'만을 끄집어내, 그 점을 보다 확대 · 강조한 것이다.

대의 폐해를 일소하기 위해서는 이 정도의 과단성은 필요하다"고 주장한다. 도쿠토미의 "구시대"라는 막연한 '구'(舊)의 개념은 쓰지에 이르러 "옛 것"(舊)="부패한 불교"라 하여 보다 구체화된다[同, 『近世日本國民史』織田時代史(上), 民友社, 1918. 후에 講談社學術文庫(1980)에 재록. p. 327).

결국 쓰지 설의 의의는 첫째, 오다 · 도요토미 시기 사원 전반에 대해 처음으로 본격적인 분석을 시도한 점, 둘째 '신불의 권위'를 부정한 노부나가가 '악승'뿐 아니라, 사원 전반에 대해 강한 압박 정책을 실시했다고 파악하여, 오다 정권과 사원세력 간의 대립 구조를 설정한 점에 있다. 반면, 노부나가의 사원 '탄압'이란 측면만이 강조되어 거꾸로 노부나가가 실시한 '사사령 보호 · 불교존중' 정책은 거의 간과했다. 다이토쿠지大德寺 등에 관한 노부나가의 사사령 보호 사례를 지적하면서도 그 의의는 무시하고, 노부나가의 사사 탄압 측면만을 강조한다. 기본적으로 오다 정권을 '새로운' 시대의 출발점으로 보는 쓰지는 사사령 보호 · 경신 정책 등 전통적 세력과의 타협 정책은 중시하지 않으며, 이를 소극적으로 평가한다. 이러한 쓰지 설의 약점을 비판적으로 추구하여, 노부나가의 사사령 '온존 · 회복' 정책을 강조한 연구자가 와키타 오사무脇田修이다. 또 쓰지는 사원과 오다 정권 간의 대립 구조를 설정하면서도 구체적인 대립 구조의 실상과 배경은 해명하지 못했고, 단지 대립이란 실태만을 현상적으로 지적하는 데 그쳤다. 왜 노부나가는 '탄압'(강압) 정책을, 히데요시는 '완화' 정책을 취하였는가? 쓰지 설로는 이 점이 충분히 설명되지 않으며, 현상의 이면에 존재하는 양 정권이 지향한 사사 지배의 원리와 구조도 불분명하다. 이 점에 착안하여 오다 정권의 사사 지배 성격을 해명하려 한 연구자가 다음의 이마이 린타로今井林太郎이다.

2. 1960~1970년대

이마이 린타로의 '전통적 · 중세적 권위부정'론

1950년대 이른바 태합검지논쟁太閤檢地論爭을 계기로 막연히 연속적인 성격으로 간주된 오다 · 도요토미 양 정권이 구분되기 시작한다. 아라키 모리아키安良城盛昭는 근세의 출발점이 오다 정권이 아니라 도요토미 정권이라고 주장했다.[22] 그렇지만 미야가와 미쓰루宮川滿 등은 아라키 설을 비판하면서 그 한계점을 지적했고,[23] 이러한 여러 성과를 바탕으로 1960년대에 이르러 다시 오다 정권을 근세의 출발점으로 보는 이마이 린타로의 연구가 나타난다.[24]

이마이 린타로의 연구도 노부나가의 사사 정책에 관한 전론은 아니며, 더욱이 히데요시의 정책은 언급하지 않는다. 또 사원세력을 철저히 탄압한 무가권력=오다 정권이란 이마이의 인식 자체는 노부나가의 '탄압 · 압박' 정책을 강조하는 쓰지 젠노스케와 크게 다르지 않다. 나아가 다나카 요시나리와 달리, 쓰지처럼 이마이도 노부나가가 불교의 권위마저 부정했기 때문에 철저히 탄압할 수 있던 것으로 이해한다. 그러나 두 가지 점에서 이마이 설은 쓰지의 주장을 뛰어넘었다고 할 수 있다.

---

22 安良城盛昭, 「太閤檢地の歷史的前提」1 · 2, 『歷史學研究』163 · 164, 1953; 同, 「太閤檢地の歷史的意義」, 『歷史學研究』167, 1954; 同, 『太閤檢地と石高制』, 日本放送出版協會, 1969.

23 宮川滿, 『太閤檢地論』1 · 2 · 3, 御茶の水書房, 1957 · 59 · 63; 同, 「太閤檢地論」, 前揭『シンポジウム日本歷史』10.

24 今井林太郎, 「信長の出現と中世的權威の否定」, 岩波講座『日本歷史』近世1, 岩波書店, 1963.

첫째, '신불 권위'의 부정이란 지적에 그친 쓰지와 달리, 이마이는 그것을 '전통적 권위', '중세적 권위'의 부정이라 정의하여, 오다 정권의 사사 정책이 갖는 역사적 성격을 보다 명확한 형태로 제시하였다. 둘째, 사원 · 승려와 노부나가 간의 대립이라 현상 자체를 지적하는 데 그친 쓰지와 달리 양자 간 대립 구조와 배경을 보다 구체적으로 해명하였다.

이마이에 따르면, 노부나가와 사사세력이 대립한 결정적 계기는 '토호적土豪的 명주층名主層'의 출현이다. 오닌応仁의 난 이후 "영주화를 목표로 활발하게 움직이고 있었던" 토호적 명주층은 사사가 갖고 있던 토지에 관한 상급 권리인 "상분권上分權을 배제하여 (배타적 영유권을 갖는) 일원一圓 영주로 되기를 희망"한다. 그러나 그들만의 힘으로는 용이하게 달성할 수 없었고 이 때문에 슈고 다이묘守護大名의 피관被官이 되어, 그 힘을 이용하여 실현하려 하였다. 그러나 "슈고는 사사에 대한 철저한 싸움을 회피했고, 그들의 희망이 실현되기란 (매우) 곤란"하였다. 여기서 노부나가는 "독자적인 힘만으로는 일원 영주로 성장하는 것이 곤란한 토호적 명주층을 가신단家臣團에 편입하여 슈고세력과 사사세력에 대해 철저한 싸움을 전개하는 한편, 그들의 절실한 요구에 응하여, 그들이 영지所領를 일원적으로 지배할 수 있도록 노력"하였다.[25]

이마이 설의 특징은 노부나가의 '최대 적'으로 사사세력을 설정한 점에 있다. 노부나가가 토호적 명주층을 흡수하여 통일정권을 확립하는 과정에서 가장 과감하게 대항한 세력이 사사였다고 이해한다. "엔랴쿠지 · 곤고부지金剛峯寺 · 고후쿠지 등은 그 전통적인 권위를 내세웠고, 비록 무사의 침략을 받고 있다 하더라도 여전히 상당히 광대한 사령寺領을 가지고 있으며, 무사화한 승려들을 이용하여 세속적인 권세 확장에 노

25 물론 토호적 명주층(土豪的 名主層)의 피관화는 노부나가만에 국한되는 움직임이 아니라, 전국 다이묘의 일반적 지향이었다. 전국 다이묘 롯카쿠 씨가 토호층을 피관화하는 과정은 이 책 제1부 보론1 참조..

력하였고, 혼간지 진종眞宗 교단은 여러 국國에 강講 · 조組 등의 하부 조직을 가지고 농촌의 중소 명주층을 신도로 흡수하여 무사의 영국지배에 대항하는 자세를 보였"다. 이 때문에 노부나가는 "엔랴쿠지를 불태우고, 잇코잇키를 철저히 탄압하여, 다수의 승려 · 신도를 살해하"고, "제국諸國을 (오가며) 수행하는 고야 히지리高野聖 수백 인을 찾아내 그들을 살해"했다. 이와 같이 쓰지 설을 거쳐 이마이 설에 이르면, 악승만이 탄압의 대상이라 한 다나카 설의 '악승응징'론은 거의 완전히 부정되고 사원세력에 대한 노부나가의 철저한 탄압이란 측면만이 강조된다.

또 이마이에 따르면, 노부나가는 사원세력의 전통적 권위마저 철저하게 부정했다. 노부나가는 "사원세력의 근원을 억제하기 위해, 그들의 영지를 가능한 한 삭감하려는 정책을 취하였"고, 실제로 오미近江 · 에치젠越前에서는 많은 사원령寺院領을 삭감하였다. 또 노부나가는 '슈고불입守護不入'의 특권을 지니고 있던 사사령을 정리하기 위해 토지 조사를 행하고, 사원 영지 삭감을 두려워하여 이에 응하지 않던 이즈미和泉의 마키노오데라槇尾寺를 "일산一山의 당과 탑, 가람을 한 곳도 남기지 않고 (모두) 불태웠"다. 이미 이제는 "부처仏의 영험을 자랑하던 사원도 그의 권력 앞에는 전혀 무력한 존재"로, "노부나가의 앞에서는 중세 이래의 종교적인 권위가 전혀 통용되지 않게 되"었다. 그런데 노부나가가 이와 같이 과혹할 정도로 철저히 사원세력을 배제하려 한 것은 "당시 승려의 부패한 생활을 매우 미워하였던 것과 그가 사후의 영적 세계에 대해 거의 관심을 갖지 않았"기 때문이다. 여기에 이르면 이마이는 불교 자체는 존중이란 다나카의 '불교존중'론도 거의 완전히 부정하고 전전의 다나카 설과는 매우 다른 주장으로 발전한다.

1970년대에는 '이마이 설을 과연 어떻게 이해하여야 할 것인가'가 과제가 되어, 이를 긍정하고 계승 · 발전한 연구와 이를 부정하고 비판하는 연구가 나타난다. 전자는 아사오 나오히로의 '신격화'론이며 후자는 와키타 오사무의 사사령'온존 · 회복' 정책론이다.

아사오 나오히로의 '신격화'론

노부나가와 불교세력의 대립, 이를 통한 전통적 · 중세적 권위부정을 강조하는 이마이 설은 1970년대 아사오 나오히로로 이어진다.[26] 물론 아사오의 관심도 이마이처럼 노부나가의 사사 정책에 국한되지 않는다. 또 정태적 구조론이 아니라 노부나가와 적대세력 간 대립 관계를 설정하고 양자의 대립 과정을 동태적으로 분석하여 오다 정권의 성격을 파악하는 분석 방법 · 시점도 거의 동일하다.

그러나 이마이와 달리 아사오는 이른바 전통적 사사세력을 노부나가 등 '쇼군권력'의 최대의 적으로 보지 않는다. 아사오는 노부나가의 최대 적으로 혼간지 · 잇코잇키를 제시한다. 아사오에 따르면 잇코잇키는 '백성은 왕손王孫'이란 '어백성御百姓' 의식이 발전함에 따라 백성(민중)이 '백성' 신분에서 지배자 신분으로 전환을 모색한 일련의 정치 운동이다. 그리고 이러한 잇코잇키 이데올로기는 "토잇키土一揆 이래 (계속되어 온) 정치적 · 사상적 주체인 농민층의 성장이란 흐름상에 위치"하며, 재지영주在地領主에게 주종 관계로 편입됨을 부정하고 "스스로를 중세 국가의 구성 주체로서 권력의 일단=분지分肢의 담당자로 위치지우고자 하"였다. 이러한 '백성' 등의 국가 구상이 현실에서 잇코잇키와 혼간지 법왕국法王國으로 나타나고, 중세 '권문체제'는 '공가'와 '사가寺家'의 권세가 약화된 후 각각 '백성' 신분과 '무가' 신분을 축으로 하는 두 가지 커다란 운동으로 인해 해체된다. 이 '백성' 신분의 해체와 재편, '무가'를 중

---

26 朝尾直弘, 「「將軍權力」の創出」(1 · 2)(3)(4), 『歷史評論』241 · 266 · 293, 1971 · 72 · 74(후에 同, 『將軍權力の創出』, 岩波書店, 1994에 재록).

핵으로 하는 새로운 신분적 편성과 국가권력 기구의 재편 강화를 담당한 주체가 바로 오다 · 도요토미 정권이며, 중세 국가 내부에 독자적인 권력을 수립하려 한 '백성'(현실적으로는 잇코잇키로서 출현)만이 오다 정권의 최대 대항세력이 될 수 있었다. 이마이에게 노부나가의 최대 방해물로 간주된 전통적 현밀계 사사세력도 아사오에게는 이미 "권세가 약화된", "전국쟁란의 와중에 장원제적 지배자의 지위에서 쫓겨난" 존재에 불과하다. 아사오는 어디까지나 노부나가와 '신흥'세력 잇코잇키 · 혼간지와의 대결을 중시한다.

아사오의 주장 중에서 주목해야 할 또 다른 논지는 이마이의 '전통적 · 중세적 권위부정'론을 일보 전진시킨 이른바 '신격화'론이다. 아사오도 예수회 『일본연보』를 인용하여, 노부나가의 정치사상을 분석한다. 그 핵심은 1582년(天正10) 노부나가가 스스로 신격화하여 "세상에는 다른 지배자主가 없고, 그의 위에는 만물주도 없는" 절대자가 된 점에 있다. 즉, 신격화의 요지는 첫째, 노부나가는 "죽어야 할 (운명을 지닌) 인간이 아니고, 신처럼 불멸의 존재로서 존경받을 것을 희망하여" 아즈치 성安土城 산 위에 소켄지摠見寺를 건축하고, 둘째, 소켄지에 와서 이를 숭배하면, 부, 자손번영, 장수, 평화, 안락, 건강, 평안 등 현세이익을 얻으며, 셋째, 매월 노부나가의 탄생일을 성일로 하고, 넷째, 아즈치 산安土山 사원에는 신체神体(라고 칭하는 돌)가 없었는데, 노부나가 스스로가 신체이며, 살아있는 신불이기 때문이다.

아사오에 따르면, 노부나가가 스스로 신격화를 추진한 것은 혼간지와 일향종 이데올로기를 극복하기 위함이다. 1580년(天正8), 혼간지는 사실상 항복하였음에도 불구하고, 주지인 고사光佐는 선례가 없다는 '사법寺法'을 구실로 앞으로 배신하지 않겠다는 서약서를 노부나가가 아닌 조정의 칙사에게 보냈다.[27] 이는 혼간지가 노부나가에게 군사적으로는 패배하였지만 이념적으로는 굴복하지 않았음을 보여주는 증거이다. 이러한 상황에서 "노부나가가 당면한 권력 구상의 과제는 먼저 기본적으로 (이러한) 혼간지와 일향종 이데올로기의 극복을 어떻게 구체화하는가에 있"으며, 그 결과가 노부나가 스스로의 신격화로 나타났다.

그러나 신격화를 추진한 노부나가이지만, 불교 권위 그 자체를 부정한 것은 결코 아니라고 아사오는 이해한다. 이마이는 노부나가가 사사 등 전통적 · 중세적 권위 자체를 '부정'한 것으로 보았으나, 아사오는 노부나가가 신불의 권위를 '부정'하지 않고, 오히려 스스로를 신격화하여 신불과 자신을 일치시켰다고 파악한다. 즉 "노부나가 스스로가 '신처럼 불멸의 존재'로서 존경받기 위해 소켄지를 세워 자기 자신을 신체라 하였"다. 그리고 그는 "크리스트교의 생각을 수용하"여 탄생일을 성일로 하는 등, 세속의 '통일' 권력자인 자신을 절대적인 종교적 권위로 장식하였다. 이는 "일본의 신불—크리스트교적으로 표현하면 우상—의 존재를 부정하지 못하고, 신불로 하여 자신을 숭배하게 하는 형태를 취"한 것이다. "절대자적인 신격화라고 하더라도 크리스트교적인 유일절대신이 아니고", "국國마다 다이묘 영주의 존재를 용인하고, 그 위에 존재하는 절대자로서의 쇼군권력을 구상"한 것으로, 이것이야말로 막번제 국가권력의 중핵 사상이며, 오다 · 도요토미 정권을 구성하는 핵심 요소이다. 요컨대 아사오는 노부나가가 신불 그 자체를 부정한 것이 아니라, 오히려 이를 이용하여 자신과 신불을 동일시하여 결과적으로 사사의 전통적 권위를 '극복'하였다고 이해한다.

그러나 아사오의 '신격화'론은 사료의 신빙성이 문제시되어, "다케다

27 이와 관련한 노부나가와 천황의 관계는 이계황, 「노부나가(織田信長) 정권 말기 미카도(天皇)의 정치적 지위」, 『東洋史學研究』72, 2000 참조.

씨武田氏 멸망의 감사의 뜻을 포함하여, 종교의식이 행해진 것이라 생각하는데, 노부나가가 신이 되었다는 사실은 다른 사료에도 보이지 않고 신빙성이 부족하다"라고 하는 와키타 오사무의 비판과,[28] "출전은 크리스트교 선교사의 기록뿐으로 일본 측은 전혀 증명할 수 있는 사료가 없다"고 하면서, 만약 노부나가가 전국의 사사로부터 그들에게 매우 중요한 본존本尊과 신체를 몰수한다면, 승려와 신관 등은 죽을 각오로 항의했을 것이다. "이와 같은 움직임의 흔적조차 확인되지 않기 때문에 선교사의 기록 그 자체를 의심하여야 할 것"이라는 미키 세이이치로三鬼清一郎의 비판이 있다.[29]

한편 노부나가와 혼간지 · 잇코잇키 간 대립 구조, 또는 양자의 대결 과정을 분석하여 오다 정권의 역사적 성격을 규정하는 아사오 설은 이와 같은 정치사적 동향 외에, 도시 · 유통지배의 관점을 도입한 후지키 히사시藤木久志의 연구를 통해 보다 보강된다.[30] 후지키는 전국시대에 기내畿內를 중심으로 성립된 지나이초寺內町의 기능에 주목하는데, 통일정권으로서 오다 정권의 획기적 성격을 이 대對지나이초 정책 중에서 찾는다. 후지키에 따르면, 혼간지는 무사 권력자와의 교섭을 통해 이시야마 지방(오사카)에서의 제공사면허諸公事免許 · 덕정면허권德政免許權을 핵심내용으로 하는 지나이초 특권을 확보했다. 이 오사카 지나이초 특권은 각지의 지방 지나이초에도 동일하게 적용되는 체제, 이른바 '오사카나미大坂並' 체제로 발전한다. 그러나 오사카나미 체제는 오다 정권이 실시한 낙시樂市 · 낙좌樂座정책으로 인해 해체 · 재편성되고 오다 정권은 이를

---

28 脇田修, 『近世封建制成立史論』, 東京大學出版會, 1977, pp. 299-300.

29 三鬼清一郎, 「織田政權の權力構造」, 『幕藩制國家の成立』講座日本近世史1, 有斐閣, 1981(후에 藤木久志 編, 『織田政權の研究』, 吉川弘文館, 1995에 재록, p. 100).

30 藤木久志, 「統一政權の成立」, 岩波講座, 『日本歷史』9, 岩波書店, 1975.

통해 통일정권화한다.[31] 후지키도 아사오와 같이 혼간지 · 잇코잇키라는 이른바 '신흥' 종교세력과 오다 정권의 대립 관계를 설정하였다. 노부나가와 잇코잇키 간 대립 관계를 강조하는 이러한 연구 방식은 그 후의 연구에 커다란 영향을 준다.

와키타 오사무의 사사령 '온존 · 회복' 정책론

쓰지辻 이래, 전후 계속 부정된 다나카의 '악승응징 · 불교존중'론은 1970년대에 이르러 와키타 오사무의 등장으로 다시 부활한다. 물론 와키타는 근세의 출발을 도요토미 정권으로 보며, 오다 정권의 혁신성에 주목한 다나카와는 상당히 입장이 다르다. 그러나 와키타는 이마이나 아사오와 달리 노부나가의 전통적 · 중세적 권위 부정 내지 극복을 인정하지 않으며, 오히려 사사령 장원에 대한 '온존 · 회복' 정책을 강조하여 노부나가가 전통적 사사세력을 배격하지 않았다고 주장한다. 와키타의 연구도 이마이 · 아사오처럼 사사에 관한 전론은 아니지만, 사사의 경제 기반인 사사령 장원을 중심으로 새로운 관점을 제시하였다.[32]

와키타는 먼저 이마이 설을 다음과 같이 요약한다. 즉, 오다 · 도요토미 정권 자체는 장원제 파기가 목표였지만, 당시 사회적 정황상 이러한 입장을 관철하지 못하고, 결국 구권력과 타협한다. 그렇지만 이마이 설은 "본격적인 검토를 결쳐 주장된 것이 아니"다. 따라서 오다 정권이 과연 장원제 파기를 지향한 권력인가, 아닌가는 따져보아야 한다. 와키타에 따르면, "오다 정권이 엔랴쿠지 · 마키노오데라를 방화하고, 사사령

31 낙시 · 낙좌령에 관해서는 지나이초 특권을 보호하려 한 것이란 와키타 오사무 · 간다 지사토의 반론과 도시 부흥 정책에 불과하다는 고지마 미치히로(小島道裕)의 반론이 있다(脇田修, 「近世都市の成立と特質」; 同, 前掲『近世封建制成立史論』; 神田千里, 「石山合戰における近江一向一揆の性格」, 『歷史學硏究』 448, 1977; 小島道裕, 「金森寺內町について」, 『史林』67-4, 1984).

32 脇田修, 前掲『近世封建制成立史論』.

을 침탈한 것은 확실하"지만, "가마쿠라 이래 무가 영주세력은 일관되게 사사본소령本所領을 침략하였"기에, 이를 근거로 오다 정권이 장원제 파기를 지향하였다고 단정할 수 없다. "무로마치 막부는 장원제를 온존하는 정책을 취했지만", 무가 영주는 장원 침탈을 멈추지 않았고, "오다 정권도 이 점에서는 마찬가지였"다. 노부나가의 엔랴쿠지 방화도 "전략적 · 군사적 요소가 강하"며, 이를 사사세력에 대한 철저한 탄압으로 파악하는 것은 타당하지 않다. 오다의 가신단, 노부나가 자신도 사사 · 본소령을 침략했지만, 사사 · 본소가 항의하면 노부나가 역시 침탈을 억제하였다. 즉 장원에 대한 침탈이 "정식으로 문제가 되어, 조정에서 침탈 금지를 명령하면 노부나가라 하더라도 그 금지를 (부하 가신들에게) 지시할 수밖에 없었다". 요컨대 와키타는 오다 정권은 결코 장원제 파기를 지향한 권력이 아니었다는 입장이다.

와키타에 따르면, 오다 정권의 장원적 토지소유 정책은 네 가지로 요약된다. 첫째, 중세 토지소유의 기본원칙이라 할 수 있는 20년 연기법年紀法에 의거한 당지행當知行(현재 점유자의 점유인정) 논리를 기준으로 장원의 안도安堵(지배보증)를 실시했다. 둘째, 이러한 오다 정권의 기본방침은 무로마치 막부와의 병존 시부터 명실상부한 '통일권력'이 된 덴쇼天正 연간까지 변하지 않는다. 셋째, 장원 안도에 그치지 않고 노부나가는 1575년(天正3) 덕정령德政令(채무파기령)을 발포하여, 문적門跡 · 공가를 대상으로 채무를 탕감해주고, 영지의 회복 · 신지新地의 기진寄進을 실시한다. 넷째, 노부나가는 사사령 등을 몰수하고 가신단도 장원을 침탈하였지만, 논리적으로는 이를 정당화하지 못하고 조정이 요구하면 침탈을 그만두어야 했다. 요컨대 와키타는 1575년의 덕정령의 경우 "(적용 범위가) 백 년이라고도 하는데, 20년 연기를 초월하는 효력이 있던 점이 주목된다"고 높이 평가하면서도, 노부나가가 '통일권력'으로서 장원 철폐를 포함한 상급 토지 소유권을 장악했지만, 이러한 정책 기조는 기본적으로 중세 이래 당지행 원리에 근거한 것으로 "결론적으로 오다 정권은 장원제를 폐기하는 정책을 취하지 않았다. 오히려 온존하고, 회복하는 역할까지 하였다"고, 오다 정권을 규정한다.

한편 오쿠노 다카히로奧野高廣는 오다 정권의 근세적 성격을 강조하는 이마이 · 아사오 · 후지키 설을 지지하는 입장에서 와키타 설을 비판한다.[33] 오쿠노에 따르면 노부나가의 기본 정책은 사사령 '온존 · 회복'이 아니라, 사사령 '궐소闕所'(몰수)이다. 특히 "오다 정권은 무로마치 막부가 멸망한 덴쇼天正 원년(1573) 이후 장원제 폐지를 방침으로 정해, 새로 주인장朱印狀을 발급하여 영국 내 사사령 · 공가령 삭감에 노력하"고, "낙중洛中 · 낙외洛外 사사 · 본소에 확실하게 수납할 수 있는 근소한 주인지를 나누어주는" 대신, 주인장이 발급되지 않은 장원은 몰수함으로써 구舊 장원의 자연적 소멸을 도모하였다. 이것이 근세 막번체제하의 '주인지 완행朱印地宛行'의 조형祖型으로, 이 과정에서 장원제는 해체되어, "더 이상 장원이라 할 수 없"게 된다. 이상이 오쿠노 설의 골자인데, 노부나가가 인정한 주인지가 과연 종래 장원제와 완전히 다른 성질을 지니고 있었는가? 그 차이점은 오쿠노 설에서도 반드시 명확하지만은 않다.

이마이 · 아사오 설은 오다 정권의 장원 정책을 직접 분석하지 않았기 때문에 와키타 설의 연구사적 의의가 있다. 그러나 노부나가의 사사령 장원 정책에 한정된 와키타 설은 반대로 오다 정권을 제외하고 거의 유례가 없는 엔랴쿠지 방화, 나가시마 · 에치젠 잇코잇키를 '한 명도 남김없이 죽이는根切' 잔혹한 '대량 학살' 정책을 도외시한다. 노부나가가 철저히 사사를 탄압한 이유와 배경을 상세히 논해야 하며, 단순히 와키

33 奧野高廣, 「織田政權の基本路線」, 『國史學』100, 1976.

타와 같이 "전략적 · 군사적 요소"라는 이유만으로 설명할 수 없다. 왜 노부나가가 이와 같은 "전략적 군사적 정책"을 취하였는가? 그 구체적 배경과 논리 구조를 보다 상세히 분석할 필요가 있다.

3. 1980~1990년대 이후

오다 정권의 경우

서로 대립 · 상반하는 아사오 · 와키타 설을 어떻게 종합적으로 이해해야 하며, 이를 극복할 논리는 과연 무엇인가? 1980년대 오다 정권의 사사지배에 관한 연구는 이것이 주된 과제였다. 그러나 현재까지도 아사오 · 와키타 설을 극복할 수 있는 논리와 새로운 전체상은 제시되지 못하고 있다. 다만 그중에서 중 · 근세 이행기에 관한 선행연구를 "급격한 대변혁"설에 기초한 것이라 비판하고, "완만한 변혁"설을 제기한 간다 지사토神田千里의 연구가 주목된다.[34]

먼저 간다의 연구는 1960년대 이래 막대한 잇코잇키 · 혼간지에 관한 연구업적을 전제로 한다. 자립적 촌락인 총촌惣村 내 농민이 잇키의 주체라는 잇코잇키='총촌'설의 가사하라 가즈오笠原一男와[35] 떠돌이 · 표류민이 잇키의 주체라는 잇코잇키='와타리渡り' 설의 이노우에 도시오井上鋭夫의 연구 이래,[36] 잇코잇키 · 혼간지 연구는 현재까지도 오다 · 도요토미 시기 사사에 관한 가장 중요한 테마 중 하나로 자리한다. 가사하라 · 이노우에는 오다 정권에게 저항한 잇코잇키의 반권력적 성격을 강조하는 입장이며, 이러한 입장은 1970년대, 오다 정권이 잇코잇키의 거

---

34 神田千里,『信長と石山合戰-中世の信仰と一揆』, 吉川弘文館, 1995.

35 笠原一男,『一向一揆の研究』, 山川出版社, 1962.

36 井上鋭夫,『一向一揆の研究』, 吉川弘文館, 1968.

점인 지나이초 · '오사카나미 체제'를 부정한 사실을 중시한 후지키 히사시로 이어진다.[37] 그러나 간다는 지나이초는 오다 권력에 적대적이지 않았고, 오히려 오다 정권으로부터 보호받았다고 비판한다.[38] "오쓰大津 지카마쓰겐쇼지近松顯証寺, 오와리尾張 도미다쇼토쿠지富田聖德寺에 보이는 것과 같이 적대하지 않는 지나이초는 보호해주었다는 사실, 한번 적대하였다 하더라도, 그 군문軍門에 항복한 야마토大和 이마이今井 지나이초에 대해 오사카와 동일한 특권을 인정한 사실에도 주목할 필요가 있다"는 것이다. 요컨대 오다 정권의 '지나이초' 보호 정책을 강조하는 간다의 주장은 노부나가의 사사령 장원 '온존 · 회복' 정책을 강조하는 와키타설과 상통한다.

한편 1980년대에 이르면, 혼간지 교단을 문도잇키門徒一揆와 혼간지 종주宗主의 대항 관계로 파악한 후지키 히사시의 새로운 연구가 나와, '총촌'론과 '와타리'론이 간과한 무사 문도의 존재가 새롭게 부각되었다.[39] 또 에치젠 잇코잇키의 동향과 노부나가의 정책에 관한 쓰지카와 다쓰오辻川達雄의 연구가 나오는 등,[40] 혼간지 · 잇코잇키에 관한 연구는 그 후에도 계속되었다. 1990년대 간다는 이러한 제 선행 연구업적을 기반으로, 노부나가가 적대하지 않은 지나이초와 한번 적대하더라도 다시 항복한 지나이초는 보호해주었다는 자신의 가설을 중 · 근세이행기라는 시대적 성격에 결부시켜 해석한다.

간다는 "통설에서는 잇코잇키를 사무라이侍와 '백성'(평민을 나타내는 중세어)의 공동전선으로 보며, 병농분리를 통해 사무라이와 '백성'이 격리되면

37 藤木久志, 前揭「統一政權の形成」.

38 神田千里, 前揭「石山合戰における近江一向一揆の性格」.

39 藤木久志, 「一向一揆論」, 『講座日本歷史』中世2, 東京大學出版會, 1984.

40 辻川達雄, 『織田信長と越前一向一揆』, 誠文堂新光社, 1989.

서 신분의 차가 생기는 근세에는 원칙적으로 존재할 수 없는 것"으로, "중세적이기 때문에 근세를 구축한 지배자에 저항하였고, 통일정권 출현과 함께 소멸될 운명에 있던 잇키, 이것이 지금까지 상정되어 온 잇코잇키의 모습"이라 하면서, 그러나 이는 "(혼간지) 교단의 실태를 연구한 결과로서 나온 것이 아니"라고 비판한다. 더욱이 첫째, 히데요시 · 이에야스 등이 혼간지에 잇키 봉기를 요청한 사례를 제시하면서, "이시야마 싸움 이후도 '천하인'(히데요시 · 이에야스)과 다이묘들이 때때로 혼간지의 군사력에 기대었다"는 군사력의 건재, 둘째 1591년(天正19)의 에치젠 조쇼지超勝寺 · 혼카쿠지本覺寺가 지닌 말사末寺 · 문도 수로부터 확인할 수 있는 교단의 지역적 기반 건재 등을 근거로, 잇코잇키는 통일정권의 출현과 함께 소멸하지 않았다고 주장한다. "'대변혁'이란 입장을 고집하여 언제까지 잇코잇키를 철저히 괴멸된 것으로 볼 필요는 없지 않은가"라고 간다는 반문한다.

간다는 노부나가의 나가시마長島 · 에치젠 잇코잇키 대량 학살에도 통설과 다른 견해를 편다. 간다는 "이 대량 학살이야말로, 노부나가와 잇코잇키가 애당초 근본적으로 (서로) 공존할 수 없는 불구대천 적대 관계의 증명이라 생각되어 왔다"고 통설을 정리하고, 그러나 나가시마의 학살은 "염불念佛 성지聖地로서의 특권을, 범죄자 은닉이나 연공미진年貢未進 등 세속적인 일로 악용함은 괘씸한 일"이라 생각한, 본분을 잊어버리고 속세화한 잇키세력, 즉 잇코잇키의 "자격 실격에 대한 노부나가의 학살"에 불과하다. 에치젠 잇코잇키도 노부나가에게 협력하여 사사령을 보호받은 에치젠 삼문도三門徒[조쇼지(誠照寺) · 쇼조지(証誠寺) · 센쇼지(專照寺)]를 사례로서 들어, 노부나가가 '대량 학살' 정책만을 실시하지는 않았다고 주장한다. "노부나가는 잇코잇키기 때문에 '학살', '섬멸'을 행한 것은 아니다"라는 것이다.

마치 다나카 설의 '악승응징'론을 연상시키는 간다 설은 장원 정책을 중심으로 한 와키타의 주장을 보강하여 오다 정권의 사사령 보호정책 실태를 명확히 하였다. 이로써 쓰지 젠노스케 이래, 사사세력에 대한 탄압의 측면만을 강조한 연구사의 문제점을 극복할 실마리를 얻었다. 또 노부나가의 전략을 두 가지 형태로 구분하여, ①항복을 허용하는 통상의 전투 방식, ②항복을 허용하지 않는 '대량 학살' 방식으로 분류한 것도 중요한 논지이다. 노부나가의 전략을 두 가지로 분류하는 것은 '악승'과 '학승'을 구분하여 각각의 대응 차이를 지적한 다나카 설을 제외하고 종래 연구에서 거의 볼 수 없는 접근 방식이다.

다만 간다는 그 대응 양식을 단지 두 가지로 분류하는 데 그쳤다. 그리하여 '오다 정권 내에 왜 이와 같이 서로 상반된 두 정책이 공존하고 있었는가' 그 논리와 배경, 사사지배의 특질은 추구하지 않는다. 간다는 와키타와 마찬가지로, 노부나가가 실시한 사사 탄압을 소극적으로 평가하는 데 그친다. 간다는 "오다 노부나가 · 도요토미 히데요시 시대에 한정해서 보면, 이 기간 내에 그다지 급격한 변혁은 일어나지 않았다고 충분히 상정할 수 있다"고 생각하여, '한 명도 남김없이 죽이는' 잔혹한 대량 학살 정책이 지닌 역사적 의미를 이마이 · 아사오와 달리 적극적으로 평가하지 않았다. 결국 간다 설도 아사오 · 와키타 설의 대안은 아니며 와키타 설을 좀 더 보강할 뿐이다.

한편, 잇코잇키의 거점인 지나이초에 대한 호리 신堀新의 연구가 주목된다.[41] 호리는, 후지키의 연구에 대한 선행연구의 반론이 주로 낙시 · 낙좌령의 평가 부분에만 초점을 맞추었다고 비판하면서, 노부나가가 "지나이초 특권에 어떻게 대응하였는가"를 중심으로 오다 정권의 지나이

41 堀新,「織田權力の寺內町政策」,『古文書研究』33, 1990.

초 정책을 분석한다. 호리는 사료상에 '오사카나미'라 표현되는 유일한 지나이초는 돈다바야시富田林 지나이초라 주장하고, 그 주변의 지나이초(특히 이마이 지나이초)를 검토하여, "오다 권력의 대對지나이초 정책은 상경 이후 일관하여 '오사카나미' 지나이초 특권의 부정—즉 '오사카나미' 체제의 해체—였다"고 본다. 오다 정권은 "중요한 사원 · 지나이초 등에 '예전礼錢'을 요구하고, 이것을 거부한 자는 파괴하고 불질렀다". 돈다바야시 지나이초는 노부나가에 예전을 납부하여 파괴를 모면한 것으로,[42] 오다 권력은 "돈다바야시에 대해 지나이초의 안전을 보장한 것에 불과하고, '오사카나미'의 지나이초 특권을 안도한 것은 아니었다".

또 호리는 오다 정권의 지나이초 자체에 대한 지배 강화를 강조한다. 통상 노부나가는 '돈다바야시 원내院內' · '돈다바야시 지나이 중寺內中' 앞으로 문서를 발행하였는데, 겐키元龜 연간에 이르러 명의가 '돈다바야시 총중惣中'으로 바뀐다. 이는 오다 정권이 "돈다바야시 고보御坊의 영주적 지위를 부정하고, 돈다바야시 지배 중심을 고보에서 '총중'으로 바꾼 것"이다. 즉 "오다 권력에 의한 돈다바야시의 파악이 진척되어, 지나이초의 해체가 진전된 것"이다. 결국 오다 정권이 돈다바야시에 승인해 준 특권이란, 종래의 "'오사카나미'의 지나이초 특권에서 보면 대폭 후퇴한 것으로, 지나이초의 여러 특권을 그대로 '안도'한 것은 아니"었으며, "근세 국가의 종교를 지배하는 막번권력이란 구조는 이미 오다 권력 시기부터 형성되고 있던" 것이다. 호리의 결론 자체는 종래 통설과 동일하지만, 와키타 · 간다와 다른 입장에서 아사오 · 후지키 설을 보완한 점이 주목된다.

이와 같이 1980~1990년대 연구는 여전히 혼간지 · 잇코잇키에 편중

---

42 오다 정권의 '예전' 정책은 朴秀哲, 前揭「織田政權における寺社支配の構造」 참조.

되고,[43] 그 외 사사에 관한 연구는 극히 적은 편이다. 참고로 혼간지 외 사사에 관한 연구는 아즈치 종론과,[44] 1970년대의 우지宇治 뵤도인平等院과 노부나가의 관계를 해명한 오쿠노 다카히로의 연구,[45] 엔랴쿠지 방화의 역사적 의의를 경제적 상업 유통의 측면에서 규명한 히코요시 미에코彦由三枝子의 연구뿐이다.[46] 따라서 향후 연구가 보다 심화되려면 혼간지 · 잇코잇키 외의 사사에도 관심을 가져야 한다. 특히 중세적 사사세력을 대표하는 현밀계 사원과 오산계 선종 사원에 관한 연구는 여전히 부족하다. 오다 정권의 전통적 사사세력에 대한 지배 양태, 그 원리와 구조에 관한 보다 상세한 분석이 요구된다.

도요토미 정권의 경우

쓰지 젠노스케 이래 도요토미 정권기 사사에 관한 연구는 '암흑기'인 1960~1970년대를 걸쳐 1980년대에 이르러 겨우 본격화된다. 그 연구경향은 대체로 다음과 같은 세 흐름으로 나타난다. 첫째, 덴쇼지天正寺 · 호코지 · 도요쿠니 신사豊國社 등 사원과 신사의 조영 및 그 조영의의에 관한 연구, 둘째, 법화종의 불수불시파不受不施派 · 호코지 대불천승회大佛千僧會에 관한 연구, 셋째, 그 외 기타 연구이다.[47]

---

43 그 외, 노부나가와 혼간지 · 잇코잇키의 관계에 관해서는 노부나가와 혼간지가 화해한 배경에 양자를 연결시켜 준 모리 요시나리의 처(妙向尼)가 존재하였다고 하는 모리 스쇼(森嵩正)의 연구(同,「石山戰爭和睦の背景」,『日本歷史』362, 1978)와, 불분명한 점이 많이 남아 있는 나가시마 잇코잇키에 대해 그 실태를 분석한 이나모토 모리아키(稻本紀昭)의 연구(同,「織田信長と長島一揆」,『日本國家の史的特質』, 思文閣, 1995) 등이 있다.

44 辻善之助,「安土宗論」,『安土桃山時代史論』, 1915(후에, 同, 前揭『日本佛教史』近世之一에 수록); 中尾堯,「安土宗論の史的意義」,『日本歷史』112, 1957; 藤井學,「日蓮宗徒の活躍」,『京都の歷史』4, 學藝書林, 1969; 半田實,「安土宗論について」,『年報中世史研究』5, 1980.

45 奧野高廣,「宇治平等院と織田信長」,『古記錄の研究』, 續群書類從完成會, 1970.

46 彦由三枝子,「比叡山燒打の歷史的意義」,『政治經濟史學』117, 1976.

47 고잔쇼닌(興山上人) 모쿠지키 오고(木食応其)의 활동에 관한 연구, 젠코지여래의 이전(遷座)과 의미를 고찰한 연구(和多昭夫,「木食上人考」,『密教文化』55 · 61, 1961 · 62; 西山克,「王權と善光寺如來堂」,『古代 · 中世の信濃社會』, 銀河書房, 1992).

먼저 첫 번째의 경우 오쿠와 히토시大桑齊 · 미키 세이이치로의 연구가 이에 해당한다. 오쿠와는 덴쇼지의 창건 계획과 중지, 호코지 대불전 조영에 이르는 과정을 고찰하여, 덴쇼天正 시기 도요토미 정권과 불교의 관계를 분석한다.[48] 오쿠와는 "종래의 통설과 같이 막번 국가와 그 권력을, 종교성을 탈피한 단계로 파악하는 방식만으로는 이제 충분하지 않고, 오히려 막번제 국가 그 자체의 종교성이 문제시되지 않으면 안 되는 시점에 도달하였다"고 전제한다. "막번제 국가는 그 구성원인 민중이 종교적으로 사유하기 때문에, 이를 지배하는 권력"도 지배-피지배란 구조를 넘어, "국가 그 자체가 종교성으로 표출하여 가장 유효하게 민중을 지배할 수 있었"다. "따라서 히데요시의 종교 문제를 추구함으로써 통일정권에서 막번제 국가로 넘어가는 과정이 분명하게 (해명)될 터"라고 오쿠와는 주장하고 이 문제를 해결하기 위해 덴쇼지 창건문제를 다룬다.

오쿠와에 따르면, 히데요시가 당초 노부나가의 위패소에 불과하였던 '소켄지摠見寺'를 확충 · 발전시켜, 그것을 다이헤이 산太平山 덴쇼지라 명명한 것은 단순히 노부나가의 명복을 빌기 위함이 아니라 "천하태평을 기원하는 국가적 사원의 개창이라는 히데요시의 발상 전환"에 의한 것이었다. 즉 엔랴쿠지 재건 허가를 계기로, 독자적인 종교 정책을 펴기 시작한 히데요시는 "국가적 사원의 진호鎭護를 공무라고 인식"하여, 종교를 이러한 방향에서 재편성하고, 이 "공무를 담당하는 자신을 천하인이라 위치지웠"다.

그러나 1585년(天正13) 히데요시의 관백關白 취임 이후, 도요토미 정권이 정치적 패권을 확립하자, 히데요시는 덴쇼지 조영을 중지하고 새롭

---

48 大桑齊, 「天正寺の創建 · 中絶から大佛造營へ-天正期豊臣政權と佛教」, 『大谷學報』63-2, 1983(후에 同, 『日本近世の思想と佛教』, 法藏館, 1989에 재록).

게 호코지 대불전 조영을 시작한다. 즉 오쿠와에 따르면, 건축책임자였던 고케이 소친古溪宗陳의 유죄로 인해 조영이 중지된 것(쓰지 젠노스케 설)도, 조영 자체가 정략적이기 때문에 중지는 당연한 것[후지이 마나부(藤井學) 설]도 아니다. 관백 취임 후 민중지배를 염두에 두기 시작한 히데요시가 엔랴쿠지 · 고야 산 · 혼간지 · 법화종 등을 통제하에 둔 단계에 이르러, 새로운 이념을 창출하지 못하는 덴쇼지를 대신하여 대불전 조영을 발원한 것이다. 노부나가와 이에야스의 중간에 위치하는 히데요시는 "노부나가가 시도한 것과 같이 권력자가 신성神聖을 현시하여 민중을 종교적으로 지배함을 이상으로 하면서, 스스로가 신성을 획득하지 못한 단계에서 그 대리자인 대불大佛로 하여금 민중을 종교적으로 지배하려 하였"다.

히데요시 시기 사사 연구가 거의 대부분 정권 후기인 분로쿠文祿 시기에 집중하고 있는 데 비해, 오쿠와의 연구는 히데요시 초기의 정책과 전개를 분석하였고 이 점은 평가받을 만하다. 다만 도요토미 정권의 사사 정책의 내용 및 전환에 관해 사원의 조영 · 건축만으로는 충분히 규명할 수 없다. 사사 전반에 관한 히데요시의 정책을 고찰한 후에 다시 종합적으로 논의해야 한다. 또 과연 오쿠와와 같이 히데요시의 사원 정책을 '국가진호國家鎭護=덴쇼지', '민중지배 이데올로기=호코지 대불전 조영'으로 유형화할 수 있는지도 의문이다. 왜냐하면 미키 세이이치로가 지적하듯 대불전 조영에도 국가진호의 요소가 포함되어 있기 때문에 양자의 유형화가 반드시 정확하다고 볼 수 없다.[49]

미키는 오쿠와 설을 '국가진호의 종교에서 민중지배의 종교로'라고 도식화하고, 이러한 히데요시 불교정책의 전개 방향에 기본적으로 찬

---

49 三鬼清一郎, 「方廣寺大佛殿造營に關する一考察」, 永原慶二編, 『中世 · 近世の國家と社會』, 東京大學出版會, 1986; 同, 「豊臣社の造營に關する一考察」, 『名古屋大學文學部硏究論集』史學33, 1987. 히데요시의 신격화 문제와 관련된 도요쿠니 신사(豊國社) 조영에 관해서는 가와구치 마사요시(河內將芳)의 연구(同, 「豊國社の成立過程について-秀吉神格化をめぐって」, 『ヒストリア』164, 1999) 참조.

성한다. 그러나 그 전제가 되는 '노부나가의 자기신격화'론은 부정한다.[50] 미키에 따르면, 노부나가는 만년에 정토신앙과 신도사상을 자기편으로 끌어들이기 위한 방책으로, 이세신궁의 식년천궁式年遷宮 부활, 젠코지여래善光寺如來의 미노美濃 권청勸請 등을 도모했고 이는 뒤에 히데요시에게 계승된다. 미키는 오다 · 도요토미 정권이 사사 정책의 측면에서 공통점이 있다고 파악한다. 히데요시가 엔랴쿠지 재건 · 혼간지 보호 등 노부나가와 달리 대응한 부분도 있지만, "노부나가라 하더라도, 굴복한 세력은 '사면'조치하여 '불법재흥'(흥륭)을 꾀했기 때문에 커다란 흐름에서 보면 양자의 의식은 비슷하다"고 주장하고, 양 정권의 공통된 종교 정책으로 도다이지東大寺 대불전 재건을 중시한다. 미키는 오다 정권의 사사보호를 강조하는 와키타 · 간다 설을 받아들이면서도 이를 히데요시와의 '연속성'으로 파악하여, 오다 · 도요토미 정권의 '단절성'을 강조하는 와키타 등과 견해를 달리한다. 이는 실로 노부나가의 '불교존중'과 오다 · 도요토미 정권의 '연속성'을 강조하는 전전 다나카 설의 완벽한 '부활'이다.

그런데 미키는 호코지 대불전 조영을 히데요시 불교 정책의 '총괄'로 보고 조영 비용이 히데요시 직할의 장미藏米(창고미)에서 충당되고 일반 백성의 권진勸進(시주)이 이루어지지 않은 부분에 주목한다. 호코지는 "조영의 경과에서 볼 때 서민의 소박한 신앙심을 존립의 기반으로 하지 않은 전혀 민중적인 폭의 확대를 지니지 못한 사원이었다". "조영에 즈음하여 권진이 이루어지지 않은 것은 호코지의 성격을 단적으로 보여주는 것"으로, 동 사원은 "흡사 나라의 고후쿠지가 후지와라 씨의 씨사氏寺였던 것과 같이 도요토미 가家의 씨사로서 국가진호와 더불어 선조의 공

50 三鬼清一郎, 前掲「織田政権の権力構造」.

양과 자손의 번영을 기원하는 장이었다". 덴쇼지는 노부나가의 위패소라는 본래의 성격을 불식할 수 없으며 국가적 성격을 지닌 사원에서 도요토미 가의 선조 공양 법회를 집행하려면 결국 새로운 사원을 창건해야 했다. 바로 여기에 호코지 대불전 조영의 의의와 목적이 있다. 이것이 미키 설의 요지인데 '국가진호'의 요소를 배제한 오쿠와 설보다 수긍할 점이 많다. 그러나 미키 설 역시 히데요시의 사사 정책 전반과 관련하여 문제는 여전히 남아 있다. 대불전=도요토미 가의 사사私寺라 한다면, 히데요시의 전체적 사사지배를 염두에 둘 때 과연 이것을 어떻게 위치지워야 하는가? 이 점은 미키도 그 이상 추구하지 않았으며 향후 과제로 남아 있다.

한편 오쿠와 · 미키의 연구가 히데요시란 권력 측에서의 고찰이라면, 두 번째 흐름으로 열거할 수 있는 후지이 마나부 등의 연구는 반대로 사사 측 입장에서 권력과의 관계를 분석한다.

먼저 후지이는 "대불공양大佛供養 출사出仕 · 불출사不出仕의 문제=낙내洛內 법화종의 분열(文祿4), 오사카 성 내 문답問答과 니치오日奧 유배(慶長4~5)", 불수불시파 금교禁敎(寬永7) 등 법화종 불수불시파에 대한 탄압 사건에 주목한다.[51] 후지이에 따르면, 이러한 사건은 "근세 봉건군주 히데요시 · 이에야스 · 이에미쓰家光로 대표되는 정치권력과 불수불시 이론의 대결"이며, "불수불시 사상을 막부가 집요하게 금지한 이유를, (단지) 국주공양國主供養을 편법謗法공양이라 하여 계속 거부해온 니치오의 종법 준수라는 점만으로 설명하기란 불가능하"다. 즉 "니치오의 불수불시 이론의 본질에는 현실의 국토=석가어령釋迦御領, 혹은 신기神祇 국주國主 이하 일체 중생=석가釋迦의 하인所從이란 불교적 평등 이념에 기초한 왕법위본王法爲本

51 藤井學, 「法華宗不受不施派についての一考察-近世初期におけるその思想と社會的基盤を中心として」, 『日本史研究』36, 1958.

의 태도가 일관되게 존재하"고 있으며, "쇼군을 정점으로 하는 근세봉건사회의 히에라르키Hierarchie와 전혀 상반되는 것"이다. 여기에 막부가 불수불시파를 금지한 하나의 필연적 이유가 존재한다. 그러나 이와 동시에 "니치오는 일본국의 본원적 통치권을 석존釋尊에 부속되는 것으로 규정하고, 현실의 봉건영주는 석존에게서 통치권의 행사를 위탁받은 것이라 생각하"였다. 다시 말해 "니치오는 이 위탁된 봉건통치권의 행사까지 부정한 것이 아니"라, "위탁된 이상 (그) 행사에는 부대조건—정법正法에 의한 통치—"가 존재한다고 이해하며 쇼군권력 자체는 인정한다. 이는 니치오 이론을 지탱하던 사회적 기반이 중세 법화잇키의 계보를 잇는 "도시 상층 마치슈町衆와 중세적 재지토호의 성격을 병용하고 있던 지방의 유력 무사 문도門徒를 중핵으로 한 묘카쿠지妙覺寺 문도단門徒團이었"기 때문이다. 그런 점에서 이는 "일본 불교사에 있어 중세성"의 잔존이기도 하다. 요컨대 후지이 설의 의의는 불수불시파에 관한 사사의 사회적 기반을 해명하고 니치오와 불수불시파의 역사적 의의를 명확히 한 점에 있다.

법화종 신도가 아니면 절대 권력자라 하더라도 포교하지 않음을 원칙으로 하는 이 불수불시파에 관해서는 그 외에 미야자키 에이슈宮崎英修와 다마무로 후미오圭室文雄를 비롯하여 비교적 연구가 많다.[52] 그렇지만 그 배경이 된 호코지 대불천승회의 구체적인 장소와 실태는 불분명한 점이 많고, 이 점에 착안한 연구자가 가와우치 마사요시河內將芳이다.[53] 가와우치에 따르면 대불천승회는 1595년(文祿4) 9월 25일 대불 안쪽에 위치하는 묘호인妙法院 경당經堂에서 행해졌다. 히데요시는 구舊팔종八宗을

52 宮崎英修, 『不受不施派の源流と展開』, 平樂寺書店, 1969; 圭室文雄, 『日本佛教史』近世, 吉川弘文館, 1987.

53 河內將芳, 「京都東山千僧會について-中近世移行期における權力と宗教」, 『日本史研究』425, 1998.

대신하여 '새로운新儀' 팔종의 종파를 창설(공인)했으며, 이를 통해 각 불교 종파의 서열을 가시화하였다. 세속권력이 종교세력을 제압한 사실을 지적한 점은 종래 연구와 같지만 이 천승회를 "새로운 팔종창설"로 위치지운 점이 주목된다.

그러나 이상의 선행연구는 ①주로 도요토미 정권의 말기에 집중되고, ②더욱이 대불전 조영 · 천승회(불수불시파) 등이 중심 연구 테마로서 특히 히데요시 초기 사사 정책은 덴쇼지 외에는 거의 언급이 없다.[54] 게다가 도요토미 정권의 사사 정책은 오로지 히데요시의 근세권력이란 측면만이 강조된다. 가령 도요토미 정권의 큰 특징인 사사 재건은 일견 복고 정책으로도 보이는데, 왜 근세권력인 도요토미 정권이 중세 무로마치 막부와 유사한 정책을 폈는가? 정작 도요토미 정권의 사사지배 원리와 이념 전반은 고찰하지 않고 있다.

한편 최근 이토 신쇼는 도요토미 정권에서의 관점이 아니라 사사의 입장에서 분석하여, 이러한 선행연구와 상당히 다른 견해를 제시한다.[55] 이토는 도요토미 정권의 방침은 기본적으로 "기존의 신분질서를 회복하는 방향"에 서 있으며, "지금까지는 이러한 사례를 정권 측의 간섭으로 보아 왔지만, 실상은 사사 측이 요청한 것으로, 사사가 정권을 이용한 것으로 보는 것이 타당"하다고 주장한다. 또 "그러한 의미에서 도요토미 정권은 정책적으로 사사에 대해 적극적으로 간섭할 의지가 거의 없고, 신분질서 회복 이상의 지향은 보이지 않는다. 이 점은 문적(門跡: 천황가 · 섭가 출신의 승려)에 대해서도 마찬가지다. 정권이 문적의 상속

54 1585년(天正13)의 교토(京廻り) 토지 조사검지를 대상으로, 쇼시다이(所司代)와 사사 간 관계를 중심으로 도요토미 정권의 사사지배 양태를 분석한 1999년 일본사연구대회 이토 신쇼(伊藤眞昭)의 보고는 이러한 연구 경향을 극복하기 위한 '작업'의 일환이다(同, 「中近世移行期における寺社と統一政権–所司代の展開を中心として」, 『日本史研究』452, 2000).

55 伊藤眞昭, 前掲「京都の寺社と統一政權」.

과 승려의 관위 · 관직에 간여하는 예는 많지만, 그것도 문적 측 요청에 의한 것"이다. 요컨대 사사의 관점에서 도요토미 정권을 보면, 사사정책의 기본 목표는 첫째, 문적 등 사사 상층부의 장악과 둘째, 기존 질서 회복에 있다. 전자는 도요토미 가문의 선조 공양 법회를 위한 호코지 대불천승회 참석을 통해 달성된다. 후자는 사사 내 하극상을 불허함으로써 사사 내부의 통제를 강화하려 한 문적 등 사원 상층부와 일치된 생각으로 이 정책은 그 후 도쿠가와 정권으로 계승된다.

'인사音信'를 중심으로 사사세력의 적극적 노력을 분석한 점은 종래 선행연구에서 그다지 부각되지 않았던 부분이다. 그러나 이토 설 역시 도요토미 정권의 사사에 대한 통제가 실제로 어떻게 이루어지고 있었는가? 그 실태와 구체적인 과정은 불명확한 점이 많다. 정말로 도요토미 정권이 사사에 대해 적극적으로 간섭할 뜻이 없었는가? 이 문제는 보다 다각적으로 검토할 필요가 있다.[56] 도요토미 정권의 사사지배 실상, 특히 사사통제에 관한 분석은 쓰지 젠노스케에 의한 개괄적인 연구 외에,[57] 후지이 마나부 · 아사오 나오히로에 의한 일부 언급만이 존재하고 있을 뿐,[58] 히데요시의 사사통제는 어떤 의미에서 '당연한 것'으로 취급되어 실제로는 연구가 많이 진행되지 않은 상황이다.

---

56 朴秀哲, 前掲「豊臣政權における寺社支配の理念」 참조. 한편 서론에서 언급했듯 최근 이토 신쇼는 교토 쇼시다이를 중심으로 이 문제를 규명하였다(伊藤眞昭, 『京都の寺社と豊臣政權』, 法藏館, 2003).

57 辻善之助, 前掲『日本佛教史』近世之一.

58 藤井學, 「社寺の復興」, 『京都の歷史』4, 學藝書林, 1969; 朝尾直弘, 「京都所司代」, 『京都の歷史』4.

소결小結

향후 오다 · 도요토미 정권의 사사 관계 · 정책을 연구할 때 유의할 점은 다음과 같다.

첫째, 철저하게 대립된 아사오 · 와키타 설을 어떻게 종합적으로 이해해야 하는가이다. 오다 정권의 사사지배 중에 '강압 · 압박' 정책과 사사령 '온존 · 회복' 정책이 존재한다는 것은 아사오 · 와키타 등의 선행연구로 명확히 밝혀졌다. 그러나 노부나가가 왜 일견 서로 모순되는 것으로도 보이는 양 정책을 실시하였는가? 노부나가의 사사지배 고유 논리와 구조적 특질은 종합적으로 논의되지 않았다. 또 아사오 · 와키타의 연구 역시 노부나가의 사사지배에 관한 전론은 아니고, 아사오는 주로 잇코잇키에, 와키타는 사사령 장원 정책에 한정되었다. 따라서 노부나가의 사사지배 전반을 새롭게 재검토할 필요가 있다.

둘째, 특히 연구대상 · 분야가 혼간지 · 잇코잇키에 한정된 점도 문제이다. 막대한 연구업적이 집적된 혼간지 · 잇코잇키는 근년에도 지나이초를 중심으로 활발한 연구가 계속되고 있지만, 그 외 사사에 대해서는 법화종을 제외하곤 거의 전무라고 해도 과언이 아니다. 혼간지 이외에 전통적 사사세력인 현밀계 사원, 오산계 사원 등에도 관심과 연구가 필요하다.

제2장

오다 정권의 사사지배

1571년(元龜2) 9월 12일, 노부나가는 엔랴쿠지 대방화를 자행한다. 이 사건은 전통적 권위를 자랑하던 사사세력과 단절을 모색한 오다 정권의 근세적 지향을 보여주는 상징으로 평가된다. 노부나가는 엔랴쿠지 외에도 무력을 동원하여, 혼간지 · 고야 산 등 사원을 철저히 탄압하여 승려 다수를 살해하고 수많은 사원 영지를 몰수하였다. 특히 나가시마 · 에치젠 잇코잇키 세력을 대상으로 한 '한 명도 남김없이 죽이는' 무자비한 대량 학살 정책은 실로 전대미문이라 해도 과언이 아니며 오다 정권이 사사세력에게 자행한 무자비한 탄압의 절정을 보여준다. 여기서 오다 정권의 사사 정책은 사사에 대한 '탄압'이 핵심이며, 이것이 오다 정권이 근세권력임을 증명하는 유력한 근거라는 견해가 성립한다. 쓰지 젠노스케辻善之助가 처음 제기한 이 설은 이마이 린타로今井林太郎 · 아사오 나오히로朝尾直弘에 의해 계승 · 발전한다. 이마이 · 아사오의 주된 논점과 관점은 다소 차이가 있지만, 양자 모두 공통적으로 오다 정권을 근세권력으로 보고 노부나가가 자행한 사사 억압 정책과 사사세력의 굴복 양상을 중시한다. 그러나 이마이 설과 아사오 설은 오다 정권의 사사 정책을 전면적으로 분석한 연구가 아니며 오다 정권의 특질과 관련하여 일부를 부분적으로 언급할 따름이다. 또 노부나가의 사사 '탄압' 측면을 강조했지만, 일견 이와 모순된 무로마치 막부 정책과 그다지 다르지 않은 오다 정권의 사사령 지배 보증安堵 정책 · 보호 정책을 간과하였다.[1]

이미 1945년 이전에 다나카 요시나리田中義成가 노부나가의 불교존중을 지적했고 와키타 오사무脇田修는 다나카 설을 계승 · 발전하여 노부나가의 사사세력에 대한 타협적 자세를 중시한다. 와키타에 따르면 노부나가는 최후까지 사사 등 전통적 세력을 배제하려는 의도가 없었다. 노부나가는 무로마치 막부와 마찬가지로 중세 토지소유의 기본 원칙인, 설령 불법일지라도 현재 실제 지배하는 자의 토지소유를 인정하는 당지행의 원리를 기준으로 사사의 토지지배를 인정했다. 오다 정권은 결코 장원제 폐지를 목표로 하지 않았으며 오히려 사사령을 '온존 · 회복'하는 정책을 실시하였다. 그러나 와키타의 연구도 노부나가의 사사본소령寺社本所領을 분석하는 데 그칠 뿐 오다 정권의 사사 정책을 전면적으로 분석한 것은 아니다. 노부나가는 사사령 '온존 · 회복' 정책을 실시하면서도 왜 한편으로 엔랴쿠지 방화, 나가시마 · 에치젠의 잇코잇키 '대량 학살' 등 사사에 초강경 정책을 폈는가? 그 구조와 오다 정권의 논리는 분석하지 않았다.[2]

이상과 같은 문제점을 갖고 있는 아사오 · 아키타 설이지만, 근년까지도 이 양설을 극복한 연구는 보이지 않는다. 그 주된 원인은 무엇보다 오다 정권의 사사지배 · 정책 실상에 관한 실증적 연구가 전반적으로 소략하기 때문이다. 이 장에서는 선행연구의 문제점을 해결하기 위한 실마리로서 오다 정권의 사사지배 원리와 구조를 분석하려 한다. 다만 혼간지 등 개별적인 사원과 신사를 분석 대상으로 하는 연구 방법을 택하지 않

---

1 이 책 제1부 제1장 오다 · 도요토미 정권과 사사-연구 동향과 과제- 참조.

2 同上.

고, 사사세력 전반에 대한 오다 정권의 정책을 가능한 종합적으로 분석한다.

먼저 첫째, 오다 정권의 사사지배 실상, 그 지배 원리를 고찰한다. 오다 정권은 몇 가지 사사지배 유형을 설정하고 이에 대응하여 사사를 지배하였다는 점, 노부나가에게 사사 탄압 · '말살' 정책과 사사보호 · 사사령 '온존 · 회복' 정책은 결코 대립되거나 모순되는 것이 아니고 서로 병존할 수 있는 정책이었다는 점을 해명한다.

다음으로 둘째, 오다 정권의 성립과 전개에 따른 각각 단계의 사사지배 과정을 고찰한다. 오다 정권의 성격 변화와 함께 각 단계의 사사지배도 각각 다른 양상을 띤다. 아사오 외의 선행연구는 이 점을 거의 언급하지 않으며, 아사오도 주로 일향종과의 관계를 중심으로 서술하는 데 그친다. 또 1582년(天正10)에 주목하고 싶은데, 이를 언급한 선행연구는 전무하다.

1. 사사지배의 유형과 원리

세 가지 유형

노부나가의 사사 탄압 · 보호 정책은 결코 서로 모순되는 것이 아니다. 1575년天正3 9월, 노부나가는 다음과 같은 지시를 담은 문서를 내렸다. 이 시기는 1574년天正2에 이어 승려 · 백성을 모조리 죽이는 '대학살'을 강행하는 등 잇코잇키에 대한 탄압이 정점에 달한 시점이다. 그러나 이 시기조차 탄압과 보호정책은 병존하였다.

> 1. 지배를 보증한 두 개 군二郡 내의 사원령寺庵領 · 신사령社領은 모두 몰수하라. 급인중給人衆(가신화한 재지무사)의 영지 내에 있는 사사령도 마찬가지이다(A). 다만, 상황에 따라 몰수한 사사령은 급인에게 줄 수도 있다.
>
> 1. 오다 신사의 영지織田大明神領는 노부나가의 선조와 특별한 연관이 있으므로 결코 몰수해서는 안 된다(B).
>
> 이상.
>
> 덴쇼天正3 (노부나가)
>
> 9월 23일 도장在印
>
> 후와 가와치노카미 도노不破河内守殿: 미쓰하루(光治)
>
> 삿사 구라노스케 도노佐々内藏助殿: 나리마사(成政)

마에다 마타자에몬노조 도노前田又左衛門尉殿: 도시이에(利家)[3]

이 문서는 몰수(A)와 몰수 금지(B)를 지시한 내용으로 구성된다. 이를 편의상 각각 노부나가의 사사지배 A형型, B형으로 한다.

A형은 "이즈미 일국和泉一國 잇키의 거점인 지나이寺內는 모두 파괴할 것"[4] 이라든지, "처벌로서, 모든 사원령을 남김없이 몰수할 것"[5] 등과 같이 몰수를 비롯한 사사에 대한 전면적 탄압 행위를 동반한다. 이를 '전면적 탄압'형으로 규정하고자 하는데 엔랴쿠지와 일향종[잇코종(一向宗)] 계열 사원은 이 유형에 속하는 대표적 사례이다. 노부나가는 자신을 적대시한 사원 · 신사에 대해 기본적으로 이 유형을 적용하였다.

B형으로 분류되는 대표적인 사사는 오다 신사를 비롯하여, 아쓰타 신사熱田社 · 돈게인曇華院 · 조후쿠지長福寺 · 닌나지仁和寺 · 호케이지寶鏡寺 등이 있다. 노부나가로부터 슈고불입守護不入의 권리를 보장받은 사사는 대체로 여기 속한다. 노부나가의 기원소祈願所나, 천황의 칙원소勅願所, 그리고 중립을 표방한 무연소無緣所 등을 내세우는 이들 사사는 노부나가로부터 슈고불입권을 비롯하여, 사령 안도安堵, 과역 면제 등 각종 특혜를 보장받았다. 이런 점에서 B형을 '전면적 보호'형으로 규정한다.

A형을 강조하면 노부나가가 사사의 전통적 권위를 부정한 것이 된다. 반대로 B형을 강조하면 노부나가가 전통적 권위와 타협한 것이 된다. 그러나 A형과 B형은 결코 모순되지 않으며 동시에 병존할 수 있다. 중요한 점은 A형이든 B형이든 이는 오다 정권의 사사지배 방식 중 한 가지 유형에 불과하다는 것이다.

---

3 奧野高廣, 『增訂織田信長の文書の硏究』下, 548号(吉川弘文館, 1988. 이하 『信長文書』上 · 下 · 補로 약칭한다).

4 『信長文書』補, 94号.

5 『信長文書』下, p. 547.

그런데 오다 정권의 사사 정책이 전면적 탄압과 전면적 보호만으로 구성된 것은 아니다. 실제로는 A형 · B형의 틀에 속하지 않는 다양한 형태의 사사지배가 존재한다. 여기서는 이런 종류의 형태를 C형으로 부르고자 한다.

‥표1 보호의 형태 · 횟수

연도	안도(지배보증) 계열	면제 계열	금지 계열	두 계열 이상의 보호	세 계열 이상의 보호	기타	소계(슈고 불입)
	사원령 · 직 · 연공미 · 지자전(地子錢) 등의 안도 · 기진 · 환부	과역[제역 · 신규 · 비분(非分)] · 차전 · 저당 · 덕정 등 면제	난폭행위 · 방화 · 진 · 기숙 · 죽목벌채 등 불법행위 금지				
상경(1568) 이전	13	5	3	7	8	6	52(10)
상경 이후 ~ 1573	33	5	24	13	3	8	86(6)
1573 ~ 1575	26	2	11	9	3	7	58(4)
1576 ~ 1579	20	1	8	4	1	9	43(2)
1580 ~ 1582	12	0	3	27	1	9	52(1)
총계	104	13	49	60	16	39	281(23)

주1. 표는 奧野高廣, 前揭『增訂織田信長文書の硏究』를 바탕으로 작성.

주2. 연도가 확정되지 않은 문서는 제외한다. 또 노부나가의 의지와 관련이 없고 가신의 독자적 판단에 의한 문서는 제외한다. 노부나가의 주인장(朱印狀) · 판물(判物)과 가신의 봉서(奉書)에 한정한다.

주3. 부장(副狀)이 있는 경우 동일 내용이면 별도로 간주하지 않고 하나의 문서로 처리했고, 발급대상(宛名)이 사사 · 승려 이외의 경우(○○ 장원 · 촌 등) 원칙적으로 제외한다.

주4. 슈고불입권을 지닌 사사는 다음과 같다.[6]

주5. 시기구분 지표는 1573년(天正1) 요시아키(義昭) 추방, 1576년(天正4) 아즈치 성 건설, 1580년(天正8) 혼간지 굴복.

6 ①상경 이전: 덴분(天文)18년의 오와리 아쓰타 신사, 덴분23년의 오와리 호린지(法輪寺), 에이로쿠(永祿)1년의 오와리 운코지(雲興寺), 에이로쿠1년의 오와리 쇼겐지(正眼寺), 에이로쿠3년의 오와리 도류지(東龍寺), 에이로쿠5년의 오와리 아미다지(阿彌陀寺), 에이로쿠6년의 오와리 묘코지(妙興寺), 에이로쿠7년의 오와리 조코지(定光寺), 에이로쿠8년의 오와리 쓰시마 신사(津島社), 에이로쿠10년의 오와리 렌다이지(蓮臺寺), ②상경 이후~1573년: 에이로쿠11년의 오미(近江) 햐쿠사이지(百濟寺), 에이로쿠12년의 셋쓰(攝津) 닌초지(忍頂寺), 겐키(元龜)1년의 야마시로 돈게인(曇華院), 겐키3년의 셋쓰 조온지(長遠寺), 겐키3년의 야마시로 조후쿠지(長福寺), 겐키4년의 야마시로 조후쿠지, ③1573~1575년: 덴쇼(天正)1년의 에치젠(越前) 오다 신사(織田社), 덴쇼1년의 야마시로 닌나지(仁和寺), 덴쇼2년의 야마시로 호케이지(寶鏡寺, 2회). ④1576~1579년: 덴쇼5년의 야마시로 조후쿠지, 덴쇼7년의 오와리 고마쓰지(小松寺) · 헨조지(遍照寺). ⑤1580~1582년: 덴쇼9년의 야마토(大和) 다이조인(大乘院).

위의 〈표1〉은 노부나가가 실시한 보호 사례의 숫자를 연대별로 표시한 것이다. 오다 정권의 사사보호 정책의 내용은 대체로 ①슈고불입권 계열: 검단권自檢斷 부여, 견책사譴責使 입부入部 금지, 성역聖域[아질(Asyl)] 인정, ②안도 계열: 사원 영지 · 직職의 보증, 기진이나 영지 환부還付, ③면제 계열: 제역諸役 및 임시 · 신규新儀 과역 금지, 차전借錢 · 저당물質物 · 채무탕감德政의 대상 면제, ④금지 계열: 사사에 대한 각종 불법행위[난폭행위(狼藉) · 약탈(亂放) · 진을 치는 것(陣取) · 방화 · 죽목(竹木)의 벌채 · 기숙(寄宿)] 금지, ⑤그 외 기타 계열: 종교 활동의 보증 · 지원 등으로 분류된다.

C형은 대체로 여러 보호 내용 중에서 한 가지 또는 두 가지 권리를 인정받는 데 그친다. 당연히 슈고불입권 등 특권은 인정받지 못했다. 〈표1〉에서 알 수 있듯이 약 281건의 보호 사례 중에서 안도계열 · 면제계열 · 금지계열을 모두 보호받은 경우는 16건밖에 없고, 슈고불입권을 인정받은 경우도 23건 뿐이다. 오다 정권이 사사를 보호한 사례는 대부분 사사령 안도 등에 그친다. 예를 들어 영지는 계속 지배할 수 있는 권리를 인정받았지만, 신고를 누락한 토지에 대해 매년 400석의 운송세運上米와 군역 백 명의 인부를 징발할 것을 명령받은 1569년(永祿12)의 가모 신사賀茂社,[7] 그리고 사원령은 안도받았지만 "임시과역을 제외하고, (나머지는) 사원에 반드시 납부해야 할 것"[8]이라 하여 과역을 면제받지 못한 1581년(天正9)의 야마시로山城 긴조지金藏寺는 이 유형에 속한다. 같은 보호라도 사사령 안도 등 일부의 권리만 보호받는 C형은 사령 안도는 물론이거니와 슈고불입권까지도 인정받은 '전면적 보호형'인 B형과 큰 차이가 있다. 이 점에서 C형은 '일부보호'형이라 규정할 수 있다.

---

7 『信長文書』上, 189号.

8 「金藏寺文書」(京都大学所蔵影写本).

따라서 몰수 처분만을 부각시켜 이를 오다 정권의 기본 정책으로 간주할 수는 없다. 오쿠노 다카히로는 오다 정권의 양면성을 인정하면서도 "사원령은 원칙적으로 몰수, 이것이 오다 정권의 기본 정책의 커다란 기둥"[9]이라 주장한다. 그러나 '몰수'가 원칙이라는 근거는 사실 명확하지 않고 오다 정권의 사사지배 유형에는 몰수 처벌을 받은 사사(A형) 외에, 일부만 보호받는 사사(C형), 특별히 보호받는 사사(B형)가 존재한다.

예를 들어 오다 정권 사사 탄압의 정점인 1575년(天正3)의 에치젠 국越前國으로 범위를 한정해도 사사보호의 사례는 매우 많다. 사원 건물의 건립을 허가받은 조쇼지誠照寺 · 쇼조지証誠寺 · 센쇼지專照寺,[10] 금제를 발급받은 센슈지專修寺,[11] 제역을 면제받은 센쇼지,[12] 사원 건립을 허가받은 사이렌지西蓮寺,[13] 제역과 부역을 면제받고, 산림 벌채 금지권을 획득한 오타키지大瀧寺,[14] 영공미靈供米 징수권을 안도받은 지겐지慈眼寺[15]가 있다. '몰수'라는 강력한 탄압은 어디까지나 세 유형 중 하나에 불과하며 현실적으로는 A형 · B형 · C형이란 세 유형이 존재한다. 몰수는 결코 사사에 대한 노부나가의 기본 정책이 아니다. 몰수든, 슈고불입권이든 상황과 조건에 따라 세 유형 중 어느 하나를 선택한 것이 사사 정책에 있어 오다 정권의 기본 방침이다.

다만 주의할 사실은 세 유형이 시기에 따라 변화할 수 있는 유동성을 갖고 있는 점이다. 사사에 대한 노부나가의 지배 유형은 결코 불변의 고정된 것이 아니며 시기에 따라 얼마든지 변할 수 있었다.

---

9 『信長文書』補, p. 219; 奥野高廣, 「織田政権の基本路線」, 『国史学』100, 1976 참조.

10 『信長文書』下, 519号.

11 「法雲寺文書」, 『福井県史』資料編5.

12 「専念寺文書」, 『福井県史』資料編3.

13 「西蓮寺文書」, 同上.

14 「大滝神社文書」, 『福井県史』資料編6.

15 「慈眼寺文書」, 同上.

오미 국近江國의 하쿠사이지百済寺는 그 전형적인 사례의 하나이다. 1568년(永祿11) 9월, 하쿠사이지는 노부나가의 기원소로 인정받아 다양한 특권을 부여받았다.[16] 그러나 그 후 1573년(天正1) 하쿠사이지는 잇키 편에 섰기 때문에 노부나가에게 철저한 탄압을 받아 "4월 11일, 하쿠사이지의 당堂 · 탑 · 가람 · 요사채坊舍 · 불당이 모두 재로 변했"[17]다. 1568년의 하쿠사이지는 B형, 1573년의 하쿠사이지는 A형이라 유형화할 수 있다.[18]

사사에 대한 철저한 탄압과 사령 안도 등의 보호는 노부나가에게 결코 모순된 정책이 아니다. 탄압과 보호는 서로 병존할 수 있는 것으로 현실적으로는 이처럼 세 유형으로 존재한다. 노부나가는 처해진 조건과 상황에 따라 이 세 유형 중 어느 하나를 해당 사사에 적용하였다. 이것이 바로 오다 정권이 사사를 지배하던 원칙으로, 선행연구처럼 보호와 탄압 어느 한 쪽만을 강조하는 양자택일적 견해는 타당하지 않다. 그러면 노부나가는 어떤 기준에서 세 유형을 선택하였는가?

충절 · 예전禮錢의 논리

겐키元龜 연간(1570~1572)에 이르러 대사사세력인 엔랴쿠지를 자기편으로 끌어들인 아자이淺井 · 아사쿠라朝倉 군과 오다 군 사이에 격렬한 전투가 계속해서 반복적으로 벌어졌다. 노부나가는 배후의 위협을 제거하기 위해 엔랴쿠지 공격을 감행하여 불을 질러 사원을 남김없이 초토화하였다. 그런데 노부나가가 엔랴쿠지를 방화하기 전에 제안한 다음 사료는 각각의 유형을 선택하는 기준이 무엇인지를 잘 보여준다.

---

16 『信長文書』上, 99号.

17 『信長公記』(角川文庫本)巻6.

18 이는 혼간지에도 적용된다. 노부나가와 전투가 계속된 1580년(天正8) 이전은 A형, 화평조약을 맺은 후는 C형이라고 할 수 있다.

(1571년) 9월 12일, (중략), 산문山門(엔랴쿠지)의 중도衆徒(하급 승려 · 승병의 주축–역자 주)를 불러 들였다. 이번에 노부나가 공公에게 충절을 다하면 노부나가 분국分國(領國) 내에 있는 산문의 영지를 원래대로 환부해줄 것임을 맹세하고 나아가 이를 보장하는 문서를 발부해줄 것(A)이다. 만약 출가出家(불교)의 도리상 어느 한 편만을 편들 수 없는 입장이라면 가만히 지켜볼 것(B)이라고 두 입장으로 나누어 전달하였다. 만일 이 두 입장에 위배한다면, 대웅전根本中堂 산왕이십일사山王二十一社를 비롯하여 남김없이 모두 불태워 버리겠다는 취지(C)의 말씀이다.[19]

이 사료는 내용상 세 가지 선택 방안으로 구성된다. ①엔랴쿠지가 노부나가에 충절(군사행동)을 다하면 노부나가 영국 내 엔랴쿠지 영지를 돌려 줌(A부분: 충절→보호), ②불교 도리라 하여 어느 한 쪽을 편들 수 없으면 중립을 지킬 것(B부분: 중립→현상유지), ③이상의 내용을 어기고 아사쿠라 씨 편을 든다면 엔랴쿠지 전체를 모두 불태워 버릴 것(C부분: 적대→탄압)라는 세 가지 안이다.

첫째, 세 가지 선택 안을 제시한 점에서 노부나가가 처음부터 엔랴쿠지를 탄압할 의도가 있던 것은 아니고 결과적으로 그렇게 된 것으로 보인다. 이 겐키元龜 연간 단계의 노부나가 권력은 여전히 '출가의 도리'라는 불교의 논리를 인정했으며 엔랴쿠지와 같은 중세 이래의 정통세력인 현밀顯密불교 자체도 부정하지 않았다. 노부나가는 어디까지 엔랴쿠지와의 화평을 희망하였지만 엔랴쿠지 측의 거부로 실현되지 않았을 따름이다. "산문 중도 등이 반역逆心에 나서 자업자득의 도리로 인해 산

19 『信長公記』巻4.

상산하山上山下 건물이 (모두 남김없이) 재가 되었"던 것이다.[20] 오다 정권의 탄압 대상은 사사 그 자체가 아니라 노부나가를 적대시한 '악승'으로 표현되는 사사세력에 국한된다.[21]

둘째, 탄압인가, 보호인가의 기준은 오다 정권에 대한 사사 측의 충절 여부이다. 노부나가 편이 되어 군사행동 등의 충절을 다한다면 영지를 안도 · 보호해주고 반대로 적대하면 철저하게 탄압하는 구조이다. 이것이 바로 오다 정권이 사사를 지배하는 기본 원리로서 우선 이를 충절→보호 · 적대→탄압의 논리라고 해두자. 1575년(天正3) 6월, 노부나가의 에치젠 공격과 관련된 다음 사료에는 이러한 논리가 잘 드러나 있다.

> 이 세 사원은 오사카大坂의 편이 아니라는 취지를 들었다. 거기에다가 이러한 때를 맞아 더욱 특별히 충절을 다하겠다는 뜻이 갸륵하다. 사원의 건물을 이전대로 재건해도 좋다. 충절을 다해야 할 것이다.
>
> 덴쇼天正3
>
> 6월 14일 노부나가 주인朱印
>
> 에치젠 국越前國
>
> 조쇼지誠照寺
>
> 야마모토지(山本寺: 証誠寺–역자 주)
>
> 나카노지(中野寺: 專照寺–역자 주)[22]

오사카란 혼간지를 지칭한다. 조쇼지 등은 혼간지와 같은 정토진종淨

---

20 『信長公記』巻5.

21 마찬가지로 이즈미(和泉) 마키노오데라(槇尾寺)에 대해서도 "절 내 악승, 산 아래 향중(鄕中)을 거느리고 (노부나가 측에) 따르지 않았다"(『信長公記』巻14)는 점을 탄압의 이유로 든다. 노부나가의 탄압 대상은 어디까지나 적대하는 세력에 한정되었다.

22 『信長文書』下, 519号.

土眞宗이면서도 노부나가를 편들어 여러 충절을 다한 결과 사원 재건 승인 등 노부나가의 보호를 받았다. 이른바 충절→보호의 패턴이다.

그럼 사료에서 언급한 사사의 충절이란 무엇인가? 이는 에치젠 헤이센지平泉寺처럼 "충절을 다한다고 하여 병사人數를 내어 합심하여 아사쿠라 사쿄노다이부 요시카게朝倉左京大夫義景를 도망가게 어렵게 하는"[23] 등과 같이 노부나가를 위한 군사행동·전공戰功을 말한다. 사사는 충절을 매개로 사령 안도·과역 면제 등 다양한 보호를 받았으며,[24] 오다 정권도 이에 적극적으로 대응하여 "충절에 따라 영지知行는 원하는 대로 줄 것"[25]이라든지, "은상恩賞은 전공에 따라 희망하는 대로 줄 것"[26]의 자세를 보였다. 게다가 1575년(天正3) 6월 "이번 군대를 보냄에 있어, 충절을 다하는 자들이면 비록 (전에) 잇키의 편에 섰다고 하더라도 그 죄를 면해주고, 본래 영지는 물론이거니와 행동여하에 따라 새로운 영지新知도 줄 것"[27]이라 하듯, 보호 유형의 기준은 실로 "충절대로"였다.

다만 노부나가가 사사에 보호의 대가로 요구한 것은 충절만은 아니다. 1581년 오미近江 한도지飯道寺에 "근년 소유知行하고 있는 해당 사원 영지는 조금도 어긋남이 없도록 종래대로 지배하라. (대신) 사원의 책무寺役를 다해야 할 것이다"[28]라고 하듯, 근역勤役·기도 등 사사가 본래 해야 할 덕목을 요구한 경우도 있다. 노부나가가 보호의 대가로서 사사에 수행勤行과 (사원건물의) 수리修理를 지시한 사례는 그 외 1571년의 오와리

23 『信長公記』巻6.
24 「安養寺文書」, 『岐阜県史』史料編古代中世1.
25 「法雲寺文書」, 『福井県史』資料編5.
26 『信長文書』下, 713号.
27 「誠照寺文書」, 『福井県史』資料編5.
28 『信長文書』補, 231号.

이소쿠켄意足軒,[29] 1573년의 오미 지쿠부시마竹生島,[30] 1577년의 야마시로 마쓰오 신사松尾社,[31] 1579년의 야마시로 에이요지永養寺,[32] 야마시로 지온인知恩院[33] 등 다수 발견된다.

노부나가는 보호의 반대 급부로서 사사에 충절 내지 수행을 요구하고 사사 측도 이에 응하여 노부나가를 위한 군사행동 내지 기도 등을 수행하였다. 기도의 수행보다는 군사행동이 한층 적극적으로 노부나가를 편드는 행위로서, 같은 보호라 하더라도 '본령' 안도에 그칠까, '새로운 영지'까지 줄 것인가는 충절의 정도에 따라 차이가 있다.

그런데 보호의 반대 급부로서 노부나가가 사사에 기도 수행 · 사원 수리를 지시한 사례는 상경 이전, 이후를 가리지 않고 모든 시기에 산견된다. 반면에 사사에 군사행동의 충절을 요구하는 일은 주로 1575년에 집중된다. 1575년 10월 노부나가의 심복 시바타 가쓰이에柴田勝家의 노신 시바타 가쓰사다柴田勝定는 에치젠의 구로메黑目 쇼묘지稱名寺에 다음과 같은 문서를 내렸다.

> 이상
>
> 이번 시모쓰마 지쿠고 홋쿄(下間筑後法橋: 賴照)를 잡아 죽인 충절은 비교할 바 없다. 이에 당신들에게 귀의한 시모쓰마 문도에 관한 처분권을 준다는 취지를 담아 가쓰이에柴田勝家가 편지를 보냈다. 아울러 구로메黑目 · 요노즈米納津 · 노나카野中 · 시모노下野의 네 촌락민들은 칼과 무기 등을 준비하여 충절에 힘써야 한다고 지시한 바 이 취지를 명심하고

29 『信長文書』上, 292号.
30 同上, 374号.
31 『信長文書』下, 751号.
32 『信長文書』補, 197号.
33 同上, 198号.

잘 전달하라.

덴쇼天正3 시바타 겐자에몬노조柴田源左衛門尉

10월 18일 가쓰사다(사인: 花押)

쇼묘지

앞床下[34]

사사의 충절은 "시모쓰마 지쿠고 홋쿄를 잡아 죽인" 행위를 지칭하며, 오다 정권이 사사세력에게 바란 충절이란 결국 무기(방어구 포함)를 준비하여 노부나가의 적대세력을 직접적 공격하는 군사행동이다. 오다 정권은 자신을 적대하는 사사세력을 '악승'으로 규정하고 이를 공격하면서도, 다른 한편으로는 자신에게 충성을 다할 것을 요구하는 등 사사세력의 '무력'을 완전히 부정하지는 않았다. 1575년 7월 가나모리 나가치카金森長近는 "그 국(에치젠 국–역자 주)에 난입하는 데 오노 군大野郡에서 충절을 다하면 영지 한 곳을 틀림없이 줄 것이다. 충절을 다해야 한다"라는 취지의 문서를, 센푸쿠지專福寺, 겐쇼지賢松寺, 호후쿠지保福寺, 야마다 효나이노스케山田兵內助, 야마다 이노스케山田猪介, 도다 곤나이戶田權內, 가네마키 쇼조보印牧勝藏坊, 가네마키 주조보十城坊, 가사이 사부로에몬노조笠井三郎右衛門尉, 노지리 요이치野尻与一에게 주었다. 이처럼 1575년 단계의 오다 정권은 사사와 재지영주를 군사력 차원에서는 동일하게 다루었다.[35]

1575년 전후한 시기의 오다 정권은 이처럼 여전히 사사세력의 무력을 필요로 했다. 이것은 확실히 도수령刀狩令을 통해 사사세력의 무력, 그 자체를 부정한 히데요시의 정책과는 커다란 차이를 보인다. 그렇지

34 「称名寺文書」, 『福井県史』資料編4.

35 「専福寺文書」, 『福井県史』資料編7. 노부나가도 1574년(天正2) 7월 "에치젠 국에 출진할 때 (노부나가에게) 충절을 다한다면 아주 감격할 일입니다"(「法雲寺文書」, 『福井県史』資料編5)라는 취지의 문서를 호운지(法雲寺) · 아사쿠라 마고사부로(朝倉孫三郎)에게 보냈다.

만 그와 동시에 〈표2〉에서 알 수 있듯 노부나가가 사사에 군사적 충절을 요구한 사례가 1580년을 마지막으로 전혀 보이지 않는 현상에도 주목할 필요가 있다.

··표2 사사세력에 대한 충절 사례

연도	대상	내용	비고
1567	고후쿠지 재진중중(興福寺在陣衆中)	상경할 때 충절을 다하는 일이 중요함.	요시아키에 대한 충절
1574	에치젠 호운지(越前法雲寺)	에치젠 출마할 때 충절을 다하다니 갸륵함.	히데요시의 부장(副狀) 있음
1574	기이 곤고부지중도중 · 동재진중중(紀伊金剛峯寺衆徒中 · 同在陣衆中)	진을 치는 데 협력한 것은 잘한 일이며, 앞으로도 충절을 다할 것.	
1575	미노 안에이지(美濃安養寺)	이번 충의에 의거하여 사원에 부과한 지자(地子)를 면제함.	
1575	에치젠 이케다 장 제급인중 · 니치렌 문도중 · 삼문도중(越前池田庄諸給人中 · 日蓮門徒中 · 三門徒中)	이번 출마할 때 충절을 다한다면, 설령 이전에 잇키 측에 섰더라도 사면함.	
1575	에치젠 조쇼지 · 쇼조지 · 센쇼지(越前誠照寺 · 証誠寺 · 專照寺)	이번에 특별한 충절을 보인 점이 갸륵하니 사원 건물을 재건해도 좋음.	
1575	에치젠 쇼묘지(越前 稱名寺)	시모쓰마 홋쿄를 잡아 죽이니 비교할 데 없는 충절임.	시바타 가쓰사다 판물(判物)
1578	기이 네고로지(紀伊 根來寺)	수일간의 노고와 충절을 잊을 수 없음.	
1580	기이 사이가총중(紀伊 雜賀惣中)	이때 특별히 충절을 다하여야 할 것으로 설령 한 명이라도 오사카(혼간지)와 상통하지 말 것.	
1580	기이 곤고부지(紀伊 金剛峯寺)	충절을 다하는 일에만 힘쓸 것.	

주. 표는 奥野高廣, 前揭『增訂織田信長文書の研究』를 바탕으로 작성.

이는 후술하는 바와 같이 1580년 이후 오다 정권이 안정되고 사사세력이 약화되어 이용가치가 낮아지자 사사에 대해 충절을 요구하는 현상 자체가 없어졌기 때문으로 보인다. 사사에 군사력을 요구할 수밖에 없던 1575년 전후의 단계에서 1580년 이후가 되면 이제 더 이상 그럴 필요가 없어진다. 사사 정책의 측면에서 볼 때 오다 정권의 성격은 크게 바뀌었다.

한편 사령 안도를 비롯하여 다양한 보호를 받은 사사는 노부나가에게 사례御禮로 금전을 납부해야 했다. 1581년으로 추정되는 다음 사료는 이 '예전禮錢'과 사사보호의 상관 관계를 잘 보여준다.

> 이상.
>
> 이치노미야一宮의 일과 관련하여 도이 다지마 도노土肥但馬殿(親眞)에게 양해를 구했다. 그러므로 이전처럼 (이치노미야 신사가) 수납해왔던 당지행 사무분社務分에 변동이 없으며, 빌려준 물건借物 등에 대한 채무 파기 명령도 (이치노미야 신사는) 해당되지 않음을 확실히 통보한다. 이와 관련하여 사례祝儀의 황금을 속히 조달해야 한다. 만일 이런 저런 핑계를 대는 자가 있어 늦어지면, 이치노미야 사중社中에 큰일이 생길 것이다. 상세한 내용은 두 사람에게 전해두었다. 삼가 알린다.
>
> 이와코시 고베에岩越小兵衛
>
> 8월 23일 요시히사吉久(사인: 花押)
>
> 이치노미야 총중一宮惣中
>
> 앞參[36]

이와코시 요시히사는 노부나가의 부하 스가야 나가요리菅屋長賴의 가신으로 노토能登 이치노미야를 담당하던 인물로 추정된다. 보호에 관한 반대급부로서 예전의 납부를 노골적으로 강요하고 만일 미납한 경우 "사중에 큰 일이 있을 것"이라 위협하는 점이 주목된다. 오다 정권의 사사보호는 이처럼 예전의 납부를 전제로 성립되었다. 이것을 '보호→예전'의 논리라 하자.

36 『信長文書』下, p. 610.

예전은 일종의 과역이다. 1568년 10월, 노부나가의 가신인 오다 요시키요織田吉清 등은 호류지法隆寺에 "어제 이야기 한 가전家錢과 관련하여, 은자銀子 150매를 오늘 중에 빨리 납부할 것"[37]을 명령하였다. 이 가전에 대해 동년 동월, 마쓰나가 히사히데松永久秀는 "노부나가에게 요각要脚",[38] 동년 11월, 마쓰나가의 가신 다케우치 히데카쓰竹內秀勝는 "노부나가에게 예전禮錢",[39] "노부나가에게 예물禮物"[40]로 표현한다. 예전은 이와 같이 다양한 명칭으로 나타나는데, 1582년까지 거의 전 시기에 걸쳐 오다 정권 역시 보호→예전이란 틀에서 탈피하지 못하고, 관행화된 중세 이래의 예전 구조가 여전히 계속된다. 오다 정권이 이러한 구조에서 일부 탈피하려고 시도한 것이 1582년 가이甲斐 · 시나노信濃에서의 '예전 면제' 정책이다. 다음 절에서는 이런 점을 유의하면서 오다 정권의 사사 정책 전개 과정을 분석한다.

---

37 『信長文書』上, 123号.

38 『信長文書』上, p. 208.

39 同上, p. 209.

40 同上, p. 211.

2. 사사지배의 전개

'일괄적' 보호 정책의 성립

1568년(永祿11) 9월, 노부나가는 아시카가 요시아키足利義昭를 옹립하고 교토로 상경하여 '중앙 정계'로 진출한다. 이를 계기로 노부나가는 단순한 지방 다이묘에서 요시아키와 함께 중앙 정치를 좌우하는 실력자로 변모한다.

그러나 노부나가의 사사 정책은 상경 이전과 이후가 거의 변하지 않는다. 상경 이전부터 노부나가는 사사보호의 노선을 견지하였다. 예를 들어 1549년(天文18) 11월, 노부나가는 오와리 아쓰타熱田 신사에 대해 검단(경찰 · 재판)권을 비롯하여, 아질(Asyl: 성역) 권리, 제역 면제, 불법행위 제지 등을 보증하였다.[41] 명문화되지는 않았지만 이른바 슈고불입권의 보증으로 보아도 무방하다. 아쓰타 신사는 신사에 관한 모든 일을 신 앞神前에서 법규大法를 정하고 여섯 개 촌락 숙로들宿老中이 자율적으로 처리하고 있다.[42] 상경 전 노부나가는 아쓰타 신사의 전통적 특권과 권위를 그대로 인정하였다. 노부나가가 슈고불입을 비롯하여 사사의 전통적 특권을 그대로 인정한 사례는 그 외에도 다수 발견된다. 설령 슈고불입이라 명시하지 않았지만 그것에 준하는 견책사 불입권과 검단권, 아질권

41 그 후 아쓰타 신사(熱田社)는 고지(弘治) 연간에 신사령 보증과 대나무 · 목재 및 향질(鄉質) 면제, 1562년(永禄5)에 육십육부회국중(六十六部廻國衆)의 왕래 보장, 1576년(天正4년) 신관직(神職) 보증 등, 노부나가로부터 다양한 보호를 받는다(『信長文書』上, 1 · 19 · 21 · 22 · 31 · 620号).

42 『信長文書』上, p. 17.

을 인정받은 사사는 앞서 〈표1〉에 표시된 것처럼 아쓰타 신사 이외에도 다수 존재한다. 초기 사례는 이후 시기와 비교해보아도 압도적으로 많고 이 시기 남겨진 문서의 분량을 감안하더라도 매우 많은 숫자이다.

1568년 9월 상경한 이후에도 노부나가의 슈고불입권 안도는 계속된다. 게다가 이전에 다소 불명확했던 슈고불입 · 슈고사守護使 불입이 명시적 용어로 사용되고 그중에는 야마시로山城 돈게인曇華院처럼 노부나가가 자신의 명예面目를 걸고 보호한 사례도 있다.[43] 요시아키의 지시를 받아 슈고불입권을 보증한 사례도 있으나,[44] 돈게인 등의 경우는 노부나가의 독자적인 판단에 의거한 것으로 보이며 오다 정권은 상경 이후에도 사사보호 노선을 여전히 고수하였다. 따라서 1569년 정월, 요시아키의 허가를 얻어 노부나가가 발급한, 사사본소령에 대한 침탈押領을 엄금한 「무로마치막부 전중오키테(법규) 추가室町幕府殿中掟追加」[45]는 결코 외부 과시용이 아니라 실제로 이 시기 노부나가 사사 정책의 기조가 보호 노선임을 입증하는 자료라 할 수 있다.

그러나 노부나가와 요시아키의 사이가 틀어진 겐키元龜 연간(1570.4~1573.7)이 되면 이전과는 다른 노부나가의 모습이 보인다. 1570년(元龜1) 1월, 노부나가는 5개 조항을 요시아키에게 제시하고 이를 승인받아 "천하의 일은 무엇이든 노부나가에게 맡겨지게"[46] 된다. 그 결과 요시아키는 행동을 제약받고 노부나가와의 관계도 점차 악화되었다. 동년 4월, 노부나

---

43 1570년(元亀1) 3월, 노부나가는 야마시로 오스미 장(大住庄)의 대관이자 요시아키의 측근인 잇시키 후지나가(一色藤長)를 배제하고 이 지역에 대한 돈게인의 슈고불입 특권과 돈게인 직할령으로서 소유권을 인정하였다(『信長文書』上, 215号). 그러나 잇시키 후지나가의 저항도 계속되어 1571년 7월, 노부나가는 또다시 이를 제지한다. 노부나가는 "사원 경내를 어지럽히지 말라는 쇼군의 지시가 분명하다"(同上, 289号)고 요시아키를 전면에 내세우면서도 "아울러 거듭 노부나가가 특별히 말하였으니 만일 이러한 지시가 관철되지 않으면 노부나가의 면목은 우습게 될 것이다. 틀림없이 관철되도록 최선을 다해야 한다"(同上, 290号)고 하여 자신의 '체면'을 걸고 "비구니 절이기에"(同上, 289号) 무시당하는 돈게인을 보호하고 있다.

44 1569년(永禄12) 2월 막부의 기원소인 셋쓰(摂津) 닌초지(忍頂寺)에 내린 주인장(同上, 149号).

45 同上, 142号.

46 同上, 209号.

가는 아사쿠라 요시카게를 정벌하기 위해 에치젠 국으로 나아갔으나, 아자이 나가마사와 롯카쿠 요시카타六角義賢의 거병으로 실패한다. 그 이후 노부나가는 곤란한 상황에 빠져 존망이 걸린 싸움이 오랫동안 지속되었다. 아자이 씨 · 아사쿠라 씨를 비롯하여, 롯카쿠 씨 · 엔랴쿠지 · 혼간지 · 미요시 삼인중三人衆에다가 쇼군 요시아키, 다케다 씨까지 포함한 '대포위망'이 성립되어 노부나가는 더욱 힘든 상황이 되었다.[47] 이로 인해 노부나가의 위기감도 이전과 비교할 수 없을 정도로 높아진다.

1571년 엔랴쿠지 방화는 바로 이 시기에 일어났다. 존망의 기로에 있던 노부나가는 사사보호 위주였던 기존 노선을 변경하여 적대 사사에 철저한 탄압과 응징을 가하였다. 이와 동시에 될수록 많은 사사를 끌어들여 그 군사력을 이용하려는 움직임도 활발해진다. 충절을 요구하는 사례가 빈출한 것도 실로 이 시기이다. 이후 충절→보호 · 적대→탄압의 논리는 오다 정권이 사사를 지배하는 기본 원리가 된다.

이러한 충절→보호 · 적대→탄압의 논리는 1575년 에치젠 국에서 전형적으로 나타난다. 한편으로는 탄압정책이 다른 한편으로는 보호정책이 실시되어 양 정책은 서로 병존한다. 탄압인가, 보호인가의 선택은 기본적으로 천태天台 · 진언眞言 · 선禪 · 법화 · 정토라는 특정 종파와는 관계가 없고, 노부나가를 적대하는가, 아닌가에 따라 결정되었다. 같은 정토진종이라도 노부나가를 적대시한 혼간지 계열 사원은 "산과 골짜기들을 하나도 남김없이 찾아내어 머리를 잘랐다. 17일에 2천여 개가 왔고 사로잡은 자는 7~80명인데 모두 목을 쳤다. 동월 18일에는 몇몇이 5~6백씩 가지고 왔다. 그 모든 숫자를 알 수 없을 정도이다"[48]라고 하듯 매우

47 『信長公記』巻3 · 4 · 5; 『信長文書』上, 364号.
48 『信長文書』下, 535号.

철저히 탄압받았다. 반면 노부나가에게 충절을 다한 다카다 파高田派 계열의 정토진종 사원은 사원령 안도, 과역 면제 등의 보호를 받았다.

그러나 이와 동시에 1575년을 경계로 하여 이러한 전형적 사사지배 원리가 변화하기 시작한다. 1575년 이후 오다 정권의 사사세력에 대한 지배가 크게 강화되었기 때문이다. 1575년 1월 노부나가는 다음과 같은 주인장을 내렸다.

> 낙중 · 낙외의 사사본소령에 대해, 혹은 우케 본지請本地(대납의 전권을 위임받은 토지–역자 주) 혹은 수속대관手續代官(정식 수속을 밟은 대관–역자 주)이라 칭하면서, (권리를) 침탈하고 더욱이 연공과 소당[所當: 관물(官物) · 잡역(雜役) · 지자(地子) 등의 조세–역자 주]을 내지 않는 무리들이 있는데 아주 잘못된 일이다. 요컨대 지금 이후로는 정식 임명장補任을 받아 임명되었더라도 파면하고 (사사의) 지시에 잘 따르는 무리順路之輩를 임명하여(A) 사사본소가 계속 (기도 등) 본분을 다 할 수 있도록 힘쓸 각오가 되어 있어야 할 것이다(B). 이러한 뜻을 전한다.
>
> 덴쇼天正3
>
> 정월 10일　　　　노부나가(주인: 朱印)
>
> 사사寺社
>
> 본소本所
>
> 잣쇼 중雜掌中[49]

이 문서는 문서 발행처로 알 수 있듯이 기본적으로 교토 내[낙중낙외(洛中洛外)] 모든 사사를 적용대상으로 한 점이 주목된다. 어떤 특정 지역 내

49 同上, 493号.

모든 사사를 대상으로 하는 노부나가의 총괄적 · 일괄적 사사 정책은 이 시기에 이르러 처음으로 나타난다.

1575년 이전 어떤 특정 사사에 대한 노부나가의 정책은 그 사사와 노부나가의 개별적인 관계를 바탕으로 성립했고, 보호인가, 탄압인가의 선택은 노부나가와의 개별적 친소 관계로 결정되었다. 그런데 1575년 당시 정치 중심인 교토의 모든 중요 사사를 대상으로 한 사원 정책이 처음 나타나면서 보호의 내용과 형식은 크게 변화한다. 노부나가가 요시아키를 대신하여 중앙권력을 장악함에 따라 사사와 노부나가의 관계도 재정립되고, 종래 개별적 관계에 기초한 '개별적' 보호는 불특정 사사를 대상으로 한 '일괄적' 보호로 변화하였다. 이러한 사례는 문적門跡과 공가를 대상으로 한, 동년 3월의 덕정령에서도 확인된다.[50] 또 동년 11월, 일제히 실시한 "이번 좌대장님(左大將殿: 노부나가)이 (공가) 여러 가문諸家에 하나도 빠짐없이 새로운 토지를 내렸다고 한다"[51]는 신토지新地 급여도 '일괄적' 보호라는 측면에서 기본적으로 동일한 성격을 가진다.

노부나가는 사사령을 보호해주는 대신 교토의 중요 사사에 밑줄 친 B와 같이 사사 본래의 역할인 근행勤行과 기도를 강요하였다. 사사는 밑줄 친 A와 같이, 본래 사사에게 있던 보임권을 행사하지 못하고 오다 정권의 보증을 얻어야 비로소 사원령을 지배할 수 있었다. 연공 미납부 등 침탈을 일삼는 재지영주(대관)들을 통제할 수 있는 것은 오직 오다 정권의 무력뿐이었다. 오다 정권에 대한 사사의 의존성은 한층 높아졌다.

1575년 11월 이후 중앙권력을 장악한 오다 정권이 안정됨에 따라 노부나가를 적대시하는 사사세력은 감소하고 철저한 탄압의 사례도 격감

---

50 『信長文書』補, 152号.

51 『兼見卿記』(史料纂集本), 天正3年11月15日条.

한다. 이른바 "한 명도 남김없이 죽이는" 철저한 사사 탄압의 사례는 주로 1575년까지에 집중되고 1576년 이후는 그러한 사례가 거의 없다.

물론 적대할 경우는 탄압, 충절을 다하면 보호라는 사사지배의 기본 원칙은 오다 정권 말기까지 여전히 관철된다. 슈고불입권 보증이란 보호정책조차, 비록 숫자는 감소하고 내용도 이전보다 다소 제약받았지만 1576년 이후에도 계속된다. 그러나 이와 〈표1〉에서 알 수 있듯 그러한 사례가 주로 1575년 이전에 집중되고 1576년 이후 급격히 감소되는 현상에도 주의해야 한다. 1568년 9월 상경 전에 9건이었던 슈고불입권은 상경 이후에도 6건, 요시아키가 추방된 1573년 7월 이후에도 4건이었는데, 독자적으로 정권을 수립한 1575년 11월 이후는 2건, 혼간지가 굴복한 1580년 4월 이후는 1건에 불과하다. 오다 정권이 안정됨에 따라, 노부나가를 적대시했던 사사가 감소하듯 이제 특별히 (새로) 우대할 사사도 격감하였다.

'구이카에시悔返'와 '예전 면제' 정책

1576년 이후 사사세력에 압도적 우위를 확보함에 따라 노부나가는 이전과 크게 다른 태도를 보인다. 1580년 8월, 혼간지가 최종적으로 굴복하여 적대 사사가 거의 없어진 직후, 노부나가는 기이紀伊의 곤고부지金剛峯寺에 다음과 같은 문서를 내렸다.

> 야마토 국 우치 군有智郡에 관해 근년처럼 안도하니 모두 지배하라. 만일 잘못된 행동이 있으면 구이카에시(회수–역자 주)할 것이다. 그러므로 한층 충절을 다하는 데 전념하라.
>
> 덴쇼天正8
>
> 9월 21일　　　　　　　　　　　　노부나가(주인)

곤고부지 총중金剛峯寺 惣中[52]

가사마쓰 히로시笠松宏至에 따르면 "중세에는 한번 신불령으로 기진된 영지는 그 누구도 이를 다시 회수할 수 없다는 관습법이 공무公武를 통하여 강렬하게 위력을 발휘하였다".[53] 또 '부처님의 물건'과 '승려의 물건'[각 원(院), 방(坊), 승(僧)의 물건]이 구별되었으며 당시 사람들은 전자에게 기진한 경우, 그 토지는 부처님의 물건이 되어 다시는 되돌릴 수 없다고 인식하였다.[54]

그런데 노부나가는 '곤고부지 총중'에 영지를 주면서 충절을 다하지 않으면 회수할 것이라 주장한다. 신불령이라도 회수할 수 있다는 노부나가의 주장은 실로 중세 이래 관습법과는 크게 다르다. 물론 신불령이라도 회수할 수 있다는 인식은 노부나가 이전에도 존재한다. 이미 오닌応仁 · 분메이文明 시기에 신령神領이라도 '이운利運'에 맞으면 돌려받을 수 있다는 규정이 존재한다.[55] 그러나 이 경우 '이운=이치'라는 제한이 있고 '이운'보다 주관적이며 개별적인 '충절'이 기준인 점에서 상이하다. 신불령에 대한 전통적 관습법은 한층 더 부정되었다.

곤고부지 외에 노부나가가 '구이카에시'를 주장한 사례는 보이지 않으며, 이를 얼마나 일반화할 수 있는가는 추후의 과제이다. 그렇지만 노부나가가 중세 이래의 관습법과 달리 기진한 불신령을 회수할 수 있다고 주장한 점은 주목된다. 더욱이 이러한 노부나가의 신념은 오다 정권을 계승한 히데요시로 이어졌다.

---

52 『高野山文書』家わけ1ノ2(大日本古文書), 332号.

53 笠松宏至, 『法と言葉の中世史』, 平凡社, 1993, p. 130.

54 同, 「仏物 · 僧物 · 人物」, 前掲『法と言葉の中世史』.

55 「室町家御内書案」, 『中世法制史料集』第2巻(室町幕府法), 岩波書店, 1957, pp. 277-279.

히데요시는 1585년(天正13) 11월 다이토쿠지大德寺에 1,540석 가량을 기진하고 "근행 등을 태만히 하지 말고, 사원건물堂舍을 수리하는 등에 조금이라도 소홀해서는 안 된다. 만일 일을 제대로 처리하지 않으면 환수할 것이다"[56]고 하였다. 그런데 이러한 '구이카에시'는 결코 다이토쿠지에 국한된 일이 아니다. 동월 히데요시는 덴류지天竜寺,[57] 도후쿠지東福寺,[58] 조후쿠지長福寺,[59] 도지東寺,[60] 센뉴지泉涌寺[61] 등에도 동일한 내용을 지시하였다. 노부나가가 내세운 '충절'이란 덕목이 히데요시에 이르러 '근행'·'수리'로 변화한 점이 흥미롭다. 또 사사령에 대한 노부나가의 '구이카에시' 주장이 도요토미 정권에 계승되어 확고한 정책으로 확립된 점도 주목된다.

1582년 3월, 4월에 가이, 시나노 지역에서 다수 보이는 노부나가의 '예전 면제' 정책도 이러한 중세와 상이한 논리의 하나이다. 동년 3월 5일 아즈치 성을 출발한 노부나가는 동월 시나노, 가이 지역을 공략하여 다케다武田 씨를 멸망시켰다. 그 군사행동과 관련하여 〈표3〉에 보이는 바와 같이 '예전 면제'라는 용어가 들어간 금제가 다수 내려지고 현재 알 수 있는 52점의 금제 중 34점에서 확인된다. 그중 한 사례를 들면 가령 다음과 같은 내용이다.

금제 고슈甲州 스와 신사諏訪社

1. 누구를 막론하고 (신사를) 어지럽히고 횡포를 부리는 일

---

56 『大徳寺文書』家わけ17ノ1(大日本古文書), 101号.

57 「鹿王院文書」9(京都大学所蔵影写本).

58 『東福寺文書』家わけ20ノ3(大日本古文書), 537号.

59 「長福寺重書抄」(石井進, 『長福寺文書の研究』, 1208号, 山川出版社, 1992).

60 「東寺文書」(上島有, 『東寺文書聚英』, 479号, 同朋舎出版, 1985).

61 「泉涌寺文書」, 『泉涌寺史』(資料編), 135号.

1. 백성이 다시 돌아오는 것을 방해하는 일

1. 불법 과역을 부가하는 일

만일 이상의 조항을 위반하는 자가 있으면 즉시 엄벌에 처한다.

덴쇼天正10년4월일[「천하포무(天下布武)」 주인(朱印)]

문서발급료御判錢, 중개료取次錢, 문서작성료筆耕 등은 낼 필요가 없다.[62]

예전은 중세, 특히 무로마치, 전국시대에 성행했으며[63] 앞서 말한 바와 같이 오다 시기에도 다수 보인다. 무로마치 막부는 사사령을 보호해 주는 대신 사사에 막대한 예전을 요구했고 이는 오다 정권도 기본적으로 마찬가지였다. 그러나 1582년(天正10) 제찰制札을 발급하면서 "문서발급료, 중개료, 문서작성료 등을 낼 필요가 없다"고 하여 종래와는 크게 다른 자세를 보인다.

예전 면제 정책에 관해서는 이미 야마무로 교코山室恭子가 "수익자로부터 수수료를 받지 않고 정권의 재정으로부터 직접 봉급과 경비를 받

··표3 1582년 가이(甲斐) 및 시나노(信濃) 지방의 금제(禁制)

대상	금제(禁制) 수	예전(禮錢) 면제 수
사사	26	14
향, 촌, 조	23	17
수신자 불명	3	3
총계	52	34

주. 표는 奧野高廣, 前揭『增訂織田信長文書の硏究』를 참고하여 작성.

62 「諏訪明神社文書」, 『新編甲州古文書』第2.

63 예전에 관해서는 단편적으로 많이 언급되었지만 본격적인 연구는 아직 불충분하다. 다나카 코지는 예전의 용례를 ①소송, ②문서발급, ③보임료, ④쇼군의 행차, 쇼군 바뀜, ⑤전투의 5가지로 분류한다[田中浩司, 「中世後期における「礼銭」, 「礼物」の授受について」, 『経済学論纂』(中央大)35巻4号, 1994].

는 '관료'의 맹아"[64]라고 지적하고 "노부나가는 정권 말기에 이러한 수수료를 폐지하고 무상으로 문서를 배부하는 획기적인 정책을 채용했다"[65]고 지적하였다. 또 1582년에 이르러 금제의 끝맺음 문장書止文言이 이전의 '~의해 지시함이 이상과 같다仍下知如件'에서 '~이다者也'로 간략화된 것도 "대가를 치루고 획득하던 것에서 무상으로 하사되는 것으로 문서 성격이 변한 데서 비롯되는 서식의 변경이다"라고 평가한다.[66]

다만 야마무로는 지적하지 않았으나 노부나가의 경우 '예전 면제' 사례는 이미 1569년에 시작되고[67] 1570년 8월에는 기요미즈데라清水寺에 제찰전制札銭을 반환한 예[68]와 같이 노부나가 가신이 '제찰전, 상사전上使銭, 차출전差出銭'을 면제한 사례도 있다.[69] 따라서 1582년 가이, 시나노 지방에서의 예전 면제 정책의 의의는 예전 면제가 처음 나타난 점에 있는 것이 아니라 첫째, 이전과 달리 같은 내용의 문서를 일제히 발급한 사례가 다수 확인되어 예전 면제가 정책으로 확실한 방향성을 가지고 있다는 점, 둘째, 예전 면제 항목에 이전에는 없던 중개료取次銭 금지가 처음으로 나타났다는 점에 있다.

예전은 제찰전[판전(判銭), 필경료], 중개료, 상사전 등의 명목으로 구성되며

---

64 山室恭子, 『中世のなかに生まれた近世』, 吉川弘文館, 1991, p. 274.

65 同上, p. 296.

66 同上, p. 276. 한편 오쿠노는 이 정책에 관해 판전, 중개료, 필경료 등을 면제하는 대신 오다 정권은 다른 예전을 징수했다는 인식을 보이고 있으나 근거는 제시하지 않았다(奥野高廣, 『信長文書』下, p. 712). 그러나 이렇게 많은 사례가 특정 시기와 지역에 집중된 점에 주목해야 할 것이다. 노부나가가 예전을 징수할 생각이 있다면 종래대로 하면 되며 일부러 이런 표현을 사용할 필요가 없다. 야마무로와 같이 예전 정책 전환으로 보는 것이 타당하다.

67 「日本耶蘇会年報」, 『信長文書』上, 163号.

68 『信長文書』補, 28号. 사원신사는 아니지만 1576년 11월, 목수, 대장장이 등 직인에게 "무네베쓰(棟別) · 임시단전 · 인부예전 · 예미(禮米) · 지게나미(地下並) 이하"를 일체 면제한 사례도 있다(『信長文書』下, 672号).

69 1575년 9월, 당시 에치젠 오노 군(大野郡)을 지배하던 가나모리 나가치카(金森長近)가 영내의 오리타테(折立) 쇼묘지(称名寺)에 "제찰전, 상사전 및 차출전은 일체 내지 말라. 만일 어떠한 이유에든 이를 어기는 무리가 있다면 조속히 보고하라"(「称名寺文書」, 『福井県史』資料編7)는 내용의 금제를 내린 것.

"인사音信 명목으로 금자 2매가 왔다"[야마토(大和) 야쿠시지(薬師寺)][70]고 하듯 '인사'를 핑계로 예전을 주고받는 경우도 있다. 무엇보다 예전은 노부나가의 가신 모리 요시가쓰毛利良勝가 "노부나가의 주인장을 갖추어 보냈습니다. 사중寺中은 이전처럼 보호받을 것입니다. 노부나가에게 금자 1매, 가타비라帷子(옷) 2벌을 바치고, 중개인에게 금자 5냥, 필경료로서 은자 1매를 건넨 것은 감사한 일입니다"[71]라 한 것처럼 예전은 노부나가는 물론 가신들에게도 중요한 재원이다. 특히 가신의 몫인 중개료의 금액 5냥은 야쿠시지의 경우 판전(10냥=1매)에는 못 미치지만 필경료의 5배에 달하는 높은 이율(당시의 금은 비교가는 금1 대 은10 이상)[72]로, 사사 입장에서는 과중한 부담이었다.

1582년에 처음으로 나타난 중개료 금지는 노부나가가 중간급 가신의 자의적 개입을 배제하기 위함이다. 이후 히데요시가 "급인이 백성에게 요구하여 예전 · 예물을 거두어서는 일체 안 된다. 만일 나중이라도 그런 이야기를 듣게 되면 엄히 처벌할 것이다"[73]라든가, 도요토미 히데쓰구秀次가 "토지조사에 위아래를 막론하고 쌀 한 톨, 돈 일전一錢의 예전 · 예물을 거두는 무리가 있으면 그런 이야기를 듣는 즉시 처벌할 것이다"[74]라 하여 급인給人(가신)의 자의적 개입을 억제한 것처럼, 노부나가도 예전 면제 정책을 통해 가신들의 사사에 대한 자의적인 개입을 제약하였다. 노부나가는 예전을 매개로 한 사사와 가신 사이의 유착 관계를 끊고 사사를 자신에게 직접적으로 종속시켜 사사지배를 강화하려 한

70 『信長文書』下, 825号.
71 同上, p. 436.
72 滝沢武雄, 『日本の貨幣の歴史』, 吉川弘文館, 1996, p. 162.
73 「片桐文書」(宮川満, 『太閤検地論』第三部, お茶の水書房, 1963, p. 324).
74 「一柳文書」(同上, p. 325).

것이다.[75]

1582년에 처음으로 '예전 면제'가 확고한 정책으로 성립한 것은 이 시기의 오다 정권이 사사세력에 대해 압도적 우위를 점한 상황을 반영한다.

노부나가는 이미 1569년 예수회 선교사 루이스 프로이스에게 "외국인이기 때문에 면허장을 위해, 금 혹은 은을 받는다면 좋은 평판이 (외국에) 전해지지 않을 우려가 있다"[76]고 하여 제찰전을 면제하였다. 이처럼 노부나가는 기본적으로 예전을 징수하지 않는 편이 좋은 평판으로 이어진다는 점을 인식하고 있다. 그러나 오다 정권의 힘이 부족하여 사사로부터 군사 자금으로서 예전을 징수해야 할 단계에서는 예전 면제 정책을 전면적으로 실시할 수 없었다. 각종 특권을 '무상으로 하사하는' 정책으로의 전환은 1582년 단계를 기다려야 했다.

물론 그 이전부터 전환의 징후는 나타난다. 1580년 7월, 노부나가는 혼간지에 화해 축하품으로 "파랑새와 큰 칼 하나 및 은자 천 냥을 받았으니 매우 기쁜 일이다. 이에 황금 3백 냥을 드린다"[77]는 문서를 보냈다. 사사 측으로부터 예전을 징수해 오던 노부나가가 종래와는 달리 거꾸로 황금 3백 냥(=은자 3천 냥)이라는 방대한 금액을 혼간지에 보낸 것이다. 노부나가는 받은 것 이상의 가치를 지닌 금액을 사사에 돌려주는 전례 없는 행동에 나섰다.

---

75 특히 중개료 금지는 히데요시에게 계승된다. 1590년 8월, 히데요시는 이시다 미쓰나리(石田三成)에게 '제찰판전 법규'(御制札御判銭掟)를 내리고 제찰전 가격을 새로 정했다. 그것은 예전을 재소(在所) 규모에 따라 분류하여 ①"큰 재소(上所)는 영락전 3관 2백 문씩 바칠 것", "가운데 재소는 영락전 2관 2백 문씩 바칠 것", "작은 재소는 영락전 1관 2백 문씩 바칠 것", ②"그 이외 중개료 이하는 거두지 말 것", ③"판전(御判銭: 도장료)은 영락전으로도, 금전으로도 시세대로 낼 것이며, 필경료는 2백 문씩 모두 영락전으로 내야 한다"(「本法寺文書」, 同上, p. 360). 히데요시도 비록 전면적으로 예전을 금지하지 않았지만, ②와 같이 중개료 금지를 통하여 가신의 자의성이 개입될 여지를 막은 점이 눈길을 끈다.

76 「日本耶蘇会年報」, 『信長文書』上, 163号.

77 『信長文書』下, 876号.

이 단계에 이르러 노부나가는 무로마치 막부와도 이전의 자신과도 일획을 긋는다. 사사로부터 예전을 징수하는 존재가 아니라 사사 위에 군림하여 예전을 징수할 필요조차 없는 존재로 변신하기 시작한다. 비슷한 시기에 나타난 고야 산에 대한 '구이카에시' 주장도 이와 연속성을 띠며 1582년의 예전 면제 정책은 이러한 경향의 귀결점이다. 이는 사사세력을 장악한 '무가' 오다 정권의 성립을 내외적으로 과시한 것이다. 그리하여 중세와는 다른 방향성을 갖는 오다 정권의 '구이카에시', '중개료' 면제 방침은 그 후 도요토미 정권으로 계승 · 발전된다.

소결小結

오산五山 선종 사원에 대한 인적 지배권을 상징하던 공첩公帖 발급은 여전히 요시아키가 장악하고 있었으며 노부나가가 여기에 개입한 사례는 전혀 보이지 않는다. 오산계 사원의 사령은 덴류지와 같이[78] 지배知行를 보장하는 노부나가의 주인장을 얻어야 보호가 성립된다. 그러나 노부나가가 오산계 사원의 인사권을 간섭한 사례는 거의 없으며 사사 내부 개입에도 소극적인 자세를 보였다. 1581년 10월, 우지 뵤도인 령과 관련된 소송이 발생했을 때에도 노부나가는 "그 사원의 영지는 우지 내에 있으므로 그곳 대관에게 지시하였습니다. 주지 임명에 관해서 자신(노부나가)은 별다른 입장이 없습니다"[79]라 하여 인사 문제에 개입하지 않고 사원의 영지만을 판결 대상으로 하였다.

보호와 탄압의 사례가 혼재한 점도 오다 정권의 한계를 말해준다. 보호와 탄압의 기준은 종파와 무관하며, 자기 편에 서서 충절을 보이면 보호하고 적대하면 탄압했다. 물론 보호와 탄압의 최종 선택권은 노부나가에 있으며 보호의 측면이 보다 중시되던 무로마치 막부와는 달랐다. 그러나 엔랴쿠지를 불태울 때도 처음부터 그럴 의도가 있던 것은 아니고 노부나가는 자신을 적대하지 않는 한 탄압할 생각이 없었다. 심

78 『信長文書』下, 893号.
79 同上, 961号.

지어 노부나가는 "충절을 다하는 무리에게는 비록 잇키에 가담하였더라도 사면해주고 본래 영지는 물론이거니와 행동 여하에 따라 새로운 영지도 줄 것"[80]이라 하여, 적대한 사사라 하더라도 충절을 보이면 용서하고 보호했다. 결국 사사가 어느 쪽을 선택하느냐에 따라 보호냐 탄압이냐가 결정된다. 그 결과 노부나가는 자신을 적대하는 사사만을 '악승'이라 하고 그들의 무력을 철저히 해체하려 하면서도 자신 편에 선 사사의 '무력'은 그대로 용인하는 이중성을 지니게 되었다. 이러한 점에서 노부나가의 사사지배는 여전히 불충분하였다.

그러나 대략 1575년을 경계로 그 전과는 다른 양상이 나타난다. 오다 정권이 중앙정권화됨에 따라 낙중낙외洛中洛外의 중요 사사를 대상으로 한 '일괄적' 보호 정책이 처음으로 성립된다. 또 혼간지가 굴복한 1580년 이후에는 사사에 군사적 충절을 요구하는 사례도 사라진다. 이는 노부나가가 더 이상 사사의 무력에 의지할 필요성이 없어졌음을 의미한다. 이에 따라 사사에 슈고불입권 등 특별한 보호를 새로 부여하는 사례도 격감한다. 적대세력이 사라지면서 특별하 우대할 사사도 없어진 것이다.

노부나가는 1580년 혼간지에게 황금 3백 냥을 내려줌으로써 더 이상 자신과 사사가 동격이 아님을 표방한다. 이 시기에 곤고부지에 '구이카에시'를 주장하고 '충절'을 강요한 것도 중세 전통적인 관념을 초월하려는 노부나가 의지의 발로이다. 1582년 가이, 시나노 지방의 '예전 면제' 정책은 실로 이러한 경향의 귀결이다. 무로마치 막부처럼 사사로부터 계속 예전을 징수하던 오다 정권의 사사 정책은 이 시점에 이르러 크게 전환한다. 1582년 중개료가 금지되어 가신들의 자의적 사사

80 「誠照寺文書」, 『福井県史』資料編5.

착취가 억제되고 사사는 오직 보호의 대상이 된다. '사가寺家' 위에 군림하는 '무가' 오다 정권의 지향은 바로 여기에 단적으로 보이며, 이후 이러한 정책은 도요토미 정권의 사사 정책으로 이어진다.

제3장

도요토미 정권의 사사지배

도요토미 정권과 사사의 관계에 관한 연구는 전후 쓰지 젠노스케辻善之助에 의해 집대성된다. 쓰지는 노부나가와 히데요시의 정책을 대비하는 다나카 요시나리의 연구 방법을 계승하여 사사 정책의 면에서 한 단계 진전을 보여준다. 특히 히데요시와 불교의 여러 측면에 주목하여 네고로지根來寺 승병 진압, 다이토쿠지大德寺 등의 사원 통제, 모쿠지키 오고木食應其 등 승려의 활동, 혼간지 상속 논쟁 등 다양한 주제를 세밀히 분석하였다.[1]

그 후 사사 연구는 쓰지의 연구를 계승·발전하거나 이를 비판하는 형태로 전개된다. 그것은 ①덴쇼지·호코지·도요쿠니 신사의 조영 과정, 그 실태와 의미 등을 분석한 오쿠와 히토시大桑斉·미키 세이이치로三鬼清一郎의 연구, ②법화종 불수불시파不受不施派·대불천승회大佛千僧會의 양태, 도요토미 정권과의 관계를 고찰한 후지이 마나부藤井学·가와우치 마사요시河内将芳의 연구, ③오고應其, 젠코지여래善光寺如來의 천좌遷座에 관한 와타 아키오和多昭男·니시야마 마사루西山克의 연구 등이다. 또 최근 이토 신쇼伊藤眞昭는 이들 선행연구와 달리 무가 정권 측의 관점이 아니라 사사

1 辻善之助, 『日本仏教史』第7卷·近世編之1, 岩波書店, 1952.

측의 시각에 입각한 신설을 제기했으나 수긍하기 어렵다.[2]

도요토미 정권의 사사지배 실태, 특히 사사통제에 관한 분석은 쓰지의 개괄적 연구 외에 후지이 마나부 및 아사오 나오히로가 일부 언급하고 있을 뿐 실제로는 의외로 연구가 없다. 후지이는 1594년(文禄3) 4월 당시 교토의 행정 전반을 담당하던 교토쇼시다이京都所司代 마에다 겐이前田玄以의 이름으로 교토 내 여러 사원에 발포된 법령을 "도요토미 정권의 교토 내 제종諸宗 사원에 대한 통일된 제령制令"이라고 정의한다. 나아가 "여기서 승려들의 학문을 장려하고 예의범절을 단속하던 내용은 이에야스가 발포한 사원 법도에 기본적으로 답습되며, 이어 근세 불교사원의 성격을 크게 규제한다"고 평가했으나[3] 그 이상의 내용은 상세히 분석하지 않았다. 아사오도 이 법령에 관해 "실로 용의주도하게 배려된 내용이지만, 위 내용은 본래 사원이나 승려가 스스로 행해야 하는 규율임에도 불구하고 쇼시다이가 지시를 내려 위로부터 개입한 점에서 종파를 통제하려는 의도가 명백하다"고 평가하는 데 그친다.[4] 왜 이 시기에, 왜 이러한 법령이 발포되었는가? 그 상세한 배경이나 구체적 실태는 추구하지 않았다.

이 장에서는 이처럼 '도요토미 정권의 교토 사원에 대한 통일적인 법령'으로 평가되면서도 부분적으로만 언급된 1594년 4월의 '사원법도寺院法度'(이하 편의상 '분로쿠 3년령'이라고 한다)를 분석하고 그 구체적 양상을 밝힌다. 우선 1절에서는 '분로쿠 3년령'의 전제가 되는 도요토미 정권의 사사통제 정책과 원리를, 2절에서는 그 원리와 '분로쿠 3년령'의 관계, '분로쿠 3년령'의 구체적 내용과 배경, 발포된 직후의 정세 등을 고찰한다. 이를 통해 도요토미 정권의 사사지배 원리와 이념을 새롭게 조명하고자 한다.

---

2 이상 이 책 제1부 제1장 오다 · 도요토미 정권과 사사-연구 동향과 과제- 참조.

3 藤井学, 「寺社の復興」, 『京都の歴史』4, 学芸書林, 1969, p. 195.

4 朝尾直弘, 「京都所司代」, 前掲『京都の歴史』4, p. 520.

1. 사사지배의 원리와 전개

'무기武具' 소지 금지

1582년(天正10) 6월, 히데요시는 주군 오다 노부나가를 죽음으로 내몬 아케치 미쓰히데를 격파함으로써 교토 지배를 시작한다. 그러나 이 시기 히데요시의 사사지배는 정치 정세와 마찬가지로 매우 불안정하였다. 히데요시는 후계자 자리를 차지하기 위해 오다 노부카쓰織田信雄, 도쿠가와 이에야스를 비롯하여 간베 노부타카神戸信孝, 시바타 가쓰이에柴田勝家 등과 그야말로 사력을 다해 싸워야 했다.

1582년 10월 히데요시는 다이토쿠지에서 노부나가의 사후 백일 법회를 주도하고 은연중에 자신에게 정권의 정통성이 있음을 대내외에 알린다. 그렇지만 이 시기는 간베 노부타카가 교토 마쓰오 신사松尾社 사령을 인정하는 등[5] 교토 지역에서 히데요시의 사사지배는 여전히 미약했다. 이러한 상황은 그 뒤로도 상당기간 계속된다. 이듬해인 1583년 유력한 라이벌 시바타 가쓰이에와 간베 노부타카를 자살시킨 이후에도, 동년 9월 이세伊勢 신궁 신관들이 오다 노부카쓰에게 신령神領 안도를 요청하는 등[6] 히데요시의 사사 지배권은 여전히 확고하지 않았다.

히데요시가 이러한 상황에서 벗어난 것은 1585년(天正13)으로 이 해는

5 「松尾神社文書」, 『史料綜覽』卷11, 天正10年10月14日條.

6 「外宮引付」, 同上, 天正11年9月條.

사사지배의 측면에서도 매우 중요한 시기이다. 1584년(天正12) 11월 히데요시와 이에야스 · 노부가쓰 간 화친이 성립한 직후 히데요시는 종삼위從三位 권대납언權大納言에, 다음 해인 1585년 3월에는 정이위正二位 내대신內大臣에 서임되어 노부나가의 후계자로서의 정통성과 지위를 획득했다. 동년 7월 관백 취임은 그 귀결인데, 사사지배의 면에서는 동년 3월 히데요시가 네고로根来 · 사이가雑賀의 잇키와 고야 산을 공격한 사실이 중요하다. 동년 3월 21일, 네고로 · 사이가 잇키는 히데요시에게 항복했고 쓰지가 "거의 6백여 년 간 포악을 부리던 승병들을 이 네고로에서 최후의 숨을 끊었다"[7]고 평가한대로 이후 사사세력이 무가에 무력으로 맞서는 현상은 사라진다.

이 시기 도요토미 정권의 지향성은 동년 4월 고야 산에 오른 히데요시가 내린 다음 주인장에 잘 나타나 있다.

히데요시 공 주인장 사본

1. 대사大師[구카이(空海)]의 수인手印이 찍힌 문서가 명백하니 '당지행' 영지는 고야 산의 사령으로 한다.

1. 고야 산이 침탈한 영지가 있다면 대사의 수인은 파기될 것이다. 이는 결국 고야 산을 파멸로 이끌 것이니 잘 분별해야 한다.

1. 사원의 승려, 행인, 그 외 승도들이 학문学文에 힘쓰지 않고 분수에 맞지 않는 무기 · 총 이하를 만드는 것은 악역무도한 일이다(A).

1. 대사의 법규처럼, 사원의 승려 · 수행자行人 이하는 마음을 다잡아 오로지 불사佛事와 근행에 전념해야 한다(B).

1. 천하에 적이 된 모반 · 악역인을 사원 내에 감추는 일은 옳지 않다.

7 辻善之助, 『日本仏教史』第7巻(近世篇之一), 1952, p. 295.

부모나 자식을 죽이고 주인에게도 쓸모없으며 혹은 명예를 잃어 상투를 잘라 남자도 아닌 무리들을 고야 산에 두는 것을, 도를 닦은 자라면 어찌 괴로워하지 않을 수 있겠는가(C).

1. 히에이 산(엔랴쿠지), 네고로지는 천하에 적대하여 마침내 파멸을 눈앞에 두었으니(D), 이 점을 보고 잘 분별해야 한다.

1. 이상의 조항을 고야 산 중도衆徒 · 행인 이하가 깊이 마음에 새긴다면 이를 지키겠다는 뜻을 담은 문서請狀를 제출해야 한다. 중도 그의 모두가 다른 뜻을 품지 않는다면 고야 산을 재건하는 데 히데요시도 아낌없이 노력할 것이다. 이상이다.

덴쇼天正13년 4월 10일　　　　　　　　　　　　히데요시

고야 산[8]

첫째, D에서 볼 수 있듯 히데요시가 '천하'라는 정치 이념을 내걸고 사원 고야 산에 대해 굴복을 강요한 점이 주목된다. 노부나가의 정치 이념인 '천하'는 "히데요시의 정치 이념으로 계승되었으며 포기되거나 부정되지 않았다".[9] 1585년 단계에서 히데요시는 '천하'라는 정치 이념을 매개로 사사의 굴복을 요구하였다.

둘째, C부분처럼 히데요시는 '천하'에 적대한 자가 고야 산에 숨는 것을 금지하고 중세 이래 사사의 전통적 특권인 '아질권'을 부정한다. 물론 모반을 꾀한 대역 죄인을 사사가 감춰주는 행위를 금지한 사례는 이전부터 존재한다. 1584년 7월, 히데요시는 다이토쿠지에 고야 산과 거의 흡사한 명령을 내렸다.

---

8 『高野山文書』3(大日本古文書 · 家わけ1), 821号.

9 藤井譲治, 「一七世紀の日本—武家の国家の形成」, 岩波講座『日本通史』近世2, 1994, p. 15.

참선과 학도學道 수행을 위해 진실한 도심을 갖고 다이토쿠지에 오는 무리들은 받아주어도 좋다. 그렇지만 혹은 살상이나 살인자, 혹은 주군으로부터 벌을 받은 자가 처벌을 피하려고 둔세遁世라고 칭하며 억지로 들어오는 것은 일체 허용해서 안 된다. 사원寺中이 평온하기 위해서도 이와 같이 해야 한다. 이에 전달한다.

하시바 지쿠젠노카미羽柴筑前守

덴쇼天正12년 7월 18일

히데요시(사인 花押)

다이토쿠지[10]

그러나 다이토쿠지 측이 도망자의 '진실한 도심' 여부를 판단하는 이상 설령 죄인이라도 이를 근거로 히데요시의 통제에서 벗어날 수 있다. 히데요시도 "둔세遁世라고 칭하며 억지로 들어오는 것은 일체 허용해서는 안 된다"고 어느 정도 사사를 통제하려 했으나, 동시에 '참선 · 학도 수행'의 명목하에 사사의 전통적 특권을 사실상 인정할 수밖에 없었다. 이 점은 1584년경 히데요시 사사지배의 한계이다. 그런데 1585년 고야 산의 경우는 다이토쿠지에는 있던 '진실한 도심'과 관련된 부분이 삭제되어 사사가 개입할 여지가 더욱 제약되고 전통적 아질권은 부정되었다. 또 대상자도 1584년 단계에서는 '살상 · 살인자', '주군으로 벌을 받은 자'였으나 1585년에 이르러 '천하에 적이 된 모반 · 악역인'이 된다. '천하'의 담당자인 히데요시의 위상 변화(1585년 7월 관백 취임)에 따라 용어의 표현 방식도 변화하고 사사에 대한 통제도 보다 엄격해진다.

셋째, 히데요시가 고야 산에 강요한 것은 B처럼 사사의 전통적 덕목인 '불사근행佛事勤行'이다. 그 이면에는 A와 같이 학문을 닦지 않고 무기

10 『大徳寺文書』1(大日本古文書 · 家わけ17), 97号.

와 총 등으로 무장하고 '악역무도'한 행위를 자행하던 종래 사원세력의 양태를 바꾸려는 의도가 깔려있다.

이에 대해 고야 산 측은 만산 총집회를 열어 "중도 · 행인, 그외 승도의 무기 · 방어구 · 총 이하, 대사의 법규 및 히데요시가 내린 문서御一書의 취지에 따라 오로지 불사를 근행함에 힘쓸 것"[11]을 맹세하였다. 히데요시도 "이번에 남쪽을 평정함에 있어 고야 산의 법규를 정한 바, 고야 산 승려 모두가 이를 수용하는 문서請狀를 바치고 특히 무기류 등을 거두어 바치니 신의 뜻이 오묘하다"고 만족감을 표시하고, "앞으로 고야 산은 국가 안전의 기도를 드리는 것이 무엇보다 중요하다"[12]며 사사 본래의 역할인 기도에 전념하기를 지시하였다. 불사 근행 및 무기류 소지 금지 방침은 마시타 나가모리增田長盛가 고잔쇼닌興山上人 오고應其에게 보낸 "고야 산의 승려 일동이 서약서를 바친 것은 신묘하다고 생각합니다. 병기 소지를 금지하니 제당諸堂에서 오로지 국가태평의 기도를 올려야 할 것입니다"[13]라는 내용의 서장에서도 확인되듯, 이 시기 도요토미 정권의 기본 정책이었다. 1591년(天正19) 10월 히데요시의 지시로 제정된 고야 산 법규에는 "고야 산, 네고로지, 고카와데라粉河寺, 사이가雜賀 등이 근래 분수에 맞지 않은 무기를 갖고 오로지 무용武勇에 힘쓰고 걸핏하면 봉기하여 무가武家에 싸움을 거는 일은 도리에 맞지 않다"[14]라고 하여 무장 해제의 이유가 구체적으로 기술되어 있다.

1585년(天正13) 고야 산 무기소지 금지에 관해 후지키 히사시藤木久志는 "단기적으로 명백히 적대세력의 무장 해제라는 긴급한 군사 목적을 지

11 『高野山文書』3, 822号.
12 『高野山文書』2, 336号.
13 『高野山文書』3, 378号.
14 『高野山文書』2, 338号.

녔으나, 단순히 이에 그치지 않는다. 무기 폐기와 직능의 전종專從을 권함으로써 '무사=무기를 소지할 수 있는 신분'과 엄격히 구분되는 '승도=불사에 종사하는 신분', 그리고 '백성=경작에 종사하는 신분'을 적극적으로 획정하려는 장기적인 전망이 깔린 신분 정책의 성격이 농후하며 이후 1588년(天正16)법령 제3조와 연결된다"[15]고 높이 평가한다. 그러나 1585년으로 추정되는 고야 산의 사면 각서에는 1585년 단계의 히데요시의 한계를 보여주는 요소가 포함되어 있다.

각서覺

1. 히데요시에게 사죄의 문서를 제출하고 사면을 받은 바, 우치 군宇智郡의 여러 사원령 등은 이전처럼 지배한다.

1. 우치 군에 상응하는 군역을 부담한다(E).

1. 우에사마(上様: 히데요시-역자 주)에게 예물로 금자金子를 바친다(F).

100매 금년 내

100매 내년

100매 내후년

이상의 도합 300매를 3년에.

이상. (학려學侶 흑인黑印)[16]

1585년 6월 히데요시의 판물判物에 의하면,[17] 우치 군의 고야산령은 곤고부지金剛峯寺 대웅전金堂 수리비로 내려진 것이다. 그럼에도 불구하고 E와 같이 그에 상응하는 군역이 부과된 점이 눈길을 끈다. 이 단계

15 藤木久志, 『豊臣平和令と戦国社会』, 東京大学出版會, 1985, p. 170.

16 『高野山文書』5, 736号.

17 『高野山文書』2, 337号.

의 히데요시는 고야 산 승려의 무기 소지 금지를 명하면서도 동시에 사사에 군사행동을 요구하는 이중성을 가진다. 규슈九州와 관동関東에 각각 시마즈島津 씨와 고호조後北条 씨가 여전히 건재한데다 강적 도쿠가와 이에야스도 완전히 굴복하지 않던 시기니만큼 히데요시도 사사세력의 무력을 완전히 부정할 상황이 아니었다. 이 시기 히데요시는 사사세력의 힘을 가능한 많이 이용하려는 정책을 취한다.

1585년 고야 산을 공격할 때 히데요시는 스스로가 '천하'의 담당자임을 자부했다. 그러나 고야 산과의 화친은 "검교檢校 화상和尙 법안法眼과 총산의 모든 승려가 한 마음으로 적은 문서를 천황叡慮에게 바쳤으니, 앞으로 히데요시가 고야 산을 소홀히 대하는 일은 없을 것"[18]이라 하여, 히데요시는 '천황'을 내세우지 않을 수 없었고, 이는 이 단계 도요토미 정권의 한계였다. 또 1585년 단계의 히데요시가 사사에 요구한 것은 B와 같이 중세 이래의 전통적 역할인 근행과 수리로서 후술하는 바와 같이 분로쿠文祿 단계와 달리 근세적 이념과 관련이 있는 '학문'을 사원의 임무로 요구하지는 않았다. 물론 "승도들이 학문에 힘쓰지 않고 분수에 맞지 않는 무기 · 총 이하를 만드는 것은 악역무도한 일"라고 하여 학문과 무기를 대비하는 인식 자체는 새로운 것으로, 이것이 1585년 고야 산 공격 단계에서 처음 나타난다는 점은 높이 평가할 만하다. 그러나 이 시기 히데요시가 고야 산에 요구한 것은 기본적으로 '학문'이 아니라 사원의 전통적 덕목인 '불사와 근행'이었다. 이 단계에 있어 히데요시 정권의 미약함은 F에 보이듯 고야 산으로부터 황금 3천 냥이라는 막대한 예전을 징수한 것에서도 알 수 있다. 사사로부터 보호의 반대급부로 예전을 징수하지 않는 단계로 전환하기 위해서는 조금 더 기다려야 했다.

---

18 同上, 337号.

공첩 발급과 '대처帶妻' 금지

1585년 7월 관백이 된 이후 히데요시의 사사지배는 점차 강화된다. 동년 11월에는 교토의 여러 사사에 사령을 안도해주는 대신 "근행 등에 소홀하지 않고, 당사堂舍 수리 이하 일에 조금도 방심해서는 안 된다. 만일 일을 제대로 처리하지 않으면 구이카에시(悔返し: 환수)할 것이다"고 하는 이른바 사사령 '구이카에시'가 정책적으로 확립된다.[19] 여전히 전통적 덕목인 근행과 수리를 강조하면서도 교토의 많은 사사를 대상으로 사사령 회수 방침을 밝혀 중세 관습법과 다른 입장을 분명히 하였다. 동년 12월에는 교토의 여러 사사에 일제히 새로운 토지를 주어 도요토미 정권이 이제 사사와 '격'이 다르다는 사실을 대내외에 과시한다.

다음 해인 1586년(天正14) 7월이 되자 "후대에 비록 약한 무사弱武士가 고야 산에 의견을 말해도 이에 따라야 한다. 만일 (약한) 무사에 대해 사원이 조금이라도 제멋대로 행동한다면, 강한 무사强武士가 나타날 때 반드시 처벌받을 것이다. 그러니 염주를 잡고 기도에 힘쓰면 고야 산도 안전하고 불법도 존속될 수 있다"[20]고 하여 무사권력에 철저히 복속할 것을 강요하는 상황이 전개된다.

그러나 오산五山을 포함한 모든 사사세력이 도요토미 정권에 완전히 굴복한 것은 조금 더 뒤의 일로, 1588년 1월 아시카가 요시아키의 출가 이후, 특히 1589년에 이르러서이다. 이를 잘 보여주는 것이 히데요시가 발급한 공첩의 수이다. 『로쿠온인공문장鹿苑院公文帳』에 의하면, 히데요시가 무로마치 막부 관할하에 있는 관사계열官寺系 선종 사원의 주지 임명

---

19 『大徳寺文書』1, 101号; 「鹿王院文書」9(京都大学所蔵影写本); 『東福寺文書』3(大日本古文書 · 家わけ20), 537号; 「長福寺重書抄」(石井進, 『長福寺文書の研究』, 1208号, 山川出版社, 1992); 「東寺文書」(上島有, 『東寺文書聚英』, 479号, 同朋舎出版, 1985); 「泉涌寺文書」, 『泉涌寺史』資料編, 135号.

20 『高野山文書』3, 406号.

장인 공첩[21]을 처음으로 발급한 것은 1586년이다.

‥표1 공첩 발급 건수

대상	요시아키	히데요시	히데쓰구	그 외
1582	18			2(칙명)
1583	7			
1584	6			
1585	13			
1586	5	4		
1587		2		
1588				1(불명)
1589	1	14		
1590		12		
1591	2	26		1(불명)
1592	1		10	1(불명)
1593	1		6	
1594			8	
1595		8	2	1(히데요리)
1596		19		1(불명)
1597		8		
1598		8		3(히데요리)
계	54	101	26	10

주. 표는 『鹿苑院公文帳』(史料纂集本)과 玉村竹二, 前揭「公帖考」에 수록된 「天正 · 文祿 · 慶長年間公帖一覽」을 근거로 작성.

〈표1〉에서 알 수 있듯이 1586년(天正14) 요시아키가 발급한 문서는 5건, 히데요시가 발급한 문서는 4건이 확인된다. 요시아키가 발급한 공첩은 주로 1582~1586년에 집중되며 히데요시의 공첩은 1586년 5월 난젠지南禪寺 겐포 레이산玄圃靈三, 9월 14일에 겐닌지建仁寺의 에이호 에이유英甫永雄, 11월 9일에 겐초지建長寺의 세이가쿠 소지쿠西嶽宗竺, 12월 16일에 겐닌지의 묘시쓰 소고明室宗旿 등과 같이 주로 1586년 5월 이후에 발급된다.

21 玉村竹二, 「公帖考」, 『日本禪宗史論集』下之二, 思文閣出版, 1981, p. 595.

특히 『로쿠온인공문장』 난젠지부南禪寺部의 겐포 레이산 항목에 "덴쇼天正14년(1586) 병술 5월일, 관백 도노殿가 발급한 공첩의 시초"[22]라고 적혀 있어 히데요시가 이때 최초로 공첩을 발행했음을 알 수 있다.

그런데 겐포 레이산은 이미 동년 4월 13일 요시아키로부터 공첩을 받았으며 현재 난젠지에 실물이 남아 있다.[23] 이 점에 관해 다마무라 다케지玉村竹二는 "겐포 레이산은 처음에 아시카가 요시아키의 공첩을 받았으나 이것이 무용지물이 되었으므로 한 달 후에 도요토미 히데요시로부터 다시 받은 것"[24]이라고 설명한다. 『로쿠온인공문장』의 「해설」을 집필한 이마이즈미 요시오今泉淑夫도 "히데요시에게는 전 쇼군이 발급한 공첩의 효력을 부정하고 새로운 권력자의 존재를 나타내는 계기였고, 겐포로서는 더 이상 존재하지 않는 막부가 아닌 실권자에 의한 임명을 원했다"[25]며 같은 의견을 피력한다.

공첩 발포자가 요시아키에서 히데요시로 넘어가는 시기에 관해 이마이즈미는 "1586년 5월 이후에 요시아키의 이름으로 내려진 공첩은 5통뿐으로, 이미 발급자로서의 권위는 약해졌다"[26]며 1586년 5월설을 주장한다. 한편 다마무라는 1586년 4월과 5월 사이라고 추정하면서 "실은 그 뒤로도 아시카가 요시아키가 여러 차례 공첩을 내리므로 관백 공첩과 구보(公方: 쇼군—역자 주) 공첩이 혼재된 시기가 덴쇼天正 말년까지 계속된다"[27]고 본다. 그런데 가케이 세이쇼쿠華溪正稷가 1593년(文祿2) 3월 5일에 요시아키로부터 난젠지 공첩을 받는 등[28] 요시아키의 공첩은 덴쇼天

---

22 『鹿苑院公文帳』, p. 7.
23 櫻井景雄 · 藤井学共著, 『南禅寺文書』中, 294号, 1974.
24 玉村竹二, 前掲「公帖考」, p. 655.
25 『鹿苑院公文帳』, p. 152.
26 同上, p. 153.
27 玉村竹二, 前掲「公帖考」, p. 655.
28 『鹿苑院公文帳』, p. 7.

正 말년이 아니라 분로쿠文祿 연간까지 발급된다. 요시아키가 분로쿠 연간까지 공첩 발급의 실권을 계속 가졌다고는 생각하기 어려우며, 중요한 점은 요시아키가 언제까지 공첩을 발급하였는가가 아니라 히데요시가 언제 공첩 발급권을 장악했는가, 바꿔 말하면 히데요시의 공첩 발급권이 언제 대세가 되었는가이다.

〈표1〉에서 알 수 있듯 1586년에 4건이었던 히데요시의 공첩 발급은 1587년에 오히려 감소하여 2건에 그치며 1588년에는 1건도 없다(주체가 명확하지 않은 공첩을 히데요시가 발급한 것으로 가정해도 1건에 지나지 않는다). 그런데 1589년에는 14건, 1590년에는 12건, 1591년에는 6건으로 현저하게 급증한다. 따라서 히데요시는 1586년에 공첩 발급권을 손에 넣었으나 1588년 정월 요시아키가 출가한 이후, 특히 1589년(天正17) 들어서 본격적으로 권한을 행사한 것으로 보인다.

〈표2〉는 히데요시가 1585년 11월에 사령을 기부한 사사와 1589년 12월에 지자전地子錢을 면제해준 사사를 정리한 것이다. 교토의 중요 사사를 대상으로 일제히 발급한 문서가 대량으로 남아 있는 점을 보아도 1585년과 1589년은 도요토미 정권의 사사지배에 있어 획기적인 해였다. 특히 1589년에는, 1585년에 빠져있던 난젠지, 겐닌지, 만주지万寿寺 등 오산계 사원이 대거 면제 대상에 포함된다. 이 시기가 되면 도요토미 정권이 오산계 선종 사원을 포함한 모든 사사세력을 완전히 장악한다. 동년 정월 16일, 경기京畿 지역의 여러 주지가 취락제聚樂第에 모여 히데요시에게 신년 인사를 하는 등[29] 이전에는 없었던 현상이 처음으로 나타난 점도 흥미롭다.

29 『鹿苑日録』·『多聞院日記』, 天正17年1月16日條.

‥표2 1585년(天正13) 11월의 사사령 기진/1589년(天正17) 12월의 지자전(地子錢) 면제

대상	1585	1589	대상	1585	1589	대상	1585	1589	대상	1585	1589
도지(東寺)	○	○	로잔지(廬山寺)	○		미부도(壬生堂)		○	가미가모 신사(上賀茂社)		○
도후쿠지(東福寺)	○	○	조카인(淨化院)	○		묘신지(妙心寺)		○	센뉴지 라이고인(泉涌寺 來迎院)		△
다이토쿠지(大德寺)	○	○	에이칸도(永觀堂)	○	○	류안지(龍安寺)		○	니시가모 공승중(西賀茂 供僧中)		○
조후쿠지(長福寺)	○		세이와인(淸和院)	○		묘호인(妙法院)		○	사가 니손인(嵯峨 二尊院)	○	○
센뉴지(泉涌寺)	○	○ △	혼노지(本能寺)	○		이나리 신사(稻荷社)		△	사가 샤카도(嵯峨 釋迦堂)	○	○
다이쇼지(大聖寺)	○		지쇼지(慈照寺)	○	○	기온 신사(祇園社)		○	이치조 붓다지(一條 佛陀寺)	○	
덴류지(天龍寺)	○	○	구라마데라(鞍馬寺)	○	○	기타노 신사(北野社)		○	다케우치 문적(竹內門跡)		○
마쓰오 신사(松尾社)	○	○	혼카쿠지(本覺寺)	○		요메이보(養命坊)		○	냐쿠오지(若王寺)	○	○
다이카쿠지(大覺寺)	○	○	지온지(知恩寺)	○		돈게인(曇花院)		○	젠포지(善法寺)	○	
세야쿠인(施藥院)	○		무카이 신사(向社)	○		즈이칸인(隨歡院)		○	도가노오데라(栂尾寺)	○	○
가지이(梶井)	○	○	조묘지(頂妙寺)	○		산보인(三寶院)		△	겐닌지(建仁寺)		△
쇼렌인(靑蓮院)	○	○	오오쿠 궁(御奧宮)	○		요시다 신사(吉田社)		△	난젠지(南禪寺)		○
지온인(知恩院)	○	○	세이간지(誓願寺)	○		라쿠주인(樂壽院)	○	○	만주지(萬壽寺)		○
짓소인(實相院)	○	○	고쿠라쿠지(極樂寺)	○		마쓰오 타비신사(松尾旅社)	○		오하라노 신사(大原野社)	○	
혼코쿠지(本國寺)	○		게이카이인(花開院)	○		호콘고인(法金剛院)	○	○	아키노 도장(秋野道場)	○	
구로다니(黑谷)	○	○	기부네 신사(貴船社)	○	○	오이도장(大炊道場)	○	△	오타니 도장(大谷道場)		△

대상	1585	1589	대상	1585	1589	대상	1585	1589	대상	1585	1589
신뇨도 (眞如堂)	○	○	조쿄지 (淨教寺)	○		로쿠조 도장 (六條道場)	○		헨쇼신인 (遍照心院)		○
호케이지 (寶鏡寺)	○		기요미즈데라 (淸水寺)		○						

주1. 표는 三鬼清一郎編, 『豊臣秀吉文書目錄』, 名古屋大學文學部, 1989를 참조하여 작성.
주2. △는 地子錢 면제가 아니라 히데요시에 의한 사사령 안도를 의미.

1585년과 1589년이 일획을 긋는 해였음은 히데요시의 사사지배 이념에서도 확인된다. 1585년에는 승려의 '무기' 소지를 금지하고 사사에 근행과 수리를 강요했는데 1589년에는 승려의 '대처' 금지 등 승려 본연의 모습을 의무화하고 이를 바탕으로 근행과 수리를 강제한다.

> 구라마데라鞍馬寺의 일. 중승衆僧의 행동거지가 난잡하여 이미 불법이 쇠퇴했다고 하는데 (이는) 옳지 않은 일이다. 그렇다면 그들 대처 승려를 모두 쫓아내고 이번에 사법寺法을 고쳐 불교 행사와 근행에만 전념하게 하라. (아울러) 사원 건물을 수리하는 일을 중시해야 한다(G). 쇼렌인靑蓮院이 이 절의 사무를 담당하므로 조금도 방심하면 안 된다.
>
> 덴쇼天正17
>
> 7월일　　　　관백 (사인 花押)
>
> 쇼렌인 도노靑蓮院殿[30]

전후 사정은 명확하지 않다. 그러나 '불법 쇠퇴'의 요인으로 승려들의 음란한 행위를 들고 종래 '사법'이란 명목 아래 인정해온 관습을 타파하려 한 점은 분명하다. 무기 소지=불법쇠퇴의 주장이 관철된 후 대

30 日下寬編, 『豊公遺文』, 博文舘, 1914, p. 207.

처帶妻=불법쇠퇴의 이념이 새로 제시되었다.

히데요시가 제기한 '대처' 금지 방침은 1589년 10월 기요미즈데라清水寺 '새전 상자錢箱'의 귀속을 다룬 재판에서도 확인된다. 히데요시는 종래 기요미즈데라 오방五坊[고조보(光乘坊), 지몬보(智文坊), 렌요보(蓮養坊), 기칸보(義觀坊), 기조보(義乘坊)]이 관리해오던 본당의 새전 상자를 몰수하고 조주인成就院에 기부한다. 그 경위와 배경은 『기요미즈데라사淸水寺史』 제5장 제4절 「조주인의 복권復權」에 상세히 기술되어 있으므로[31] 다시 고찰할 필요는 없다. 다만 "대처 승려가 기요미즈데라 본당의 5개 새전 상자를 거두어 여자와 사는 데 사용한다. 앞으로 이를 고쳐 모두 거두어들여 절을 짓는 데 쓰도록 영원히 기부한다"[32]고 하여 히데요시가 몰수의 근거로 '대처'를 든 점만은 강조하고 싶다.

히데요시는 승려의 대처 문제를 정권 초기부터 인식하였다. 1582년 히데요시가 모리毛利 씨와 화해를 추진하려고 안코쿠지安國寺 에케이惠瓊와 만났을 때 제일 먼저 "귀하는 대처승인가, 청승淸僧인가라고 물은 바, 안코쿠지는 '승려로서 배움에 힘쓰는 중입니다' 라고 답했다"[33]는 에피소드가 전해진다. 대처하여 음란한 생활을 하는 승도=대처, 근행과 수리라는 본래 역할에 힘쓰는 승도=청승이라는 인식이다. 『프로이스 일본사』에도 다음과 같은 내용이 있다.

> 얼마 전, (노)관백은 거리 중심부에서 주변부로 이전한 교토의 승원을 방문했는데 그곳이 너무나도 청결하여 이렇게 말했다. "이곳 승려들은 매우 사치스러운 생활을 한다. 그에 반해 병사들은 조선에 건너가 생

31 下坂守, 「成就院の復権」, 『淸水寺史』, 法藏館, 1995.

32 「成就院文書」, 『淸水寺史』, p. 335.

33 「川角太閤記」1, 『太閤史料集』, 人物往来社, 1965, pp. 240-241.

명을 잃고 있다. 승려들은 남의 눈에 띄지 않는 곳에서 여자들과 많은 문란하고 파렴치한 행위에 탐닉하고 있다. (따라서) 나는 이 승려들을 조선에 보낼 것이다"라고. 이것을 들은 승려들은 매우 두려움에 떨었다. 교토 봉행奉行 마에다 겐이前田玄以는 승려들에게 사자를 보내 "그대들은 반성하고 추악한 생활을 고쳐라" 하고 충고했다.[34]

히데요시가 대처 행위를 사사 비난의 근거로 삼고 있음은 분명하다. 1593년 혼간지 후계자 선정과 관련한 논쟁에서도 히데요시는 "혼간지 주지[교뇨(敎如)—역자 주]의 음란함이 도를 넘었다"[35]고 인식하였으며, 교뇨의 죄목으로 "혼간지 문주가 대처한 일"[36]을 거론하는 등, '대처' 금지는 점차 일반화된다. 대처 금지의 방침이 정책으로 처음 나타난 것이 1589년이다.

그러나 1589년 단계에서 히데요시는 앞서 언급한 G와 같이 여전히 전통적 덕목인 근행과 수리를 사사에 요구하였다. 무기 소지의 금지 외에 대처 금지가 새로운 요구 사항으로 추가되었지만 '학문'은 아직 언급되지 않았다. 도요토미 정권이 학문을 본격적으로 사사에 요구한 것은 분로쿠文祿 연간에 들어서이다.

'세속간여' 금지와 학문

히데요시가 사사의 새로운 덕목으로 학문을 인식한 것은 앞에서 언급했듯 1585년 4월 고야 산 공격 때였다. 히데요시가 고야 산에 내린 주인장에는 '승도들이 학문에 힘쓰지 않고 분수에 맞지 않는 무기 · 총

34 『フロイス日本史』豊臣秀吉篇2, 中央公論社, 1977, p. 315.
35 『言経卿記』, 文禄2年閏9月14日條.
36 藤田恒春編校訂, 『増補駒井日記』, 文禄2年閏9月16日條, 文献出版, 1992.

이하를 만드는 것은 악역무도한 일'이라는 조항이 있다.[37]

그런데 히데요시가 학문에 주목한 것은 오고応其와의 만남을 계기로 한다. 1591년(天正19) 10월 히데요시는 고야 산에 다음과 같은 문서를 내린다.

> 1. 네고로, 고카와, 사이가가 전년에 히데요시의 토벌을 받았다. 그 때 고야 산도 없애려 했는데, 때마침 히데요시를 섬기고 있던 고잔쇼닌興山上人이 사죄의 말을 올려, 고야 산의 중고 이래 양태를 바꾸어 무기를 거두어들여 바치고 역도를 처벌하는 등 불사와 근행에 소홀하지 않고 학문学問 이하에 정성을 다하겠다고 다짐하였다. (히데요시는) 틀림없이 그렇게 하라는 뜻에서 사원령으로 3천 석을 내려주었다.[38]

'학문'이 고야 산의 덕목으로 1585년 히데요시의 주인장에 포함된 것은 밑줄 친 부분에서 알 수 있듯 오고의 제안으로 보인다. 히데요시의 뜻을 수용한 문서(「當山初度御判御請留書」)를 제출한 1585년의 고야 산도 "중도 · 행인, 그 외 승도의 무기 · 총 이하, 대사의 법규 및 지킬 것을 서약한 문서의 취지에 따라 오로지 불사 근행에 힘쓸 것"[39]이라 하여,

---

37 또한 고야 산 공격 후 동년 11월에 히데요시는 야마시로 조후쿠지(山城長福寺)에 대해서도 "불사(佛事) 근행(勤行) 등을 소홀하지 않고 학문(学文)을 좋아할 것"(「長福寺重書抄」, 前掲『長福寺文書の研究』, 1208号)이라는 명령을 내렸다. 그러나 사령 보증(안도)와 '구이카에시'(悔返し)강조라는 점에서 조후쿠지와 완전히 같은 내용의 문서가 내려진 다이토쿠지(大德寺), 도후쿠지(東福寺), 도지(東寺), 센뉴지(泉涌寺) 등은 근행과 수리만이 의무지워진다. 1585년경 히데요시가 '학문'이라는 새로운 이념에 관해 서서히 인식하기 시작한 것은 사실이지만 명확한 형태로 본격적인 의도를 가지고 사사에 강요한 것은 분로쿠(文祿) 연간에 들어서이다. 참고로『신장공기』에도 아즈치 종론 때 노부나가가 법화종 처벌 이유로 "모든 사무라이들이 날마다 군역에 근무하느라고 힘든데, 사원은 훌륭히 차리고 생활하며 학문(学文)도 하지 않고 묘(妙) 한 글자에 빠져있으니 이것이 가장 잘못이다"(『信長公記』角川文庫本, 卷12)라고 한 것이 기술되어 있다. 과연 이것이 정말로 노부나가의 말인지는 판단하기 어려우나 적어도 무가가 사사에 대해 새로운 역할로서 학문을 요구하는 일은 점차 일반화된다.

38『高野山文書』2, 338号.

39『高野山文書』3, 822号.

학문에 관해서는 언급이 없다. 히데요시가 고야 산에 내린 1585년 6월의 판물判物[40]이나 1592년(天正20) 8월의 주인장[41]에도 수리와 근행만이 사사의 덕목으로 요구되고 학문은 거론되지 않았다. 덴쇼天正 연간에는 기본적으로 히데요시나 고야 산이나 사사의 역할=근행과 수리로 인식했던 것이다.

반면 오고가 승려의 역할로서 근행과 수리에 덧붙여 학문을 요구한 사례는 다수 존재한다. ①"제멋대로 행동하며 학문学文에 관심이 없는 무리를 속히 내치고 근학勤學의 인물만 남길 것",[42] ②"앞으로 주야 근학에 힘써 학려로서의 이름御名을 세울 것",[43] ③"학문学門(問)에 정진하고 새로 발심發意하는 무리는 모든 것을 버리고",[44] ④"학문의 도学道를 중도들衆中이 가장 중요한 모범으로 삼아야 함은 말할 나위 없는 바",[45] ⑤"모든 법규, 근행과 사역寺役, 학문学文은 교법教法대로 행동함이 중요"[46] 등이 그 사례이다.

오고가 학문에 주목한 것은 "배우기学를 좋아하는" 그의 취향과 관련이 있으나, "중도들 백 명을 고산지興山寺 결중結衆이라 명명하고 학문学問을 하였다"고 하여 학문 집단을 조직적으로 육성하려 한 점에서 알 수 있듯[47] 다른 의도가 있던 것으로 보인다. 이와 관련하여 당시 고야 산 등 사원 내부에 상속을 둘러싼 분쟁이 빈발한 점이 주목된다.

1589년(天正17) 7월 오고는 고야 산의 규율을 제정하여 곤고부지 승려

---

40 『高野山文書』2, 337号.
41 同上, 339号.
42 『高野山文書』3, 368号.
43 同上, 369号.
44 同上.
45 『高野山文書』3, 370号.
46 同上, 400号.
47 和多昭夫, 前掲「木食応其考」(前), p. 30 · 34.

들에게 통보한다. 본래 이런 법령은 학려와 중도의 집회에서 결정될 성질의 것으로 "고야 산이라는 교단의 제도사상, 근본적인 변화를 이룬" 획기적인 조치로 평가된다.[48] 모두 17조로 구성된 오고의 규율은 ①법회 등 연중행사에 관한 것, ②관정灌頂에 관한 것, ③학문의 도学道를 수학함에 관한 것, ④원가院家의 상속에 관한 것, ⑤집회 제도에 관한 것 등으로 분류되며 특히 그중에 다음과 같은 규정이 있다.

> 1. 여러 원가 상속의 일. 양도장譲状에 쓰인 대로 해야 한다(A). 다만 친척에 의존하거나, 혹은 유력자에 기대어 전혀 무학의 무리無學之輩가 상속하는 일은 고야 산의 불법佛法이 단절될 근원이다. 요컨대 지금 이후 그 가家에 상응한 사람에게 양도해야 하고 이를 위해 문중門中은 기량이 있는 자를 선택해야 한다(B). 문중은 어느 한쪽을 편들지 않고 공평하게 처리하겠다고 맹세하였다. 덧붙여 크게 파손된 원가가 있으면 유력자에게 상속할 수 있다(C). 다만 후대에는 학문을 닦은 자(修学)에게 양도해야 한다.[49]

오고는 무학자無學者 상속은 '불법이 단절될 근원'이라 하면서, B와 같이 사원 상속의 자격 기준으로 기량=학문을 내세웠다. '기량' 자체는 중세에 널리 통용되던 개념이나 이를 '기량=학문'으로 규정한 점이 주목된다. 그러나 기량을 학문 여부로 판단하고 이를 상속 기준으로 삼는 행위는 기존 관습과 선례를 부정하는 행위였다. 그리하여 오고와 고야 산의 학려 · 중도 사이에 불화가 끊이지 않았다.

1594년이 되어서도 "고야 산 사원령에 관한 일. 예전에 태합(히데요시)

48 同, 前揭「木食応其考」(承), p. 87.

49 『高野山文書』3, 368号.

이 모쿠지키 쇼닌(오고)에게 지시하시길, 오고가 판단하여 바람직하게 처리하라고 하였습니다. 대체로 이에 따라 판결하였으나 학려 중에는 악랄하게 행동하고 히데요시의 법을 훼손한 바 나머지 중도도 이에 행동을 함께 하여 오고도 어쩔 수 없는"[50] 상황이 계속되었다. 승도들의 격렬한 반발에 부딪혀 1589년(天正17) 단계의 오고는 A와 같이 주지의 양도장讓状을 기본적으로 인정하였고, C와 같이 몰락한 사원을 재건하였을 때 무학의 인물이라도 상속을 허용하는 등 현실과 타협할 수밖에 없었다.

그러나 히데요시 권력을 배경으로 오고의 고야 산 재편은 확고히 진전되어 간다. 도요토미 정권이 1592년에 실시한 토지조사檢地 때 고야 산은 은닉한 사원영지 5만 석이 발각되어 다시금 멸망할 위기에 봉착했지만, "(이번에도) 모쿠지키 쇼닌이 탄원을 올렸다. (히데요시는) 진실로 자신의 몸을 내던져 불당과 탑, 건물을 재건함은 신묘한 일이라 생각하여, 고야 산을 파괴하라는 지시를 철회하여 사가寺家가 다시 세워지게"[51] 되었다. 이 일을 통해 도요토미 정권을 배경으로 권위를 한층 강화한 오고는 1593년(文禄2) 정월, 고야 산에 다음과 같은 각서를 통보한다.

> 각서
>
> 1. 영당影堂[구카이(空海)의 영정을 모신 불당]의 일일 당번. 오늘부터 연배순으로 할 것을 엄히 지시해두는 바입니다.
>
> 1. 집회. 이 문서에 이름을 올린 사람들은 사자를 보내든, 안내문을 보내든 어느 때이든 반드시 출사하여 순서順次에 따라 평정을 여는 일이 중요합니다.

---

50 同上, 376号.

51 『高野山文書』2, 338号.

1. 건물 양도. 친척에게 양도하여 만일 새파란 젊은이가 연고에 의해 양도를 받는다면 불법 파멸의 근원이 될 것입니다. 앞으로 엄격히 금지해야 합니다. 설령 양도를 명시한 문서가 있다고 하더라도 허가하지 않습니다. 어쨌든 학문学文 수준에 따라 사람됨을 아주 잘 살펴서 양도해야 할 것입니다(D).

1. 특히 젊은이 등은 오직 배움学에 힘쓰고 세상의 일에 관심을 갖지 않는 것이 중요합니다. (저 오고는) 그러한 사람이라면 시시비비를 논하지 않고 누구라도 후원에 힘쓸 각오입니다(E).

1. 여러 차례 이야기했듯이 무리衆로 받아들일 때 그 출신, 사람됨을 잘 보고 허가해야 합니다. 다음으로 끊임없이 경전에 힘쓰고 쓸데없는 말을 하지 마십시오. 무엇이든 도리에 근거하여 법규를 지시해야 합니다. 만일 불법不法을 자행하는 자가 있으면 나에게 직접 알려주십시오.

이상 매번 이야기 했으나 잘 받아들여지지 않은 바입니다. 이번에는 조금도 틀림없이 대사(구카이), 다이묘진大明神, 양계제존兩界諸尊이 알고 있으므로 중도중衆中의 주장은 허용하지 않을 것입니다(F). 연초이지만 아무래도 그냥 둘 수 없다고 생각하여 이와 같이 지시합니다. 결국 (이러한 중도중의 행동은) 히데요시님의 귀에 들어갈 것입니다. 급하니 자세한 내용은 생략하나 아주 잘 분별해야 할 것입니다(G). 그 외에 이전과 같이 문서 한 통을 작성하는 것이 좋겠습니다. 일동이 (이상의 내용을) 잘 가슴에 새긴다면 기쁠 것입니다.

이상

(분로쿠文祿2) 고잔 쇼닌

1월16일 오고(사인)

넨요고보年預御房[52]

이 문서는 여러 가지 점에서 눈길을 끈다. 우선 첫째, D와 같이 "설령 양도를 명시한 문서가 있다고 하더라도 허용하지 않습니다. 어쨌든 학문 수준에 따라 사람됨을 아주 잘 살펴서 양도해야 할 것입니다"라 하여 1589년(天正17)경에 인정되던 양도장讓状의 효력(A)이 부정된 점이다. 또 1589년에 불가피하게 인정했던 유력자의 상속(C)도 그 내용이 삭제되어 부정되었다. 이처럼 오고의 방침은 보다 강화되어 상속 기준은 전적으로 학문 유무가 된다.

둘째, 이렇게 '학문 유무'로 상속 구조를 바꾸려는 오고와, 친족 상속의 기득권을 지키려는 '중도중衆中'의 일부 학려 · 중도 사이의 갈등은 F와 같이 계속되고 있다. 그러나 이들의 반발에도 불구하고 오고가 자기 방침을 관철할 수 있던 것은 G와 같이 도요토미 정권이 있기 때문이다.

셋째, 오고가 강조하던 학문이란 E와 같이 세상의 일에 관심을 갖지 않는 것이다. 오고는 "사원의 영지 · 공양 등이 분수에 넘치기 때문에 학문学文은 퇴폐하고 세속에 간여하며 이윽고 탐욕은 증가한다"[53]고 주장한다. 사원령 · 공양 등 재물에 집착한 고야 산 승도의 '세속 간여' 경향이 탐욕을 늘리고 무가와의 대립을 초래하며 결국은 '고야 산이 파멸하는 근원'이라는 것이다.

이처럼 '세속 간여'를 부정하는 오고의 인식은 승려의 '무기' 소지를 금지하고 세속 일에 불간섭=근행과 수리를 요구한 히데요시의 이념과 완전히 일치한다. 히데요시는 무가에 복종하고 세속 간여를 피하려는

52 『高野山文書』3, 421号.
53 同上, 408号.

오고를 기용하여 고야 산을 재편하고 통제하였다. 히데요시가 "고야 산의 모쿠지키라고 생각하지 않고, 모쿠지키의 고야라고 생각한다"[54]고 할 정도로 오고를 중용한 것은 단순히 오고의 '헌신捨身'에 감동한 것은 아니다. 고야 산 승려의 '세속 간여'를 비판하고 '학문'을 매개로 '중고 이래의 양태'를 바꾸려고 한 오고의 태도가 사사의 '세속 간여'를 싫어하는 도요토미 정권의 사사지배 방침과 정확히 일치했기 때문이다.

54 同上, 406号.

2. 1594년(文禄3) '사원법도'의 의미

내용 검토

덴쇼天正 연간(1573~1592) 오고가 제기한 '학문'은 분로쿠文禄 연간(1592~1596)에 이르러 도요토미 정권 내부에도 본격적으로 도입된다. 학문 도입의 경위는 현재 명확하지 않으나 오고와 도요토미 정권의 빈번한 접촉이 하나의 계기가 되었다. 1593년(文禄2)으로 추정되는 오고의 서장에 다음과 같은 내용이 보인다.

> 1. 토지지배知行를 다루는 일은 미우치모노(御内者: 가신)나 무지무학無知無學하여 이름만 학려인 무리를 쓰도록 하십시오. 조금이라도 학문学文에 마음을 둔 자를 보낼 때는 대사다이묘진, 양계제존에도 알리고, 태합님太閤様 · 관백님에게도 보고한 후에 파견하도록 하십시오. 급히 거듭 말씀드립니다.
>
> [분로쿠(文祿)2인가]
>
> 12월21일 모쿠지키
>
> 고야 산 오고(사인)
>
> 넨요고보
>
> 회신[55]

55 同上, 401号.

이처럼 '학문중學問衆'의 동향을 도요토미 정권에 보고한 사례도 있다. 오고가 사원의 역할로서 새로이 제시한 학문은 그의 활동을 매개로 하여 도요토미 정권에 점차 받아들여진다.[56]

1592년(文禄 원년) 12월, 도요토미 히데쓰구秀次는 "연내 학문을 소홀히 하여 이미 폐절했다는 취지를 들은 바",[57] "다시 옛 모습을 복원하기"[58] 위해 오산五山에 "학문에 힘쓰는 자는 노약귀천老若貴賤을 막론하고 상당한 도움을 줄 것"[59]이라는 학문 장려 법령을 내린다. 이 법령의 성격은 쓰지 젠노스케가 분석한 대로이지만,[60] 그중에서도 "앞으로 사원 영지가 적은 사원에 거주하더라도 학문学問에 뛰어난 자는, 불학不學의 중도로 사령이 과분한 자의 사원과 교체하도록 지시한다"[61]는 조항이 주목된다. '학문 유무'라는 오고의 사령 상속 기준과 이념은 이처럼 분로쿠文禄 연간에 이르러 고야 산뿐 아니라 선종계 오산에도 적용된다.

학문 중시 이념이 교토의 전 사사로 확대된 것이 1594년(文禄3) 4월 마에다 겐이前田玄以의 명의로 반포된 '분로쿠 3년령'이다. 이 법령에 관해 쓰지는 "에도 시대 초기의 사원법 제정의 기초를 다진 것"[62]이라 하고, 후지이도 "도요토미 정권의 교토 내 제종諸宗 사원에 대한 통일적 법령"이라 평가하며 근세 사사법의 원형이라 정의한다. 이러한 평가가 타당하다. 그러나 쓰지나 후지이는 ①왜 이 시기에 바로 이러한 법령이 내려졌는가, ②이 법령이 그 이전의 도요토미 정권 사사 정책과 어떻게 관련되는가는 언급하지 않았다. ①은 다음 절에서 논하기로 하고 여기

56 모쿠지키 오고 이외의 루트는 현재 해명되지 않았다. 앞으로의 과제로 삼고자 한다.
57 「天竜寺文書」4(京都大学所蔵写真集).
58 『鹿苑日録』, 文禄1年12月27日條.
59 「天竜寺文書」4.
60 辻善之助, 前揭『日本仏教史』, pp. 327-330.
61 「天竜寺文書」4.
62 辻善之助, 前揭『日本仏教史』, p. 331.

서는 먼저 ②에 대해 살펴보자.

1594년 4월, 교토쇼시다이 마에다 겐이는 다음과 같은 문서를 교토 내 여러 사사에 내린다.

조조条々

1. 각자 종문의 학문学問에 힘쓰고 근행 등에 소홀해서는 안 된다(A).

1. 여자를 범하고 육식을 하는 일은 원래 법규法度에서 정한 바대로 금지할 일이며, 주지와 장로가 제자 · 동숙同宿을 엄격히 조사하여 함부로 이런 일이 없도록 지시해야 한다. 제자 · 동숙은 또한 주지 · 장로의 행태를 조사하여 서로 방심하지 않도록 매월 문서 한 통을 적어 불조개산佛祖開山의 앞에 바치도록 하라. 그 외 해마다 한 번은 맹세문을 작성하여 봉행에게 바치도록 하라(B).

1. 행태가 옳지 않다고 판단되는 출가는 철저히 심사하여 사원에서 추방하라(C). 이런 일을 소홀히 하여 사원 내 한 명이라도 난행을 벌인 승려가 있다면 모든 중도를 처벌할 것이다(D).

이상의 내용을 지시하니 방심하지 말고 잘 지켜, 왕성의 여러 사원, 참배하려 오는 도비都鄙의 사람들, 상하만민에 이르기까지 이런 일에 감사하게 생각하고 감격의 눈물을 흘려, 여러 단나(시주)가 불법을 번창시키는 데 복귀하도록 힘써야 한다.

분로쿠文祿3(1594) 4월일 민부경民部卿 법인法印

겐이 서판判

여러 사원 중諸寺中[63]

63 「妙心寺文書」7(京都大学所蔵影写本).

이 문서에서는 우선 1586년(天正13) 고야 산 공격 때 확인되는 사사의 '아질권' 부정이 C나 D와 같이 한층 강화된 점이 눈에 띈다. 즉 ①1586년에는 모반 대역죄인을 "사원 내에 끼고 있는 일은 잘못된 일"이라고 잘못을 지적하는 데 그쳤는데, 이제 "철저히 심사하여 사원에서 추방하라"는 보다 적극적인 자세로 바뀐다. ②1586년에는 없던 D가 새로 추가되어 사사에 연대 책임을 묻고 있다. '무기류' 소지 금지가 관철되어 승려의 무장 해제가 실현된 분로쿠文祿 연간에 이르러, 도요토미 정권은 사사에 대해 연좌제를 도입하고 이를 보다 엄격히 통제한다.

둘째, 사사통제 강화 방침은 B에서도 확인할 수 있다. 전술하였듯 승려의 '대처'를 금지한 사례는 1590년에도 있었으나 단순히 '대처의 승려를 모두 추방하라'고 지시한 데 그치고 1594년과 같이 주지 · 장로와 제자 · 동숙 간 상호 감시 규정 등 구체적인 실현 방안까지 규정한 것은 아니었다. 게다가 1594년이 되면 사사의 자율에 맡기지 않고, B와 같이 일 년에 한 번의 보고를 의무화하는 등 도요토미 정권이 직접 사사 내부 운영에 개입한다. 1590년에 구라마데라와 기요미즈데라에 국한되던 '대처' 금지는 1594년에 이르러 사원 개입이 보다 구체화되고, 교토 전 사사를 대상으로 적용 범위가 확대되었다.

셋째, 학문이란 덕목도 적용되는 대상 범위가 확대된다. 1593년 오산을 대상으로 한 '사사의 역할=학문'은 A에서 알 수 있듯 근행과 함께 교토 전 사사에 적용되는 의무가 된다.

분로쿠文祿 연간에 성립된 것으로 추정되는 신가제식新加制式에는 "신사를 숭상하고 사원을 존경할 것"라고 하면서 "불사 등의 일. 먼저 중지되지 않도록 근행에 힘써야 한다. 근래 승도가 법복法衣 위에 칼을 차고 경전을 버리고 가무에 힘써, 사원의 주지 · 승려는 마치 직분을 방기한 듯 하다"고 하여 '사사의 역할=근행'만이 강조된다.[64] 또 전국시대의 「롯카쿠씨식목六角氏式目」에도 "신사 · 사원의 소송이 있으면 속히 알리고, 제례와 건물 수리의 재흥과 신사령 · 사무寺務 등을 조속히 지시할 것"[65]이라 하여 기도와 수리만이 사사의 역할로 거론된다.

'사사의 역할=학문 강요'는 전대에는 볼 수 없는 새로운 현상으로 도요토미 정권의 사사 정책의 두드러지는 특징이다. 그리고 분로쿠文祿 연간에는 학문 강조 이념이 당시 도요토미 정권의 지배 아래 있던 다른 다이묘들에게도 파급된다. 1596년(文祿5)에 제정된 「조소카베 씨長宗我部氏 법규掟書」에는 '학문'이 적시되어 도요토미 정권과 동일한 사사지배 논리와 이념이 관철된다.

> 1. 여러 사원의 근행 등은 종래대로 하고 이를 소홀히 해서는 안 된다. 아울러 사원 건물은 사원이 갖고 있는 영지로 수리 · 보완할 것.
>
> 1. 여러 종문은 각자의 도道를 닦는 데 힘써야 할 것. 학문学文 등에 최선을 다하면 그 공에 따라 출세出世와 사가寺家를 논하지 않고 원하는 대로 해줄 것.[66]

학문 강요, 승려 대처 금지, 아질권 부정으로 구성된 1594년 '분로쿠 3년령'은 1585년, 1589년 단계 이후로 사사의 '세속 간여'를 부정해온 도요토미 정권 사사지배 정책의 '총괄'이다. 교토의 전 사사를 대상으로 한 학문이란 새로운 이념 강요, 봉행奉行에게 의무적으로 보고하기, 상호 연좌제 도입 등을 통해 도요토미 정권의 사사통제는 한층 강화된

64 「新加制式」, 『中世法制史料集』第3(武家家法1), 岩波書店, 1965, p. 277.
65 「六角氏式目」, 同上, p. 259.
66 「長宗我部氏掟書」, 同上, p. 285.

다. 게다가 이러한 이념은 사사 측에도 침투하여 예를 들어 1595년(文禄4) 7월, 야마시로山城 세이와인清和院은 「세이와인 중도 법규清和院衆中法度之事」를 정하고 ①학문学問에 힘써 행할 것, ②근행을 게을리 하지 않을 것, ③여자를 범하거나 육식을 일절 하지 않을 것 등을 맹세하게 하고 "만약 이를 어기는 자는 모든 신불 특히 세이와인의 진수본존 · 개산의 벌을 받을 것"[67]을 수용할 정도였다. 그럼 왜 이러한 법령이 나왔으며, 왜 하필 1594년 4월이었을까?

분로쿠文禄 연간의 정세

도요토미 정권 사사지배 정책의 총괄인 분로쿠 3년령은 겐이玄以의 이름으로 발급되었다. 그러나 이것이 관백 히데쓰구의 지시에 의한 것인지, 태합 히데요시의 명령인지, 그 전후 사정을 말해주는 상세한 사료가 없어 판단하기 어렵다. 『사료종람史料綜覧』에서는 "이달 히데요시가 여러 사원에 각자 종파의 학문을 힘쓰게 하고, 주지 · 장로 · 제자 · 동숙이 여인을 범하는 것, 육식 등의 파계를 서로 감시하게 하였다"[68]고 하여 히데요시의 지시로 본다.

그런데 이 시기에 겐이가 히데쓰구의 명을 받아 사사에 문서를 발급한 사례도 있으므로 분로쿠 3년령의 발급 주체는 좀 더 검토해볼 여지가 있다. 1592년(文禄1) 12월, 히데쓰구가 선종계 사원인 오산에 학문을 장려한 지시와 관련하여 겐이는 다음과 같은 문서를 보냈다.

> 근래 여러 오산중이 학문学問에 소홀한 바 관백님께서 지시하셨으니,

67 辻善之助, 「清和院文書」, 前掲『日本仏教史』, p. 332.
68 『史料綜覧』巻13, p. 56.

덴류지天龍寺 사중寺中은 시와 연시聯句, 그 외 학문学問에 힘쓰는 인물을 적어 담당자가 이를 지참해야 합니다. 때가 되었으니 오늘이라도 문서 제출을 기다립니다. 삼가 말씀드립니다.

민부경 법인

12월 28일 겐이(사인)

덴류지[69]

『사료종람』에서는 이 또한 "히데쓰구가 히데요시의 명령에 의해"라고 하여 히데요시의 지시로 보았으나,[70] 『로쿠온일록鹿苑日錄』에 "덴카(히데쓰구)께서 불러 그 앞에 나아갔더니 말씀하시길, '오산의 문자가 퇴락함이 한탄스럽다. 옛 모습을 재흥하여 사원의 풍경을 회복하고 싶다'고 하셨다. 고개를 숙이고 '지당한 말씀입니다'라고 했다"[71]고 기록되어 있듯 명령의 주체는 히데쓰구로 추정된다.

그러나 이 사례 외에는 사사 정책과 관련한 히데쓰구와 겐이의 연관성은 없고 겐이가 히데쓰구의 가신으로 행동한 사례는 보이지 않는 반면, 분로쿠文祿 연간 겐이가 히데요시의 사자로서 활동한 사례는 다수 확인된다.

① 『고마이일기駒井日記』, 분로쿠文祿2년9월12일조.

1. 시치조七條 문적門跡의 일[겐뇨(顯如)의 입적으로 준뇨(准如)가 계승–역자 주]과 관련하여 태합께서 보낸 사자 민부법인(民部法印: 겐이) · 나쓰카長束正家 · 기노시타木下吉隆 · 야마나카山中長俊가 왔다. 사자들에 따르면, 태합께서는

69 「天竜寺文書」4.

70 『史料綜覧』巻12, p. 375.

71 『鹿苑日録』, 文禄1年12月27日條.

내일 13일, 준뇨가 취임의 예를 관백에게 올리라고 했다고 한다.

② 『고마이일기』, 분로쿠文祿2년10월13일조.

1. 시치조 문적의 후계자 상속과 관련하여 3남 미쓰아키(光昭=准如)가 상속 수여에 대한 예를 올렸다. 바친 예물은 은자 100매와 다치太刀였다.

1. 태합께서 미쓰아키의 안내인으로 기노시타 · 나쓰카 · 야마나카 · 민법(겐이)을 동반시켰다.

③ 『고마이일기』, 분로쿠文祿3년3월7일조.

1. 태합께서 사자로서 민부법인 · 도미타 구로도富田藏人를…….

그 역할이 '사자'이든 '안내자'이든 간에 겐이는 다른 가신과 마찬가지로 히데요시의 봉행인奉行人으로 활동한다. 1595년(文祿4) 4월, 교토 오도이(御土居: 흙으로 쌓은 방어시설)의 죽은 대나무 처분과 관련하여 "죽은 대나무를 잘라내는 데 관백님의 봉행, 또 법인(겐이)의 봉행이 왔다"[72]고 하듯 겐이는 히데쓰구의 가신과 구분되는 존재였다. 또 분로쿠 3년령에 관백의 지시가 분명히 언급되지 않는 점에서 분로쿠 3년령이 히데쓰구와 직접적인 관련이 없을 가능성도 있다.

그러나 1592년 관백이 된 히데쓰구는 앞서 〈표1〉에서 보듯 히데요시를 대신하여 공첩을 발급하는 등 적어도 외형적으로는 오산을 포함하여 전 사사를 지배한다. 관백으로서 히데쓰구가 사사지배에 간여했다는 점은 히데요시의 뜻대로 결론이 난 1593년 혼간지本願寺 상속 논쟁에서도 잘 나타난다.

히데요시는 교뇨를 폐출하고 준뇨를 새로운 혼간지 문적으로 임명할 생각이었다. 그러나 동년 윤9월 "시치조 문적의 일. 전하殿下(히데쓰구)께

72 『北野社家日記』5(史料纂集本), 文禄4年4月7日條.

서 상경하는 대로 교체의 문서判形를 내리고, 그 후 태합께서 직인을 찍을 것後判입니다"[73]라고 하듯, 혼간지 문적 임명에는 히데쓰구의 도장이 절대적으로 필요했다. 물론 개인으로서의 히데쓰구는 "어디까지나 (히데요시의) 뜻에 따른다"[74]고 했지만, 국가 기구의 최고책임자인 관백직은 기본적으로 히데요시로부터 독립된 개별 인격체였다. 양자의 관계가 순조로울 때는 문제가 없지만, 양자 사이에 갈등이 생겼을 때 히데요시의 의도와 전혀 다른 방향으로 전개될 가능성도 충분히 존재했다.

1593년(文禄2) 8월 3일 히로이마루拾丸[히데요리(秀頼)] 출생 후 히데쓰구를 중심으로 한 히데요시 후계체제가 크게 동요한다. 동년 9월 히데쓰구는 교토를 떠나 아타미熱海로 온천욕에 나섰다. 바로 전날 히데요시와 "일본국을 다섯 구역으로 나누고 네 곳을 준다고 한다. 여러 의견이 있었다고 한다"[75]라고 영지를 포함하여 후계자 문제를 논의하였다. 히데쓰구가 아직 교토에 돌아오지 않던 동년 10월 1일, 히데요시는 "관백께서 교토로 돌아오는 대로 히데요리님과 (히데쓰구의) 따님을 결혼시키라고"[76] 명령하는 등 히데요리 후계자 계획을 점차 구체화한다. 1594년 1월 히데요시는 자신이 거주할 야마시로山城 후시미伏見에 성을 짓기 시작한다. 이 역시 오사카 성을 히데요리에게 넘겨줌으로써 도요토미 정권의 후계체제를 공고히 하기 위함이었다.

이러한 정세 속에서 1594년(文禄3) 4월에 돌연 고노에 노부스케近衛信輔[후에 노부타다(信尹)로 개명]의 사쓰마薩摩 유배 사건이 발생한다. 사건 당사자인 노부스케의 일기(『산먀쿠인기(三藐院記)』)가 있지만 여기에는 사쓰마로의 이동 루

73 『駒井日記』, 文禄2年9月17日條.
74 同上, 文禄3年2月12日條.
75 『言経卿記』5, 文禄2年9月4日條.
76 『駒井日記』, 文禄2年10月朔日條.

트만이 적혀있다. 따라서 사건의 구체적 경위와 배경은 수수께끼이다.

이에 대해 하시모토 마사노부橋本政宣는 "이 무렵 자주 히데요시와 히데쓰구에게 아첨하던 공가중에서 중요한 위치에 있던 기쿠테이 하루스에菊亭晴季가 특히 노부스케의 언행을 참언하였다. 안 그래도 이러쿵 저러쿵 소문이 많아 불리한 입장에 있던 노부스케는 결국 좌천되었다"[77]고 하는 이른바 참언설을 제기한다. 그러나 보다 중요한 점은 하시모토도 지적하듯 "히데요시가 섭가라 하더라도 가차 없이 엄벌에 처함을 천하에 알렸다"[78]는 것이다. 그러나 이 점에 대해서는 하시모토도 더 이상 상세히 언급하지 않았으므로 여기서는 그 의미를 고찰하고자 한다.

히데요시는 노부스케의 좌천 이유로 7개 조항을 들고 있는데 그중 특히 다음 조항이 눈에 띈다.

> 1. 앞의 두 사람[고노에 노부스케(近衛信輔) · 니조 아키자네(二條昭實)]만이 아니라, 구조九條 · 이치조一條 · 다카쓰카사鷹司(가문)의 두세 명도 관백직을 승계해왔다. (히데요시가) 생각할 때 천하의 일을 다섯 명이 돌아가며 장악하는 것은 이상하다. 그 이유는 앞의 오인중五人衆에게 검(무력)을 맡긴 바는 천하를 베어 따르게 만듦에 있다. 그러나 천하는 말할 것도 없고 어떤 한 지역一在所도 굴복시키지 못한 바, 만일 히데요시가 검을 맡아 어떤 한 국國이라도 따르게 만든다면 앞의 다섯 명五人의 관백보다 조금 낫지 않은가라고 생각한다(A).
>
> 1. 노부스케는 도道를 세우고 학문学問 등에 뛰어나 여러가지로 천하의 중요 보물重寶이므로, 설령 그가 내람內覽을 소망하지 않더라도 관백과

77 橋本政宣, 「近衛三藐院の薩摩左遷」, 『国学院雑誌』69-5, 1968, p. 53.

78 同上, p. 54.

태합은 물론이거니와 천황 앞에서 이를 중개하는取合 일을 맡기려 하였다. 그러나 노부스케가 추구하는 일은 (무사처럼) 하카마袴와 가타기누肩衣를 입고 큰 칼太刀을 차고(B), 기쿠테이菊亭나 민부경 법인(마에다 겐이)의 거처에 가서 본업 이외의 일에 간여하고 쓸데없는 말을 한다. 이는 용납할 선을 넘었음이 자명하여 두 사람(기쿠테이 · 마에다)에게 (대책을) 물었다.

1. (노부스케는) 거듭 준비하여 내년 봄이 되면 (무사들처럼) 바다를 건너가고 싶다고 말한다. 태합은 '이런 광인狂氣人을 그냥 둘 수 있겠는가'라고 천황도 생각하실 것이라 하면서 나고야에 가지 말라고 내밀히 말씀하였다. 또 관백에게도 꼭 붙들어 놓을 것을 주인장을 통해 지시하였다. 그런데 거듭 지난해 나고야에 오니(C), (히데요시가) 만나주지 않은 것은 물론이거니와 오늘 날까지 얼굴을 보지 않았다.[79]

히데요시가 노부타다를 '광인'이라 한 것은 B와 같이 학문에 전념하지 않고 '무예'를 닦고 있기 때문이다. 공가들 중에서도 특히 섭가가 무武에 간여하고자 함은, A로부터 알 수 있듯 무력으로 '천하'를 다스리고 섭가로부터 관백직을 '탈취'한 히데요시의 정통성 근간을 흔들 수 있는 일이다. 만약 무력을 갖춘 섭가가 '어느 한 곳'이라도 군사적으로 굴복시킨다면 히데요시가 관백직을 독점하는 이유로 든 A부분의 사상적 근거는 성립하지 않는다. 사사가 '무기류'를 소지하는 것을 싫어하듯 공가가 무예를 닦는 것도 히데요시는 경계의 눈초리를 늦추지 않았다.

그러나 무를 지향하는 노부타다의 움직임은 이미 1592년(文禄2) 8월부터 보이며 "고노에 도노殿는 가문을 떠나 태합에게 온전히 무로서 봉공

79 『駒井日記』, 文禄3年4月13日條.

하고자, 이름名字을 오카노야 도노岡ノ屋殿로 칭했다고 한다".[80] 그럼에도 불구하고 1594년 4월 시점에서 히데요시가 이 문제를 거론한 데는 다른 이유가 있다. 이 문제를 푸는 열쇠는 ①A와 같이, 히데요시가 '천하'를 담당한다는 누구나 알고 있는 사실을 새삼 주지시키고 있는 점, ②C와 같이 히데요시의 엄중한 지시에도 불구하고 이를 따르지 않은 히데쓰구를 비판한 점에 있다. 히데요시는 섭가 노부스케라도 가차 없이 처벌할 수 있다는 사실을 관백 히데쓰구를 비롯한 세상에 알림으로써 태합의 권위를 다시금 주지시키려 했다.

이러한 히데요시의 행동은 1594년 4월이 히데요시 후계체제를 정립하는 과정에서 가장 중요한 시기였기 때문이다. 노부스케의 사쓰마 유배가 정해진 약 2주 뒤 히데쓰구와 히데요리의 대면 날짜가 정해지고, 동월 27일 히데쓰구의 오사카 하향, 그리고 28일 히데쓰구와 히데요리 양자 대면이 실행된다. 이 만남에 관해 후지타 쓰네하루藤田恒春는 "히데요시 후계자가 관백 히데쓰구가 아님을 알리는 데 결정적인 의미를 갖는다"[81]고 평가한다. 히데요리를 중심으로 하는 히데요시의 후계체제는 대체로 이 시점에 이르러 확정된다.

노부스케의 사쓰마 유배는 공가가 무에 간여하는 것을 배제하려는 공가 통제 정책이자 공가 책임자로 간주되던 관백 히데쓰구의 추궁 및 억제책이었다. 이를 통해 전정한 '천하'의 통치자가 누구인지를 공가와 상급 무가층에 재인식시켰다. 동년 4월에 발포된 '분로쿠 3년령'은 히데요시가 '천하'의 일인자임을 사사에 재인식시킨 것이다. 1594년 '분로쿠 3년령'이 발포된 시점에서 사사와 공가는 모두 '무'에 간여하는 것

---

80 『多聞院日記』, 文禄1年8月24日條.
81 『駒井日記』, pp. 420-421.

이 거의 완전히 금지되고 '학문'에 얽매인 근세적 모습으로 변모하게 된다.

소결小結

쓰지 젠노스케 이래 학계에서는 히데요시의 사사 부흥과 우대 정책만이 강조되고 고야 산 공격 등 사사 탄압의 측면은 오히려 예외적인 것으로 본다. 그러나 히데요시는 "오야마小山 · 다나카田中의 양 성곽을 가르고 무너뜨려 네고로 · 사이가 놈들을 한 명도 남김없이 모두 목을 치는"[82] 강경 방침을 결코 포기하지 않았다. 사사가 대상은 아니지만 1590년 오다와라小田原 성 공격 때에도 "이 이후는 설령 호조의 목을 잘라 오더라도 한 명도 살려두지 않겠노라고 생각"[83]하여, "장기간에 걸쳐 성내 놈들을 모두 남김없이 굶겨죽이라고 지시하고, 데와出羽 · 오슈奧州, 일본 끝까지"[84] 공격할 것을 명령하는 등 히데요시 역시 노부나가와 마찬가지로 한 명도 살려두지 않는 '대량 학살' 방침을 고수했다.

히데요시도 처음에는 1575년(天正3)경 노부나가와 동일한 정책을 폈다. "싸움을 전업으로 하고, 궁시弓矢를 취하여 사법寺法으로 삼는 인국근향隣國近鄕"[85]의 사사는 철저히 탄압하면서도, 오미近江 쇼묘지称名寺에는 성루를 쌓아 시바타 가쓰이에柴田勝家의 남쪽과 북쪽을 제지하라고 지시한 것처럼,[86] 사사의 무력 자체는 부정하지 못하고 이용했다. 그러나

82 前掲『豊公遺文』, p. 56.

83 「真田家文書」, 『群馬県史』資料編7, p. 1032.

84 同上.

85 「紀州御発向記」, 『太閤史料集』, p. 69.

86 前掲『豊公遺文』, p. 29.

히데요시가 관백이 된 후 정권이 안정되자 사사에 군사행동을 요구하는 사례는 급속히 사라진다. 그것은 마치 1576년(天正4) 이후 오다 정권의 안정화에 따라 노부나가가 사사에 '충절=군사적 행동'을 요구하는 일이 격감한 것[87]과 동일한 현상이다. 즉, 히데요시가 보호 정책만을 편 것처럼 보이지만, 사실은 이미 쇠약해지고 순종적이 된 사사에 굳이 강경 정책을 취할 필요성이 없어진 것이다.

이처럼 히데요시의 사사 정책은 노부나가와 유사한 면이 많다. 1585년(天正13)에 성립된 히데요시의 사사령 '구이카에시'(회수)도 1580년 노부나가의 '구이카에시'를 발단으로 한다. 오다 정권을 맹아로 하는 여러 정책이 도요토미 정권에 의해 한층 정비된다.

묘신지妙心寺 법규도 이런 사례 중 하나이다. 1578년(天正6) 7월 묘신지에서 장로 36명이 모여 ①"사원의 전체 씀씀이는 전임 주지들前住衆, 여러 장로, 여러 관리자, 류안龍安 · 다이신大心의 평정중이 연중에 한 번 모여 확인할 것", ②"입원入院할 때 내는 액수는 늘리면 안 되고 이전에 이런 법이 없으면 새로 만들지 말 것", ③"건물의 보수補修 · 축조는 매번 입원할 때 조금씩 할 것", ④"선달중先達衆(지도자)과 전임 주지들의 평정 이외에 신법新法은 실시할 수 없다" ⑤"권력자와의 연고를 내세워 제멋대로 하는 무리는 대중의 평정衆評을 열어 옛법규대로 벌을 내릴 것"이라는 5개 조항의 법규를 새로 정했다.[88] 이는 절이나 승려로서 행해야 할 규율을 스스로 정한 것으로 종래와 달라진 점은 별로 없다.

그런데 본래 자율적인 사법에 대해 노부나가가 이를 승인하는 형식으로 개입한 점이 눈길을 끈다. 1582년 2월 노부나가는 "묘신지 법규法

87 朴秀哲, 「織田政権における寺社支配の構造」, 『史林』83-2, 2000.
88 「妙心寺文書」7.

度의 일. 장로중이 연서로 정한 조항은 아주 신묘하다. 만일 질서를 문란하게 하는 무리가 있으면 대중의 평정대로 사법(寺法)에 맡겨 집행하도록 하라"[89]고 하여 사사의 자율성을 승인하였다. 비록 노부나가가 사사 법규를 직접 제정하는 등 직접적으로 개입하지는 못했지만 '승인'이란 절차를 통해 간접적으로 간여하고 있다.

노부나가의 간접 통제는 1585년(天正13) 히데요시에 이르러 "천하에 적이 된 모반 · 악역인을 사원 내에 감추는 일은 옳지 않다"고 하여 직접 통제로 바뀐다. 물론 방법과 정도의 차이는 존재하지만, 오다와 도요토미 정권은 자율적 사법寺法을 '승인'이나 '제약'을 통해 개입하였다. 연좌제가 도입된 도요토미 정권의 1594년의 '분로쿠 3년령'은 그 방향성의 귀결점이다. 1594년 9월 마에다 겐이가 법화종 사원들에 대불전 천승공양회 출사를 촉구했을 때 "비록 조사의 법도라 하더라도 공의公儀가 지시한 바, 특별한 일이다. 국가의 기도 등은 조사 법규와 동일한 일이라 지시하였으므로 이 뜻을 알고 출사하라"[90]고 하여 사원 '법규'는 크게 부정된다.

89 奧野高廣, 『增訂織田信長文書の研究』下, 970号, 吉川弘文館, 1988.

90 「妙顯寺文書」2(京都大学所蔵影写本).

보론1

전국 다이묘와 사사

-롯카쿠 씨六角氏와 엔랴쿠지延曆寺-

전국戰國시대 연구는 전국 다이묘론戰國大名論을 중심으로 막대한 연구성과가 축적되어 있다.[1] 그러나 현재 전국 다이묘 연구는 지역적으로 동국東國과 서국西國 다이묘, 시기적으로 16세기 후반에 집중되어 있고, 연구 주제도 토지조사檢地 · 관고제貫高制(연공수취제도) · 공의론公儀論[영국(領國) 지배이념] 등에 편중된 실정이다.[2] 이에 대한 비판은 이전부터 제기되어 근래 교토를 중심으로 한 기내畿內 · 근국近國 지역 연구가 조금씩 진전되고 있다.[3]

오미近江는 이러한 지역의 하나로, 여러 면에서 흥미로운 곳이다. 오미는 교토의 '인후咽喉'에 해당할 정도로 전략적인 요충지이며, 정치 · 경제적으로 교토와 밀접한 관계를 맺고 있다. 이 지역은 쇼군 · 대사사 · 공가의 막대한 장원이 산재되어 있고, 지리적으로도 교토에 근접해 중앙정치변화에 곧바로 영향을 받았다. 또 쇼군의 근습近習 · 봉공중

1 池享, 「戰國期研究の成果と課題」, 『現代歷史學の成果と課題』2, 青木書店, 1982; 今岡典和 · 川岡勉 · 矢田俊文, 「戰國期研究の課題と展望」, 『日本史研究』278, 1985 등 참조.

2 박수철, 「전국대명연구의 동향과 과제-그 성격규명을 중심으로-」, 『서울대동양사학과논집』17, 1993.

3 宮島敬一, 『戰國期社會の形成と展開-淺井 · 六角氏と地域社會』, 吉川弘文館, 1996.

奉公衆 세력이 오미 다카시마 군高島郡을 중심으로 산재되어 있으며, 나라의 '남도南都' 고후쿠지興福寺와 함께 사사세력을 대표하는 '북령北嶺' 엔랴쿠지도 이 지역에 존재한다. 엔랴쿠지나 봉공중은 '슈고불입'의 특권을 갖고 있어, 오미 슈고 롯카쿠 씨의 지배를 받지 않는 자립성 강한 존재였다. 더욱이 롯카쿠 씨는 명목상의 슈고에 불과하고, 오미 13군 중 북쪽의 5군은 같은 사사키 씨佐々木氏 일족, 교고쿠 씨京極氏가 사실상 지배하고 있어, 각각 '반국 슈고半國守護'로 부를 정도였다.[4] 이와 같이 여러 세력이 얽혀 있기 때문에 전국시대 오미 지역은 일견 조금도 통일성이 보이지 않는 복잡한 상황이 전개된다.

이런 점에서 오미는 실로 전국시대의 '축소판'이며, 롯카쿠 씨 연구는 전국시대 자체를 이해하기 위해, 전국 다이묘 상像의 재정립이란 앞으로의 과제 해결을 위해 좋은 분석대상이라 할 수 있다. 그러나 현재의 연구는 초기의 개설적인 통사적 연구 이래,[5] 이마보리 향今堀鄕 중심의 '총촌惣村' · 상업사,[6] 롯카쿠 씨 발급문서의 분석에 의한 롯카쿠 씨 영국 지배기구의 해명,[7] 「롯카쿠씨식목」을 중심으로 한 법제사,[8] 무로마치 막부와 롯카쿠 씨의 관계를 분석한 정치사 등을 제외하면[9] 결코 충분하다고 할 수 없다. 이는 무엇보다도 롯카쿠 씨와 엔랴쿠지가 오다

4 今谷明, 「近江の守護領國機構」, 『守護領國支配機構の研究』, 法政大學出版局, 1986.

5 『近江蒲生郡志』全10卷, 同郡役所, 1922(이하 『蒲生郡志』로 약칭); 『滋賀縣史』全6卷, 同編纂會, 1928; 『新修大津市史』全10卷, 同市役所, 1978-89 등.

6 仲村研, 「得珍保今堀鄕硏究史と問題點」, 『中世惣村史の硏究』, 法政大學出版局, 1984.

7 下坂守, 「近江守護六角氏の硏究」, 『古文書硏究』12, 1978; 宮島敬一, 「戰國期における六角氏權力の性格」, 『思潮』(新)5, 1980; 細溝典彦, 「六角氏領國支配機構の變遷について」, 『年報中世史硏究』5, 1980; 村井祐樹, 「戰國期六角氏の奉書署判者について-大名發給文書理解の前提」, 『日本史硏究』449, 2000.

8 勝俣鎭夫, 「六角氏式目の所務立法」, 『戰國法成立史論』, 東京大學出版會, 1979; 今岡典和, 「六角氏式目の歷史的位置」, 『戰國期權力と地域社會』, 吉川弘文館, 1986.

9 今岡典和, 「戰國期の幕府と守護-近江守護六角氏を素材として」, 『ヒストリア』99, 1983; 奧村徹也, 「天文期の室町幕府と六角定賴」, 『戰國織豊期の政治と文化』, 續群書類從完成會, 1993; 西島太郎, 「足利義晴期の政治構造-六角定賴「意見」の考察」, 『日本史硏究』453, 2000.

노부나가에게 멸망되어 많은 자료가 유실되어 버린 사료상의 한계에 기인한다.

더욱이 이들 연구 대부분은 전국시대 롯카쿠 씨의 상대적 미약성과 오미 지역의 분열상만을 강조한다. 오미는 쇼군 등 막부세력의 간섭이 강하고, 자립성향이 강한 엔랴쿠지 등 사사세력과 봉공중 등 재지영주가 존재하여 동국과 서국과는 달리 강력한 다이묘 권력, 즉 '지역통일' 권력이 출현하지 않았다고 주장한다. 이 주장에 따르면 오미의 분열적인 양상과 롯카쿠 씨 권력의 미약성도 기내 지역의 특징에 불과하다.[10]

그러나 이와 같이 오미 지역이 복잡한 상황을 보이는 것은 주지의 사실이지만, 그 복잡성을 곧바로 오미의 분열상 내지 롯카쿠 씨 권력의 약체성에 직결시킬 수는 없다. 롯카쿠 씨 가주家主였던 롯카쿠 다카요리高頼와 그의 아들 사다요리定頼 시기를 자세히 살펴보면, 일견 분열적인 양상만 보이는 이면에 롯카쿠 씨가 오미 내 세력을 장악하여, 점차 하나로 결집해가는 이른바 '지역' 통합의 움직임이 뚜렷이 보이기 때문이다. 이 시기 롯카쿠 씨 권력을 종합적으로 이해하려면 이런 움직임도 간과해서는 안 된다.

이 장에서는 롯카쿠 씨가 여러 세력을 통합해나가는 움직임에 유의하면서, 특히 종래 거의 언급하지 않았던 엔랴쿠지와 롯카쿠 씨의 관계

---

10 전국시대 롯카쿠 씨 권력의 성격과 관련하여 전국 다이묘설과 슈고 다이묘설이 있다. 전국 다이묘설은 ①롯카쿠 씨가 슈고다이(守護代) 이바 씨(伊庭氏)의 반란을 극복하여 영국체제를 정비함으로써 전국 다이묘로 전화하였다고 보는 시모사카 마모루(下坂守), ②종래 전형적인 전국 다이묘로 간주된 고호조 씨(後北條氏) · 다케다 씨(武田氏)가 오히려 예외적인 존재이며, 롯카쿠 씨가 당시 일반적인 전국 다이묘에 가깝다고 보는 미야지마 게이이치(宮島敬一)의 견해로 나뉜다. 미야지마에 의하면 강력한 일원적(一元的) 영국지배체제를 확립한 다케다 씨 등과 달리, 롯카쿠 씨는 재지영주 연합권력에 불과하나, 오히려 이와 같은 재지영주 연합체제[이른바 '지역적 잇키체제'(地域的一揆體制)]가 당시 전국 다이묘의 일반적인 형태라는 것이다. 한편 슈고 다이묘설은 롯카쿠 씨 권력을 슈고 다이묘의 연장선상에서 파악하는 이마오카 노리카즈(今岡典和)의 견해로 대표된다. 이마오카의 요지는 롯카쿠 씨가 여러 세력이 복잡하게 얽힌 오미 지역을 계속 지배하기 위해 막부 권위에 의존할 수밖에 없었다는 것이다. 이 주장은 일견 롯카쿠 씨 권력을 전국 다이묘로 파악하는 설과 대립하고 있으나, 양자 모두 롯카쿠 씨의 영국지배의 미약성을 지적한 점에서는 일맥상통한다.

를 분석하려 한다. 대체로 일본 중세사회 구조는 무가(무사) · 공가 · 사사로 구성된 '권문체제'로 파악하며, 근세 '막번체제'는 무사세력이 공가 · 사사세력을 장악하면서 출현한 것으로 볼 수 있다.[11] 롯카쿠 씨와 엔랴쿠지의 관계는 근세 통일권력이 출현하기 직전, 전국시대의 무사세력과 사사세력의 관계를 이해하는 데 좋은 시사점을 줄 수 있다.

이런 입장에서 먼저 오닌應仁 · 분메이文明의 난 이후, 내외적으로 불리한 상황이던 다카요리가 이를 극복하기 위해 엔랴쿠지령을 '침탈'하는 과정과 배경을 고찰한다. 그 다음은 이러한 다카요리의 정책을 계승하면서도, 엔랴쿠지에 전혀 다른 대응 양상을 보이는 사다요리 권력의 실태와 의미를 분석한다. 이러한 고찰과 분석을 통해, 일견 분열적 양상만이 보인다고 평가되어온 오미조차 롯카쿠 씨를 중심으로 여러 세력이 하나로 통합해가는 움직임이 있음을 해명하려 한다. 이런 분석이 타당하다면, 동국 · 서국은 통일되어가고 있던 반면, 기내 · 근국은 여전히 분열된 것으로 보아온 종래의 통설과 달리, 오미를 비롯한 이 지역 역시 '통합'의 움직임이 싹트고 있고, 이러한 움직임은 당시 전국시대의 일반적인 흐름이었음을 밝힐 수 있을 것이다.

---

11 黒田俊雄,「中世の國家と天皇」,『岩波講座日本歷史』6, 岩波書店, 1963; 朝尾直弘,「幕藩體制と天皇」,『體系日本國家史』3, 東京大學出版會, 1975; 同,「將軍政治の權力構造」,『岩波講座日本歷史』10, 岩波書店, 1975; 同,『將軍權力の創出』, 岩波書店, 1994.

1. 롯카쿠 다카요리의 엔랴쿠지 장원 침탈

침탈 배경

롯카쿠 씨는 오닌 · 분메이의 난이란 일본 역사상 유례 없는 혼란기를 틈타 오미의 사사령, 봉공령을 침탈하였고, 엔랴쿠지령도 예외가 아니었다.[12] 다만 이 시기 사사령 장원 침탈은 롯카쿠 씨에만 국한되지 않고 다른 무사세력도 곳곳에서 침탈을 자행했다. 예를 들어, "오닌의 난 이후, 제국諸國의 사사 본소령本所領은 각각 침탈당했다. 여러 차례 (이를 금지하는) 쇼군의 명령이 있었지만 받아들이지 않았다"[13]라고 하듯, 다이묘를 위시한 무사세력의 사사령 침탈은 광범위하게 전개된다. 이는 당시 일반적인 사회 풍조였다.[14]

그러나 롯카쿠 씨의 엔랴쿠지 장원 침탈은 이와 다소 성격이 달라, 단순히 오닌 · 분메이의 혼란기를 틈타 자행된 무사세력의 사사령 침탈이라고만 볼 수 없다. 왜냐하면 롯카쿠 씨의 엔랴쿠지령 침탈은 이

---

12 1467년(應仁1) 7월, 엔랴쿠지령 고진마키(小神牧) 침탈(「長命寺文書」, 『蒲生郡志』1, pp. 242-243); 1469년(文明1) 11월, 엔랴쿠지의 막부에 대한 롯카쿠 씨 침탈 제지 요청(「古文書」, 『蒲生郡志』9, p. 287); 1473년(文明5) 9월 다카요리 침탈에 대한 엔랴쿠지 승병 동원 결의(「東寺執行日記」, 同上, p. 308); 1475년(文明7) 8월, 엔랴쿠지의 롯카쿠 씨 공격[『親長卿記』(史料大成本), 文明7年8月7日條]; 1482년(文明14) 3월, 다카요리의 침탈에 대한 엔랴쿠지 소송(『親長卿記』, 文明14年4月19日條) 등.

13 『親長卿記』, 長享1年9月12日條.

14 한마디로 '침탈'이라 하여도, 그 내용은 다양하다. 먼저 그 표현은 '압방'(押妨), '횡점'(横占), '모점'(冒占), '압령'(押領) 등으로 지칭되며, 내용적으로는 ①소무(所務) · 연공의 강탈[『長興宿禰記』, 長享1年10月5日條; 『朽木文書』(史料纂集本), 85号], ②반제권(半濟權)의 남용(「冷泉族譜」, 『史籍雜纂』第1), ③부당과역(不當課役)(「竹生島文書」, 『蒲生郡志』2, p. 426) 등을 포함하였다. 요컨대, '침탈'(押領)이란 "신의新儀라고 칭하여 침탈에 이른다"(仲村研編, 『今堀日吉神社文書集成』146号, 雄山閣, 1981. 이하 『集成』으로 약칭)고 하듯, 기득권자인 장원영주의 권익을 침해하는 새로운 여러 행위를 지칭하는 표현이다.

미 가마쿠라 시대부터 확인되기 때문이다.[15] 전통적으로 '슈고불입권'을 소유한 엔랴쿠지는 슈고 롯카쿠 씨의 지배를 받지 않았고, 이 때문에 양자는 중세 전 시기를 통해 기나긴 투쟁과 반목을 보였다.

남북조 초기 엔랴쿠지의 항의시위强訴에 곤욕을 겪던 무로마치 막부는 그 대책 마련에 나서, 엔랴쿠지 승려山徒 중에서 무력을 소유한 일부 유력자를 산문사절山門使節에 임명하였다. 막부는 이들에게 엔랴쿠지령 장원 · 관소關所에 관한 독자적인 재판권, 경찰권, 사절준행권使節遵行權(명령전달 및 집행권) 등 슈고에 준하는 여러 권한을 주었다. 그 대신 산문 사절 임명권은 막부가 장악하고 이를 통해 엔랴쿠지를 통제하였다. 이를 흔히 산문사절제도라 하며, 막부는 이를 통해 강력한 슈고권력이 교토 근처에서 출현하는 것을 막았다. 막부는 엔랴쿠지에게 독자적인 특권을 주고 이를 통해 롯카쿠 씨를 견제함으로써, 롯카쿠 씨가 강력한 슈고 권력으로 성장하지 못하게 했다.[16]

그런데 1433년(永享5)과 1434년에 이른바 산문사절의 난이 발생하여 쇼군 아시카가 요시노리足利義教는 종래 정책을 수정했고, 엔랴쿠지와 롯카쿠 씨의 관계도 새로운 양상이 전개된다. 동년 9월, 요시노리는 엔랴쿠지의 병량미를 차단하기 위해, 롯카쿠 씨와 교고쿠 씨를 각각 '산문령압령사山門領押領使'로 삼아, 오미로 출진시켰다. 이에 따라 "산문(엔랴쿠지)령이 모두 침탈押領"되었으며, 이와 동시에 "육지 및 호상琵琶湖의 통로"가 봉쇄되어[17] 엔랴쿠지는 적지 않은 타격을 받았다. 더욱이 '산문령압령사'로 임명된 롯카쿠 씨가 이를 계기로 합법적으로 엔랴쿠지령을 침

---

15 1191년(建久2), 엔랴쿠지령 연공 불납에서 촉발된 양자의 충돌로, 롯카쿠 씨의 선조 사사키 사다쓰나(佐佐木定綱)가 유배된 것은 대표적인 예이다(黑田俊雄, 「延曆寺衆徒と佐佐木氏-鎌倉時代政治史の斷章」, 『日本中世の國家と宗教』, 岩波書店, 1975).

16 下坂守, 「山門使節制度の成立と展開」, 『史林』58-1, 1975.

17 『滿濟准后日記』(續群書類從本), 永享6年9月12日條.

탈하였다. 그 결과 다음과 같이 롯카쿠 씨가 엔랴쿠지령을 자기 멋대로 처리하고 있다는 말까지 나왔다.

> 오미江州(近江)에 관한 일. 롯카쿠 씨가 자기 마음대로 처리한다. 엔랴쿠지령 가사하라笠原 · 기우라木浦 등 5개소는 지난 27일 불태워졌으며, 산도山徒 몇몇은 죽임을 당하였고 산법사山法師는 크게 낭패를 당했다고 한다. 이 때문에 효즈兵主 등 엔랴쿠지령은 남김없이 슈고(롯카쿠 씨—역자 주)의 명령을 따르게 되었고, 낭인野伏 등은 (슈고의) 명령을 받아 호출되었다고 한다.[18]

가마쿠라 시대 이래 양자의 오랜 대립은 이와 같이 15세기 중반 산문사절의 난을 계기로, 일단 롯카쿠 씨가 우위를 확보할 수 있는 전기가 마련된다. 그러나 엔랴쿠지는 이에 굴하지 않고 곧 반격에 나서, 1441년(嘉吉1) 9월, 슬하의 운송업자인 바샤쿠가 일으킨 잇키馬借一揆를 이용하여 당시 롯카쿠 씨 가주 미쓰쓰나滿綱를 공격하였다.[19] 양자의 대립은 이 시기 광범위하게 전개되었던 하층민 봉기인 '토민 잇키土一揆'와 연결되면서 더욱 복잡하고 격렬한 양상을 띠게 된다.

그러나 엔랴쿠지령을 침탈하며 오미 지배를 강화하고 있던 롯카쿠 씨도 1445년(文安2) 1월 미쓰쓰나의 아들 우지쓰나氏綱 시기에 미쓰쓰나가 살해되면서 시련을 겪는다. 이 사건을 계기로 롯카쿠 씨도 다른 지역과 마찬가지로 가독家督 상속을 둘러싼 본격적인 내분에 휩싸였다.[20] 막부는 우지쓰나의 가주 취임을 인정하지 않고, 동년 4월 미쓰쓰나의

18 同上, 永享6年10月1日條.

19 『建內記』(大日本古記錄本), 嘉吉1年9月13日條.

20 橫山晴夫, 「中世末期における六角氏の動向」, 『國史學』68, 1957.

4남 히사요리久頼로 하여금 롯카쿠 씨의 가독을 상속시켰다. 결국 다음 해인 1446년(文安3) 9월, '세불리勢不利'에 빠진 우지쓰나가 자살함으로써 사건은 일단락되지만 롯카쿠 씨 권력은 이 과정에서 크게 약화되었다. 히사요리도 계속되는 교고쿠 씨의 핍박에 '분을 참지 못'하다가 1456년(康正2) 10월 스스로 할복하였다.

그 후 1460년(長祿4) 7월, 히사요리의 적자 다카요리高頼가 정식으로 롯카쿠 씨의 가독을 계승하기까지 우지쓰나의 아들 마사타카政堯와 다카요리 사이에 롯카쿠 씨의 가독 상속을 둘러싼 내분이 거의 4년에 걸쳐 계속되었다. 이 과정에서 롯카쿠 씨 가주의 지위는 매우 불안정해져, 이른바 가신들의 '하극상'으로 롯카쿠 씨가 언제 멸망할지 모르는 상황이 된다. 다카요리가 비록 가독을 계승하기는 했지만, 당시 그는 아직 어린애에 불과했고, 그를 가주家主로 옹립하는 데 커다란 역할을 한 야마우치 씨山內氏 · 이바 씨伊庭氏 등 주요 가신이 롯카쿠 씨 권력을 농단하였다. 따라서 롯카쿠 씨 가주 다카요리가 이런 상황을 극복하고 오미 지역에 대한 통치권을 확보하려면, 가마쿠라 시대 이래 대립하고 있던 엔랴쿠지 외에 내부적으로 야먀우치 씨 · 이바 씨 등 유력 가신을 장악해야 했고, 외부적으로 오미 북군北郡의 지배자이자 히사요리를 자살하게 만든 교고쿠 씨에게도 적절히 대처해야 했다. 그 대응 여부에 따라 롯카쿠 씨는 전국시대에도 계속 권력을 유지할 수도, 아니면 대다수 다른 지역의 슈고 다이묘처럼 하극상에 직면하여 사라질 수도 있었다. 오닌應仁 · 분메이文明의 난(1467~1477)은 바로 이 시기에 발생한다.

오닌 · 분메이의 난이 발발하였을 때, 다카요리는 서군 야마나 씨山名氏 편이고 교고쿠 모치키요京極持清는 동군 호소카와 씨細川氏 편이었다. 이 때문에 롯카쿠 씨와 교고쿠 씨도 일전을 피할 수 없었다. 그런데 롯카쿠 씨는 가주 다카요리가 연소하고 가신단도 '분안文安의 내분' 이래 약화되어 있었다. 반면에 교고쿠 씨는 군사적으로 롯카쿠 씨의 2배에 달했으며,[21] 명분상으로도 쇼군을 옹립하여 관군이라 칭하여 롯카쿠 씨보다 훨씬 우위에 있었다. 또 히사요리 사후 일시적으로 롯카쿠 씨의 전권을 장악했다가 실각한 우지쓰나의 아들 마사타카도 다시 오미로 돌아와 막부 편에 서서 다카요리와 싸웠으며,[22] 막부도 다카요리를 적대시하여 롯카쿠 씨의 세력을 제거하려 했다.[23]

이와 같이 교고쿠 씨와 막부의 공격을 받아 다카요리는 전반적으로 불리한 상황이 전개된다. 다카요리가 이 위기를 극복하고 교고쿠 씨와 막부군의 빈번한 공격에서 살아남으려면 무엇보다 병력을 강화해야 했는데, 현실적으로 전국시대의 혼란을 이용하여 성장한 토호 등 재지세력을 가신화被官化하여 세력을 키워나가는 방법 외에 다른 묘수가 없었다.

다카요리가 특히 주목한 세력이 오미 고가군甲賀郡 지역의 재지영주층이다. 이곳에는 통칭 '고가甲賀 21가家'라고 부르는 재지 영주층이 존재했고, "다카요리의 피관인 대부분이 고가군에 있다고 한다"[24]고 하듯 다카요리의 주된 군사기반이었다. 그런데 이들은 "다카요리가 일전에 패하여, 자신의 거주지인 관음사觀音寺 산성을 버리고, 산적 모치즈키望月, 야마나카山中, 와다和田라는 자에게 의탁하여"라고 하여, '산적'이라 지칭한 데서도 알 수 있듯 신흥 재지세력이었다. 실제로 고가 군에는 '군

21 오닌 · 분메이의 난 초기, 양자의 군사 수는 대체로 롯카쿠 씨가 5천여 명, 교고쿠 씨가 1만여 명이다(「應仁記」, 『群書類從』第20).

22 『朽木文書』, 35号.

23 1469년(文明1) 5월, 쇼군 요시마사(義政)는 다카요리 대신 교고쿠 모치키요를 오미 슈고로 임명하고, 동년 6월 다카요리와 그 가신의 영지도 몰수하여 모치키요에게 주려 한다(「佐佐木文書」, 『蒲生郡志』9, p. 275). 또 1471년에 이르면 막부는 메가타 씨(目賀田氏), 시모가사 씨(下笠氏), 다카노세 씨(高野瀨氏), 오가와 씨(小河氏), 야마자키 씨(山崎氏) 등 롯카쿠 씨의 가신에게 다카요리 토벌을 지시하여, 롯카쿠 씨 세력의 분열을 도모(「昔御內書符案」, 『蒲生郡志』9, pp. 299-300)하였고, 1475년 11월에는 다카요리의 장원 침탈로 불만을 느끼고 있던 엔랴쿠지에게도 다카요리 토벌을 지시한다(「新撰座主傳」, 『續續群書類從』第2).

24 『蔭凉軒日錄』(續史料大成本), 延德3年11月5日條.

중총郡中惣'이라 불리는 재지세력의 연합체가 존재하였다.[25] 다카요리는 영주로의 신분상승을 지향하던 고가甲賀 등 토호적 명주층을 새롭게 가신단으로 끌어들여, 이들을 기반으로 하여 롯카쿠 씨 권력의 재정립을 도모하였던 것이다.

그런데 다카요리가 고가甲賀의 재지세력을 포섭한 것은 급은給恩이란 명목으로 토지 영유권을 보장(내지 급여)해주었기 때문이다. 1488년(長享2) 3월의 다음 사료에는 다카요리가 이들 재지세력을 가신으로 편입하여 전쟁에 동원하는 과정이 잘 묘사되어 있다.

> 고고로小五郎가 와서 술을 5잔 정도 마셨을 때 이가伊賀 · 고가甲賀의 일에 관해 말하였다. 그의 말에 따르면, 롯카쿠(다카요리), 롯카쿠 대보[大輔: 야마우치 마사쓰나(山内政綱)], 이바[伊庭: 사다다카(貞隆)] 등이 모두 이가에 있는데, 이가중伊賀衆 2백 인을 롯카쿠 씨의 피관被官으로 삼았고, 쇼군이 전쟁을 일으키면, 모두 오미江州로 쳐들어가자는 논의가 두 번 있었다고 한다. 교고쿠 씨가 갖고 있던 영지(내지 그 권리)를 이가 중 2백 인에게 전부 주겠다는 약속이 있었다고 한다.[26]

다카요리가 이가 중 · 고가 중과 같은 신흥 재지세력을 가신(피관)화한 것은 양자의 이해가 일치했기 때문이다. 가신이 된 재지세력은 이제 군공을 매개로 다카요리로부터 급은지를 새로 제공받고, 나아가 혼란기를 틈타 불법적으로 획득한 토지라도 급은지로서 합법성을 획득할 수 있었다. 또 슈고의 피관이란 권위를 이용하여 장원 영주에 대항하면서,

25 高木昭作, 「甲賀郡山中氏と「郡中惣」-小領主の性格規定のために」, 『戰國大名の研究』, 吉川弘文館, 1983 참조.

26 『蔭涼軒日錄』, 長享2年3月22日條.

재지지배를 강화할 수도 있었다. 반면 다카요리 등은 이들을 끌어들여야 교고쿠 씨 등에 수적으로 열세인 상황을 벗어날 가능성이 열린다. 오닌·분메이의 난 이래, 롯카쿠 씨의 사사령, 막부령 침탈 기사가 특히 빈출하는 이유도 여기에 있다. 재지세력은 전란기라는 혼란을 틈타 사사령, 막부령 장원을 침탈하고, 다카요리는 급은지란 명목으로 다시 이것을 그대로 그들의 소유로 인정해주었다. 일단 피관이 된 재지 영주세력은 다시 슈고의 가신이란 권위를 이용하면서 사사령 장원을 침탈해나갔고, 그리하여 오미 지역 내 장원침탈은 걷잡을 수 없이 확대되었다. 그 결과, "오미에 관한 일. 근래 사사 본소는 모두 침탈을 입어 무사한 것은 한 곳도 없다. 쇼군 가의 영지·근습近習의 토지라고 하더라도 일체의 명령이 미치지 않는다"[27]는 상황이 전개되었다.

이와 같이 롯카쿠 씨의 침탈은 사방의 적에게 둘러싸인 다카요리가 살아남기 위해 선택한 거의 유일한 방법이었다. 그러나 이러한 행위는 막부와 엔랴쿠지 등의 격렬한 반발을 불러일으켜 마침내 두 차례에 걸친 쇼군의 친정親征이 단행된다.

침탈의 전개

혼란기를 틈타 계속되던 다카요리의 사사령·막부령 침탈은 엔랴쿠지나 막부 쇼군의 직속가신인 근습·봉공중에 적지 않은 타격을 주었다. 그런데 다카요리 등의 침탈은 단순히 장원침탈로 끝나는 문제가 아니었다. 즉 "봉공중이 계속 소송하였다. 오미에 본령지가 있는 자는 롯카쿠(다카요리)의 침탈로 인해 영지를 지배知行할 수 없어, 혹은 아사한 자

27 『大乘院寺社雜事記』(續史料大成本), 長享1年8月3日條.

가 있으며, 혹은 아사자와 거의 다르지 않은 자도 있다"[28]라고 하듯, 이들의 생존권과 직접적으로 관련되었다. 침탈을 입은 근습 · 봉공중들이 다카요리의 침탈에 격렬하게 반발한 것은 지극히 당연한 일이었다.

또 다카요리의 침탈은 비단 막부 가신의 영지뿐 아니라 사사령까지도 대상이었다. 엔랴쿠지는 막부에 엔랴쿠지령 침탈 제지를 요청하는데 그치지 않고, 승병을 동원하여 직접 롯카쿠 씨 공격에 나섰다.[29] 그러나 다카요리와 가신들은 침탈을 계속하였고, 마침내 엔랴쿠지는 쇼군 요시히사義尙에게 다카요리의 정벌을 요청한다. 쇼군 요시히사는 막부의 근습 · 봉공중까지도 다카요리의 침탈로 인한 어려움을 호소하자 오닌 · 분메이의 난 이후 실추된 막부 권위를 회복하기 위해 롯카쿠 씨 정벌에 나섰다.

> 분메이의 난이 수습文明一統되었다고 하지만, 제국의 병란은 아직도 그치지 않고 있다. 난을 일으킨 잔당들이 각지에 산재하고 있으며 서로 침탈을 일삼고 있다. 그중에서도 오미 국의 주인 사사키 롯카쿠 시로 다카요리佐々木六角四郎高頼는 근국近國에 거주하면서 (교토에) 상경하는 일이 없으며, 쇼군公方의 명령을 거역하고 제멋대로 행동하면서 반역의 태도를 보였다. 더욱이 엔랴쿠지 영지를 침탈하였기 때문에, 엔랴쿠지 승려山徒의 소송도 빈발하였으므로 그대로 방치하기 어려웠다. 그(다카요리-역자 주)를 정벌하고자, 1487년(長享1) 9월 12일 새 쇼군[요시히사(義尙)-역자 주]은 많은 군대를 이끌고 친히 오미로 진군하셨다.[30]

28 『蔭凉軒日錄』, 文明19年7月23日條.
29 『親長卿記』, 文明7年8月7日條; 『長興宿禰記』, 文明7年8月10日條.
30 「應仁後記」, 『改定史籍集覽』通記第19.

쇼군 요시히사의 친정 원인은 다카요리가 막부의 명령에 불응했다는 것과 엔랴쿠지 영지를 침탈한 데 있다. 이는 쇼군 권위에 대한 중대한 도전이었다. 그러나 오미 친정이 시작된 지 3년째 되던 1489년(延德1) 3월, 쇼군 요시히사가 진중에서 병사함으로써 쇼군의 오미 친정은 실패로 돌아갔다. 결국 막부는 하는 수 없이 다카요리와 타협한다.[31]

1489년(延德1) 7월, 요시히사의 후계자로서 쇼군에 새로 취임한 요시키義材는 다카요리를 사면해주면서, "반드시 (다카요리가) 교토에 있어야 하며, 사사 본소령을 원래대로 돌려주어야 한다"[32]는 것을 조건으로 내세웠다. 사사령 반환은 엔랴쿠지의 요구로 쇼군이 오미 친정에 나선 사실을 고려하면 당연한 요구이다. 또 교토 거주가 사면 조건인 것은 쇼군 친정의 계기가 "상경上京하는 일이 없었으며, 쇼군의 명령에 거역하였"다는 점과 관련이 있었다. 다카요리를 교토에 거주시켜 오미에서 고립시킴으로써 롯카쿠 씨를 통제하고자 했다.

그러나 막부의 두 가지 요구는 사실상 모두 거부된다. 다카요리가 내린 사사령 반환 명령은 "오미 본소령에 관해 (막부)봉서를 슈고(다카요리)에게 내려도 모두 거부되었다. 봉서라 하든 입부사入部使라고 하든 모조리 쫓겨나 돌아왔다"[33]라고 하듯 가신들의 거부로 무산된다. 또 다카요리의 교토 거주도 "오미 롯카쿠(다카요리)는 산으로 은거하였다. 이는 그의 가신들 모두가 사사령을 침탈하였는데, (가신들이 막부의) 반환 명령을 거부하자, 어쩔 수 없다는 핑계로 은거한 것이라 한다"[34]고 실현되지 않았다.

이 때문에 엔랴쿠지는 다시 막부에 다카요리 정벌을 호소하여, 요시

---

31 두 차례에 걸친 쇼군 친정의 자세한 전개 과정은 今谷明, 「六角氏征伐」, 『新修大津市史』2, 1979; 同, 「戰國期の草津」, 『草津市史』1, 1981 참조.

32 『大乘院寺社雜事記』, 延德1年7月29日條.

33 同上, 延德1年10月29日條.

34 同上, 延德1年12月1日條.

키는 쇼군 권위 회복과 요시히사의 유지를 계승한다는 명목으로 1491년(延德3) 8월, 다카요리 정벌을 제국諸國 슈고 다이묘에게 지시하고, 또다시 오미 친정을 단행하였다. 그러나 요시히사의 경우와 마찬가지로, 제2차 오미정벌도 소기의 성과를 거두지 못하고, 마침내 1492년(明應1) 12월, 요시키는 교토로 귀환한다. 결국 막부는 제1차 친정과 마찬가지로 타협책을 도모하여, 1495년(明應4) 다카요리를 다시 오미 슈고에 임명함으로써 쇼군의 제2차 오미 친정도 무위로 돌아갔다.

그리하여 롯카쿠 씨의 사사 · 막부령 침탈은 그 후로도 계속된다. 1496년(明應5) 9월, 엔랴쿠지는 다카요리의 엔랴쿠지령 장원침탈을 막아줄 것을 막부에게 요청하면서, 토벌군이 귀경하자 전과 같이 침탈 행위가 계속되고 있음을 호소하였다. 엔랴쿠지는 속히 다카요리를 벌주고 죗값을 치르게 하여, 불법佛法 · 왕법王法의 흥륭을 이루어야 한다고 주장하면서, 다음과 같이 다카요리를 격렬히 비판하였다.

> 사사키 다카요리佐々木高賴는 사사 본소의 옛 영지를 빼어, 친족과 피관에게 신은新恩으로 주었다. 특히 여러 엔랴쿠지령 침탈로 신사와 법회가 제대로 치러지지 못하게 되었으니, 다카요리는 신적神敵 · 법적이다. 도대체 이것을 참을 수 있다면, 참을 수 없는 것이 무엇이겠는가.[35]

특히 다카요리가 사사 본소의 영지를 몰수하여 친족과 피관에게 신은으로 주었다는 대목이 주목된다. 바로 이것이 엔랴쿠지령 침탈의 진짜 목적이다. 전쟁에 필요한 군사 수의 확보, 즉 토호적 명주층 등 재지세력의 가신화와 사사령 침탈은 이처럼 불가분의 관계이다.

35 「三千院文書」, 『蒲生郡志』2, p. 460.

결국 다카요리는 사사령 · 막부령 침탈을 매개로, 고가중 등 재지세력을 끌어들여 오미 지배를 유지하였다. 그러나 오미 북쪽 지역은 여전히 교고쿠 씨가 지배하고 있고, 내부적으로도 이바 씨 등 유력 가신을 확실하게 장악하지 못하여 다카요리의 영국 지배는 여전히 불안정하였다. 이런 상황은 다카요리의 아들 사다요리 시기에 이르러 크게 변화한다.

2. 롯카쿠 사다요리定頼의 영국領國지배와 엔랴쿠지

'중앙'으로의 진출

사다요리 시기에 이르러 롯카쿠 씨의 권력은 겨우 안정된다. 물론 기존 선행연구도 사다요리 시기를 롯카쿠 씨 권력의 최성기로 본다. 그러나 사다요리 권력의 막부 권위 의존을 강조하거나[36] 가신단 통제의 미약성을 지적하여[37] 사다요리 권력의 오미 지배 확립이란 측면은 높이 평가하지 않는다.

사다요리 권력의 영국 지배 확립은 무엇보다 하극상을 통해 스스로 전국 다이묘의 길을 모색하던 슈고다이守護代 이바 씨의 제거로부터 시작되었다. 롯카쿠 히사요리久頼 사후, 후계자 상속을 둘러싼 혼란 속에 연소한 다카요리를 내세워 내분을 수습한 자가 이바 사다타카伊庭貞隆로서, 그는 두 차례의 쇼군 친정을 겪으면서도 다카요리를 지킨 일등공신이었다. 사다타카는 이를 통해 권위를 획득하고, 롯카쿠 씨 영국 내 제반사항에 개입했다. 막부가 슈고 롯카쿠 씨를 배제하고 직접 슈고다이 이바 씨에게 문서를 발급한 사례에서 알 수 있듯,[38] 이바 씨는 롯카쿠 씨 영국 내 실질적인 재지준행권(명령전달권)을 확보했고, 특히 '이바 씨 서

36 今岡典和, 前掲「戰國期の幕府と守護」; 奧村徹也, 前掲「天文期の室町幕府と六角定頼」.

37 宮島敬一, 前掲「戰國期における六角氏權力の性格」; 同, 前掲『戰國期社會の形成と展開-淺井・六角氏と地域社會』.

38 今岡典和, 前掲「戰國期の幕府と守護」, pp. 2-3.

하伊庭氏書下'라고 불리는 독자적인 문서도 발급하여 다카요리의 권한을 제약하였다.[39]

1502년(文龜2) 10월, 롯카쿠 씨 영지를 양분하는 대전투가 발생하여 오미 지역은 대혼란에 빠진다. 이른바 제1차 이바 씨의 난이다. 이 난은 "다카요리의 가신 이바(사다타카)란 자가 모반을 일으켜, 롯카쿠(다카요리)에 적대하였다. 이에 사사키 가의 군대가 양분되어 전쟁을 벌인 바, 남군南郡 일대가 전부 소란스럽고 어지러워졌다"[40]라고 하듯, 전형적인 '하극상'의 성격을 지닌다. 만약 이 전쟁에서 이바 씨가 승리했으면 롯카쿠 씨도 다른 지역의 슈고 다이묘와 마찬가지로 몰락의 길을 걸었을 것이다.

그러나 이 제1차 이바 씨의 난은 결말이 나지 않은 채 양자가 화해하여 일단 소강상태가 유지되었다. 그 후 1514년(永正11)의 이른바 제2차 이바 씨 난의 발발과 진압을 통해 롯카쿠 씨는 오미 지배권을 확립한다.[41] 쇼코쿠지相國寺의 승려였던 사다요리가 환속한 것도 이 난 때문이었다. 당시 다카요리의 장자 우지쓰나氏綱가 가독을 상속했지만, 발이 불편하여 군정을 처리하지 못하고 있었다.[42] 제2차 이바 씨의 난이 일어났을 때, 다카요리는 이미 연로하고 우지쓰나는 병자였기에 롯카쿠 씨에게는 새로운 지도자가 필요했다. 사다요리는 이런 위기 상황에서 등장하여 제2차 이바 씨의 난을 완전히 진압함으로써 롯카쿠 씨 영국 지배체제의 기초를 닦았다.

이바 씨를 제압하여 큰 위기를 넘긴 사다요리는 이에 그치지 않고 막부 쇼군 직속의 봉공중까지도 장악하여 가신화를 도모한다. 이전부터

---

39 宮島敬一, 前掲「戰國期における六角氏權力の性格」, p. 160.

40 「公方兩將記」, 『續續群書類從』第4.

41 『長享年後畿內兵亂記』(『續群書類從』第20上), 永正11年2月19日條.

42 「足利季世記」, 『改定史籍集覽』別記第106.

오미 지역에는 사사키 씨의 분가를 중심으로 막부의 봉공중이 많이 존재했고, 막부는 슈고 롯카쿠 씨를 통제하기 위해 이들을 이용하였다. 봉공중 중에서도 사사키 씨 일족 가모 씨蒲生氏는 가모 군蒲生郡을 기반으로 한 명문 거족으로 롯카쿠 씨에 대해 상당한 독자성을 가졌다. 가모 씨는 남북조시기 이래 롯카쿠 씨 군봉공중郡奉公衆으로 활동하다가, 1433년(永享5) 8월 아시카가 요시노리의 봉공중이 되었다.[43] 그리하여 쇼군의 오미 친정 시기에는 막부군의 일원으로 활동한다.[44] 다카요리 시기인 1508년(永正5)까지 가모 씨의 실질적인 가독 상속권은 쇼군에게 있었다.[45]

롯카쿠 씨가 가모 씨를 장악하게 된 계기는 다이에이大永 연간(1521~1527)에 일어난 가모 씨의 가독家督 상속 분쟁이다. 가모 씨는 쇼군의 가신인 적자 가모 히데키秀樹와 사다요리의 가신이자 히데키의 숙부인 가모 고고高鄕 간 상속 분쟁이 발생하여 혼란에 빠졌다. 1522년(大永2) 7월, 사다요리는 고고의 요청을 받아들여, 약 2만 명의 군대를 동원하여 가모 씨의 히노 성日野城을 포위하고 공격하였다.[46] 히데키는 농성하면서 이에 대항했으나, 겨울에도 여름옷으로 버티는 등 고생 끝에, 익년 1523년 3월 마침내 사다요리에게 항복하였다.[47] 그 결과 사다요리는 가모 씨의 가독 상속을 이전과 달리 자신이 직접 간여하여 가신인 고고에게 유리하게 처리하였다.[48] 그 후 고고는 히데키를 독살하고,[49] 고고가 가모 씨의 가주에 취임함으로써 사다요리는 가모 씨를 완전히 장악한다. 이와 같이

43 細溝典彦, 前揭「六角氏領國支配機構の變遷について」, p. 56.

44 『大乘院寺社雜事記』, 明應1年10月26日條.

45 「蒲生文武記」, 『蒲生郡志』9, pp. 477-478.

46 「寺院雜要抄」, 同上, p. 473.

47 同上, p. 481.

48 「蒲生文武記」, 同上, p. 481.

49 「氏鄕記」, 『改定史籍集覽』別記第182.

사다요리 시기에 이르러, 친막부세력이던 가모 씨는 롯카쿠 씨 지지세력으로 재편성된다.

이러한 사례는 가모 씨와 마찬가지로 오미 지역에서 강한 자립성을 보이던 구쓰키 씨朽木氏의 경우에도 해당된다. 구쓰키 씨는 사사키 씨의 서류庶流로서 대대로 쇼군에게 직속되어 행동한 오미 지역의 대표적인 봉공중이다. 구쓰키 씨는 쇼군의 봉공중으로서 독립적인 재판권 · 세역 징수권을 행사하는 '슈고불입'의 특권을 가졌고, 슈고 롯카쿠 씨의 지시나 간섭을 받지 않는 자립성이 강한 재지영주였다.[50]

이러한 양자의 관계가 변한 것도 사다요리 시기이다. 1521년(大永1) 9월, 막부는 쇼군 요시하루義晴의 성인식元服 비용 조달을 위해 사다요리에게 임시과세인 단전段錢 징수를 명령한다.[51] 사다요리는 이를 빌미로 동년 10월, 당시 구쓰키 씨 가주[구쓰키 다네히로(朽木稙廣, 후에 稙綱으로 개명)]에게 단전 부과를 지시했다.[52] 본래 구쓰키 씨는 독자적으로 단전을 징수할 권한이 있었지만, 사다요리가 이를 부정한 것이다.

그런데 구쓰키 씨의 특권 부정은 사다요리의 오미 지역에 대한 새로운 인식과 관련이 있다. 사다요리는 "모든 국중國中의 일은 이쪽(사다요리)에서 결정해야 하는 바"라고 하여, 오미 지역의 모든 세력을 통제 대상으로 파악했다. '국중'(近江) 모든 일을 사다요리 자신이 관장한다는 인식에 기반하여 강한 독자성을 갖고 있던 구쓰키 씨에게 지시하는 현상은 다카요리 시기에는 보이지 않는다. 이는 사다요리 시기 롯카쿠 씨의 영국지배가 강화되었음을 말해준다. 사다요리의 세력이 확장됨에 따라, 구쓰키 씨도 이미 쇠퇴의 조짐이 농후한 막부보다는 롯카쿠 씨에게 의

---

50 田代脩, 「戰國期における領主制-近江國高島郡朽木氏を中心に」, 『近畿大名の研究』, 吉川弘文館, 1986.
51 『朽木家古文書』下(內閣影印叢刊), 674号.
52 『朽木文書』, 291号.

존함으로써 재지지배에 필요한 상위 공권력을 획득하려 했다.[53]

이바 씨의 난 진압, 가모 씨 · 구쓰키 씨라는 봉공중 세력 장악 등을 통해 점차 내부 안정을 찾은 사다요리는 마침내 관심을 외부로 돌려, 교고쿠 씨를 대신하여 오미 북부의 지배자로 대두한 아자이 씨淺井氏에 대한 공격을 개시한다. 그런데 사다요리와 오미 북부의 관계는 종래와 다른 양상을 확인할 수 있다. 다카요리 시기 롯카쿠 씨는 군사적으로나 명분상으로나 교고쿠 씨에게 뒤떨어졌으며 전반적으로 열세였다. 그러나 사다요리 시기에 이르면 상황이 크게 달라져, 거꾸로 롯카쿠 씨가 오미 북쪽을 공격한다. 또 양자의 전투는 모두 사다요리의 승리로 끝났으며, 전쟁터도 종래 교고쿠 씨가 지배하고 있던 이누카미 군犬上郡 · 사카타 군坂田郡 · 아자이 군淺井郡 등 주로 오미 북부에 집중되었다.[54]

한편 사다요리의 영국지배가 강화됨에 따라 인접한 쇼군과 관령管領 호소카와 씨細川氏 세력도 점차 오미 지역에 대해 이전과 같은 영향력을 행사할 수 없게 되었다. 이는 롯카쿠 씨와 쇼군 · 관령 간 새로운 관계 정립을 의미한다.

1537년(天文6) 4월, 사다요리는 장녀를 호소카와 하루모토細川晴元에게 시집보내, 관령가와 혼인관계를 맺은 후,[55] 하루모토와 동맹관계를 수립하였다. 양자는 이미 1529년(享祿2) 2월 약혼을 맺었으나, 여러 사정에 의해 연기되다가 이 시기에 이르러 실현되었다. 이후 사다요리는 줄곧 하루모토를 군사적으로 지원한다. 1549년(天文18) 1월, 셋쓰攝津에서 미요시 나가요시三好長慶에게 하루모토가 패배하였다는 소식을 들은 사다요

53 1543년(天文12), 다나카 요리나가(田中賴長)와 구쓰키 다네쓰나(朽木稙綱) 간에 전개된 소송과정에서도 이러한 경향을 확인할 수 있다(『朽木文書』, 390号).

54 『長享年後畿內兵亂記』, 大永5年9月條 · 享祿4年4月6日條; 『親俊日記』(續史料大成本), 天文7年5月23日條 · 同6月4日條; 『鹿苑日錄』, 天文7年9月16日條.

55 『嚴助往年記』 · 『鹿苑日錄』, 天文6年4月19日條.

리는 군대를 내어 하루모토를 원조하고,[56] 1550년 10월, 호소카와 군대와 함께 나가요시를 공격하기도 했다.[57]

그러나 하루모토와 사다요리가 처음부터 우호관계였던 것은 결코 아니었다. 오히려 양자는 적대적 관계였다. 에이쇼永正 연간(1504~1520) 사다요리는 하루모토의 부친 스미모토澄元를 적대시하여 스미모토의 숙적 호소카와 다카쿠니細川高國를 지원하였다. 호소카와 씨의 가독 상속문제로 인해, 다카쿠니와 스미모토는 사이가 벌어져 1520년(永正17) 5월, 양군이 셋쓰 이케다池田, 난바難波 등에서 전투를 벌였을 때, 사다요리는 다카쿠니를 돕기 위해 지원군을 파견했다.[58] 사다요리가 입장을 바꾼 이유는 불명확하지만, 사다요리의 독자적 판단이라고 추정된다. 이 점은 하루모토와 이미 약혼을 맺고 있던 1531년(享祿4) 2월, 쇼군 요시하루를 위해 병사를 교토에 파견하여 하루모토의 군대와 대치한 사실에서도 확인된다.[59] 롯카쿠 씨 세력이 강성해지자, 비로소 관령가로서 권위를 자랑하던 하루모토와 사다요리는 혼인을 통한 군사적 동맹관계로 발전할 수 있었다.

이러한 사다요리의 독자성은 쇼군과의 관계에서도 확인된다. 1546년(天文15) 아시카가 요시테루足利義輝의 성인식에 사다요리가 가관역加冠役에 근무한 사실은 롯카쿠 씨의 영국통치 확립과 관련하여 주목할 사항이다. 원래 쇼군 성인식의 가관역은 삼관령[시바 씨(斯波氏)·하타케야마 씨(畠山氏)·호소카와 씨(細川氏)] 중에서 해당 당직자가 담당하는 것이 관례로서, 일개 슈고에 불과한 사다요리가 이 가관역을 담당하는 것은 무로마치 막부 초

56 「足利季世記」, p. 199.
57 『言繼卿記』, 天文19年10月20日條.
58 『拾芥記』, 永正17年5月3日條.
59 『二水記』, 享祿4年2月22日條.

례初例의 일이었다. 사다요리는 선례가 없다고 일단 고사하는 듯한 자세를 취했으나, 결국 '관령대管領代'로서 12월 19일에서 21일까지 3일에 걸쳐 요시테루의 성인식을 주최하였다.[60] 물론 이것이 가능했던 것은 이 시기 쇼군 요시하루과 관령 하루모토의 관계가 악화되어, 요시하루가 몸을 피해 오미로 와서 롯카쿠 씨에 의존했기 때문이다. 그러나 사다요리가 쇼군의 성인식을 주최했다는 사실은 다카요리 시기 두 번에 걸쳐 쇼군의 친정을 받았던 것과 비교해볼 때 괄목할만한 변화임에 틀림없다.

그런데 관령대의 역할을 수행했음에도 불구하고 사다요리는 쇼군 요시하루와 일정한 거리를 유지한다. 요시하루를 무조건 지원한 것은 결코 아니었다. 1526년(大永6), 단바丹波의 야나기모토 씨柳本氏, 아와阿波의 미요시 씨와 다카쿠니高國의 관계가 악화된 후, 동년 12월, 요시하루는 사다요리에게 다카쿠니를 원조할 것을 지시한다. 그러나 사다요리는 마부치 씨馬淵氏 · 미쿠모 씨三雲氏를 대장으로 2천 명의 원군을, 그것도 1527년 2월이 되어서야 겨우 파견했다. 그것은 요시하루 측에서 보면, "롯카쿠 씨와 협력하는 일. 여러 번 (출진하라고) 재촉하였지만 아직도 상경하지 않았다. 겨우 2천 명 가량의 피관인被官人이 기타시라카와北白川 지역에 도착했는데, 오늘까지도 출진하지 않고 있다고 한다"[61]는 매우 불만스러운 내용이었다. 이와 같이 사다요리는 무조건 막부 명령에 순종하거나 추종한 것이 아니라 나름대로의 판단에 의거하여 행동했다. 이런 입장은 비단 다이에이大永 연간뿐 아니라, 사다요리가 요시테루의 성인식을 주재하는 등 쇼군과 밀접한 관계를 맺고 있던 1546년(天文15) 전후에도 그대로 관철된다.

---

60 「光源院殿御元服記」, 『蒲生郡志』2, pp. 611-618.

61 『二水記』, 大永7年2月12日條.

1547년(天文16)에 이르러 쇼군 요시하루와 호소카와 하루모토의 사이가 극도로 나빠져 요시하루는 하루모토를 제거하려 했다. 이에 하루모토는 군대를 동원하여, 동년 7월 쇼코쿠지에 진陣을 폈다.[62] 그런데 사다요리는 롯카쿠 다카토시六角孝俊 · 다나카 요리나가田中頼長 등을 선발로 삼아 약 1만의 군대를 상경시켜, 요시하루가 있던 기타시라카와 성北白川城을 포위하였다. 이 사건은 "충공忠功스런 롯카쿠 씨였지만, 하루모토가 사위였기 때문에 같은 편이 되어 쇼군을 적대시한 것"[63]으로, 사다요리의 쇼군에 대한 입장은 이와 같이 상황에 따라 유동적이었다. 물론 이러한 현상이 나타난 것은 전국시대 들어 막부와 쇼군의 권위와 힘이 급속히 실추된 점에 근본적인 원인이 있다. 그렇지만 사다요리 세력이 그만한 실력을 지니지 못하였으면 결코 이러한 사태는 전개되지 않았을 것이다. 사다요리 시기에 이르러, 롯카쿠 씨는 이제 '중앙' 정국에 강력한 영향력을 미칠 수 있는 세력으로 성장한다.

혼간지本願寺 · 법화종法華宗 공격

사다요리의 정치적 지위 상승은 종래의 사사 정책에도 커다란 변화를 초래한다. 여러 사사에 대한 보호정책 사례가 급증하고, 더욱이 오미는 물론 인접한 다른 지역의 문제까지 개입한다.

1527년(大永7), 사다요리는 야마시로 국山城國 이와시미즈 하치만 궁령石清水八幡宮領에 금제禁制를 내리고,[64] 1539년(天文8)에는 하치만 궁의 가와치 국河內國 구스하 향의 영지 문제에 개입했다. 이와시미즈 하치만 궁의 등유 영지燈油料所인 구스하 향을 재지무사가 침탈하자 하치만 궁은 막부에

62 『長享年後畿內兵亂記』 · 『公卿補任』, 天文16年7月12日條.
63 「足利季世記」, p. 192.
64 「石清水文書」, 『蒲生郡志』9, pp. 496-497.

이를 호소했고, 막부는 그 해결을 사다요리에게 지시한다. 그리하여 동년 11월 사다요리는 재지무사들의 침탈을 제지하고, 빼앗긴 영지를 원래대로 하치만 궁에 돌려주었다.[65] 이는 물론 막부의 지시를 받아 처리한 것이지만, 사다요리는 가와치 국의 문제까지 개입하여 해결할 수 있을 정도가 되었다. 1544년(天文13) 사다요리가 천황의 의뢰를 받아 단바 국丹波國의 야마쿠니 장원山國莊 영지 문제에 개입한 것도 동일한 사례이다.[66]

그러나 사다요리가 단순히 사사보호 정책만을 실시한 것은 아니었다. 1532년(天文1) 8월, 사다요리는 하루모토의 요청을 받아들여 법화종 세력과 함께 야마시나山科 혼간지를 공격하고, 건물 한 채 남김없이 모두 불태워버렸다.[67] 다카요리 시기 막부군의 공격을 받던 것과 비교하면 교토 지역에 군대를 동원하여 쳐들어간 사실 자체만으로도 매우 큰 발전이며, 더욱이 무력을 동원하여 혼간지를 초토화시킨 예는 오다 노부나가 외에 사다요리가 유일하다. 물론 사다요리의 경우, 병력의 주력은 어디까지 법화종 중도衆徒로서 노부나가와 커다란 차이를 보인다. 그러나 겨우 사사령 장원 침탈에 그친 다카요리와 달리 사다요리가 무력을 동원하여 사사세력을 공격한 점은 확실히 이전에 볼 수 없던 새로운 양상이다. 이는 사다요리의 영국 지배가 그만큼 강화되었음을 말해준다.

1536년(天文5) 7월, 사다요리는 군대를 동원하여 이번에는 교토의 법화종을 공격하였다.[68] 사다요리가 사사세력에 무력을 사용한 또 하나의 사례이다. 1532년(天文1) 함께 혼간지를 공격했던 법화종을 이번에는 돌연 적으로 돌려 토벌한 점도 흥미롭지만, 주목되는 사실은 이것이 엔

---

65 『石淸水文書』6(菊大路家文書), 100号.
66 「御奈良院御記」, 『蒲生郡志』2, p. 600.
67 『二水記』, 天文1年8月23 · 24日條.
68 今谷明, 『天文法華の亂-武裝する町衆』, 平凡社, 1989.

랴쿠지의 요청에 따른 군사행동이란 점이다.[69] 따라서 덴분天文 연간 엔랴쿠지와 롯카쿠 씨는 다카요리 시기와 같이 더 이상 적대적인 관계가 아닌 것으로 보인다. 다만 양자가 정말로 우호적인 관계를 맺고 있었는지, 1532년(天文1) 법화종과 사다요리의 관계와 같이 서로 단순히 일시적인 동맹관계를 맺고 있을 뿐인지, 그 구체적 상황은 알 수 없다. 그런데 「롯카쿠씨식목」 제2조에는 "엔랴쿠지山門령에 관한 일. 이전에 일련중日蓮衆(=법화종)을 물리칠 때, 엔랴쿠지와 롯카쿠 씨 간 맺은 협약은 지금도 이의가 있을 수 없다"[70]는 조항이 있다. 이로 미루어 볼 때 사다요리가 법화종를 공격한 것은 결코 우발적인 행동이 아니라, 엔랴쿠지와 모종의 협정을 맺은 후 이를 바탕으로 전개된 것으로 추정된다. 어떤 협정인지 구체적인 내용을 알 수는 없지만, 엔랴쿠지와 사다요리가 단순한 동맹을 맺은 것이 아니라 롯카쿠 씨가 멸망하기 직전까지 관철되던 거의 반영속적인 협약을 체결한 것임에 틀림없다. 또 엔랴쿠지가 사다요리 권력의 힘을 인정했기 때문에 이와 같은 협약도 체결될 수 있었다. 다카요리 시기 빈번하던 엔랴쿠지령 침탈 기사가 사다요리 시기에 더 이상 보이지 않는 것도 양자의 관계를 이해하는 좋은 자료이다. 이는 일견 사다요리 시기 롯카쿠 씨가 사사령 침탈조차 불가능할 정도로 약화된 것으로 볼 수도 있다. 그러나 사다요리 권력이 다카요리 시기보다 안정되고 한층 강화되었음을 상기해보면, 이런 견해는 타당하지 않다. 오히려 엔랴쿠지가 더 이상 적대할 수 없을 정도로 사다요리 권력이 강화된 것으로 보아야 할 것이다. 엔랴쿠지는 롯카쿠 씨를 적대시하기보다 사다요리에 의존하여 권익의 보증을 받는 방향으로 정책을 전환한

69 『長享年後畿內兵亂記』, 天文1年7月23日條.

70 「六角氏式目」, 『中世法制史料集』3, 岩波書店, 1965.

것이다.[71]

사다요리는 실제로 그 정도의 힘과 권위를 가졌다. 이는 사다요리가 사원세력 간 분쟁을 조정하는 역할을 수행한 사실로도 확인된다.

1547년(天文16), 사다요리와 엔랴쿠지의 공격으로 초토화되어 교토에서 쫓겨났던 혼코쿠지本國寺·혼노지本能寺·홋케지法華寺 등은 엔랴쿠지와 화해를 모색하여 다시 교토로 돌아올 방도를 모색한다. 그런데 그 중재를 다름 아닌 자신을 공격했던 사다요리에게 의뢰하였다. 동년 7월 사다요리의 가신 히라이 다카요시平井高好가 법화종 제사어대諸寺御代 측에 보낸 회답을 보면, 혼코쿠지 등은 예전禮錢 천 필千疋[1필=10문(文)]을 사다요리에게 보내 중재에 감사를 표시하였다.[72]

그런데 이 중재 과정에서 사다요리가 자신의 권력을 '당국當國'이라 칭하며 독자적인 하나의 지역 공권력으로 행동한 점이 주목된다. 1547년 6월, 사다요리는 산문삼원山門三院에 다음과 같은 문서를 보낸다.

> 일련종의 일. (롯카쿠 씨와 엔랴쿠지가 법화종을) 몇 년 전에 퇴치하여 공사公私의 제법諸法이 엄중해졌습니다. 그런데 얼마 지나지 않아 그 취지를 위반하였기 때문에 다시 처벌하려 했습니다. <u>빈번히 (엔랴쿠지가) 군사를 내려고 했으나, (롯카쿠 씨는) 교토가 소란스러워져서는 안 된다고 이를 만류하였습니다(A)</u>. 이때 화의하자는 (법화종의) 요청에 (엔랴쿠지가) 동의를 표시하니 축하할 일입니다. 향후 일은 [별지(別紙)에 (적혀)있음] (이 조항은) 모두 그들(법화종) 무리가 제안하고, 맹세문起請文으로 약속한 것입니다. 만약

---

71 다카시마 군(高島郡) 가이즈(海津)의 히가시하마 장(東濱庄)·오노 장(雄野庄)은 옛부터 엔랴쿠지(쇼렌인)의 영지로 교고쿠 씨의 세력범위에 속했다. 그런데 1538년(天文7) 아자이 씨가 일으킨 병란을 계기로 장원을 침탈하는 무리가 있자, 동년 8월, 쇼렌인 문적은 병란 제지와 사령(寺領) 보호를 사다요리에게 의뢰한다(「華頂要略」, 『蒲生郡志』2, p. 558).

72 「本能寺文書」坤(京都大學所藏影寫本).

이와 같은 취지를 위반하면 (법화종을) 공격할 것이며, 당국(롯카쿠 권력=사다요리)은 향후 언제든지 몇 년 전과 같이 행동(공격)할 것입니다(B). 이 취지를 자세히 전달하는 바입니다.[73]

먼저 사다요리의 '당국'은 단순히 오미 영국에만 한정되지 않고, 당시 정치의 중심지 교토까지를 대상으로 하는 공권력임을 표방한 점이 주목된다. A에서 알 수 있듯 엔랴쿠지가 법화종을 공격함으로써 초래되는 교토의 혼란을 사다요리는 달가워하지 않았다. 또 사다요리의 군사행동은 결코 일회성의 형식적인 것이 아니며, 향후 언제든지 발동될 수 있는 항상적인 것이다. '당국'은 이후 언제든지 군대를 동원하겠다는 사다요리의 결의(B 부분)는 이런 맥락에서 이해할 수 있다. 사다요리는 이미 자기 권력을 하나의 공권력으로 인식했으며, 오미 지역을 포함한 교토 일대의 질서수호자로서 행동하였다. 동월 동일, 사다요리의 가신 신도 사다하루進藤貞治 · 히라이 다카요시가 엔랴쿠지에 보낸 문서에도 "위와 같은 3개 조의 사항을 갈망한다는 취지를 상대霜臺(=사다요리)가 대신 전달한 바입니다. 일단 결정된 다음에는 향후 자의건 타의건 다른 뜻이 있을 수 없습니다. 만일 이의가 있다면, 사다요리가 발급한 문서—札에 맡겨야 합니다"[74]라고 하여 만약 분쟁이 재현된 경우, 엔랴쿠지와 법화종은 사다요리가 정한 바에 따라야 했다. 종교권력 엔랴쿠지와 법화종에 대한 세력권력 사다요리 권력의 우위를 엿볼 수 있다.

결국 엔랴쿠지는 자신의 기득권을 유지하기 위해 교토 일대까지 세력을 확장한 사다요리 권력을 인정하는 쪽으로 방향을 정한다. 사다요

73 「集古文書」, 『蒲生郡志』2, p. 627.
74 同上, p. 628.

리 역시 전통적 권위를 지닌 대사사 엔랴쿠지를 굳이 적대하기보다 자기편으로 끌어들여 이를 이용하는 편이 영국 지배에 유리하였다. 그러나 엔랴쿠지와 롯카쿠 씨 모두 오다 노부나가에 멸망되어 많은 사료가 산일되었기 때문에 사다요리와 엔랴쿠지의 관계를 정확히 파악하는 데 큰 어려움이 있다. 이러한 상황에서 이 시기 오미 가모 군蒲生郡 도쿠친보得珍保[통칭 '호나이'(保内)]는 양자의 관계를 이해하는 데 좋은 소재를 제공한다. 호나이는 롯카쿠 씨 권력의 슬하에 위치하면서도 엔랴쿠지의 지배를 받은 독특한 처지였기 때문이다.

'호나이保内'와의 관계

오미 지역은 지리적으로 교토에 가깝고, 동해도東海道 · 동산도東山道 등 옛 주요 도로가 통과하고 있기에 상업 발달에 유리하였다. 통칭 '호나이'로 불리는 도쿠진 보는 오미의 대표적인 상업 발달 지역의 하나였다. 호나이 상인은 고대부터 소금, 비단呉服 등을 판매하는 역役에 종사하면서 원격지 상업을 담당했고 15세기 이후에는 기존 다른 상인단의 권리를 탈취하면서 상품판매권을 독점해갔다. 흔히 호나이 상업의 역사는 타향 상인과의 투쟁의 역사 · 소송의 역사라 한다.[75]

오닌 · 분메이 시기 이전 호나이의 상업 소송과 관련된 재판은 엔랴쿠지가 담당하였다.[76] 그런데 16세기 초 1501(文龜1)~1502년, 이른바 '분키文龜의 소송'을 즈음하여 엔랴쿠지는 더 이상 재판권을 행사하지 못하

75 소송의 자세한 내용과 경과는 仲村研, 「近江國保内商人の爭論」, 『中世地域史の研究』, 高科書店, 1988; 同, 前掲『中世惣村史の研究』 참조.

76 1418년 4월, 오자토(小里) 상인이 소금 · 해초를 판매하여 호나이의 권익을 침해하자, 엔랴쿠지는 이를 금지하는 판결을 내려 호나이 상인의 권리를 보호한다(『集成』, 127号). 1425년에서 1428년까지 계속된 호나이와 오바타(小幡) 상인 간 소송도 엔랴쿠지령의 경우 "(엔랴쿠지)어복어대관(御服御代官) 앞에서 옳고 그름을 따져 결정하는 것이 선례(故實)"(『集成』, 80号)라 하여 재판권은 엔랴쿠지가 장악하였다. 이 원칙은 1427년 12월 호나이 명주백성(名主百姓)들이 엔랴쿠지에 제출한 소장(訴狀)에서도 확인된다(『集成』, 82号).

게 되었다. 이는 와키타 하루코脇田晴子가 지적한대로, 소송 내용이 초기의 단순한 상품 판매에서 상품의 운송로 확보라는 상품 유통 문제로 전화했기 때문이다.[77] 그 결과 롯카쿠 씨의 슈고다이였던 이바 씨가 엔랴쿠지에 대신하여 재판권을 행사한다. 롯카쿠 씨는 제2차 이바 씨의 난이 제압된 이후인 사다요리 시기에 이르러 재판권을 장악했다. 참고로 다카요리가 재판권을 행사한 예는 보이지 않는다.

1528년(大永8) 호나이 상인과 이시도지石塔寺 상인 간에 요코제키 시横關市 진출 문제로 소송이 발생하자, 호나이는 자신의 권익이 침해됐다고 사다요리에 호소한다. 동년 7월 8일 사다요리는 동생實弟 오하라 다카야스大原高保에게 이시도지石塔寺 상인의 '신의新儀' 제지를 지시하고, 동월 10일 다카야스는 사다요리의 명령을 요코제키 시 봉행奉行, 미즈하라 기쓰자에몬노조水原橘左衛門尉에게 전달하였다.[78] 엔랴쿠지령 상업 소송과 관련된 사다요리의 재판권 장악은 그 후에도 이어져 교로쿠享祿 연간의 이른바 구리한 가도九里半街道 소송에도 사다요리가 최종 판결권을 행사하였다.[79]

엔랴쿠지령 호나이에 대한 롯카쿠 씨 지배는 이와 같이 점차 강화된다.[80] 그런데 이러한 상황을 엔랴쿠지는 어떻게 받아들였는가? 달리 보면 이는 변형된 형태의 엔랴쿠지령 '침탈'이라 할 수 있는데, 다카요리

---

77 脇田晴子, 「中世商業の展開-今堀日吉神社文書を中心に」, 『日本史研究』51, 1960.

78 『集成』, 105 · 128号.

79 비와 호수(琵琶湖) 서쪽 방면의 다카시마(高島)에서 이마즈(今津)를 경유하여 와카사 오바마(若狭小濱)에 이르는 통칭 구리한 가도 통행문제로, 1502년 다카시마 군의 남시(南市) 상인이 호나이 상인의 상품을 억류하는 분쟁이 발생한다. 1528년에도 동일한 상황이 발생하자 호나이가 소송을 제기하여, 동년 12월 사다요리는 남시에 상품의 반환을 명령하였다(『集成』, 14号). 1529년 7월 오바타(小幡), 사쓰마(薩摩), 야사카(八坂), 다나카에(田中江), 남시 등의 상인이 호나이 상인의 구리한 가도 진출을 방해하자, 신도 사다하루와 다네무라 사다카즈(種村貞和)는 호나이 상인의 승소(勝訴)를 인정하는 사다요리의 판결 문서를 보낸다(『集成』, 22号). 그러나 오바타 등이 계속 저항하자, 동년 11월 사다요리는 이들 상인에게 벌금 5만 필(疋)을 부과하고, 만일 지시에 따르지 않으면 이번에는 견책사를 파견하여 처벌할 것이라 위협하였다(『集成』, 15号).

80 1555년 9월에는 사다요리가 호나이에 4 · 5촌(寸)의 대나무 50개를 부과했다. 당시 대나무는 전쟁물자로 '슈고불입'을 주장하는 엔랴쿠지령 호나이에 전쟁물자의 징발을 명령할 정도로 사다요리의 엔랴쿠지령 호나이 지배가 강화된다(『集成』, 264号).

시기에는 신적神敵·불적佛敵이라 하며 격렬하게 반발했던 엔랴쿠지가 사다요리 시기에는 전혀 다른 반응을 보인다.

1531년(享祿4) 2월, 쇼군 요시하루와 관령 호소카와 하루모토의 관계가 악화되었다. 요시하루는 교토를 떠나 오미 조코지長光寺로 이동하였는데, 호소카와 군이 습격하리라는 풍문이 돌아 오미 전역이 동요하였다. 이에 사다요리는 전쟁을 준비하면서 호나이에도 인력人足 징발을 지시하였다. 호나이는 지시이행 여부를 엔랴쿠지에 물었고, 엔랴쿠지는 다음과 같이 명령했다.

> 간논지觀音寺 (성)에서 전쟁에 나가라는 지시가 있으면, 다시 보고를 해서 (엔랴쿠지에) 알려야 한다. 만일 타국他國·타방他方의 무리가 입국하는 일이 있으면, 반드시 구니가타國方(슈고 측)이 조치를 취할 것이다. 그 때를 잘 지키고 (롯카쿠 씨가) 요청한 대로 머지않아 처리해야 하니(A) 방심해서는 안 될 것임을 엄히 말해둔다.[81]

여기서 '간논지'는 롯카쿠 씨의 거성을, 구니가타는 본래 '국사國司의 역인役人'이란 뜻으로 사다요리 등 슈고 측을 지칭한다. 본래 불교 관념상 모든 세력에 중립적이어야 할 엔랴쿠지가 호소카와 군사를 '타국他國·타방他方의 무리衆'로 인식한 사실이 주목된다. 엔랴쿠지 역시 자신을 오미 국 성원의 하나로 간주하고, A와 같이 슈고 롯카쿠 씨가 모종의 조치를 취하면, 엔랴쿠지도 이에 적극 협조할 의향을 내비쳤다. 이와 같이 엔랴쿠지가 국國(오미)이 위기에 봉착하였을 때, 무가 사다요리에 협조해야 한다고 인식하고 있음이 주목된다. 물론 타국과 대립하는 개

81 『集成』, 38号.

념인 이 '(당)국'은 롯카쿠 씨만이 독점할 수 없는 일정한 객관성을 가진 객체인데, 어쨌든 엔랴쿠지가 국의 대표자 사다요리를 지지한 점이 흥미롭다.[82]

사다요리와 엔랴쿠지의 우호 관계는 사다요리의 아들 요시타카義賢에게도 기본적으로 그대로 관철된다. 16세기 상업 소송과정에서 롯카쿠 씨가 획득한 재판권은 요시타카에게 그대로 이어지고, 롯카쿠 씨의 엔랴쿠지 영지에 대한 개입도 계속된다. 이 점은 1557년(弘治3) 이세伊勢 정벌시 요시타카가 호나이에 인력 징발을 부과했다가 취소하는 과정에서도 확인할 수 있다.[83] 우선 롯카쿠 씨가 국외國外인 이세 지역으로 세력을 확장하려 한 점이 주목된다. 또 1531년(享祿4) 호나이에 대한 인력 징발은 외부세력의 오미 침공이란 위기의식에서 촉발된 반면, 고지弘治 연간의 경우는 롯카쿠 씨가 외부로 군사행동을 전개하는 과정에서 나타난 점이 특징이다.

1557년(弘治3) 7월, 엔랴쿠지는 호나이에 롯카쿠 씨 뜻에 따라 인력을 징발할 것을 지시하였다. 엔랴쿠지는 종래 호나이에 롯카쿠 씨가 인력을 징발한 선례는 없지만, 앞으로 다시는 이런 일이 없을 것이며 인력 징발에 따른 비용을 지불한다고 하니, 이에 따르라고 명령하였다.[84] 이처럼 사다요리 이후 엔랴쿠지는 롯카쿠 씨에 적극 협력한다. 그렇지만 엔랴쿠지가 호나이에 지시를 내리고 있는 사실에도 유념할 필요가 있다. 엔랴쿠지가 호나이를 여전히 지배했다고 해석할 수 있고, 그렇다면 일견 롯카쿠 씨의 호나이 지배는 이전과 별로 달라진 것이 없기 때문이다.

---

82 현재 이 시기 '국'(國)개념은 명확하지 않은 부분이 많다. 추후의 과제이다. 다만 가쓰마타 시즈오(勝俣鎭夫)가 지적한 대로, 전국 다이묘 권력이 일국(一國) 단위의 국가권력=공의(公儀)로 전화한 것은 위기상황에서 나타나는 '국가방위총동원령'을 계기로 하는데, 이 점은 롯카쿠씨도 마찬가지였다(勝俣鎭夫, 「戰國法」, 『岩波講座日本歷史』8, 岩波書店, 1976, pp. 202-203).

83 『集成』, 114号.

84 同上.

그렇지만 인력 징발의 최종적인 결정권은 어디까지나 롯카쿠 씨에 있었고,[85] 엔랴쿠지의 협력하에 롯카쿠 씨의 명령은 사실상 관철되었다. 또 엔랴쿠지가 호나이에 인력 징발 협조를 지시한 동년 동일 롯카쿠 씨는 다음과 같은 명령을 호나이에 내렸다.

> 이세 가키 성柿城에 건량 · 병량을 보내기 위한 인력동원人足에 관한 일. 빌리는 것御雇으로 하겠으니 화급히 징발하여 보내라는 지시에 이의가 있을 수 없다. 토호地下人 · 백성百姓 모두 가별家別로 징집하여야 한다(A). 불응하는 자가 있으면, 롯카쿠 씨 직속가신인 고추겐御中間을 보내 견책하겠다는 요시타카님의 분부이시다(B).[86]

즉, B와 같이 호나이가 응하지 않는 경우, 견책사譴責使를 파견하여 책임을 묻겠노라 위협한 사실에 주의할 필요가 있다. 또 A에서 알 수 있듯, 이 인력 징발은 원칙적으로 가별家別로 예외 없이 부과되는 것으로, 종래 '슈고불입권'을 지닌 엔랴쿠지령 호나이에 대한 롯카쿠 씨의 지배는 한층 강화된다.[87] 결국 롯카쿠 씨는 엔랴쿠지의 호나이 지배권은 어느 정도 인정했지만, 정책 결정권은 엔랴쿠지가 아니라 롯카쿠 씨에게 있었다. 롯카쿠 씨의 엔랴쿠지령 호나이 지배는 사다요리 이후, 적어도 '간논지 소동觀音寺騷動'까지는 강화된 것으로 추정된다. 엔랴쿠지가 사다요리에게 협력한 것도 더 이상 적대하기 곤란할 정도로 롯카쿠 씨 권력이 강화되어 '오미' 지역 영국지배가 안정됐기 때문이다.

---

85 『集成』, 115号.

86 同上, 113号.

87 「롯카쿠씨식목」 제21조에는 "슈고불입의 곳이라 하면서, 연공과 제 공물(公物)을 내지 않고, (납부)재촉에 불응하는 무리가 있으면, 그 장(庄) · 향(鄕)의 영주(領主)에게 (사전에) 통보한 후, 견책사를 파견한다"고 하여, 롯카쿠 씨는 사사의 전통적인 권리인 슈고불입권을 부정하였다.

소결小結

전국시대 오미 지역은 강한 자립성을 지닌 재지영주세력, 고대 이래 뿌리 깊게 잔존하고 있던 엔랴쿠지 등 사사세력, 오미 북부의 교고쿠 씨 · 아자이 씨 세력, 막부 쇼군의 봉공중 세력 등이 산재하였다. 이로 인해 다른 지역에 비해 복잡한 양상을 띠었고 롯카쿠 씨가 영국을 지배하기 어려웠다. 그렇기 때문에 선행연구에서 오미 지역의 분열상과 롯카쿠 씨 권력의 미약성을 지적해온 점은 일면 타당하다. 그렇지만 일견 복잡하고 분열적인 양상으로만 보이는 오미 지역의 이면에 롯카쿠 씨를 중심으로 여러 세력이 하나로 모아지고 있던 '통일'과 '통합'의 움직임을 간과해서는 안 된다.

다카요리 시기는 '침탈'로 대표되는 엔랴쿠지를 위시한 사사령 침탈이 일관된 사사 정책이었다. 이는 분안文安의 내분 이래, 극도로 약화된 롯카쿠 씨가 재지세력을 가신화하여 불리한 상황을 극복하기 위한 타개책이었다. 그러나 다카요리의 침탈은 오미 지역에 기득권을 가지고 있던 기존 세력의 광범위한 반발을 불러 일으켰다. 특히 엔랴쿠지는 다카요리를 불적 · 신적이라 격렬히 비판하였다. 엔랴쿠지의 요청으로 쇼군의 오미 친정이 두 차례 단행되었으나 모두 실패로 돌아가고 다카요리의 침탈은 그 뒤로도 계속된다. 그러나 다카요리 시기의 엔랴쿠지령 침탈은 단순한 영지 침탈에 불과하고, 내부적으로 이바 씨를 비롯한 유력 가신들을 확고하게 장악하지 못하여 다카요리의 지배는 계속 불안정하였다. 롯카쿠 씨가 이런 한계를 극복한 것은 다카요리의 아들인 사다요리 시기였다.

사다요리 시기는 다카요리 시기와 달리 엔랴쿠지령 침탈기사가 없고 거꾸로 엔랴쿠지령을 보호해주는 정반대 모습을 보인다. 그러나 이는 사다요리 시기에 롯카쿠 씨 권력 자체가 안정됐기 때문에 나타난 현상이었다. 오미 지역의 여러 세력을 통합하면서 영국 지배를 강화하던 사다요리는 엔랴쿠지를 적대시한 다카요리와 달리, 엔랴쿠지와 타협하여 이를 자기 편으로 끌어들였다. 이는 법화종 · 혼간지 공격에서 알 수 있듯, 사다요리가 사사세력보다 우위를 점했기 때문에 가능한 일이었다. 다카요리를 불적 · 신적이라 강력하게 비판하던 엔랴쿠지도 기존 태도를 바꾸어 사다요리 권력을 인정하고 적극 협력했다.

그러나 엔랴쿠지는 사다요리의 공격을 받아 굴복한 것이 아니었다. 따라서 엔랴쿠지는 이전의 권한을 여전히 어느 정도 유지하였다. 엔랴쿠지는 사다요리 권력을 공권력으로 인정해 롯카쿠 씨의 '오미'지배를 지지했지만, 엔랴쿠지령 호나이를 여전히 지배하였듯, 오다 · 도요토미 정권 시기같이 무사세력에게 완전히 장악되지 않았다. 「롯카쿠씨식목」 제2조에서도 나타나듯, 엔랴쿠지는 롯카쿠 씨에 독립성을 지녔고 일정한 자율성도 확보하였다. 이는 오다 · 도요토미 정권과 크게 다른 양상이며, 무사세력이 사사세력을 제압하기 직전의 양상을 잘 보여준다. 그러나 어쨌든 롯카쿠 씨는 다카요리 시기 이래 분열적이고 복잡한 양상을 띠던 오미 내 여러 세력을 점차 통합해갔다. 근세 '통일'권력이 출현하기에 앞서 오미 지역에서도 롯카쿠 씨를 중심으로 여러 세력이 결집하는 양상을 보인다. 오다 · 도요토미 정권이란 '통일'권력의 출현은 이러한 '지역통일'의 움직임을 일본 전역으로 확대함으로써 비로소 가능하였던 것이다.

보론2

오다 정권의 신사神社 정책과 요시다吉田 신사

요시다 신도[吉田神道: 유일(唯一) 신도 · 우라베(卜部) 신도]는 이세伊勢 신도에 견줄 만한 일본의 대표적 신도로서 무로마치 시대에 흥륭하여 에도 시대에 전성기를 누렸다. 요시다 신도의 대두는 오랜 기간 불교계에 종속되어 있던 일본 신도계의 자립을 의미한다. 종래 불교 측은 인도의 부처가 일본에 흔적을 드리워 신으로 모습을 바꾸어 나타났다는 이른바 본지수적설本地垂迹說을 주장하였다.[1] 요시다 신도는 이를 정반대로 해석하여 일본의 아마테라스오미카미가 인도에 부처로 나타났다고 주장한다. 이를 통해 요시다 신도는 불佛을 협시挾侍하는 부수적, 종속적 존재로 신을 간주하던 고대 이래 불교 중심의 전통 사상에서 벗어났다.

요시다 신도는 요시다 가네토모(吉田兼倶: 1435~1511)가 사상 체계를 집대성했고, 특히 가네토모의 증손자이자 정치적 수완가 요시다 가네미(吉田兼見: 1535~1610) 시기에 세력을 크게 확장하였다. 가네미는 오다 노부나가, 도요토미 히데요시에게 접근하여 세력을 키웠고 이를 바탕으로 요시다 신사는 에도 시대에 이르러 전국 지방 신사의 신관神官 임명권을 장악함

1 黒田俊雄, 『寺社勢力-もう一つの中世社會』, 岩波書店, 1980.

으로써 신도계의 정점에 올랐다.

요시다 가네미의 정치와 권력 지향성은 유명하지만 이를 체계적으로 다룬 연구는 없다. 물론 요시다 신사에 관한 연구가 전혀 없는 것은 아니지만, 무로마치 시대 요시다 가네토모나 에도 시대의 요시다 신도에 집중되어 있다.[2] 또 현재까지 오다 정권의 종교 정책 연구는 주로 사원에 초점을 맞추어 신사 정책 전반을 분석한 연구도 드물다.[3] 따라서 이 장에서는 선행연구의 절대 부족이란 점을 감안하여 우선 충실히 사실관계를 규명하는 데 역점을 둔다.[4]

한편 요시다 신사에 관한 연구는 아니지만 오다 정권의 신사 정책과 관련하여 다치바나 교코立花京子의 연구가 주목된다. 다치바나는 히데요시가 1585년(天正13) 11월 영지 보장을 대가로 '조역朝役'과 '칙재勅斷'(勅裁)에 힘쓸 것을 공가 · 사사에 지시하였듯, 노부나가도 가잔인 이에마사花山院家雅와 쓰치미카도 히사나가土御門久脩에게 '조역'과 '가업'을 각각 강제했다고 주장한다.[5] 또 노부나가가 영지를 보장해주는 대신 '신사건물의 조영社頭造營' · '근행勤行' · '사사역役'을 사사에 강제한 사실을 지적하면서 '사사역'의 구체적 내용으로 노부나가를 위한 '전승기도戰勝祈禱'를 들

2 出村勝明,『吉田神道の基礎的硏究』, 神道史學會, 1997; 椙山林繼,「吉田家關東役所の創立と初期の活動」,『國學院大學日本文化硏究所紀要』45, 1980; 吉田榮治郎,「寬文法度の制定と吉田神道」,『奈良歷史通信』18, 1982; 土岐昌訓,「白川 · 吉田の神職支配」,『國學院雜誌』80-3, 1979; 間瀨久美子,「幕藩制國家における神社爭論と朝幕關係-吉田 · 白川爭論を中心に」,『日本史硏究』277, 1985; 橋本政宣,「寬文伍年「諸社禰宜神主等法度」と吉田家」,『神主と神人の社會史』, 思文閣, 1998 등.

3 1920년대에 이루어진 미야지 나오카즈(宮地直一)의 일련의 연구(同,「織田氏の宗祀」·「織豊二氏の鄕土に於ける信仰」,『神社と國史』, 古今書院, 1926)를 제외하곤, 오다 정권의 신사 정책에 대한 연구는 현재 개무(皆無)라 해도 과언이 아니다. 선행연구는 주로 사원 정책을 분석하고 있으며 신사는 '사사세력'이라 하여 사원과 일체화된 종속 변수에 불과한 것으로 간주한다[辻善之助,『日本佛教史』第7卷(近世編之一), 岩波書店, 1952; 박수철,「織豊政權의 寺社支配에 대하여: 硏究動向과 課題」,『東洋史學硏究』 73, 2001].

4 물론 데무라 가쓰아키(出村勝明)의 연구(同, 前揭『吉田神道の基礎的硏究』)가 요시다 신사에 관한 전론이라 할 수 있으나 요시다 신사 · 요시다 신도의 성립기만 다루고 있고 오다 정권 이후의 전개 과정은 누락되어 있다. 또 이 연구는 신도 연구자의 관점에 서 있기 때문에 역사학적 시각과 큰 차이가 있다.

5 立花京子,「信長の對公家寺社領政策からの歸結」,『織豊期の政治構造』, 吉川弘文館, 2000, pp. 58-59; "可被專朝役之狀如件"(奧野高廣,『增訂織田信長文書の硏究』, 903号, 吉川弘文館, 1988. 이하『信長文書』로 약칭함); "可專家業之狀如件"(『信長文書』, 752号).

었다. 또 무로마치 시기 아시카가 요시미쓰足利義滿 · 요시모치義持 · 요시노리義教가 공가 · 사사와 급은給恩 · 공역公役 부과를 매개로 주종제를 맺고 있었던 것에 반해 노부나가는 공가와 주종제를 맺지 않았으며 '조역朝役'을 부과함으로써 요시미쓰와 요시노리를 뛰어넘는 근세적 지행(知行: 영지지배) 정책을 실시한 것으로 평가한다.

그러나 사사역 자체는 무로마치 막부도 부과하였고[6] 가마쿠라 막부 시대부터 법적으로 사사의 '수리修理'와 '근행'이 규정되었다.[7] 또 다치바나는 "'오로지 조역에 힘쓸 것可被專朝役'과 '오로지 가업에 힘쓸 것可專家業'이란 조건이 달린 노부나가 주인장朱印狀은 관견管見으로 가잔인 이에마사와 쓰치미카도 히사나가 앞으로 된 것 밖에 없다"[8]는 의견을 밝혔으나 이 주장도 타당하지 않다. 1581년(天正9) 노부나가는 셋쓰 국攝津國 이마미야 신사今宮社의 신인神人에게 생선 판매독점권魚座을 주는 대가로 '오로지 조역과 신역에 힘쓸 것'(可專朝役 · 神役)이라 하였기 때문이다.[9] 따라서 다치바나의 연구도 무로마치 막부 · 도요토미 정권과 구별되는 오다 정권의 사사 편성 원리, 신사역 부과 내용은 여전히 모호하다.[10] 또 노부나가가 아시카가 요시아키足利義昭를 추방하여 무로마치 막부를 붕괴시킨 1573년(天正1)과 중앙 정권을 장악한 1575년(天正3) 이후 신사 정책의 변화도 오다 정권의 성격을 파악하는 데 중요한데 이 점도 다루지 않았다. 이 장에서는 이러한 문제 의식을 바탕으로 요시다 신사를 중심

---

6 "專神事法會, 可被抽御祈禱精誠"(今谷明 · 高橋康夫編, 『室町幕府文書集成 · 奉行人奉書編』下, 3602 · 3652号, 思文閣出版, 1986).

7 "可修理神社專祭祀事"와 "可修造寺塔勤行佛事等事"(佐藤進一 · 池內義資編, 『中世法制史料集』第1巻 · 鎌倉幕府法, 岩波書店, 1955, p. 3).

8 立花京子, 前揭「信長の對公家寺社領政策からの歸結」, p. 59.

9 『信長文書』補遺, 225号.

10 저자는 일찍이 도요토미 정권의 사역(寺役) 편성을 1589년(天正17) 단계의 '수리'(修理) · '근행'(勤行)에서 분로쿠(文祿) 연간 '학문'(學問)으로 바뀐 것으로 파악하였으나 오다 정권은 상세히 언급하지 못했다(朴秀哲, 「豊臣政權における寺社支配の理念」, 『日本史研究』455, 2000).

으로 오다 정권의 신사지배 원리와 전개 과정을 규명한다.

1. 무로마치 막부의 재건과 요시다 신사

이와시미즈 하치만石清水八幡 신사 유혈 사건

1568년(永祿11) 9월 아시카가 요시아키를 받들고 상경한 오다 노부나가는 무로마치 막부를 재건한다. 그러나 노부나가는 부쇼군副將軍이든 관령管領(무로마치 시대 쇼군을 보좌하여 정무를 총괄하는 직책)이든 원하는 자리를 주겠다는 요시아키의 제안을 거절함으로써 쇼군과 직접적으로 주종관계를 맺는 것을 피한다. 이후 양자의 사이가 점차 나빠져 1573년(天正1) 7월 노부나가는 요시아키를 교토에서 축출하고 사실상 무로마치 막부를 멸망시켰다. 따라서 1568년 9월부터 1573년 7월까지는 요시아키와 노부나가가 권력을 분점하여 통치한 시기이다. 그런데 이 시기는 노부나가가 금제禁制 반포나 사사령 지배보증安堵과 관련하여 일부 개입하였지만 일상적인 신사 정책이나 의례 · 의식에는 적극적으로 개입하지 않았고 지배권한은 무로마치 막부에 있었다.

1570년(元龜1) 11월 교토 남쪽의 이와시미즈 하치만 신사石清水八幡社에서 유혈 사건이 발생한다.[11] 부채탕감을 주장하는 잇키세력과 고리대업자 간에 싸움이 벌어졌고 상처를 입은 부상자 일부가 신사 경내로 침입하여 사방이 온통 피로 얼룩졌다. 이와시미즈 하치만 신사는 이 사실을 무로마치 막부에 보고했다. 막부의 근신近臣 다케노우치 나가하루竹內

11 『兼見卿記』(史料纂集本), 元龜1年11月11日條. 이하 별다른 언급이 없는 한 이에 의거한다. 아울러 사료와 연월일이 일치하는 경우 일일이 『가네미경기(兼見卿記)』임을 명기하지 않는다.

長治는 평소 친밀한 관계이던 요시다 가네미에게 "희대의 일로, 신의 뜻神慮을 헤아릴 수 없으니 어떻게 처리하는 것이 좋겠는가" 하고 자문을 구했다. 가네미는 신사의 제단社壇을 교체하는 것이 옳지만 지금은 난세이므로 기요메하라에淸祓[신사 행사에 앞서 행하는 불제(祓除)]로 대신함이 좋겠다는 의견을 피력하고 이런 선례가 몇 번 있었다는 점도 설명했다.[12] 즉 많은 비용이 들지 않는 약식 처리를 제안하였다.

나가하루로부터 대책을 보고받은 요시아키는 가네미에게 기요메하라에를 거행하도록 지시했다. 같은 달 16일 가네미는 막부 측과 행사에 필요한 비용문제를 상의하고 이와시미즈 하치만 신사 측이 제시한 80석을 수락하였다. 가네미의 부친 가네미기兼右는 "요즘 모두 약식으로 처리하고 있으니 그렇게 해도 좋다"고 동의하였다. 그로부터 한 달이 지난 후 12월 16일 요시아키는 정식으로 사자를 요시다 신사에 보내 이와시미즈 하치만 신사의 기요메하라에 거행을 지시한다. 그런데 요시아키는 하치만 신사 측 의견이라 하면서 기요메하라에를 내진內陣에서 하지 말고 외진外陣에서 거행했으면 좋겠다는 뜻을 전했다. 가네미는 기요메하라에는 내진에서 하는 것이 올바른 예법이라고 반대의 뜻을 표명하면서도 "그렇지만 요시아키의 뜻대로 하겠습니다" 하고 최종 결정은 무로마치 쇼군에 맡겼다. 요시다 신사의 전통적 의례 · 예법보다도 권력자 요시아키의 뜻을 우선시한 것이다.[13]

행사는 착착 진행되어 동월 24일 가네미는 쌀 45석을 수령하고 동월

---

12 『兼見卿記』, 元龜1年11月14日條.

13 그러나 가네미는 가능하면 요시다 신사의 예법을 고수하고자 하였다. 요시아키가 구체적인 의식 절차를 다시 지시하지 않자 가네미는 동월 22일 행사와 관련한 일정계획표(手日記)를 짰다. 막부 측에 대한 요구 사항으로 ①기요메하라에가 거행되는 동안 경계를 엄중히 서줄 것, ②24, 25일 사이에 사두(社頭) · 내진(內陣) · 외진(外陣) · 회랑(回廊) · 배전(拜殿)에 이르기까지 모두 깨끗한 물로 씻으라고 이와시미즈 하치만 사중(社中)에 지시해 둘 것, ③기요메하라에 의식을 거행하는 당일에 (가네미가 거행하는 의식에 대해) 사중이 이러저러한 말이 없도록 단단히 단속해줄 것 등을 제시했다.

26일 행사에 필요한 인력 25명과 신인神人 8명을 이와시미즈 하치만 신사에 파견했다. 27일 행사 당일 가네미는 폐백 상자를 든 황의黃衣를 입은 2명과 아오자무라이(淸侍: 청년 및 관위가 낮은 사무라이) 20인, 그리고 무기手鑓를 든 주겐中間 10인을 데리고 이와시미즈 하치만 신사로 갔다. 신사에 도착한 가네미는 우선 외진에서 요시다 신도 의식宗源壇場 1座을 수행하였다. 그 다음 회랑에서 기요메하라에를 행하고 이어 폐백을 올렸다. 모든 의식이 끝난 이튿날 28일 가네미는 교토로 돌아온 후 즉시 요시아키를 대면하고 결과를 보고하였다. 이처럼 이와시미즈 하치만 신사의 사례에서 보듯 1570년까지 신사와 관련된 중요 행사나 의례는 노부나가가 아닌 요시아키가 관장하고 있었다. 또 1572년(元龜3) 1월 19일 요시아키가 마키노시마 아키미쓰槇嶋昭光를 이와시미즈 하치만 신사의 대관代官으로 임명하고 있듯 1573년 이전의 신사 지배권은 기본적으로 무로마치 막부에 있었다.

그러나 그렇다고 해서 노부나가가 신사문제의 처리과정에서 완전히 배제된 것은 아니었다. 노부나가가 신사의 영지를 보증해준 몇몇 사례가 있고,[14] 이 점은 이와시미즈 하치만 신사에 대해서도 마찬가지였다. 1571년(元龜2) 9월 노부나가는 야마시로 국山城國 사야마 향狹山鄕에 대해 미마키 셋쓰노카미御牧攝津守가 자행한 불법 행위를 제지하고 이와시미즈 하치만 신사의 영지로 복원시켜주는 조치를 취했다.[15] 이어서 히데요시秀吉도 노부나가의 명을 받아 사야마 백성들에게 미마키 측이 아닌 이와시미즈 하치만 신사 측에 연공과 잡세를 바칠 것을 강제하였다.[16] 물론

14 1569년(永祿12) 4월 10일 기타노 신사(北野社) 쇼바이인(松梅院)의 단바 국(丹波國) 후나이 군(船井郡)의 지두직(地頭職) 안도(『信長文書』, 164号), 동년 동월 19일 교토 오하라노(大原野) 신사의 사령(社領) 안도(『信長文書』, 170号)의 사례.

15 『信長文書』, 299号.

16 『信長文書』上, 「山城狹山鄕名主百姓中宛木下秀吉折紙」, p. 488.

1572년(元龜3) 3월 노부나가가 미마키에게 다시 사야마 향을 침탈하지 말 것을 지시하고,[17] 오다 정권이 명확히 확립된 1575년(天正3) 8월에 이르러서야 해결의 가닥이 잡히듯[18] 노부나가의 명령은 손쉽게 관철되지 못했다. 그렇지만 장원을 비롯한 영지 분쟁을 해결할 수 있는 물리적인 힘은 요시아키가 아닌 군사력을 장악한 노부나가에 있었다.[19] 이와시미즈 하치만 신사의 영지와 관련한 분쟁에 노부나가가 간섭한 것도 이 때문이었다.[20]

이처럼 의례 · 의식 등 통상적이고 일상적인 신사 정책은 요시아키가 간여했지만, 여러 세력 간 첨예하게 대립되는 영지 문제, 즉 신사령 지배보증 및 분쟁 해소(재판)에는 노부나가가 개입할 수밖에 없었다.

교토 방화와 요시다 가네미의 역할

1573년(天正1) 7월 요시아키가 교토에서 축출되기 전까지 요시다 신사는 무로마치 막부 측의 통제 아래 있었다. 그러나 점차 노부나가 쪽으로 힘이 쏠리게 됨에 따라 요시다 신사도 그 영향을 받는다.

1570년(元龜1) 9월 노부나가는 요시다 신사의 가네미에게 시라카와白川와 야마나카山中 방면을 엄격히 방비하라는 지시를 내렸다.[21] 이 루트는 오미 국近江國 사카모토坂本에서 히에이 산比叡山을 넘어 교토로 넘어오

---

17 『信長文書』, 312号.

18 同上, 531号. 1576년(天正4) 11월 미마키는 노부나가에게 예를 표하였다(『信長文書』補遺, 181号). 이 시기에 이르면 미마키가 오다 정권에 완전히 굴복한 것으로 볼 수 있다.

19 1579년(天正7) 12월 노부나가의 주도로 이와시미즈 하치만 신사의 정천궁(正遷宮)이 이루어졌다[『信長公記』(角川文庫本)卷12, pp. 295-296]. 1580년(天正8) 5월 25일 이와시미즈 신사 측은 노부나가에게 그 감사 인사를 드렸다(『信長文書』, 871号). 이 시기에 이르러 오다 정권은 의례를 포함한 하치만 신사의 일반 신사(神事)까지 개입한다.

20 1572년(元龜3) 6월 가모 신사(賀茂社)와 다이토쿠지령(大德寺領) 분쟁에 대해 마쓰이 유칸(松井友閑)이 개입한 사례도 있다(『信長文書』, 325号). 노부나가는 다이토쿠지(大德寺) 측의 손을 들어주었다(『信長文書』 324号).

21 『兼見卿記』, 元龜1年9月23日條.

는 중요 통로이다. 동년 8월 29일 동남쪽 방향으로 출병한 노부나가의 빈틈을 타 아사쿠라 · 아자이 군대가 교토를 위협했고 9월 23일 서둘러 귀진한 노부나가는 교토 방비를 지시하였다. 노부나가의 명령을 받은 가네미는 시라카와에 있는 조도지淨土寺의 사승寺僧에게 지시하여 철저히 대비하도록 지시하고 방비 상태를 점검했다.

그런데 이때 가네미는 명령의 최종 권한이 노부나가가 아닌 요시아키에 있는 것으로 이해했다. 왜냐하면 노부나가로부터 명령을 받았음에도 불구하고 처리 결과를 요시아키에게 먼저 보고했기 때문이다. 요시아키는 모든 사항이 노부나가의 뜻대로 처리되고 있으니 그에게 보고하라고 다시 지시했다.[22] 이미 1570년 1월 "천하의 일은 무엇이든 노부나가에 맡겨"[23]진 상황이기에 "모든 것이 노부나가의 뜻대로 처리하고 있다"는 요시아키의 말은 아주 새삼스러운 것이 아니었다. 그러나 1570년 11월의 이와시미즈 하치만 신사 유혈 사건의 처리에서 알 수 있듯 군사행동이 아닌 통상적인 신사 정책과 지배권은 여전히 요시아키에 있었다. 이 점은 요시다 신사에 대한 '공역' 부과에서도 확인된다.

1572년(元龜3) 3월 요시아키는 교토 도쿠다이지 긴쓰나德大寺公維의 집터에 노부나가의 저택을 새로 축조하라고 지시했다. 3월 21일 요시아키는 가네미 등에게 토목 · 건축공사普請의 명령을 내렸다. 가네미는 요시다 신사에만 해당되지 않으니 수용하겠노라고 하면서도 "돌연 부과된 토목 · 건축공사란 바로 이를 말한다. 모두 곤혹스러웠다"고 내심 불만을 토로했다. 같은 달 22일에는 무로마치 막부 측 아이 후지하루安威藤治 · 미카미 데루후사三上輝房 · 가노 미쓰시게狩野光茂 등이 노부나가의 저

22 同上.

23 「足利義昭 · 織田信長條書」, 『信長文書』, 209号.

택에 쓰일 목재가 부족하다면서 요시다 신사 측에 나무 한 그루를 요구했다. 요시아키의 지시임을 내세웠지만 가네미는 요시다 신사가 나무神木 벌채를 대대로 면제받아 왔으며 선례와 다른 요시아키의 명령이야말로 "남부끄럽고 성가신 일外聞迷惑"이라 반발했다. 그러나 아이 후지하루 등도 강경하게 거듭 요구하자 가네미도 어쩔 수 없이 큰 나무 한 그루를 자르게 했다. 그 후 27일부터 가네미는 공사에 필요한 인력을 계속 보냈다. 그 후에도 무로마치 막부 측 요시다 신사에 대한 토목 · 건축공사역 부과는 계속되었고 무로마치 막부의 역 부과가 좌절된 것은 요시아키와 노부나가의 사이가 결정적으로 틀어진 1573년天正1 이후이다.[24]

1573년 3월 6일 노부나가는 시마다 히데미쓰嶋田秀満를 교토를 보내 요시아키와 화해하려 했으나 실패하고 3월 29일 노부나가가 직접 군대를 이끌고 상경했다. 가네미는 우선 요시아키를 만나 무로마치 막부 측의 입장을 파악한다.

노부나가는 12시경午時 교토 산조 가와라三條川原에 진을 폈고, 2시경未時에 평소 가네미와 친분이 있던 야마오카 가게스케山岡景佐가 요시다 신사에 왔다. 야마오카는 가네미에게 빨리 가서 노부나가에 인사禮올릴 것을 권고하여, 가네미는 노부나가의 본진으로 갔다. 가네미를 만난 노부나가는 요시다 향吉田鄕을 포함한 요시다 신사의 기존 권리를 그대로 보호해줄 것을 약속하면서 이번 요시아키大樹의 소행은 "매우 잘못沙汰限"

24 1572년(元龜3) 8월 18일, 20일에도 가네미는 인력(人足)을 제공한다. 그런데 동년 9월 10일 노부나가의 부하 시마다 히데미쓰(嶋田秀滿) · 무라이 사다카쓰(村井貞勝)가 요시다 신사에 노부나가의 저택 축조에 필요한 인력을 동원해줄 것을 요청했다. 요시아키가 요시다 신사로부터 인력을 동원한 사실을 시마다와 무라이도 알고 있었기 때문이다. 그러나 가네미는 노부나가의 저택 축조 이전에 요시다 신사가 '역'(役)을 공식적으로 부과 받은 적은 일체 없었다고 열심히 소명하여 주장이 수용되었다. 따라서 이 시기까지는 무로마치 막부의 요시다 신사지배가 관철된 것으로 보아야 할 것이다. 노부나가의 요시다 신사에 대한 인력 동원은 실패한 반면, 1573년(天正1) 2월 17일 막부는 요시다 신사에 요시아키 거주지의 해자(堀) 2간(間)의 축조를 할당하였다. 가네미는 이 지시에 순종하여 19일 인력 30명을 보냈다. 이어 동월 22일 40명을 동원하라는 지시가 내려졌고 가네미는 22~25일에 걸쳐 매일 인력을 파견하였다.

이라 비판하였다. 노부나가가 일개 공가에 불과한 가네미를 직접 만나 요시아키의 행위를 비난한 일은 이후에 보이지 않는 대단히 이례적인 모습이다. 쇼군 요시아키를 공격한 '불충不忠'한 신하 노부나가로서는 공가층의 인심을 자기편으로 끌어들이는 일이 중요했고 이 점은 1573년 단계 오다 권력의 약체성을 말해준다.

노부나가는 시마다 히데미쓰가 낙향할 때 가네미가 사람을 보내준 일,[25] 요시아키 측 예물預物을 맡지 않은 일 등[26] 을 거론하면서 공가長袖치곤 사리분별을 잘한 것이라 가네미를 칭찬하였다. 가네미는 노부나가가 자신에게 여러 친밀함懇情을 표시한 일, 이로 인해 자신의 체면面目이 산 일, 요시다 향鄕(在所)에 별다른 세금부과나 진영 설치 등이 없었던 점 등을 거론하며 "매우 경사스런 일"이라 기뻐하였다. 가네미는 귀가한 후 즉시 이 사실을 요시다 신사 관련자에게 들려주고 모두를 안심시켰다.[27]

이어 4월 1일에는 노부나가의 적남이자 후계자인 기묘奇妙[노부타다(信忠)]에게 인사를 올리러 갔다가 돌아오는 길에 시마다 히쓰히데의 전갈을 받았다. 이 부분은 초기 오다 정권의 특질을 이해하는 데 중요하다.

시마다는 노부나가가 주재한 회의가 곧 열릴 텐데 여기서 가네미에게 중대 질문을 할 것이라 미리 언질을 주었다. 즉 노부나가가 이전에 가네미의 부친(가네미기)을 만났을 때 "남도南都(고후쿠지)가 멸망하면 북령北嶺

25 가네미는 황급히 교토를 떠나게 된 시마다의 부탁을 받고 오쓰(大津)까지 필요한 인력 3명을 보내 노부나가 측에 친근감을 표시하였다(『兼見卿記』, 天正1年3月8日條).

26 1573년(天正1) 2월 6일 요시아키의 부하 야마모토(山本對馬守), 와타나베(渡邊宮内少輔), 이소가이(磯谷久次) 등과 아케치 미쓰히데의 사이가 나빠졌다. 동년 10일 야마모토 등은 오미(近江)로 출진하고, 이에 앞서 가네미에게 자신의 재산을 맡기고자 하는데 가네미가 이를 엄히 거절하였다. 11일 가네미는 아케치에게 위로차 사자를 파견하고 이때 전후 사정을 아케치에게 알린 것으로 보인다.

27 가네미는 이를 "신의 뜻(神慮)이 더 한층 요시다 신사(當社)를 옹호한다"고 주장했다. '신려'(神慮)운운(云云)은 이 시기 종교세력의 상투어구이다(鈴木良一, 『大乘院寺社雜事記-ある門閥僧侶の沒落の記錄』, そしえて, 1983).

(엔랴쿠지)도 파멸하고 그렇게 되면 왕성王城이 재해에 처한다고 하는데 확실한가" 하고 직접 물은 적이 있다고 하면서[28] 당신도 전후 상황을 잘 판단해 대답하는 편이 좋을 것이라 충고했다.[29] 가네미는 시마다의 말뜻을 금방 파악하였다. 이윽고 노부나가는 앞서 시마다가 언질을 준 사안을 질문했다. 가네미는 "남도북령이 파멸할 때 왕성에 재앙이 내린다고 계속 이야기해왔습니다. 그러나 이는 확실한 책과 문서에 근거한 것은 아닙니다"고 대답했다. 가네미도 그의 부친 가네미기와 마찬가지로 권력자 노부나가에 영합한 것이다. 노부나가는 "아주 기특하다. (이것으로) 이번 낙중洛中 방화放火를 결정한다"고 했다. 이처럼 1573년의 단계의 노부나가는 자기 행동에 신경을 썼으며 정당성의 근거를 확보하려 했다.[30]

그런데 가네미는 결코 이중적 태도를 버리지 않았다. 1573년(天正1) 4월 8일 노부나가가 요시아키와 화해하고 교토를 떠날 때 배웅에 나서 노상에서 깍듯이 예를 드리면서도 동월 9일에는 바로 요시아키에게 가그릇盆과 벼루硯를 진상했다. 가네미를 대면한 요시아키가 이번의 방문이 기특하다고 하자 가네미는 면목이 없다고 하면서 그간의 곤혹스러움에 대해 변명을 자세히 늘어놓았다. 필시 노부나가의 편에 서서 교토 일대를 불바다로 만드는 데 공헌한 것과 조정의 명령을 받들어 노부나가를 방문한 사실을[31] 요시아키가 알고 있음을 의식했을 것이다. 실제

28 『兼見卿記』, 天正1年4月1日條.

29 최근 다치바나 교코는 좌대신(左大臣) · 삼직추임(三職推任) 칙사 파견과 관련하여 노부나가가 교토쇼시다이(京都所司代) 무라이 사다카쓰(村井貞勝)를 통해 칙사 파견을 강제한 것으로 해석한다(立花京子, 『信長權力と朝廷』, 岩田書院, 2002). 이에 반해 구노 마사시(久野雅司)와 호리 신(堀新)은 노부나가의 의지와는 무관한 사다카쓰의 독자적 행동으로 본다(久野雅司, 「織田政權の京都支配-村井貞勝の職掌の檢討を通して」, 『白山史學』33, 1997; 堀新, 「織田信長と三職推任-『太政大臣か關白か將軍か』の再檢討」, 『戰國史研究』 34, 1997).

30 노부나가는 이 밖에도 요시아키의 금리(禁裏)에 대한 행위 등에 관해 묻고 가네미는 "공의(公儀)와 만민(萬民)에 상당히 잘못하고 있다"고 답하여 노부나가를 기쁘게 하였다(『兼見卿記』, 天正1年4月1日條).

31 노부나가와의 면담은 가네미의 위신을 일시에 높여주었다. 가네미는 노부나가와의 면담이 "대내외에 면목을 크게 세웠"다고 기쁨을 표시하였다(時之面目 外聞實義 滿足此節也). 동년 4월 2일 조정(禁中)은 노부나가에게 문서(女房御文)와 종이(引合: 檀紙) 10첩(帖), 직물(金欄) 1권(卷)의 선물을 내리는데 그 전

요시아키의 거처에서 물러난 가네미는 조정에서 천황의 뜻을 전달하고 있던 마데노코지 고레후사万里小路惟房에게 곧바로 가 이 일을 상담하였다.[32] 또 요시아키 측도 가네미의 이러한 행위를 파악하고 있던 것으로 보인다. 이 시기를 즈음하여 1573년(天正1) 6월 와타나베 궁내소보渡邊宮内少輔가 요시다 향의 대관직을 소망하여 요시아키에게 빈번히 청했다.[33] 이처럼 가네미의 위상과 재산은 결코 고정불변의 것이 아니라 정세에 따라 언제든 바뀔 수 있었다. 가네미가 정치 동향에 민감한 것도 이 때문이다. 그러나 동년 7월 3일 요시아키가 교토에서 물러나 마키노시마槇嶋로 옮겨 노부나가에 저항하다가 몰락함으로써 요시다 신사와 가네미의 위기는 사라졌다.

달자로 가네미가 선택되었다.

32 『兼見卿記』, 天正1年4月9日條.

33 同上, 天正1年6月29日條.

2. 오다 정권의 확립과 요시다 신사

'공역公役'과 '공적公的 · 사적私的' 지배

노부나가와 가네미는 1573년(天正1)까지 직접 만났다. 그러나 노부나가가 중앙권력을 장악한 1575년(天正3) 이후 양자가 점차 직접 만나는 일이 드물어졌다. 그 대신 가네미는 교토쇼시다이京都所司代 무라이 사다카쓰村井貞勝와 같은 노부나가의 부하를 빈번히 만난다. 이것은 노부나가가 교토의 사사 · 공가를 직접 상대하지 않고 사다카쓰를 통해 통제하는 방식을 취했기 때문이다.

1573년까지 가네미가 주요 의존한 인물은 당초 요시아키의 부하였던 이소가이 히사쓰구磯谷久次, 미부치 아키히데三淵秋豪, 다케노우치 나가하루竹內長治, 아케치 미쓰히데, 호소카와 후지다카, 그리고 노부나가의 부하 시마다 히데미쓰島津秀滿 등이다. 그런데 1575년(天正3) 이후가 되면 사다카쓰에 대한 가네미와 요시다 신사의 의존이 높아진다.[34] 이것은 가네미와 친밀한 관계를 유지했던 시마다의 몰락과 관련이 있다.[35] 1575년 이후 가네미는 오다 정권의 핵심 인물로 떠오른 사다카쓰에 접근했다.

---

34 朝尾直弘, 「京都所司代」, 『京都の歷史』 4卷, 學林書店, 1969, p. 510. 무라이 사다카쓰는 1573년(天正1) 7월 21일 교토쇼시다이에 임명되지만 가네미와 사다카쓰의 빈번한 만남은 1575년(天正3) 이후가 되어야 확인된다. 이는 현존하는 『가네미경기(兼見卿記)』에 1573년 8월부터 1574년 12월까지의 기사가 누락되어 있는 점과 관련이 있다.

35 시마다는 요시아키가 추방되고 사다카쓰가 교토쇼시다이에 임명된 이후 이렇다 할 활약이 보이지 않으며 『가네미경기』에도 1575년(天正3) 4월 11일을 끝으로 더 이상 등장하지 않는다(谷口克廣, 『織田信長家臣人名辭典』, 吉川弘文館, 1995, p. 207).

오다 정권은 사다카쓰를 통해 요시다 신사를 통제하고 과역을 부과했다. 1575년(天正3) 2월 15일 노부나가의 지시로 완성된 신도로 건설 사업은 그 전형적인 사례이다. 노부나가는 자신이 지배하고 있는 분국 내分國內 도로를 폭 3간間으로 만들도록 지시했고 교토 지역도 오미 국 오쓰大津까지 '신도로今道'를 낼 것을 사다카쓰에 주문했다. 사다카쓰는 다시 가네미에게 야마나카 로(山中路: 시라카와에서 히에이 산을 넘어 사카모토 · 오쓰로 이르는 길)를 요시다 신사의 지배 아래 있는 요시다 향을 비롯한 십 향十鄕이 협력하여 축조하라고 지시했다. 가네미는 "돌연 과중한 부역 할당"은 곤란하다고 여러 차례 거절의 뜻을 밝혔다. 여기에는 토목 · 건축공사의 면제를 받아온 전통적인 신사 권리, 그리고 노부나가로부터 인정받은[36] 과역 면제의 특권을 내세운 것으로 보인다. 그러나 결국 "어쩔 수 없어 6백 간六百間分을 맡게"되었다. 사다카쓰로 통한 오다 정권의 신사 지배는 이처럼 과역 부과를 매개로 나타났는데 사다카쓰는 그 후에도 여러 차례 가네미에게 지시하고 가네미는 이제 항상적으로 오다 정권의 토목 · 건축 공사에 동원되는 시스템 안에 속하게 된다.[37]

물론 1576년(天正4)까지도 일부 유동적인 측면이 있으나[38] 1578년(天正6) 이후가 되면 요시다 신사에 대한 '공역' 부과가 확고해진다.

1578년(天正6) 5월 가네미가 '희대의 일'이라 표현할 정도의 대홍수가 발생하여 교토의 많은 집에 물이 들어차고 작은 도로는 큰 강으로 변

36 『信長文書』, 104号.

37 1576년(天正4) 5월 30일 시조 교량(四條橋)의 토목공사를 지시받은 가네미는 동년 6월 1일 인력 30명을 보내고 사다카쓰에게 보고했다. 동월 2일에도 인력을 내었다. 6월 25일에도 사다카쓰의 지시에 따라 가네미는 인력을 내고, 1577년 8월 12일 이조 성(노부나가의 저택) 북쪽 해자와 관련된 인력 부과도 수용하였다. 동년 9월 6일 이조 성의 토목공사가 이루어졌고, 9월 26일에도 사다카쓰가 가네미에게 내일 토목공사를 부과하겠다고 통보했다. 동월 27일 가네미는 필요 인력 30여 명을 제공했고 동년 10월 18일에도 사다카쓰의 요구에 응하여 30명의 인력을 보냈다.

38 1575년 '신도로' 건설과 관련하여 노동력을 제공한 가네미에게 이듬해 2월 다시 인력 동원령이 내려졌다. 그러나 가네미는 동월 17일 도로공사(道作)와 관련하여 무라이 사다카쓰의 부하에게 거절의 이유를 설명하고 면제를 청했다. 또 사다카쓰에게도 동일한 이유를 설명하고 승인받았다.

하였다. 시라카와白川 부근의 집 20여 채가 물에 떠내려갔고 도로도 많이 유실되었다. 9월 28일 노부나가의 상경에 맞추어 사다카쓰는 대홍수로 엉망이 된 야마나카 로 보수에 나섰다. 사다카쓰는 요시다 신사에 사자를 보내 가네미가 인력을 동원하여 길을 보수하라고 지시한다. 가네미는 즉시 사다카쓰를 만나 인력 동원의 면제를 선례로 내세워 거부했지만 이틀 후인 30일 사다카쓰는 재차 보수 공사를 지시하였다. 가네미는 다시 면제를 청원했지만 이번에는 사다카쓰도 완강했다. 이번 건은 평소와 다른 특별한 일이라는 주장에 가네미도 어쩔 수 없었다. 그리하여 동년 10월 2일부터는 야마나카 로 보수 공사가 본격화된다. 동월 2일과 3일 가네미도 필요 인력을 파견하였다. 그런데 이 와중에 3일 사다카쓰의 부하 무라이 세이조村井淸三가 와서 노부나가의 저택에 심어야 할 나무를 벌목해올 것을 지시받았다고 하면서, 요시다 신사 측에서 삼나무 2~3그루를 진상하도록 지시했다. 보통 신목 벌채는 면제받았다고 완강히 거부하여야 했을 가네미가 이제 저항하기를 포기하고 순순히 그 지시에 따랐다. 이처럼 1578년(天正6) 10월에 이르면 요시다 신사와 가네미에 대한 교토쇼시다이 사다카쓰의 '공역' 부과가 공공연해진다.[39]

그러면 노부나가가 영지와 제반 특권을 보장해주는 대신 그 반대급부로서 신사에 '공역'을 요구하는 것은 언제부터인가?

1571년(元龜2) 10월 노부나가는 과도한 차입으로 '신역神役'이 '정지退轉'된 오와리 국尾張國 쓰시마津島 신사를 위해, 이자 탕감과 10년에 거친 원금 상환을 인정해준 적이 있다.[40] 또 1573년(天正1)에도 오미 국 지쿠부시

39 1578년(天正6) 10월 8일, 새로 보수된 길을 통해 하향한 노부나가는 일부 부분에 대한 재보수를 지시하고 사다카쓰는 다시 가네미를 호출하였다. 가네미는 다시 노부나가의 면제 주인장(朱印狀)을 내세워 양해를 구했지만 별다른 소득이 없었다. 9일 가네미는 야마나카 로(山中路)를 보수하는 데 필요한 인력을 파견했다.

40 『信長文書』, 304号.

마竹生島의 사원에 사령寺領을 안도해주고 반대급부로서 '무퇴전無退轉'을 지시하였다.[41] 여기서 '무퇴전'이란 사원이나 신사가 법회 · 신사神事 등의 행사를 계속 지속적으로 수행함을 의미한다. 따라서 비록 '무퇴전'을 내세워 직접 '사사역'을 강요한 것은 아니지만, 노부나가가 사사령 보증의 대가로 기도 · 법회를 수행해야 한다고 인식하였음은 분명하다.

1575년(天正3) 1월 10일 노부나가는 교토 낙중낙외洛中洛外의 사사 · 본소의 잡장雜掌에게 영지를 안도해주고 반대급부로서 "사사본소가 퇴전하지 않도록 각오해야 한다"[42]라고 하여 '무퇴전'의 의무를 이제 교토 지역의 신사와 사원 전반으로 확대하였다. 나아가 1577년(天正5) 11월에는 신사령을 보장해주는 대신 "오로지 신사의 건물의 수리하고 신사 행사에 힘쓸 것"[43]이라 '수리修理'를 사역社役으로 규정했다. 전술한 공가 쓰치미카가 히사나가에게 영지를 안도해주는 대신 '가업'을 강제한 것도 바로 이때였다.[44] 그 후 1581년(天正9) 6월에 이르면 셋쓰 국攝津國 이마미야 신사今宮社의 신인神人에게 '조역과 신역'을 부과하였다.[45] 여기에 이르러 오다 정권의 '신역' 부과가 명확한 용어로서 등장한다. 또 1581년에는 비록 사역은 아니지만 사원에 역을 부과하였다. 앞서 언급한 동년 11월 오미 국 반도지飯道寺에 사령을 보증해주는 대신 '사역에 근무할 것可勤寺役'을 지시한 사례이다.[46] 이처럼 영지 보호의 반대급부로서 '무퇴전'과 '수리'를 신사에 요구하던 오다 정권은 1581년(天正9)에 이르러 신사에 '조역'과 '신역'까지 강제한다.

41 同上, 374号.
42 同上, 493号.
43 同上, 751号.
44 同上, 752号.
45 『信長文書』補遺, 225号.
46 同上, 231号.

한편 오다 정권의 요시다 신사지배는 '공적' 지배와 '사적' 지배가 혼재되어 있다. 오다 · 도요토미 정권은 개인적 총애와 신뢰를 바탕으로 발탁된 특정 일부 인사가 권한을 행사했다. 즉 행정 · 재판 등을 처리함에 제도화된 '공적' 지배가 우선하지 않고 개개 사람에 의한 '인적' 지배가 보다 중요했으며 그 사람의 능력에 따라 행정 · 재판 등의 기능과 범위가 결정되었다.[47] 그 후 에도 막부가 성립되어 막번 관료제가 형성됨에 따라 '사적'인 '인적' 지배는 점차 '공적'인 제도적 지배로 넘어간다. 노부나가 시기는 대략 그 전 단계에 해당되는데 신사지배에도 '공적' '사적' 지배가 혼재되어 있다. 그러나 다음 사례에서 알 수 있듯 양자가 점차 구별 · 분리되기 시작한 점에 주의할 필요가 있다.

1581년(天正9) 4월 사다카쓰는 데이엔(定圓: 手仁屋)을 가네미에게 파견했다. 데이엔은 사다카쓰의 뜻이라 하면서 이번 세이간지誓願寺 재건을 위해 요시다 신사 경내의 소나무 한 그루를 잘랐으면 한다고 '내밀히'(內內: 사적 루트) 요청하였다. 다만 (이 일은 공식 절차를 밟아) 처리하기 곤란하다고 하면서 (그간의) 친밀함을 감안하여 허용해주었으면 좋겠다고 했다.[48] 아마도 오다 정권의 공식적인 일과 무관했기 때문에 데이엔이 이런 요청을 한 것으로 보인다. 이에 대해 가네미는 "정식 루트를 밟아面向 사다카쓰가 나무를 소망한다면 당연히 따라야 하지만, 사적인 친밀함을 통해 데이엔에게 처리하도록 한다면 이는 들어줄 수 없다. 신목神木을 잘라 무연소(無緣所: 誓願寺)에 보내는 일이 벌어지고 이 사실이 노부나가의 귀에 들어간다면 해당자 모두 처벌받을지 모르기 때문이다. 이 사실을 데이엔이 사다카쓰에게 잘 전달해달라"고 답했다.[49] 이처럼 사다카쓰가 공적

---

47 藤井讓治, 「幕藩官僚制論」, 『講座日本歷史』 5, 東京大學出版會, 1985, p. 342.

48 『兼見卿記』, 天正9年4月13日條.

49 同上.

인 일로 요시다 신사에 지시하면 가네미도 이를 따라야 한다고 인식한 점이 주목된다.

그런데 이처럼 가네미가 사다카쓰의 명령을 과감히 거부한 것은 종래와 매우 다른 점이다. 실제로 불과 1년 전인 1580년(天正8) 윤3월 5일 친밀한 사적 관계를 내세워 소나무 한 그루를 소망한다고 한 사다카쓰의 요청은 두말없이 수용했기 때문이다.[50] 따라서 오다 정권의 사사지배는 매우 유동적이었으며 개인의 친분에 의해 좌우된 것으로 보인다. 데이엔의 부탁을 거절한 가네미는 즉각 사다카쓰의 소재 파악에 나섰다. 사다카쓰가 겐닌지建仁寺에 있다고 하자 바로 그곳에 가서 사다카쓰를 만났다. 함께 저녁을 먹은 후 다른 장소로 이동하는 도중 조심스럽게 앞서 소나무 벌채를 거절한 이유를 설명하였다. 사다카쓰가 "당신 뜻대로 해도 좋다고 동의"하자 가네미는 비로소 "안심하였다."

'무대면지의無對面之儀' 출현의 의미

1573년(天正1)까지 노부나가와 직접 대면하던 요시다 가네미가 1575년(天正3) 단계에 이르면 이제 교토쇼시다이 무라이 사다카쓰의 지배를 받았다. 가네미와 노부나가의 대면 유무, 영접과 배웅 장소의 추이를 살펴보아도 오다 정권의 위상이나 신사 · 공가 정책의 변화를 알 수 있다.

1572년(元龜3) 5월 14일 가네미가 기후로 돌아가는 노부나가를 노상에서 인사를 올려 배웅한 이래 이러한 형식의 인사는 관례화된다. 그런데 1575년(天正3)이 되면 영접 장소가 점차 오미 쪽으로 이동하였다.[51] 그리하

---

50 1580년(天正8) 윤3월 6일 무라이 사다나리(村井貞成)는 사다카쓰가 소나무 한 그루를 소망한다고 하면서 벌목공(杣)을 데려온다. 요시다 신사의 남방 서쪽의 제일 큰 나무를 캤는데 가네미는 사다나리에게 특별히 친밀감을 표시했다. 사다나리는 사다카쓰의 아들이기 때문이다(谷口克廣, 前揭『織田信長家臣人名辭典』, p. 442).

51 1575년(天正3) 9월 13일 엣슈 평정 후 가네미는 오쓰 로(路)로 나가 상경하는 노부나가를 만나 길에서 예를 올렸다.

여 1576년(天正4)이 되면 드디어 교토를 벗어나 야마시나山科로 영접 장소가 옮겨져 가네미의 이동 거리가 비약적으로 늘어났다. 동년 11월 1일 노부나가가 상경한다는 풍문을 접한 가네미가 사다카쓰를 찾아 사실 여부를 확인한 후 야마시나로 나간 것이 초례이다.[52] 상경한 노부나가는 내대신內大臣에 임명받아 명실상부한 중앙 권력자로 등극한다. 이에 따라 종래 자신의 집 근처에서 노부나가를 배웅하던 가네미가 이제 일부러 멀리까지 나가게 되었다. 이는 노부나가의 지위 변화를 의미한다. 동월 23일 노부나가가 금리禁裏(천황)를 방문한 후 바로 하향했는데 가네미는 자신의 길 근처가 아닌 낙중洛中과 낙외洛外의 경계인 아와타구치粟田口까지 나가서 인사하였다.[53] 이후 노부나가에 대한 가네미의 영접은 야마시나로, 배웅은 아와타구치로 고정된다.

그런데 1576년(天正4)에 이르면 가네미의 진중 위문 방식이 종래 직접 노부나가를 찾아가는 방식에서 자신의 대리인使者을 보내는 방식으로 변화한다. 이는 어떻게 이해할 수 있는가?

1575년(天正3) 7월 엣슈越州로 출마한 노부나가는 동월 16일 일향종 세력을 제압하고 이 지역을 평정했다. 8월 14일 조정은 가주지 하레토요勸修寺晴豊를 칙사로 파견하였다. 가네미도 칙사와 함께 가라는 지시를 받아 17일 노부나가를 대면하고 저녁 식사를 함께 한 후 귀경하였다. 그러나 1576년(天正4)이 되면 가네미가 직접 노부나가를 방문하러 가도 대면하지 못하거나 소홀히 대우받는 일이 점차 일반화된다.[54] 이는 노부

---

52 그러나 이 날은 노부나가의 상경이 4일로 연기되었다는 전갈을 받고 귀가했다. 동월 4일 호소카와 후지다카와 함께 노부나가를 영접하러 야마시나로 갔으며 함께 길에서 인사를 올렸다.

53 1568년(永祿11) 9월 26일, 교토 상경을 달성한 노부나가를 조정은 마데노코지 고레후사를 칙사로 하여 아와타구치에서 영접했다(『立入宗繼文書』國民精神文化硏究所本, p. 35). 영접 장소가 야마시나로 이동한 것은 노부나가의 지위가 상승한 결과로 볼 수 있다.

54 이후 1576년(天正4) 3월 4일 가네미는 아즈치 성으로 노부나가를 위로 방문하여 예를 올렸다. 그러나 이때는 1년 전과 달리 노부나가가 토목공사 현장에서 귀성할 때 인사만 하고 따로 거처에서 대면하지 못했다. 또 1576년 5월 10일 오사카에서 벌어진 전투와 관련하여 사다카쓰가 칙사 파견을 권고하고, 가네

나가의 가네미에 대한 친밀도 저하도 원인이겠지만 노부나가의 지위 상승에 따라 이 시기 당상堂上의 지위에도 오르지 못한 가네미와의 만남이 힘들어진 점에 주된 요인이 있다. 이 시기에 이르러 노부나가가 공가들을 만나지 않는 '무대면주의'의 경향은 점차 일반화된다.

1576년(天正4) 4월 29일 노부나가가 상경하였다. 이에 따라 5월 1일 가네미가 인사하러 갔으나 '무대면無對面'이었다.[55] '무대면' 상황은 1578년(天正6) 이후에도 마찬가지였다.[56]

노부나가가 관직을 사퇴한 1579년(天正7)이 되면 아예 공가는 길에 나와 예를 표하는 것 자체가 제약되었다. 이 역시 '무대면' 경향의 연장선상이다.[57]

1579년(天正7) 2월 18일 가네미는 노부나가의 상경 여부를 사다카쓰에게 확인한 후 야마시나로 나갔다. 그런데 먼저 선발대로 올라온 하세가와 히데카즈長谷川秀一와 야베 이에사다矢部家定는 오늘 영접을 중지하고 모두 돌아가라고 통보했다. 가네미는 할 수 없이 돌아오던 중 아와타 입구 근처에서 무라이 사다나리村井貞成를 만나 앞서 들은 내용을 이야기했다. 그러자 사다나리는 가네미에게 저택이 근처이니 이 근방에서 예를 올려도 좋을 것이라 권고한다. 가네미는 잠시 기다리다 노부나가에게 길

미도 12일 덴노지(天王寺)에 갔다. 그러나 가네미가 지참한 선물을 그 다음 날 호리 히데마사(堀秀政)가 점검(披露)하였다는 이야기만 있고 아예 대면 자체에 대한 기록은 없다. 『가네미경기』에 상투어인 "노부나가와 대면하였다. 기뻤다"라는 기록이 없는 것으로 보아 대면조차 못했거나 아니면 상당히 박례(薄禮)였던 것으로 보인다. 이 일 이후 가네미가 직접 노부나가를 찾아가는 일은 없게 된다.

55 1577년(天正5) 2월 10일에도 가네미는 노부나가를 방문했는데, 방문한 사실만 적혀 있고 대면 여부가 적혀 있지 않아 역시 '무대면'이었을 가능성이 크다.

56 1578년(天正6) 3월 23일 노부나가가 상경하여 25일 예를 올리러 나갔으나 제가(諸家)와의 대면은 없었다. 동월 29에도 가네미가 노부나가의 거처에 나갔다는 기록만 있는 것으로 보아 역시 무대면으로 추정된다. 동년 4월 1일 제가와 대면하겠다는 지시가 내려져 공가들이 모두 출두하여 수시간을 기다렸으나 결국은 '무대면'하였다. 동월 9일 노부나가는 관위를 사퇴한다.

57 1579년(天正7) 9월 19일 가네미가 노부나가에게 인사하러 갔으나 무대면이었고, 20일에도 사다카쓰를 통해 과자와 감을 진상했으나 만났다는 기록은 없다. 29일에도 공가중 각각이 출사(出仕)했으나 무대면이었다. 10월 2일에도 가네미는 노부나가에게 나갔으나 만나지 못했고, 7일에도 노부나가에게 과자를 지참하고 나감이란 기록만 있고 만났다는 기록이 없어 이때도 못 만난 것으로 보인다.

에서 예를 표시했지만, 노부나가는 이처럼 공가들이 일부러 야마시나까지 나오는 것을 제지하였다. 동월 19일와 20일 가네미가 계속해서 노부나가를 만나 인사하려 했으나 모두 '무대면'이었다.[58] 동년 11월 4일에도 노부나가 상경에 맞추어 가네미가 영접하러 나갔으나 사다나리로부터 영접은 불필요하다는 전갈을 받고 가네미와 공가들은 돌아왔다. 노부나가의 특별한 지시가 없는 한 가네미 등 공가들은 노부나가 영접에 열성이었다. 그러나 노부나가는 '무대면'의 입장을 관철했다.

전국시대의 아시카가 요시하루義晴 · 요시테루義輝 정권은 일부 공가중을 선별하여 가신화하였다.[59] 공가 일부를 무로마치 막부가 재편성한 것이다. 그런데 선행연구는 섭가 · 청화가의 최상층 공가까지 출두하여 노부나가에게 '인사'를 한 사실에 주목한다. 다치바나 교코는 요시하루 · 요시테루에게 속한 공가가 대납언大納言 이하인데 반해, 쇼군과 동등한 지위를 갖춘 노부나가의 경우 "섭가攝家 · 청화淸華 모두 남김없이 출두", "섭가 · 청화 · 문적門跡, 다음으로 공경公卿 · 전상인殿上人 모두 남김없이 참석"했다는 점을 근거로 오다 정권이 섭가 · 청화를 포함한 모든 공가를 권력 내로 편성한 것으로 파악한다.[60] 그러나 이미 1575년(天正3) 11월 4일 권대납언權大納言, 동년 동월 7일 우근위대장右近衛大將에 임명된 노부나가는 고노에 사키히사近衛前久를 비롯한 섭가 · 청화가 · 문적 · 공경 · 사사에 '신지新地'를 주어 새로운 관계를 편성한 적이 있다.[61] 따라서 다치바나가 지적하듯 1580년 단계의 섭가 · 청화가 출두 자체는 새삼스러운 일이 아니다.

---

58 단 노부나가가 모두를 피한 것은 아니며, 동월 22일 노부나가가 재경지중(在京之衆)을 만나듯 자신이 필요한 사람을 선택하여 만났다.

59 富田正弘, 「室町殿と天皇」, 『日本史研究』 319, 1989, p. 44.

60 立花京子, 前掲『信長權力と朝廷』, p. 139.

61 『信長文書』 575-597号 · 補遺169-174号.

보다 중요한 점은 1576년(天正4) 이후 노부나가가 새로 편성한 공가·사사와 만나지 않는 현상(무대면지의)이 점차 일반화된 사실이다.[62] 현재 이러한 '무대면지의'가 갖는 의미를 분석한 선행연구는 없다. 다치바나가 주목한 1580년 8월 1일도 "섭가·청화 남김없이 출두했으나 무대면"이라 하여 결국 노부나가는 이들과 대면하지 않았다. 다치바나는 '무대면'의 의미를 깊이 고려하지 않았기에 "섭가·청화 남김없이 출두"만을 지적한다. 그러나 섭가·청화가의 출두도 중요하지만, 노부나가가 1576년 이후 이들과 '무대면'한 이유와 배경이 중요하다.

일찍이 아사오 나오히로는 1578년(天正6) 4월 노부나가의 관위·관직 사임을 천황·조정 등 기존 권위와 질서로부터 벗어나기 위한 행동으로 보았다.[63] 노부나가가 전통적 관위 제도의 틀을 극복하려 했다는 것이다. 이런 관점에서 보면 '무대면' 역시 전통적 질서에서 벗어나려는 노부나가의 움직임의 하나이다. 물론 1580년 '무대면'의 섭가·청화가는 노부나가의 아들 노부타다에게 예를 표했기에[64] 전체적인 맥락에서 오다 정권이 완전히 전통적 관위 질서에서 벗어난 것은 아니다. 그러나 적어도 개인으로서의 노부나가는 공가 세계가 구축한 기존 질서·권위와 거리를 두려 했다.[65]

---

62 1580년(天正8) 2월 22일 제가(諸家)가 노부나가에게 출두했다고 한다. 가네미는 불참하였으나 "뒤에 들으니 무대면이라 한다"고 역시 대면은 없었다. 동년 7월 15일에도 노부나가에 예를 표하러 나가려 했으나 "오늘은 무대면"이란 전갈이 와 나가지 않았다.

63 朝尾直弘, 『將軍權力の創出』, 岩波書店, 1994, p. 18.

64 가네미도 오다 노부타다에게 예를 드리는 것으로 노선을 바꾸었다. 동월 28일 가네미는 노부타다(三位中將信忠)를 만나 예를 표한다.

65 1582년(天正10) 5월 29일 상경한 노부나가가 입장을 바꾸어 6월 1일 제가와 대면하였다. 이때 가네미는 무슨 연유에서인지 나가지 않았고 2일 출두하겠노라고 연락해두었으나 6월 2일 아케치 미쓰히데가 노부나가를 살해하여 두 번 다시 만날 수 없게 된다.

'전승기도'의 출현

전술한 바와 같이 1573년 요시아키가 추방되기 전 일상적인 신사 지배권은 무로마치 막부에 있었다. 다만 요시아키가 모든 권한을 행사한 것은 아니었고 사령社領 분쟁과 관련하여 노부나가도 개입할 수 있었다. 그런데 조정과 천황도 요시다 신사에 기도 등 사역社役을 부과할 권리를 갖고 있었다.

1572년(元龜3) 1월 22일 마데노코지 고레후사万里小路惟房는 가네미에게 25일 내시소內侍所의 기요메하라에를 지시한다. 그런데 이 명령은 공식 계통을 밟지 않고 '은밀히內內' 지시한 것이었다. 여기서 공식 계통이란 막부와의 상의를 전제로 한 것인데 조정이 이러한 절차를 밟지 않아 '은밀히' 처리해야 했다. 1572년 2월 9일 금리의 나가하시도노長橋殿[=다카쿠라 가즈코(高倉量子)]가 가네미에게 사자를 보냈다. 그녀는 근일 히카리 모노(번쩍거리는 것)의 천변天變이 있었는데 자신의 거처 근처에서 비산飛散했다고 하면서 액막이 기도를 의뢰하였다. 가네미는 조정의 기도는 매번 직사職事를 통해 지시가 내려오는 것이 원칙이라고 하면서도 사자가 '은밀히' 해달라는 뜻을 전달하자 흔쾌히 이를 수용했다.

그러나 천변과 같은 재이災異 현상은 원래 조정에 통보해야 하며 그에 따라 기도 의식 등의 공식 조치가 취해졌다. 가령 1572년(元龜3) 5월 23일 히노 데루스케日野左少弁輝資는 공식적인 루트를 밟아 구젠안口宣案을 가네미에게 하달하여 기도를 올리게 하였다.

> 가스가 신사春日社의 신목神木 수백 그루가 말라 죽었으니 기도를 더 한층 성심껏 올리라는 것이 천황天氣의 뜻입니다. 이에 그 뜻을 집달합니다.
>
> 5월 20일　　　　　　　　사소벤 데루스케左少弁輝資 올림奉

요시다 시종 도노[66]

신목 수백 그루가 말라 죽는 이례의 자연 현상에 대해 조정이 그 해결책을 지시하고 있다. 1575년(天正3) 이후에도 조정(천황)의 기도권 행사는 관철되었다.[67] 그런데 무로마치 시대와 크게 달라진 점은 무가 권력자(노부나가)를 위한 전승기도의 출현이다. 이에 관한 기록은 1576년(天正4)에 처음 나온다. 동년 5월 28일 "노부나가를 위한 기도"를 지시받은 가네미가 전승 하라에祓를 진상하자 조정은 직접 노부나가 진영으로 보내라고 지시했다. 조정은 기도를 지시하는 역할을, 실제 행위는 하부 실행기관神社이 맡는 구조이다. 이에 가네미는 사다카쓰와 상의했고, 사다카쓰가 "그게 좋겠다可然"라고 승인하자 하라에를 노부나가에게 보냈다.[68] 1582년(天正10) 3월 전승기도는 그 최종 도달점으로 『가네미경기兼見卿記』에 그 자세한 경위가 서술되어 있다.

먼저 3월 8일 나카미카도 노부미쓰中御門宣光는 가네미에게 구젠안을 내렸다. 그것은 노부나가가 승리할 수 있도록 기도를 올리라는 천황의 지시였다. 3월 24일에는 가네미가 노부나가에게 직접 사자를 파견하여 승군勝軍 하라에를 바쳤다.

---

66 吉田侍従殿『兼見卿記』, 元龜3年5月23日條.

67 1577년(天正5) 10월 11일 가네미는 하라에(祓)를 진상한다. 이 날은 혜성이 출현하여 기도를 올린 지 17일째 되던 날이었다. 누가 기도를 지시하였는지, 어디에 하라에를 진상하였는지에 대한 언급은 없지만 전후 문맥으로 보아 노부나가라고 볼 수 없고 금리(禁裏)라고 보는 것이 타당하다. 내시소 기요메하라에가 금리에서 계속 거행된 것은 여전히 조정이 기도권을 장악하고 있음을 보여주는 사례이다. 내시소 기요메하라에를 가네미가 수행한 것은 『가네미경기』에 총 3차례 나오는데 天正3년 12월, 天正5년 10월, 天正7년 6월이다.

68 다치바나 교코는 이 기록을 사다카쓰의 요구로 파악하고 조정(천황)이 주체적으로 간여한 것은 아니라고 보았다. 그 근거는 천황이 주체적으로 전승기도를 지시하였다면 가네미가 사다카쓰와 상담하여 처리할 필요가 없는 점을 거론한다(立花京子, 前揭『信長權力と朝廷』, 2002, pp. 157-158). 그러나 1575년(天正3) 이래 가네미는 사다카쓰에게 수시로 자문을 구하고 있다. 양자의 만남은 자연스러우며 사다카쓰의 자문을 받았다고 해서 사다카쓰가 주도했다고 추론하는 것은 타당하지 않다. 사다카쓰가 기도에 간여하고 있는 것은 틀림없지만 '주도'했는가의 여부는 명확하지 않다.

노부나가님의 출진에 관해 금리에서 명령이 내려와, 17일 동안 수행하여 승군치요勝軍治要의 하라에御祓를 헌상합니다. 또 도복道服을 진상하니 부담스러워 하지 마시고 가납해주시길 바랍니다. 삼가 올립니다.

3월 24일 가네미(사인 花押)

모리 나리토시 도노殿[69]

이러한 전승기도와 더불어 3월 15일, 조정에서 천황이 직접 주도하는 가구라神樂가 행해진 점이 주목된다. 우선 동월 11일 사네히토誠仁 친왕의 거처에서 노부나가를 위한 전승 기원 가구라千反御樂가 있었다. 이어 15일 행사 당일에는 비가 왔지만 청량전淸涼殿 동쪽 부근에서 예정대로 의식이 시작되었다. 이윽고 천황主上이 나와 예법作法을 수행하였는데 이때 비가 갰다. "천도天道의 감응感應이 기특奇特하다"고 모두들 입을 모아 말했다고 가네미는 당시 상황을 적었다. 드디어 18일 조정은 노부나가에게 칙사를 파견하였다. 전승기도와 가구라 등을 포함하여 조정이 노부나가를 위해 행한 일을 자세히 보고하기 위함이었다.[70]

---

69 『兼見卿記』, 天正10年3月23日條.

70 이마타니 아키라는 "율령제사의 기저를 이루는 신기(神祇) · 신도(神道)가 천황가의 조상숭배의 성격을 갖고 있는 이상 (아시카가) 요시미쓰가 의존할 종교적 권위는 자연히 제한되어 있었다. 신기를 제외한 불법(佛法)과 음양도(陰陽道)가 그것이다"라 하면서 궁중제사의 일부를 이루는 진호국가(鎭護國家)의 수단으로 거행되던 후칠일법(後七日法)과 대원수법(大元帥法)의 장악과정을 고찰하였다. 또 국가적 기도로서 조적(朝敵) · 모반인 추토, 천하정밀(天下靜謐), 지진 · 혜성 등 천변에 올리는 기도작법이 태밀(台密) · 동밀(東密)에서 중시한 '오단법'(伍壇法)인데 이 역시 무로마치 막부가 장악한 사실을 지적하였다(今谷明, 『室町の王權』, 中央公論社, 1990, pp. 75-76). 노부나가가 불교식 조정 제사를 직접 장악하지 못한 점은 무로마치 막부와 크게 구별된다.

소결小結

1573년(天正1) 요시아키가 추방되기 이전 요시다 신사에 대한 일상적인 지배권은 무로마치 막부 측에 있었다. 이와시미즈 하치만 신사의 유혈 사건, 토목공사普請 등 과역 부과는 무로마치 막부가 주도하였다. 다만 분쟁이 있는 경우 사령 지배보증安堵과 관련하여 노부나가가 개입하였다. 노부나가는 1573년 3월 교토 방화를 강행하면서도 요시다 가네미에게 자문을 구하는 등 자기 행위의 정당성을 찾았다. 이는 아직 오다 권력이 중앙 정권으로서 성립하지 못함을 의미한다. 가네미 역시 노부나가와 요시아키 사이에서 눈치를 보고 있었다.

그러나 1575년 이후 노부나가의 권력이 안정됨에 따라 오다 정권의 교토 지배도 자리를 잡는다. 위상이 높아진 노부나가는 직접 가네미와 접촉하지 않고 교토쇼시다이 무라이 사다카쓰를 통해 요시다 신사를 통제하였다. 또 오다 정권은 신사에 사령을 보장해주는 대신, 종교 행사神事에 힘써 신사가 '퇴전되지 않도록無退轉' 할 것, 수리에 힘쓸 것, 조역과 신역에 힘쓸 것 등을 강제하였다.

오다 정권은 공적(제도적) · 사적(인적)으로 요시다 신사를 지배하였다. 가네미도 이를 인정하고, 때론 오다 정권 내 사적 지배 측면을 적절히 활용하였다. 일반적으로 일본은 중 · 근세 이행기에 인적 지배에서 제도적 지배로 넘어가는데, 노부나가 시기는 양 요소가 혼재한다. 그러나 동시에 양자가 점차 구별되고 분리되었다. 1576년 이후가 되면 노부나가가 공가 · 사사의 인물과 일정한 거리를 두는 '무대면지의'가 일반화된다. 이것은 노부나가가 관위를 포함한 전통적 질서와 거리를 두기 위함이었다.

신사의 기도권은 오다 정권이 아니라 조정(천황)에 있었다. 아시카가 요시미쓰 이래 무가권력은 "천황의 조상 숭배의 성격이 강한 신도"에 개입하지 않았다. 다만 노부나가 시기에 이르면 조정은 전승기도라는 종래 없는 새로운 기도 체계를 도입하여 오다 정권에 정당성을 부여하였다.

제2부

오다 · 도요토미 정권과 천황

제1장

오다 정권의 공가公家 정책과 '왕권'

오다 정권은 천황 및 조정에 대해 어떤 입장이었는가? 천황의 거처를 수리하고 영지料所를 회복시켜준 오다 정권은 그에 대한 반대급부로서 관위승진官位昇進 · 혼간지本願寺와의 칙명 강화 등에 천황 권위를 이용한다. 그러면서도 다른 한편으로 노부나가는 관위와 관직에 집착하지 않고(우대신 사임), '천하' 이념을 내세우거나[1] 스스로를 신격화시켜 천황 권위를 '초월'하려 했다.

전자(관위승진 · 칙명강화)는 노부나가의 천황 '종속 · 의존'설이라 지칭할 수 있는데, 다나카 요시나리田中義成가 대표적 연구자이다.[2] 다나카는 노부나가의 근황 정책을 부각시켜 천황에 대한 노부나가의 종속적 측면을 지적한다. 노부나가가 충심으로 근황 정책을 실행했고 이것이 바로 다른 전국 다이묘를 압도한 이유였다는 주장이다. 그 후 와키타 오사무脇田修는 이 주장을 한층 발전시켜, 노부나가가 장원 온존 · 보호 정책을 펴는 등 전통세력을 옹호했다고 보았다. 천황은 대립하는 지배계급 ·

1 石毛忠, 「戰國 · 安土桃山時代の思想」, 『體系日本史叢書』23(思想史2), 山川出版社, 1976.
2 田中義成, 『織田時代史』, 明治書院, 1924.

영주권력 사이의 최고 권력자로서 이를 조정할 수 있는 지위에 있었고 이 때문에 노부나가는 천황권력을 존속시킬 수밖에 없었다.[3] 반면 후자(관위사임 · 신격화)는 천황 권위 '초월 · 극복'설이라 할 수 있는데 아사오 나오히로朝尾直弘와 나가하라 게이지永原慶二 등이 대표적인 주창자이다. 그들은 노부나가가 고대 이래 존속한 전통적 국제國制의 정점에 위치한 천황과 무관했으며 스스로를 절대자로 위치(신격화)시켜 천황 지배의 정통성과 권위에서 벗어났다고 본다.[4]

오다 정권과 천황의 관계는 크게 보아 이 두 가지 견해를 중심으로 전개된다. 전국시대 정치적 혼란으로 인해 천황 권위가 오히려 부활 · 상승한 것으로 보는 와키타 하루코脇田晴子는 오다 정권 내 천황의 독자성과 권위를 인정하는 입장이다.[5] 반면 노부나가가 천황에게 기대한 역할은 혼간지의 칙명 강화 등을 제외하면 개원改元과 관위 서임 정도로 노부나가가 천황을 정치적으로 이용한 데 불과하다는 이케 스스무池享의 '천황 이용'론은 무가 노부나가의 독자성을 강조하는 입장이다.[6]

그런데 최근 기존 선행연구가 주로 무가권력과 천황 · 조정의 갈등만을 부각시키고 있다고 비판하고 노부나가와 천황 간 관계를 상호 협조라는 측면에서 파악하려는 움직임이 나타났다. 이른바 오다 정권과 천황의 '상호 협조'설로 대표적인 주창자는 호리 신堀新이다.[7] 그는 아사

---

3 脇田修, 『近世封建制成立史論』, 東京大學出版會, 1977. 그러나 시모무라 노부히로(下村信博)는, 와키타 오사무가 노부나가의 조정 보호 · 장원 온존의 정책의 근거로 제시한 공가 · 문적에 대한 덕정령과 신지(新地)급여를 근세적인 성격으로 파악하여, 장원 온존 정책은 명목상인 것에 불과하며 그 실체는 역(役)체제에 공가층을 편입한 근세적 정책으로 본다(同, 「天正三年織田信長の德政について」, 『織田政權の研究』, 吉川弘文館, 1985).

4 朝尾直弘, 『將軍權力の創出』(戰國大名論集17), 岩波書店, 1994; 永原慶二, 「天下人」, 『日本の社會史』3(權威と支配), 岩波書店, 1987.

5 脇田晴子, 『天皇と中世文化』, 吉川弘文館, 2003.

6 池享, 『戰國 · 織豊期の武家と天皇』, 校倉書房, 2003.

7 堀新, 「信長 · 秀吉の國家構想と天皇」, 『日本の時代史』13(天下統一と朝鮮侵略), 吉川弘文館, 2003; 同, 「織豊期政權論再論」, 『王權を考える』, 山川出版社, 2006; 同, 「信長公記とその時代」, 『信長公記を読む』, 吉川弘文館, 2009. 한편 이마타니 아키라는 공무갈등론의 입장에서 노부나가와 천황의 관계가 표면적으

오를 비롯한 선행연구처럼 노부나가와 천황 · 조정 간 상호 대립과 반목, 갈등만을 강조해서는 안된다고 하면서 '공무결합 왕권公武結合王權'이란 새로운 개념을 제시한다. 호리는 무가 노부나가의 힘이 커지면 이에 비례하여 천황권력이 약화된다는 상호 대결적 분석 시각을 비판하고 양자의 상호 협조 아래 제반 정치가 이루어진 것으로 본다. 그러나 이런 주장이라면 무로마치 막부나 에도 막부, 심지어 가마쿠라 막부에도 조막朝幕 협조의 성격이 있다.[8] 따라서 이것이 '공무결합 왕권'과 과연 무엇이 다른지 의문이며, '결합'이란 개념 자체가 갖는 의미도 불명확하다. '상호 협조'설은 다나카 요시나리의 노부나가 근황설에 뿌리를 두며, 이미 1970년대 와키타 오사무가 아사오 설을 비판하면서 주창한 노부나가의 장원 '온존 · 회복 정책'론과 기본적으로 일맥상통한다. 호리 설은 요즘 활발히 논의되고 있는 '왕권'이란 신개념을 전면에 내세워 다나카 · 와키타 설을 새롭게 재해석한 것이다.[9]

최근 일본 학계에서 '왕권'이란 용어가 크게 부각된 것은 일본 중세 국가권력의 독특한 성격에 기인한다. 황제와 왕을 정점으로 비교적 중앙집권적 정치체제를 갖춘 중국이나 한국과 달리 일본의 중세 국가는 분권적 정치 구조를 이루었다. 무가 수장인 쇼군이 천황을 완전히 배제하고 최고 권력자가 된 것은 아니었다. 또 천황권도 복잡하여, 천황과 별도로 천황의 부친인 상황上皇이 사실상 정치권력을 장악한 시기도 있다. 기본적으로 무가(쇼군)와 공가(천황 · 상황)가 끊임없이 길항하면서 공존

로는 양호하지만 내면적으로는 암투와 갈등이 전개되었다고 파악한다(今谷明, 『信長と天皇-中世的權威に挑む覇王-』, 講談社, 1992).

8 山口和夫, 「近世の朝廷 · 幕府體制と天皇 · 院 · 攝家」, 前掲『王權を考える』; 河內祥輔, 「朝廷 · 幕府體制の成立と構造」, 『王權のコスモロジー』, 弘文堂, 1998.

9 물론 최근까지도 '상호협조'설을 비판하고 무사 정권의 동향에 초점을 두는 연구가 주류를 이루고 있다. 이케 스스무는 그 대표적인 연구자로 전국시대 이후 조정이나 천황은 현실적으로 무기력했으며 노부나가에 맞설 역량을 갖지 못한 존재로 파악한다. 또 다치바나 교코도 기본적으로 이와 동일한 입장에 서서 천황의 관위 수여를 압박하는 노부나가상을 그린다(立花京子, 『信長權力と朝廷』, 岩田書院, 2000).

하는 대립 · 협조 관계였으며 교토와 가마쿠라를 중심으로 이원적인 정치 구조를 이루였다. 따라서 일본 중세 국가의 경우, 최고 수장(국왕)을 천황(또는 상황)으로 보아야 하는가, 쇼군으로 보아야 하는가, 또는 양자를 모두 포함한 복합왕권으로 보아야 하는가 등 여러 논쟁이 전개된다.[10]

그런데 기존 선행연구의 경우 노부나가와 천황 · 조정 관계는 주로 관위제에 치중되었고,[11] 그 외의 주제는 다소 소홀한 편이다. 최근 무가전주武家傳奏의 임명을 중심으로 노부나가의 조정 지배 한계를 주장한 이토 신쇼伊藤眞昭의 연구는 비록 논지는 수긍할 수 없지만 비교적 새로운 관점의 연구라 할 수 있다.[12] 이 장에서도 관위제 이외의 새로운 요소에 주목하여 1581년(天正9)에 아즈치安土와 교토에서 거행되었던 우마조로에馬揃 행사를 분석하고자 한다.

우마조로에란 수백 마리 말을 동원한 무사들의 일종의 군사 퍼레이드로서 선행연구에서는 주로 1581년 2월에 교토에서 거행된 행사만 주목하고 이를 오기마치正親町 천황의 양위문제와 결부시켜 분석했다.[13] 그러나 우마조로에는 노부나가가 그 다음 해인 1582년까지 거행한 일련의 행사로서 교토 우마조로에만 분석해서는 행사의 전체상과 성격을 이해할 수 없다. 더욱이 우마조로에를 천황 양위와 결부시키는 것도 타당하지 않으며, 이케 스스무처럼 우마조로에를 '공가중公家衆의 해체'라고까지 볼 수 있는가도 의문이다.[14] 교토 우마조로에 자체는 기존에도

---

10 水野智之, 「室町時代公武關係論の時角と課題-王權概念の検討から-」, 『歷史の理論と教育』 108, 2001.

11 橋本政宣, 「織田信長と朝廷」, 『織田政權の研究』, 吉川弘文館, 1985를 비롯하여, 이케 스스무, 호리 신, 다치바나 교코 등의 연구 참조.

12 이토 신쇼는 오다 정권 시기 교토쇼시다이였던 무라이 사다카쓰의 직무를 분석하여 도요토미 정권 시기의 마에다 겐이에 비교할 때 현저히 조정 억제 및 장악에 한계가 있는 것으로 본다(伊藤眞昭, 「織豊期傳奏に關する一考察」, 『史學雜誌』107-2, 1998).

13 朝尾直弘, 前揭『將軍權力の創出』(연구사 정리는 立花京子, 「信長馬揃えの歷史的意義」, 前揭『信長權力と朝廷』 참조).

14 池享, 前揭『戰國 · 織豊期の武家と天皇』, p. 107.

비교적 많이 언급된 테마이지만, 그 중요도에 비해 대개 성격을 간단히 지적하는 데 그쳐 현재 다치바나 교코立花京子의 연구가 유일한 전론專論이다.[15] 그러나 다치바나처럼 우마조로에의 성격을 노부나가의 조정에 대한 압력으로 볼 수 있는가는 의문이며, 또 섭가攝家 고노에 사키히사近衛前久의 움직임이 갖는 의미를 거의 간과한 점도 문제이다.

15 立花京子, 前揭「信長馬揃えの歷史的意義」.

1. 공가 정책의 추이와 우마조로에馬揃

'노부나가 · 공가일통信長公家一統'의 의미

오다 가문과 천황 · 조정은 오다 노부히데織田信秀 시기부터 밀접한 관계를 맺는다. 노부나가의 아버지 노부히데는 원래 오와리 국尾張國 남부를 지배한 오다 야마토노카미大和守 미치카쓰達勝의 유력 가신 중 한 명에 불과했으나 점차 두각을 나타내 마침내 주군을 능가하였다. 노부히데는 오와리 지역의 물류 중심지인 쓰시마津島를 장악하고 그 풍부한 재력을 바탕으로 천황 거처 수리비라는 명목 아래 4천 관이란 막대한 금액을 바쳤고 이세 외궁을 조영하기 위한 비용도 기부했다.[16] 천황은 이에 화답하여 노부히데에게 관직을 내렸고 주군 미치카쓰를 견제하고 있던 노부히데는 이를 적극 활용하여 오와리 지역을 공략해 나갔다.

1568년(永祿11) 아시카가 요시아키足利義昭를 받들고 상경한 노부나가도 초기부터 천황 · 조정의 권위를 적극적으로 활용한다. 이미 노부나가는 전년(1567) 11월 천황에게 '고금무쌍의 명장'[17]이란 칭호를 받았으며 몰락한 공가중의 부활, 천황 거처의 수리, 천황의 영지 회복 등을 의뢰받는 등 천황과 친밀한 관계를 맺었다.[18] 그리하여 노부나가는 상경한 이후에도 천황의 권위를 적절히 활용하여 요시아키에 대항하고 기존 쇼

16 今井林太郎, 「信長の出現と中世的權威の否定」, 岩波講座『日本歷史』近世1, 岩波書店, 1963, p. 51.
17 『立入宗繼文書 · 川端道喜文書』, 國民精神文化硏究所, 1937, p. 90.
18 「直賴朝臣筆家系略記觀音緣起抄」, 同上, p. 147.

군의 권위를 상대화할 수 있었다. 실제로 양자의 사이가 벌어졌을 때 노부나가는 요시아키가 천황內裏에게 소홀한 점을 지적하고 이를 적극적으로 공격의 빌미로 삼았다.[19] 처음부터 노부나가는 쇼군을 받들면서도 부장군이나 관령管領의 취임을 권유한 요시아키의 제안을 거절하는 등[20] 쇼군과 일정한 거리를 두고 있었다. 쇼군 요시아키와 갈등이 벌어졌을 때 대내외 적대세력의 비난을 잠재우기 위해서도 천황(조정)의 전통적 권위는 노부나가에게 매우 활용하기 좋은 소재였다. 초기 노부나가의 근황 정책은 이러한 맥락에서 이해할 수 있다.

교토에 상경한 초기의 정치 국면은 노부나가에게 결코 유리하지 않았다. 아자이 씨淺井氏나 아사쿠라 씨朝倉氏를 비롯한 인근의 전국 다이묘, 미요시 산닌슈三好三人衆로 대표되는 기내畿內 지역의 유력세력, 엔랴쿠지延曆寺나 혼간지本願寺 등 종교세력의 파상 공격으로 수세에 처해 있던 노부나가는 천황의 중재를 통해 고비를 겨우 넘기고 있었다. 요시아키와 사이가 틀어져 명분상으로도 열세에 있던 노부나가에게 천황 및 조정의 권위는 매우 중요했다. 그 후 안정을 되찾은 노부나가는 1573년(天正1) 요시아키를 추방한 후, 이어 아사쿠라·아자이 등 반대세력을 축출하고 사실상 중앙 정권을 수립한다. 이 과정에서 천황·조정과의 유대를 한층 강화한 노부나가는 1575년(天正3) 11월 참의參議·종삼위從三位에 임명되어 공경의 반열에 올랐다.[21] 이때 노부나가의 공경 임명은 당시 일반적이던 약식 절차消息宣下가 아니라 진좌陣座를 통한 정식 절차陣宣下를 밟았는데, 이 절차는 관백을 제외하곤 정이대장군征夷大將軍만 행하던 형식

19 『增訂織田信長文書の研究』上, 340号, 吉川弘文館, 1988, 3(이하 『信長文書』로 약칭함).

20 『信長公記』卷1, 角川文庫, 1969, p. 89.

21 『公卿補任』에 따르면 1574년(天正2) 3월 18일 참의(參議) 종삼위(從三位)로 되어 있으나, 실상은 1575년 11월 참의에 임명되었고, 나머지는 일정을 소급하여 작성한 것이다(橋本政宣, 前揭「織田信長と朝廷」, p. 401).

이었다.[22] 신분은 종삼위 참의에 불과하였지만 사실상 무가 수장의 대우를 받은 것이다. 중앙 정권을 장악한 노부나가는 이에 대한 반대급부로서 동년 11월 6일에서 7일에 거쳐 천황을 비롯한 공가와 문적에게 토지급여 등 막대한 경제적 혜택을 주었다.[23]

이에 앞서 1575년 3월 노부나가는 덕정령德政令을 반포하여 공가와 문적의 채무를 탕감해주어 그들로부터 "교토 공가의 영지가 백 년 만에 회복되었다. 선정善政이라고들 한다"[24]는 대환호를 받았고, 공경의 관위를 받은 동년 11월에는 천황가 · 공가 · 문적 · 사원 · 신사에게 대규모 토지를 새로 분배했다. 교토에서 노부나가가 모든 공가와 문적에게 토지를 일괄적으로 준 것은 이때가 사실상 처음으로, 노부나가와 천황(조정)의 협조 관계는 정점에 이르렀다. 천황의 권위를 필요로 하는 노부나가가 관위 수여를 매개로 중앙 정권의 정당성을 획득하고 이를 위해 막대한 재정 지출을 감내한 것이다. 물론 관위 및 관직 수여에 대한 보상이란 점에서 노부나가가 일방적으로 시혜를 베푼 것은 아니다. 그렇지만 토지 분배를 매개로 사실상 거의 모든 공가에게 노부나가가 은혜를 베풀어주는 관계를 구축하였다는 점은 중요하다.

1575년 중앙 정권을 사실상 장악한 노부나가는 관위 수여를 통해 천황과의 유대를 돈독히 하고 이를 근거로 쇼군이나 다른 다이묘를 견제하였다. 그렇지만 이 시기 노부나가는 과연 어떤 국가를 구상하고 있었는가? 노부나가는 쇼군이 되려 하였는가, 아닌가? 단순히 공가의 신분을 넘어서 히데요시와 같이 관백이 되려는 시도는 없었는가? 교토 상

22 하시모토 마사노부(橋本政宣)는 『소켄기(惣見記)』의 기록을 인용하여 노부나가가 천하일통의 초창(草創)을 맞아 우대장 미나모토노 요리토모의 선례를 따라 우대장이 되고, 막부를 열지 않은 것은 태정대신(太政大臣) 다이라노 기요모리의 사례를 따른 것으로 본다(橋本政宣, 前揭「織田信長と朝廷」, p. 404).

23 『信長文書』下, 575-599号.

24 『多聞院日記』, 天正3年4月10日條.

경 이후 노부나가는 줄곧 '천하'라는 정치 이념을 제시했지만, 1575년(天正3) 단계에서 그의 국가 구상은 아직 뚜렷하지 않았다.

이와 관련하여 요시아키 추방 직후 여러 다양한 소문이 돌고 있는 점이 주목된다. 나라奈良 고후쿠지興福寺 다이조인大乘院의 문적인 진켄尋憲은 이 사실을 매우 구체적으로 기록하였다. 고노에 사키히사近衛前久의 양자가 된 노부나가가 관백 니조 하레요시(二條晴良: 진켄의 형)에게 아들 노부카쓰信雄를 쇼군으로 삼으려 한다는 의지를 피력하고, 이에 하레요시는 노부나가가 교토에서 좋은 평판을 얻고 있기에 관백직을 넘겨주려 했다는 것이다. 당시에는 그 외에도 노부나가가 태정대신의 관위에 올라 천황 · 조정禁中을 지키려 한다는 소문도 있었다.[25] 이처럼 다양한 소문이 퍼진 것은 정권 초기 노부나가가 분명한 자기 입장을 피력하지 않았기 때문이다.

그런데 1574년(天正2) 3월경으로 추정되는 산조니시 사네즈미三條西實澄가 리쇼인理性院 교조堯助에게 보낸 문서書狀에는 이 시기 공가들이 바라는 오다 노부나가의 상이 잘 드러나 있다.

> 대저 이번 기도는 더욱 정성을 다해야 합니다. 그런데 노부나가 · 공가 일통의 정도信長公家一統之政道는 5백 년 이전처럼 행해져야 된다고 생각합니다. 당신의 법력이 끼친 큰 효험은 아주 감동적입니다. 이러한 때를 맞아 더욱 정성을 다해 기도하는 일이 중요합니다. 도바鳥羽 상황 이래 수대에 걸친 아쉬움이 지금 천운으로 다시 바뀌었습니다. 비록 말대末代라고 하더라도 (일찍이) 정법正法 · 상법像法 · 말법末法의 삼시에 없었던 도리임은 분명합니다. 요컨대 천황의 마음이 밝고 어두움에 따라 천하

25 橋本政宣, 前揭「織田信長と朝廷」, p. 402.

의 안위가 결정됩니다.……또 그(노부나가)의 관직 수여—官等는 기왕의 일이 잘 정리된 이후 적절한 때 반드시 논의가 있을 것입니다.[26]

당시 공가는 오다 정권을 새로운 무가 정권의 수립으로 보지 않고 5백 년 무가 통치 이전으로 돌아간 것으로 이해하였다. 그럼 5백 년 이전이란 구체적으로 어느 시기인가? 다치바나 교코에 따르면, 5백 년 이전은 1074년경으로 고산조後三條 천황기에 해당하며 섭정 · 관백인 후지와라노 요리미치藤原賴通가 죽은 해이다. 이 시기는 섭관 정치에서 원정으로 넘어가는 전환기로 '도바 상황 이래 수대에 걸친 아쉬움'이란 다이라씨 대두에 의한 원정의 쇠퇴를 지칭한다.[27] 다치바나에 따르면 "사네즈미는 노부나가의 등장을 무가 정권의 배제를 통한 원정의 부활로 인식"[28]하였다. 당시 공가들은 무가 정권 이전의 정치체제를 소망하고, 요시아키를 추방하여 막부를 와해시키면서도 쇼군에 취임하지 않은 노부나가에게 큰 기대를 표시하였다. 다만 오쿠노 다카히로奧野高廣는 밑줄 친 "그(노부나가)의 관직 수여—官等" 중 '관직'을 정이대장군이라 해석하고 노부나가가 정이대장군을 소망한 것으로 파악했지만,[29] 그렇게 해석할 수 있는 확실한 근거는 없다. 이 사료는 노부나가의 지향을 말해주는 것이 아니며 공가들의 소망을 담고 있을 뿐이다. 공가들은 요시아키를 축출한 노부나가가 천황을 중심으로 조정 정치를 부활시켜주기를 소망하였다. 또 조정 정치의 부활에 공헌한 노부나가에게 관위를 내려주는 것은 당연한 일이다. 노부나가 역시 1577년(天正5) 11월 우대신 겸 우대장右大臣

---

26 『柳原家記錄』88(立花京子, 前揭『信長權力と朝廷』, p. 294).

27 立花京子, 前揭『信長權力と朝廷』, p. 294.

28 同上.

29 奧野高廣, 「織田政權の基本路線」, 『國史學』100, 1976, p. 44.

兼右大將으로 승진하고,[30] 천황과 조정에 여전히 충실했다. 노부나가는 이듬해 1578년(天正6) 1월에는 물자를 헌상하여 1559년(永祿2) 이래 실시되지 않던 조정의례인 소조배小朝拜 · 절회節會까지 부흥시킨다.

그러나 1578년 1월 6일 정이위正二位로 승진한 노부나가는 그 후 얼마 지나지 않아 동년 4월 9일 돌연 우대신 · 우대장직을 사임한다. 노부나가의 돌발적인 사관辭官에 관해서도 여러 논의가 있으나,[31] 노부나가가 천황 · 조정의 기존 권위를 극복하려 했다는 아사오 나오히로의 주장이 가장 타당한 것으로 보인다.[32]

1579년 6월 히에 신사日吉山王社 사무社務를 맡고 있던 교간行丸이 발급한 문서에 따르면, 노부나가가 신사 재건을 지시한 윤지綸旨의 시행을 모두 금지시켰을 뿐 아니라 "노부나가가 문서判形를 내려 지시한 뒤에는 공가(천황)의 지시도 이에 미치지 못한다는 취지를 밝혔다"[33]고 하듯 노부나가의 지향점은 명확하다. 노부나가는 관위를 사임한 이후 관위를 매개로 이루어진 조정 질서에서 한 발씩 벗어났다. 후일 1581년 2월 예수회 선교사 소속 프로이스는 노부나가에 대해 "교토와 일본인이 일본 왕국을 지칭하는 말인 천하의 주主"[34]라 평가한다. 선교사들이 그에게 천황 방문의 주선을 요청하자 노부나가는 "내가 왕이며 조정內裏"[35]이라며 천황을 만날 필요가 없다고 주장한 것은 노부나가의 지향을 잘 말해준다.

이는 노부나가가 관위를 사임한 후 조정의 일반 공가들과 일정한 거

30 『信長文書』下, 751号.
31 橋本政宣, 前揭「織田信長と朝廷」, pp. 410-415.
32 朝尾直弘, 前揭『將軍權力の創出』, pp. 16-17.
33 奧野高廣, 前揭「織田政權の基本路線」, p. 40.
34 『フロイス日本史』5, 中央公論社, 1981, p. 108.
35 『日本巡察記』, 平凡社, 1990, p. 341.

리를 둔 사실에서도 확인된다. 특히 1579년(天正7)이 되면, 공가들이 노부나가 상경에 맞추어 노상에 나와 예를 표하는 것 자체를 제약하는 현상이 급증한다. 저자는 이를 이른바 '무대면지의無對面之儀' 현상으로 파악하였다.[36] 1580년 8월 1일에 "섭가攝家 · 청화淸華 남김없이 출두했으나 무대면"이라 하여,[37] 노부나가는 오히려 공가 전체와 일정한 거리를 두었다. 이는 노부나가가 교토쇼시다이京都所司代 무라이 사다카쓰村井貞勝로 하여금 일반 공가들을 통제하고, 자신은 이러한 조정의 전통적 관례나 질서에서 벗어나 '무위武威'를 통한 일본 전국 통합에 좀 더 집중했기 때문이다.

우마조로에의 전개와 의미

우마조로에는 일종의 군사 퍼레이드로 1581년(天正9) 1월 15일 아즈치에서 행한 폭죽御爆竹 행사에서 유래한다.

폭죽 행사는 원래 사기초(左義長 · 三毬杖)라 하여 소小 정월에 행한 불놀이 의례 행사였다. 조정에서는 청량전淸涼殿 동쪽 정원에서 15일 · 18일 양일에 거쳐 이 행사를 거행했는데, 공을 치는 막대毬杖 또는 청죽靑竹 3개를 묶어 세우고 여기에 천황의 길서(吉書: 개원改元 · 연초年始 등에 천황에게 처음 올리는 정무서), 부채 등을 넣어 태우고, 이어 폭죽에 불을 붙여 그 파열음으로 악귀를 쫓는 의식을 행했다. 이 행사는 중세 이후 널리 행해졌고, 폭죽 행사는 언제부터인가 1월 15일에 불을 태우는 사기초 행사와 혼동하게 된다.[38] 또 옛날 궁궐 무덕전武德殿에서 경마 행사를 거행했는데 매년 5월 5일 · 6일 천황이 관람하는 행사로 바뀌었다. 또 호리카와堀河 천황

---

36 박수철, 「織田 정권의 神社 정책과 吉田社」, 『역사학연구』32, 2008.
37 『兼見卿記』, 天正8年8月1日條.
38 立花京子, 「左大臣推任問題再論」, 前揭『信長權力と朝廷』, pp. 247-248.

이 1093년(寬治7) 천하태평, 오곡성취를 기도하여 가모 신사賀茂社에서 경마 행사를 집행한 것을 시작으로, 가모 경마는 5월 5일 절구節句 행사로 정착된다. 가모 신사에서는 경마에 앞서 5월 1일에 말의 우열을 가리는 행사가 있었는데, 당시 이를 '아시조로에足揃', '우마소로에馬汰'라고 불렀다.[39] 당초 아즈치에서 거행된 행사는 단순한 정월 연례행사의 하나에 불과했으나 그 후 교토에서 다시 우마조로에 행사가 재현됨으로써 상당한 정치적 의미를 갖게 된다.

요시다 가네미吉田兼見는 "아즈치에서 폭죽과 우마조로에御馬汰가 있었다고 한다"[40]고 사실 자체를 간단히 기록하였다. 반면 오타 규이치太田牛一의 『신초공기信長公記』에는 비교적 상세한 기록이 남아 있다. 『신초공기』에 따르면 당시 아즈치에서 폭죽 행사를 위한 마장馬場이 1일부터 마쓰바라초松原町 서쪽 해변을 접한 곳에 축조되었다. 축조 담당자奉行는 스가야 나가요리菅屋長頼와 호리 히데마사堀秀政, 하세가와 히데카즈長谷川秀一 3인이었다.[41] 1월 8일 노부나가는 "직속 가신御馬廻들은 폭죽 행사를 준비하고 두건과 복장을 멋있게 차리고 마음껏 차림새出立를 갖추어 15일에 나오도록 하라"고 지시하고,[42] 행사 당일인 1월 15일 "검은 남만 모자를 쓰고 눈썹을 먹으로 그리고 붉은 색 의복을 입고 중국 비단으로 만든 소매 없는 하오리羽織를 걸치고 호랑이 가죽으로 만든 허리에서 정강이를 가리는 옷行縢"[43]을 입고 빠른 말 10기, 20기씩 승마하도록 하여 뒤에서 폭죽에 불을 붙여 말을 달리게 한 후 조카마치城下町로 나갔

---

39 同上. 우마소로에는 노부나가 이전에도 거행된 적이 있었는데 『겐페이성쇠기(源平盛衰記)』34에 "동국 쓰와모노(兵)의 우마소로에(東國兵馬汰)"라고 하여 미나모토노 요리토모 배하의 무장들이 실시한 것이 기록되어 있다.

40 『兼見卿記』, 天正9年1月15日條.

41 『信長公記』卷14, p. 337.

42 同上, p. 338.

43 同上.

다. 귀천을 가릴 것 없이 무리를 이룬 구경꾼은 하나같이 "훌륭하기 그지없다"고 경탄하였다. 폭죽을 터트려 악귀를 쫓는 의식을 승마 퍼레이드와 결부시킨 점이 특징인데, 무엇보다 노부나가가 '검은 남만 모자를 쓰고' 있듯 이국적 복장과 화려한 차림새를 동반한 일종의 축제 행사로 승화시킨 점이 주목된다.

화려한 복장을 강조하는 점은 다른 기록에서도 발견된다. "아즈치에서 노부나가가 폭죽 행사를 거행하였는데, 여러 다이묘를 불러 모아 금 · 은을 여기저기 박아 장식하고 천하에 널리 드러내었다."[44] 또 그 후 교토 우마조로에를 거행하고자 한 노부나가가[45] 1581년 1월 23일 아케치 미쓰히데明智光秀에게 지시할 때도 "더할 나위 없이 화려하게 준비", "마음껏 꾸민 차림새"[46] 등 동일한 취지를 밝혔다. 기존 선행연구에서는 기마 퍼레이드를 거행하는 데 화려하고 눈부신 복장과 장식을 갖추도록 한 의미를 다음과 같이 해석한다.

아사오 나오히로는 우마조로에를 기마 부대의 일대 시위 행동으로 파악하고 노부나가가 이를 통해 오기마치 천황에게 양위를 압박한 것으로 파악한다.[47] 아사오는 우마조로에를 주로 천황의 양위문제라는 정치적 성격으로 이해하는데, 후지키 히사시藤木久志도 이에 동조하면서 '오다 군단의 군사 데몬스트레이션'으로 규정하고 노부나가가 "군단 내부 통제를 강화"하려는 데 주된 의도가 있던 것으로 파악한다.[48] 또 후

44 『立入宗繼文書 · 川端道喜文書』, p. 250.

45 「사쿄노스케무네쓰구뉴도류사기(左京亮宗繼入道隆佐記)」에는 노부나가가 교토에서도 우마조로에를 거행하고 싶다고 천황 측에 알려 천황이 사자를 보내 수락한 것으로 되어 있다(『立入宗繼文書 · 川端道喜文書』, p. 250). 그러나 다치바나는 1월 16일 아즈치에서 상락한 사키히사가 알려주어 천황이 1월 24일 전주 등을 사다카쓰에게 보내 교토 사기초 흥행을 보고 싶다는 뜻을 전한 것으로 추정한다.

46 同上, pp. 250-251.

47 朝尾直弘, 前揭『將軍權力の創出』, p. 25.

48 藤木久志, 『日本の歷史』15(織田 · 豊臣政權), 小學館, 1975, p. 150.

지키에 따르면, 노부나가는 공가중을 복종시키기 위해 이런 시위에 나섰고 천황에게 양위를 압박하여 자신의 뜻대로 조정을 재편하려 했다.[49] 그러나 노부나가가 우마조로에를 통해 천황에게 양위를 압박했다는 데 반대하는 연구자도 적지 않다. 하시모토 마사노부橋本政宣는 "오다 군단의 사기 고양을 꾀하고, 아울러 오다 정권이 기내 인국隣國 등을 제패한 사실을 천하에 알린 것"으로 보며,[50] 이케 스스무도 양위와 관련시키기보다는 "오다 군단의 사기 고양, 기내 근국 제패의 과시"인 동시에 노부나가의 '천하'지배의 기축 원리가 공가 등 무가 이외의 계층도 포함한 것을 재확인하는 장으로 본다.[51]

그런데 호리 신은 이처럼 조정에 억압을 가하는 노부나가 상像 자체에 의문을 표명한다. 호리는 우마조로에 행사 속에 노부나가의 시위 의지가 내포되어 있지만, 결코 조정을 위압한 것은 아니라고 보았다. 오히려 1580년 연말 사네히토誠仁 친왕 생모萬里小路房子의 죽음으로 침울한 분위기이던 조정 측이 노부나가에게 소망하여 침체 무드를 일소시킬 목적에서 거행한 것으로 조정과 노부나가의 협조 관계를 잘 보여준 행사로 파악한다.[52] 다치바나 교코도 천황 측이 줄곧 양위를 희망하고 있었다고 보아 양위 강요설을 부정하고, 천황에게 좌대신 추임 칙사의 파견을 강요하기 위한 압력으로 우마조로에를 해석한다.[53]

---

49 同上, p. 152.

50 橋本政宣, 前掲「織田信長と朝廷」, p. 412.

51 池享, 前掲『戰國・織豊期の武家と天皇』, p. 107. 오쿠노 다카히로(奥野高廣)도 "노부나가가 이미, 무가의 동량이란 긍지와 자부심을 가지고 천황 임석 아래, 공가중으로부터 교토의 마치슈(町衆), 선교사 등 약 20만 명의 앞에서 개최한 무인의 행사"(奥野高廣, 前掲「織田政權の基本路線」, p. 49)라고 하여 무가 정권의 독자적 과시라는 차원을 강조한다.

52 堀新, 前掲「信長・秀吉の國家構想と天皇」, p. 104. 한편 이마타니 아키라는 기본적으로 아사오의 양위설을 지지하면서도, 이를 정치적으로 해결하지 못하고 우마조로에(=군사행동)를 통해 시위 행동과 압력을 행사하여 목적을 달성하려 한 노부나가의 사실상 패배이자 천황의 승리로 해석한다(今谷明, 前掲『信長と天皇』, p. 159).

53 立花京子, 前掲「信長馬揃えの歷史的意義」.

이처럼 1581년(天正9) 2월 28일과 3월 5일 2회에 걸쳐 교토에서 실시된 우마조로에의 성격에 관해 다양한 학설이 존재한다. 그러나 선행연구는 이를 지나치게 조정 · 천황에 대한 압력으로 파악하든가, 아니면 이를 부정하고 조정과의 협조관계를 강조하든가, 기본적으로 이 두 가지 틀에 입각해 있다.

그런데 우마조로에 행사의 목적은 선행연구에서 지적하듯 오다 가중家中 내부를 통제하고, 전국제패를 대내외에 과시하려는 것에만 있는 것은 아니다. 우선 무엇보다 눈부신 금 · 은 장식으로 꾸민 화려하고 멋진 위용을 갖추고자 한 점이 눈에 띈다.

> (노부나가는) 그 영광을 과시하기 위해 아주 품위 있는 유명한 행사를 개최하고자 했다. 이를 위해 그의 영국 모든 군후君侯와 무장은 예복을 입고 가능한 한 호화스런 차림새로 교토에서 개최되는 시합에 참여하기 위해 모였다.……잘 꾸며진 경기장에는 장식을 단 말에 오른 화려한 차림새의 무장 700명이 모였고 여러 국國에서 구경하기 위해 모여든 군중은 여러 판단에 따르면 20만 명에 가까웠다고 한다. 순찰사(발리냐노)는 참가자의 몸에 치장한 대량의 금과 비단으로 수놓은 호화스런 광경을 생전에 본 적이 없었다고 말했다.……사제는 노부나가의 초대를 거절하지 않았다. 그 하나의 이유는……중국(마카오)에 살고 있는 경건한 포르투갈 부인이 순찰사에게 금으로 된 장식이 달린 짙은 붉은색 벨벳 의자를 증정했기 때문이다.……노부나가는 이 의자에 아주 기뻐하고 자신이 입장할 때 위엄과 화려함을 덧붙이기 위해 그것을 4명의 남자에게 어깨 높이로 메어 올려 자기 앞에서 걷게 했다. 그리고 행사의 절정에 그 자신의 신분을 자랑하고 그 위대함을 보여주기 위해, 말에서

내려 의자에 한 번 앉아 다른 누구와도 다른 사람임을 과시하였다.[54]

이처럼 프로이스는 벨벳 의자를 앞에 내세운 이국적 요소를 가미한 군사 퍼레이드를 통해 노부나가가 자신의 위대함을 과시한 것으로 보았는데,[55] 이러한 화려한 퍼포먼스는 노부나가의 가부키적 기질과 밀접한 관련이 있는 것으로 추정된다.[56] 우마조로에의 가장 큰 특징은 노부나가의 화려한 차림새인데 이는 당시 귀족의 일기에서도 확인된다.

> 진辰시에 우마조로에가 시작되었다. 모두 최선을 다해 훌륭하게 꾸며 필설로 적기 어렵다. 우부(右府: 우대신) 노부나가의 앞으로 견마牽馬가 6필, 그 다음으로 다테에보시(立烏帽子: 모자), 황의黃衣, 흰색 하카마(袴: 바지)에 붉은 매화가 그려진 고소데(小袖: 겉옷)를 입은 자가 21명, 그 다음으로 고모노(小者: 하급 무사)로서, 옅은 붉은 색 매화가 그려진 고소데, 가타기누片衣, 가죽으로 된 하카마를 입은 자가 30여 명, 그 다음으로 의자 같은 물건을 4명이 어깨에 메고, 그 다음으로 통桶을 포장하여 가지고 왔다. 희대의 일이다.[57]

특히 우마조로에를 자세히 기록하고 있는 『신초공기』에서 이 시기 노부나가가 꾸민 이형異形의 모습을 잘 확인할 수 있다. 노부나가는 먹

---

54 『フロイス日本史』5, pp. 106-107.

55 가스펠 코엘류가 예수회 총장 앞에 보낸 양력 1582년 2월 15일부 나가사키 발신 보고서에도 같은 내용이 기술되어 있다. 그런데 다치바나는 발리냐노의 교토 내방 일정이 노부나가 상경의 예정과 밀접히 연계되고 조정된 것을 근거로, "우마조로에는 그들을 환영하기 위한 일대행사"(立花京子, 前揭「信長馬揃えの歷史的意義」, p. 272)로 본다. 그러나 "발리냐노야말로 노부나가가 예정한 진정한 주빈"(同上, p. 273)으로까지 볼 수 있는가는 의문이다.

56 노부나가의 가부키적 요소는 박수철, 「'가부키'와 '功名'으로 본 16세기 일본사회」, 21세기리더형 역사교육사업단 엮음, 『지역 교류 문화로 본 역사』, 심미안, 2008 참조.

57 『兼見卿記』, 天正9年2月28日條.

으로 눈썹을 그리고, '금사金紗'라는 당 · 천축에서 천자 · 제왕이 입는 최고급 비단을 몸에 걸치고, 뒤가 꽃으로 장식된 두건唐冠을 쓰고, 매화를 분질러 목에 꽂고, 홍매가 그려진 흰 색의 호화로운 고소데를 입었다. 그 화려한 차림새는 "스미요시묘진住吉明神의 환영 같았다"고 할 정도로 노부나가의 당일 복장은 범상치 않았다.[58] 이른바 이형의 차림새가 가부키모노를 상징하는 핵심 요소라 할 때 노부나가의 파격적 복장은 그의 이단아적 기질과 상통한다. 더욱이 노부나가를 스미요시 다이묘진의 환영이라 기술하여, 인간을 뛰어 넘는 노부나가의 신격화적 요소가 군사 퍼레이드와 결부되어 나타난 점도 흥미롭다.

따라서 교토의 우마조로에는 사기초라는 전통적 의례를 바탕으로 가부키적 요소를 갖고 있던 노부나가가 이국적이고 화려한 복장을 갖추고 벌인 일종의 축제라 할 수 있다. 프로이스가 우마조로에를 '경기'[59] 내지 '마쓰리祭'(축제)[60]로 규정한 것은 우마조로에의 성격을 정확히 파악한 것이다. 요컨대 화려한 복장 · 차림새와 포르투갈 의자라는 이국적 요소에 주목하면, 우마조로에 행사는 노부나가의 가부키모노적 기질을 내포한 오다 정권의 축제라고 할 수 있다.

58 『信長公記』巻14, pp. 343-345.

59 『フロイス日本史』5 p. 107.

60 村上直次郎譯 · 柳谷武夫編輯, 『イエズス日本年報』上(新異国叢書3), 雄松堂書店, 1969, p. 125.

2. 우마조로에와 공가중의 재편

'진참공가중陣参公家衆'

우마조로에는 노부나가가 화려하고 이국적인 축제의 장을 열어 국내뿐 아니라 국외에까지 자신의 명성을 떨치는 데 주된 목적이 있었고, 노부나가는 이를 위해 가능한 많은 사람을 참석시켜 성황리에 개최하고자 했다. 그리하여 노부나가는 무사뿐 아니라 조정의 공가중도 여기에 끌어들인다.

1581년(天正9) 1월 23일, 노부나가는 우마조로에 행사 준비를 아케치 미쓰히데에게 지시하는데, 여기에 '진참공가중'(陣参公家衆: 이하 진참중)이란 공가중의 명칭이 등장한다.

> 고레토 휴가노카미(惟任日向守: 아케치 미쓰히데)에게 정월 23일 후레조觸狀를 내려 오기내五畿內에 전달하게 했는데 후레조의 내용은 다음과 같다. 이전 행사에서 폭죽과 여러 도구를 만들고 특히 더할 나위 없이 화려하게 준비하고, 생각지도 않은 선물 등 세세한 마음 씀씀이가 기특하다. 그렇다면 다시 한 번 교토에서 말을 타고 유흥을 누리고 싶다. 만일 시끌벅적하게 마음껏 꾸민 차림새를 준비하고자 하면, 너(미쓰히데)는 말할 것도 없고 기내畿內에서 직접 봉공하는 자直直奉公之者들도 노약자를 막론하고 모두 출두해야 한다. 너는 이 취지를 두루 전하라. 교토에서 진참(陣參: 전쟁 참가)하는 공가중陣參公家衆, 또 현 시점에서 노부나가에

게 부지(扶持: 俸祿)를 받고 있는 공방중扶持請公方衆, 그 외에 가미야마시로上山城 지역의 봉공자들은 남김없이 진심으로 준비해야 한다는 뜻을 전하라. 야마토大和는 쓰쓰이 준케이筒井順慶와 그 외 구니모치國持·중개取次·직참直參 무리 모두 준비해야 할 것이다. 셋쓰 국津國은 다카야마 세베에高山瀨兵衛 부자, 이케다池田의 두 아들이며, 이케다는 이타미 성伊丹城을 지켜야 한다. 다다多田 지역은 시오카와 간주로塩川勘十郞, 시오카와 기쓰다유同橘大夫 두 사람이다. 가와치河內는 다라오多羅尾 부자 세 명……미요시 야마시로三好山城는 아와(安波: 阿波)를 공략해야 하기 때문에 면제한다. 다만 이들 이외에 희망하는 자가 있다면 원하는 대로 참가하게 해주어라. 이즈미 국은 데라다 마타에몬寺田又右衛門……그 외 (노부나가를) 직참하는 자直參之者들, 네고로지根來寺의 연판부지인連判扶持人 등도 준비시켜라.[61]

노부나가가 우마조로에 행사에 참여해야 할 가신단을 일일이 지정하고 있는 점이 주목된다. 그 대상은 기내 지역의 노부나가 직속 가신단直直奉公之者으로서 직접 전쟁을 수행해야 할 임무가 주어진 일부 장수들을 면제해주면서도 그렇지 않은 모든 기내 가신단의 참여를 독려했다. 여기에는 노부나가로부터 봉록俸祿을 받는 네고로지의 승려도 포함되어 이들도 노부나가 직속 가신단의 일원으로 간주되었음을 알 수 있다. 또 노부나가 가신단의 범위에는 진참중이란 공가중도 포함되며 이들은 외형상 노부나가 무사 가신과 동일한 취급을 받았다.

그럼 여기서 언급된 진참중은 어떤 공가들인가? 위 인용문에서 직속 무사들과 달리 해당 공가중은 그 대상자를 명시하고 있지 않다.

61 『立入宗繼文書·川端道喜文書』, pp. 250-251.

1581년 2월 28일에 거행된 교토 우마조로에에 참석한 공가중은 기록마다 조금씩 차이가 있다. 요시다 가네미의 일기에는 이때 가라스마루 미쓰노부烏丸光宣 · 히노 데루스케日野輝資 · 오기마치 스에히데正親町季秀 · 다카쿠라 나가타카高倉永孝를 '승마지중乘馬之衆'으로 기록하고 있고,[62] 다테리 무네쓰구立入宗繼의 기록에는 히노 데루스케 · 오기마치 스에히데 · 다카쿠라 나가타카는 포함되지만, 가라스마루 미쓰노부는 제외되고 그 대신 다카쿠라 나가스케高倉永相 · 다케노우치 나가하루竹內長治가 포함되었다.[63]

이 중 히노 데루스케는 이미 1570년(元龜1) 4월 20일 아사쿠라 씨와의 전투 때 아스카이 마사아쓰飛鳥井雅敦와 함께 참가한 기록이 있다.[64] 또 동년 8월 22일 혼간지와의 전투에도 아스카이 마사아쓰 및 가라스마루 미쓰노부와 함께 참가했고,[65] 1580년 8월 15일 히노 데루스케는 오기마치 스에히데와 함께 오사카로 출진하는 노부나가를 따라 출진하기 위해 천황에게 휴가를 요청하였다.[66] 더욱이 가라스마루 미쓰야스烏丸光康가 1570년 8월 27일 오기마치 사네히코正親町實彦와 함께 출진할 때 "5, 60명 있었다"고 한 것으로 보아, 단순한 참가가 아니라 상당수 병사도 거느렸던 것으로 보인다.[67] 이렇게 볼 때 노부나가가 우마조로에를 통해 히노, 다카쿠라, 오기마치, 가라스마루 등을 처음 공가중으로 편성한 것도 아니며 이미 상당히 이전부터 진참중으로 편성했음을 알 수 있다. 따라서 공가진참중이 교토 우마조로에 행사에 참여한 것이 새삼스러운

62 『兼見卿記』, 天正9年2月28日條.

63 『立入宗繼文書 · 川端道喜文書』, p. 253. 그런데 다테리(立入)는 이들 히노 등 5인을 "오우마노리"(御馬乘)로 지칭하면서, 그 외 무로마치 쇼군의 부하였던 공방중(公方衆)도 여기에 참여한 사실을 기록하였다.

64 立花京子, 前揭「信長期公武間關係の實態」, p. 155.

65 『御湯殿上日記』, 元龜1年8月22日條.

66 同上, 天正8年8月15日條.

67 立花京子, 前揭「信長期公武間關係の實態」, p. 155.

일은 아니다. 이케 스스무가 말하듯 이 행사를 통해 "노부나가의 '천하' 지배 기축원리가 '무편도武篇道'에 있다는 것과 그것에 무가 이외의 계층도 포함한 것을 재확인하는 장"[68]으로 활용된 점에 의의가 있다.

··표1 1579년(天正7) 금리소번중(禁裏小番衆)의 편성[69]

당번(当番)순서	당번일자	당번대상
1	1, 16일	사이온지(西園寺)[긴토모(公朝)], 나카야마(中山)[지카쓰나(親綱)]
2	2, 17일	가잔인(花山院)[이에마사(家雅)], 가라스마루(烏丸)[미쓰노부(光宣)]
3	3, 18일	이마데가와(今出河)[하루스에(晴季)], 히노(日野)
4	4, 19일	도쿠다이지(德大寺), 이쓰쓰지(五辻)[다메나카(爲仲)]
5	5, 20일	아스카이(飛鳥井)[마사노리(雅敎)], 고가(久我)
6	6, 21일	니와타(庭田), 산조(三條)
7	7, 22일	다카쿠라(高倉)[나가스케(永相)], 히로하시(廣橋)
8	8, 23일	야나기와라(柳原), 다케노우치(竹內)
9	9, 24일	요쓰쓰지(四辻), 보조(坊城)[히가시보조 모리나가(東坊城盛長)]
10	10, 25일	간로지(甘露寺), 레이제이(冷泉)
11	11, 26일	야마시나(山科), 산조(三條)[긴나카(公仲)]
12	12, 27일	가주지(勸修寺), 하무로(葉室)
13	13, 28일	산조(三條)[긴쿠니(公國)], 마데노코지(萬里小路)
14	14, 29일	오이노미카도(大炊御門), 아스카이 소장(飛鳥井小將)[마사쓰구(雅繼)]
15	15, 30일	오기마치(正親町)[스에히데(季秀), 고조(五條)[다메나(爲名)]

그런데 히노 등은 원래 이전부터 무로마치 쇼군 아시카가 씨에게 속해 군사적으로 활동한 공가중이었는데, 요시아키義昭의 몰락 이후 노부나가로 충성의 대상을 바꾼다. 물론 히노 등이 노부나가의 진참중으로

68 池享, 前揭『戰國・織豊期の武家と天皇』, p. 107. 다만 이케 스스무가 주장하듯이 "공가사회를 해체하여 지배계급을 노부나가의 휘하에 일원적으로 결합"한 것까지 일반화할 수 있는가는 재고의 여지가 있다.

69 『言經卿記』, 天正7年5月21日條. 그 외 당번 면제 공가(用捨衆)는 다카쓰지(高辻), 미나세(水無瀨), 지묘인(持明院), 마쓰키(松木)[무네후사(宗房)], 나카노인(中院), 시라카와(白川)[마사토모(雅朝)], 미나세 중장(水無瀨中將)[지카토모(親具)], 시조(四條), 다카쿠라(高倉)[노리쿠니(範國)], 오구라(小倉)[스에후지(季藤)], 하시모토(橋本)[사네카쓰(實勝)], 로쿠조(六條), 시게노이(滋野井)[사네마쓰(實松)], 나카미카도(中御門), 시모노레이제이(下冷泉)[다메마사(爲將)], 도미노코지(富小路)[히데나오(秀直)] 등이다.

참여했다고 해서 천황과 무관한 존재는 아니며, 〈표1〉에서 알 수 있듯 여전히 천황의 저택을 경비하는 역할을 담당하는 등 측근 공가로서의 임무도 수행하였다.

다키자와 이쓰야瀧澤逸也에 따르면 무로마치 쇼군 아시카가 요시마사足利義政는 일부 공가를 닐근중昵近衆으로 편입하였다. 이들은 근본닐근根本昵近이라 칭해지는 팔가八家 즉 "히노日野 · 오기마치산조正親町三條 · 아스카이飛鳥井 · 다카쿠라高倉 · 히로하시廣橋 · 가라스마루烏丸 · 가주지勸修寺 · 가미레이제이上冷泉"[70]로 무로마치 · 전국 시기에 공무 간 교섭을 담당하였다. 닐근중은 요시마사義政 시기 이후 쇼군 저택에 출사하고 유사시 본래 무사가 부담해야 할 경호도 담당하며 심지어 쇼군의 출진에도 참가했다. 이들 닐근중 중에서 히노 · 오기마치 · 아스카이 · 다카쿠라 · 가라스마루는 노부나가 시기에 '진참중'으로 활동한다.[71]

히노 등이 중심인 노부나가의 진참중과 무로마치 쇼군가의 닐근중은 상당 부분 겹친다. 그러므로 설령 히노 등 공가중이 우마조로에에 참가했다고 해서 이케 스스무 등이 주장한 것처럼 오다 정권이 공가중을 해체 · 재편성한 것으로 보기는 어렵다. 왜냐하면 요시아키 추방 후 이미 히노 등은 사실상 노부나가의 진참중으로 활동하였기 때문이다. 굳이 교토 우마조로에 행사의 의의를 찾는다면, 오다 정권이 이미 가신단의 일원으로 편성한 진참중 이외 공가의 참가를 독려한 점에 있다.

이 시기 우마조로에 행사에 대한 가장 정확한 기록은 요시다 가네미의 일기이다. 가네미는 1581년 1월 15일 아즈치에서 거행된 우마조로

---

70 도미타 마사히로(富田正弘)는 요시하루(義晴) · 요시테루(義輝) 시기 절기 초하루(節朔日)에 무로마치 쇼군에 출사를 의무지운 절삭중(節朔衆)의 존재를 지적하는데, 다키자와 이쓰야(瀧澤逸也)는 이 절삭중을 절기 초하루를 중심으로 무로마치 쇼군에 출사한 닐근중의 별칭으로 본다(立花京子, 前揭「信長期公武間關係の實態」, pp. 153-154).

71 同上, p. 155.

에 행사를 전해 듣고, 다음 날에는 아즈치에서 돌아온 고노에 사키히사近衛前久로부터 내용을 직접 들었다. 그 후 가네미는 1월 25일, 교토 우마조로에 행사 실시의 총책임자인 아케치 미쓰히데에게 다음과 같은 편지를 받았다.

> 밤에 고레토 휴가노카미(=아케치 미쓰히데)의 편지가 왔다. 이번에 노부나가가 상경하여 우마조로에를 거행할 것이며 노부나가 분국의 무사는 빠짐없이 모두 상경하게 하라는 취지의 지시가 내려졌기 때문에 그 명령을 전달觸한다는 내용이었다. 그중에는 공가진참중도 출두하려는 취지를 담은 주인장朱印狀이 들어 있었다. 그 내용이 적힌 문서 사본을 받았는데, 나(가네미)도 준비해야 한다는 취지였다. 그 문서를 보니 '노부나가 분국, 그 외 공가중, 진참지중御分國其外公家衆陣參之衆'이라고만 되어 있다. 그렇다면 나는 (진참중이 아니므로 우마조로에 행사에) 나가지 않아도 되지 않는가? 먼저 당신의 뜻을 알고 싶다고 답장을 보냈다. 내일 사카모토坂本에 내려가 (미쓰히데와) 상담해보겠노라고 생각했다.[72]

당초 노부나가가 내린 문서에는 전술한 바와 같이 참가해야 될 대상을 '진참공가중'으로 적시하였는데, 아케치 미쓰히데는 왜 진참중이 아닌 가네미의 참가를 권유하였는가? 또 참가 대상도 아닌 가네미는 왜 다음 날 일찍 부랴부랴 사카모토로 내려갔는가? 가네미는 미쓰히데를 만나 "주인장朱印狀을 보면 참가해야 할 사람을 적시했는데 (이에 해당하지 않는 가네미에게) 갑자기 우마조로에에 참가하라는 것은 곤란하다"[73]는 뜻을

72 『兼見卿記』, 天正9年1月25日條.
73 同上, 天正9年1月26日條.

피력하면서도 최종 결론은 "아케치의 의견에 따르겠다"[74]고 매우 기회주의적인 입장을 보였다. 미쓰히데가 말하길 "만약 (참가의) 지시가 내려지면 갑자기 준비하기 어려우니 미리 신경을 쓰고 있는 것이 좋다"[75]고 충고하여 참가를 권유하였다. 가네미는 노부나가 측이 지시한 다른 일의 부담을 내세워 참가 면제를 요청했고 미쓰히데도 마지못해 이에 동의했다.[76] 이후 가네미는 27일 고노에 사키히사의 저택에 들른 후, 곧바로 무라이 사다카쓰도 방문하여 정보를 수집하였다. 사다카쓰도 가네미에게 우마조로에 행사에 참가할 것을 권유했지만, 전날 미쓰히데에게 양해를 구한 이야기를 내세워 거절의 뜻을 밝히고 사다카쓰의 동의를 얻었다.[77]

이처럼 노부나가는 진참중 외에 가네미와 같은 공가중의 참가를 지시한 것은 아니지만, 실무진인 아케치 미쓰히데나 무라이 사다카쓰는 가네미와 같은 공가까지 우마조로에에 동원하려 하였다. 그러나 미쓰히데나 사다카쓰는 노부나가의 뜻이 진참중 이외의 공가중을 반드시 포함시키는 데 있지 않음을 알았다. 기내 무사단의 경우, 노부나가가 분국별로 참가 명단을 구체적으로 지시한 데 비해 공가는 해당자를 적시하지 않았다. 이 때문에 히노 등과 같은 진참중만 참가했다. 실제 1581년 3월 5일 다시 한 번 교토 우마조로에가 거행되었을 때, 역시 700여 두의 말이 동원된 대규모 행사였지만 "이전에 출두한 히노, 가라스마루, 오기마치, 다카쿠라는 승마하지 않았고, 공방중公方衆도 마찬가지였다. 노부나가에게 직속된 무사들御馬廻衆만이었다"[78]고 하여, 공가중

74 同上.
75 同上.
76 同上.
77 『兼見卿記』, 天正9年1月27日條.
78 同上, 天正9年3月5日條.

을 참여시키지 않았다. 노부나가는 기내 지역의 직속 무사단뿐 아니라 네고로지의 승려와 같은 일부 사원세력, 히노 등 공가진참중, 무로마치 쇼군의 직계 가신公方衆까지 포함시켜 새로 편성한 가신단의 축제를 대내외에 과시했지만 이를 통해 전면적인 공가 재편을 도모하지는 않았다. 물론 노부나가가 일부 공가중을 진참중으로 삼아 이들을 가신단 속에 편성하려 한 시도는 커다란 변화이다. 그렇지만 실제 이러한 공가 재편은 철저히 이루어지지 않았고, 이케의 주장처럼 '공가중 해체' 단계까지 이른 것은 더더욱 아니었다.

그런데 이 과정에서 다소 의외의 모습을 보인 인물이 고노에 사키히사이다. 섭관가 출신인 그가 1581년 1월 아즈치에서 행한 우마조로에 행사에 직접 말을 타고 참가했다는 기록이 있을 뿐 아니라,[79] 1월 25일 교토 우마조로에 참가를 권유받은 가네미가 동월 27일 그 참가 여부를 논의할 목적으로 사키히사 저택을 방문하였을 때, 사키히사는 승마 연습을 하고 있으며 밤에는 매를 사냥하러 나가기도 했다.[80] 이윽고 사키히사는 2월 28일에 거행된 교토 우마조로에 참가했는데, 오타 규이치의 『신초공기』에는 말을 타고 공가중의 일원으로 참가한 것으로 되어 있으나, 요시다 가네미의 일기나 다테리 무네쓰구의 기록에는 이 사실을 확인할 수 없다. 저자는 고노에 사키히사야말로 이 시기 노부나가의 공가 정책을 파악하는 데 핵심 키를 지닌 인물이란 입장인데, 이하 고노에 사키히사의 움직임을 중심으로 노부나가의 공가 정책을 재검토하고자 한다.

79 『信長公記』, 巻14, p. 339.

80 『兼見卿記』, 天正9年1月27日條.

고노에 사키히사의 역할

노부나가는 자신에게 귀속된 공가들을 '진참중陣參公家衆'으로 파악하고 있었고, 아케치 미쓰히데, 무라이 사다카쓰는 이를 가네미와 같은 다른 공가로 확대하려 하였다. 또 노부나가가 진참중으로 구분한 공가를 일부 우대한 측면은 확인되나,[81] 그렇다고 해서 천황과 그의 수족인 금리소번중禁裏小番衆의 관계를 중심으로 구축된 공가 내부 질서에 적극적으로 개입하여 '공가중 해체'라고 할 정도로 완전히 새롭게 재편성하려 한 흔적도 뚜렷하지는 않다. 이렇게 볼 때 다소 예외적인 인물이 고노에 사키히사이다.

1581년(天正9) 교토 우마조로에 행사와 관련하여 오타 규이치의 『신초공기』에는 "고노에 사키히사 · 오기마치 스에히데 · 가라스마루 미쓰노부 · 히노 데루스케 · 다카쿠라 나가타카"[82]가 참가한 것으로 되어 있다. 그러나 전술한 바와 같이 요시다 가네미와 다테리 무네쓰구는 우마조로에 행사에 직접 참가한 진참중 공가 명단에 고노에 사키히사는 적기하고 있지 않다. 기본적으로 군기류軍記類의 성격을 갖는 『신초공기』가 그날그날 기록한 가네미의 일기보다 훨씬 정확하다고 주장할 근거는 미약하다. 따라서 사키히사가 교토 우마조로에 행사에 진참공가중의 일원으로서 참가했을 가능성은 적다. 그렇다면 왜 오타 규이치는 1581년 교토 우마조로에 행사에 고노에 사키히사가 참여한 것으로 기록하였을까?

우마조로에는 1581년 1월에 처음 아즈치에서 실시되고 이어 2월 교토에서 화려하게 거행되었다. 그 후 3월 교토에서 다시 한 번 행사가 진행되고, 동년 8월 1일에도 "오기내五畿內 인접국隣國의 무리衆가 아즈치에

81 다른 공가중과 달리 진참중으로 편성된 공가중에게는 그에 상응하는 노부나가의 배려가 있었다. 1581년에 일어난 히노 데루스케(日野輝資)와 마데노코지 아쓰후사(萬里小路充房) 간 알력과 싸움은 이러한 측면을 잘 보여준다(立花京子, 前揭「信長期公武間關係の實態」, pp. 185-186).

82 『信長公記』卷14, p. 341.

서 우마조로에를 실시"[83]했다. 『신초공기』에는 1581년 8월에도 "고노에 도노近衛殿, 그 외 노부나가 일문一門의 차림새"[84]라고 하여, 사키히사가 우마조로에 행사에 참여한 것으로 적혀 있다. 그런데 1581년 8월 1일 "오늘 아즈치에서 우마조로에가 있었다고 한다"[85]고 간단히 사실만 기록한 요시다 가네미가, 동월 5일에는 "고노에 도노 거처에 가서 만나 뵈었다. 이번 우마조로에는 특히 훌륭했다고 하는 말씀이셨다. 4백 기 정도였다고 한다"[86]고 비교적 정확한 행사 규모를 기록하였다. 이는 사키히사가 우마조로에 행사에 참석했기에 가능한 일이었다. 그러나 그것이 단순한 참관인지, 사키히사가 행사의 일원으로 참가했는지의 여부는 가네미가 더 이상 기록하지 않아 알 수 없다.

그런 점에서 1582년(天正10) 1월 15일 아즈치 우마조로에는 사키히사의 위상이 정확히 기록된 점에서 이전의 다른 우마조로에와 크게 구분된다. 동년 1월 21일 가네미는 "고노에 도노가 우마조로에 행사의 일원御馬汰之御人數으로 아즈치로 내려갔다고 한다. 희유의 일이다"[87]라고 기록했다. 그런데 가네미가 사키히사를 우마조로에 행사의 일원으로 명기한 것은 이 시기가 처음이며, 더욱이 이를 '희유의 일'이라고 놀란 점이 주목된다. 종래 우마조로에 행사는 히노 데루스케 등 진참공가중이 참가하는 데 그쳤는데, 이제 섭관가攝關家 가격家格의 사키히사조차 진참중의 일원으로 참여한 데 대한 가네미의 놀라움으로 보인다. 〈표2〉에서 알 수 있듯 히노는 명가名家에 불과하며, 다카쿠라, 아스카이 등도 기본적으로 우림羽林의 가격을 넘어서지 않는다. 고노에라는 섭가 출신의 최

83 同上, p. 359.

84 同上.

85 『兼見卿記』, 天正9年8月1日條.

86 同上, 天正9年8月5日條.

87 『兼見卿記』(別本), 天正10年1月21日條.

상층 공가가 히노 등과 함께 사실상 노부나가의 진참중의 역할을 수행한 점은 확실히 무로마치 시기에는 볼 수 없는 이례적인 일이다.

‥표2 전국시대 공가 가격(家格)[88]

구분	해당 가문
섭관가(攝關家)	고노에(近衛), 구조(九條), 니조(二條), 이치조(一條), 다카쓰카사(鷹司)
청화가(淸華家)	고가(久我), 산조(三條), 사이온지(西園寺), 도쿠다이지(德大寺), 이마데가와(今出川), 가잔인(花山院), 오이노미카도(大炊御門)
대신가(大臣家)	나카노인(中院), 도인(洞院), 오기마치산조(正親町三條), 산조니시(三條西)
우림가(羽林家)	기타바타케(北畠)[무라카미 겐지(村上源氏)], 니와타(庭田)[우다 겐지(宇多源氏)], 아야노코지(綾小路), 오기마치(正親町)[간인(閑院) · 사이온지류(西園寺流)], 요쓰쓰지(四辻), 시게노이(滋野井)[간인 · 산조류(三條流)], 오구라(小倉), 아노(阿野), 나카야마(中山)[가자인류(花山院流)], 아스카이(飛鳥井), 마쓰키(松木)[나카미카도류(中御門流)], 소노(園), 가미레이제이(上冷泉)[미코히다리류(御子左流)], 시모노레이제이(下冷泉)
명가(名家)	히노(日野)[히노류(日野流)], 히로하시(廣橋), 야니기와라(柳原), 가라스마루(烏丸), 마치(町), 무샤노코지(武者小路), 가주지(勸修寺)[가주지류(勸修寺流)], 마데노코지(萬里小路), 간로지(甘露寺), 나카미카도(中御門), 보조(坊城), 하무로(葉室), 우즈야마(海住山)
제가(諸家)	시조(四條)[시조류(四條流)], 아부라노코지(油小路), 야마시나(山科), 다카쿠라(高倉)[다카쿠라류(高倉流)], 기즈쿠리(木造)(무라카미 겐지), 로쿠조(六條), 호리카와(堀川), 오타키(愛宕), 하시모토(橋本)[간인류(閑院流)], 시미즈다니(淸水谷), 가와바타(河鰭), 아네가코지(姉小路), 지묘인(持明院)(나카미카도류), 다케야(竹屋)(히노류), 마치(町), 와시노(鷲尾)(시조류), 니시오지(西大路), 레이제이(冷泉)[다카쿠라류(高倉流)], 하치조(八條)[하치조류(八條流)], 미나세(水無瀨)[미나세류(水無瀨流)], 마쓰도노(松殿)[기타후지와라씨(藤原氏)], 이마노코지(今小路), 도미노코지(富小路), 세손지(世尊寺), 고바타(木幡), 에노베(江邊), 니시카와(西川), 하치조(八條), 다카쿠라(高倉), 호조지(法性寺), 오코치(大河內)(기타 겐지), 이쓰쓰지(五辻), 시라카와(白川), 다케노우치(竹內), 다무케(田向), 히라마쓰(平松)[헤이시(平氏)], 다카쓰지(高辻)[스가와라씨(菅原氏)], 고조(五條), 히가시보조(東坊城), 가라하시(唐橋), 후나바시(舟橋)[기요하라씨(淸原氏)], 쓰치미카도(土御門)[아베씨(安倍氏)], 나카라이(半井家)[와케씨(和氣氏)], 와케(和氣), 니시키코지(錦小路家)[단바씨(丹波氏)], 가데노코지(勘解由小路)[가모씨(賀茂氏)], 가모(賀茂), 기타코지(北小路)[오에씨(大江氏)], 스스키(薄)[다치바나씨(橘氏)], 요시다(吉田)[우라베씨(卜部氏)], 우라베(卜部), 후지나미(藤波)[오나카토미씨(大中臣氏)], 오나카토미(大中臣)[가스가신주(春日神主) · 권신주(權神主) · 쇼노아즈카리(正預)], 하후리(祝), 니시노토인(西洞院)(헤이시), 호리카와(堀川)(헤이시), 단바(丹波), 후지와라(藤原), 미나모토(源)

사키히사는 여기에 그치지 않고 1582년 3월 노부나가를 따라 고슈甲州로 출진하여 본격적으로 진참중의 역할을 수행하였다. 동년 3월 2일

88 富田正弘, 「戰國期の公家衆」, 『立命館文學』 509, 1988.

가네미가 사키히사의 저택을 방문했을 때, 사키히사는 "오는 5일 동국東國 고슈로 노부나가가 출진하는 것이 정해졌다. 우리 가문御家門도 5일부터 출진하겠다는 뜻"[89]을 밝혔다. 그런데 이러한 사키히사의 행동은 가네미가 "이 고슈 출진에 관한 군진軍陣 하라에祓와 제문을 전해줄 것을 이전부터 여러 차례 말씀했기 때문에 하라에와 제문을 지참하여 전했다"[90]고 하듯이 이미 예상했던 일이었다. 이 때문에 1582년 1월과 달리, 3월 2일에는 가네미도 사키히사의 행동에 대해 별다른 의견을 적시하지 않았다. 사키히사의 '진참陣參'은 이제 더 이상 "희유의 일"이 아니었다.

다치바나 교코는 "덴쇼天正10년 3월 고노에 사키히사의 고슈 진의 참진은 '진참의 공가중'과는 다른 임시적인 참가라고 보아야 할 것"[91]이라 주장하나, 이상 사키히사의 일련의 행동을 살펴보면 단순한 임시적·일시적 참가는 아니었다. 물론 다케다 씨와 같은 명망가를 공략하기 위해 사키히사를 동반한 것이며 노부나가가 사키히사를 상대히 우대했다는 점에서,[92] 그를 히노 등과 동급의 진참중으로 볼 수는 없다. 그러나 이유야 어찌되었건 종래 일찍이 없던 섭관가 출신의 사키히사가 노부나가의 진참중 일원으로 참가한 사실은 주목해야 한다. 사키히사는 이미 1582년 1월 진참중의 일원으로 아즈치 우마조로에 행사에 참가한 전력이 있고 그 연장선상에서 동년 3월 사키히사의 고슈 출진을 이해해야 할 것이다. '무위'의 확대를 지향하는 노부나가는 히노 등과 같은 아시카가 씨의 닐근중을 진참중으로 재편하는 데 그치지 않고, 사키히사와 같은 섭관가조차 자기 휘하에 편입하였다.[93] 당시 무가들은 점

89 『兼見卿記』(別本), 天正10年3月2日條.

90 同上.

91 立花京子, 前揭「信長期公武間關係の實態」, p. 155.

92 『甲陽軍鑑』品58(戰國史料叢書5), 人物往來社, 1966, p. 448.

93 다만 섭관가 전체를 편성하려 한 흔적이 뚜렷하지 않다는 점에서 노부나가가 공가중을 전면적으로 재편

차 사키히사를 노부나가 진참중의 일원으로 인식하게 되고 결국 이것이 『신초공기』로 하여금 1581년부터 적극적으로 말을 타고 우마조로에 행사에 참여한 것으로 기록하게 한 이유이다.[94]

이렇게 볼 때 기존 선행연구처럼 고노에 사키히사를 반反 노부나가 세력의 중심 인물로 파악하는 것은 타당하지 않다. 심지어 사키히사를 혼노지本能寺의 변의 핵심 인물로 보는 주장도 있다. 다치바나 교코는 사키히사의 "혼노지의 변에 관한 의혹은 확정적"이라 하면서, 아케치 미쓰히데와 모의하여 노부나가를 살해하였다고 추측한다.[95] 그 근거로 1582년 6월 16일 마쓰이 유칸松井友閑이 상경하여 사키히사의 여죄를 규명하려 한 점,[96] 동월 17일에 사가嵯峨로 숨은 사키히사를 잡을 추적대를 보낸 점,[97] 동월 20일에 오다 노부타카織田信孝가 사키히사를 처벌하려 한 점[98]을 든다.

그러나 사키히사가 오다 측의 추궁을 받은 것은 그가 변의 주동자였기 때문이 아니다. 당시 미쓰히데의 군병은 사키히사 집 지붕에 올라가 오다 노부타다가 농성하는 니조고쇼二條御所에 활을 쏘았는데,[99] 이에 대한 추궁으로 보인다. 동년 6월 23일 도요토미 히데요시의 추궁도 미쓰히데에게 예물銀子을 받은 것을 힐난한 것이지, 그의 모반을 지적한 것은 아니었다.[100] 정말로 사키히사가 모반에 가담했다면 히데요시 측이

하려 했다거나 기존 공가중을 '와해'시킨 것으로 볼 수 없다.

94 1581년 2월 교토 우마조로에의 참가여부에 관해 『신초공기』와 『가네미경기』가 일치하지 않는 현 상황을 고려할 때, 다른 방증 자료가 없는 한 우선은 『가네미경기』의 기록에 따르는 편이 타당하다고 본다. 다만 사키히사가 1581년 1월 아즈치 우마조로에 행사부터 깊은 관련을 맺은 것은 사실이며 1582년에 이르러 본격적인 진참공가중의 일원으로 간주된 것으로 보인다.

95 立花京子, 「本能寺の變と朝廷-「天正十年夏記」の再檢討に關して」, 前揭『信長權力と朝廷』, p. 76.

96 「天正十年夏記」(立花京子, 『信長權力と朝廷』本), 6月16日條.

97 同上, 6月17日條.

98 『兼見卿記』, 天正10年6月20日條.

99 『信長公記』卷15, p. 419.

100 『兼見卿記』, 天正10年6月23日條.

아무런 처벌 없이 그대로 넘어갔을 리 없다. 사키히사가 노부나가 진참중의 역할을 했음에도 불구하고 별다른 저항없이 미쓰히데에게 순순히 협조한 사실이 용납될 수 없었던 것이다. 다른 진참중인 오키마치 스에히데는 미쓰히데가 혼노지의 변을 일으켰을 때 노부타다가 농성하고 있는 니조고쇼에 달려가 친왕일가와 공가중이 퇴거한 후에도 남아 싸우다 두 군데 손에 부상을 입었듯 적극적으로 전투에도 가담하였다.[101] 가주지 하레토요勸修寺晴豊가 말한 "고노에 도노近衛殿의 이번 히쿄ひきょう는 의외事外"[102]라는 것도 다치바나는 '히쿄'를 '잘못 · 비리非擧'으로 해석하였지만,[103] '비겁卑怯'으로도 해석할 수 있다. 진참중의 일원으로 행동한 사키히사가 싸우지 않고 미쓰히데에게 굴복하여 저택을 개방한 것은 '비겁'한 행동이었을 뿐 아니라 주위의 예상과 전혀 다른 의외의 행동이었다.

물론 처음부터 사키히사와 노부나가의 관계가 양호했던 것은 아니었지만,[104] 오다 정권이 안정화됨에 따라 점차 노부나가 쪽으로 편입되었다. 1579년(天正7) 9월 요시다 가네미가 "'내일 노부나가의 출진이 정해졌는가?'라고 고노에 도노에게 가서 물어 보니 아직 정해지지 않았다고 하신다"[105]고 하듯이 사키히사는 노부나가와 관련된 내부 정보를 알고 있었다. 그리하여 1582년 사실상 노부나가의 진참중에 편입된 사키히사는 종래 무가전주武家傳奏가 담당하던 조정 · 천황과의 교섭에도 간여하기 시작한다. 노부나가는 무라이 사다카쓰에게 교토 전반에 일을 맡기

101 「天正十年夏記」, 6月2日條.

102 同上, 6月17日條.

103 立花京子, 「本能寺の變と朝廷-「天正十年夏記」の再檢討に關して」, 前掲『信長權力と朝廷』, p. 76.

104 사키히사는 1568년(永祿11) 9월 26일 노부나가가 상경하기 3일 전에 교토에서 떠났으며, 1575년(天正3) 9월에도 사쓰마 국(薩摩國)으로 하향하는 등 노부나가와 거리를 두었다(同上, p. 87 참조).

105 『兼見卿記』, 天正7年9月17日條.

면서도 이와 별도로 사키히사를 활용하는데, 그 대표적인 예가 1582년 2월에 불거진 역曆 문제이다.

원래 역은 개원改元처럼 기본적으로 천황의 관할 영역이다. 그러나 1582년 노부나가는 오와리 · 미노 국의 역자曆者 쇼몬지(唱門師: 하급 음양사)가 올해 윤달을 두어야 한다는 주장을 받아들여 조정에 압력을 가했다. 이 문제로 동년 1월 29일, 역을 가업으로 하는 가문 공경 쓰치미카도 히사나카土御門久脩 등이 아즈치에 내려갔으나 결론은 나지 않았다.[106] 이윽고 동년 2월 3일 히사나카는 아즈치에서 상경하여 천황에 그 경과를 보고했는데, 바로 이날 무가전주 가주지 하레토요는 다카쿠라 나가스케 · 나카야마 지카쓰나 · 히로하시 가네카쓰廣橋兼勝와 더불어 사키히사 집으로 갔다.[107] 그것은 아즈치에서 윤달과 관련한 역 문제가 결론이 나지 않자, "교토에서 역사曆師를 고노에 님 거처에 모여 규명하라고 노부나가가 고노에 님에게 지시"[108]했기 때문이다. 그렇지만 오와리 역은 종래 조정에서 사용되어 온 선명력宣明曆과 달랐기 때문에 사키히사 거처에서 진행된 논의도 쉽게 결론이 나지 않았다.[109]

1581년 2월 4일 가네미가 사키히사의 거처를 방문하였을 때, 논란이 된 역의 윤달 설정과 관련하여 이야기를 나누었다.[110] 그러나 역에 관한 논의는 노부나가의 희망대로 모아지지 않았고, 이후 무라이 사다카

---

106 「天正十年夏記」, 1月29日條 · 2月3日條.

107 同上, 2月3日條.

108 『兼見卿記』(別本), 天正10年2月4日條.

109 「天正十年夏記」, 2月3日條.

110 가네미에 따르면 이 날도 사키히사의 거처에 다카쿠라 나가스케 · 나카야마 지카쓰나 · 가주지 하레토요, 히로하시 가네카쓰가 모여 있었다. 이들은 "이번에 노부나가가 사키히사에게 준 말을 구경하였다. 사키히사는 말을 탔고 사네히토 친왕의 거처로도 말을 타고 갔다"(『兼見卿記』(別本), 天正10年2月4日條)고 하여, 가주지 등을 모아놓고 사키히사가 노부나가로부터 받은 말을 보여주고 있는 점이 눈길을 끈다.

쓰 거처에서 다시 논의되지만 마찬가지로 결론은 쉽게 나지 않았다.[111] 그래서 그 다음 날인 2월 5일에도 가주지 하레토요 등이 먼저 사키히사의 집에 들러 이에 대한 보고를 하고, 다시 사다카쓰의 거처에 가서 쓰치미카도 히사나카 등을 불러 다시 계산해보았으나, 역시 윤달은 없다는 결론이 났다.[112] 종래 조정과 무가 사이에서 제반 업무를 조정하던 무가전주의 일에 사키히사가 새로 간여한 모습이 주목된다. 비록 사키히사가 커다란 역할을 수행하지는 못했지만, 종래 주로 무가전주 루트를 통해 조정과 교섭했던 무로마치 막부와는 다른 모습이었다.

그 후 조정 측의 반대에도 불구하고 역에 관한 논의는 결국 노부나가의 뜻대로 관철되었다. 온건한 가주지 하레토요조차 "12월 윤달의 문제가 거론되어 (노부나가는) 윤달을 두어야 한다고 말했다. 있을 수 없는 일이다. 이것은 노부나가가 무리하게 처리한 일이라 모두들 이야기했다"[113]고 비판하지만 결국 노부나가의 뜻대로 되었다. 노부나가의 대조정 우위는 분명해졌다.

111 「天正十年夏記」, 2月4日條.
112 同上, 2月5日條.
113 同上, 6月1日條.

소결小結

이 장에서는 주로 1581년(天正9) · 1582년의 우마조로에를 중심으로, 그 성격을 살펴보았다.

첫째, 우마조로에 성격과 관련하여, 선행연구처럼 '무위'의 선양으로 보면서도 노부나가의 가부키적 특색이 내재된 축제의 장이란 측면을 부각시켰다. "검은 남만 모자를 쓰고 눈썹을 먹으로 그리고 붉은 색 의복을 입고 중국 비단으로 만든 소매 없는 하오리를 걸친" 노부나가의 이형異形 복장이나, "자신이 입장할 때 위엄과 화려함을 덧붙이기 위해" 금으로 된 장식이 달린 붉은 색 벨벳 남만 의자를 내세운 행사 모습은 국내뿐 아니라 국외에서의 명성을 염두에 둔 노부나가의 지향이 엿보인다. 또 일부 선행연구에서 주장하듯 노부나가가 천황의 양위를 위해 우마조로에를 거행하여 압력을 행사했다는 견해에 동의할 수 없다. 오기마치 천황은 양위 의사가 있던 것으로 보이며 이 시기 노부나가가 천황 · 조정에 압력을 행사할 이유는 없었다. 또 다치바나 교코처럼 노부나가가 좌대신左大臣 추임을 위해 압력을 가했다는 주장도 있지만, 관위 질서로부터 벗어나고자 한 1579년(天正7) 이후 노부나가의 행태를 볼 때 수긍하기 곤란하다. 선행연구의 문제점은 1581년 2월 교토 우마조로에 행사를 지나치게 조정과 천황에 대한 압박으로 이해하고, 대규모 군사 퍼레이드라는 형식에 주목한 점에 있다. 그러나 우마조로에는 1581년 1월 아즈치, 2 · 3월 교토, 8월 아즈치, 1582년 1월 아즈치 등으로 이어지는 일련의 행사이다. 이 모든 행사를 염두에 두어야 하며 1581년 2월 교토 우마조로에만 따로 주목하는 것은 타당하지 않다.

한편 아즈치와 교토에서 거행된 우마조로에는 단순히 무사들만의 축제로 끝나지 않았다. 노부나가가 직속 무사들뿐 아니라 공가중과 일부 사원세력, 공방중까지 여기에 포함시키려 했기 때문이다.

둘째, 이 점에 유의하여 이 시기 공가층의 동향을 분석했다. 특히 1581년 2월 우마조로에와 관련하여 '진참공가중陣參公家衆'에 주목하였다. 쇼군의 부하가 된 공가가 전쟁에 참가하는 이른바 진참공가중은 무로마치 시대부터 존재한다. 그런데 오다 정권은 이러한 진참중 이외에 다른 일반 공가도 무가 가신단의 일원으로 편성하려 했다. 이케 스스무가 주장한 '공가중의 해체'는 아니었지만 '공가중의 재편'을 시도한 것은 사실이다. 그러나 1581년 2월 교토에서 실시된 우마조로에 행사에 가네미와 같은 일반 공가중은 결국 참가하지 않아, 노부나가의 공가 재편은 진참중만이 대상이었고 결국 무로마치 막부와 별반 다를 바 없었다. 따라서 선행연구처럼 1581년 3월 진참공가중의 우마조로에 참가를 지나치게 확대 해석하여 노부나가가 공가중을 무력화하거나 해체시킨 것으로 볼 수는 없다. 그렇지만 다른 한편으로 1582년까지 이어진 일련의 우마조로에를 살펴보면 새로운 오다 정권의 공가 정책이 확인된다. 1582년 1월 섭가 출신의 고노에 사키히사가 사실상 노부나가 진참중의 일원으로 편입되고, 이어 동년 3월 다케다 씨 정벌 전쟁까지 참가한 점이 주목된다. 노부나가가 섭가 사키히사까지 진참중의 일원으로 간주한 것은 무로마치 막부의 공가정책과 구별되는 매우 커다란 변화이자 특색이다.

노부나가가 적극적으로 모든 섭관가를 진참공가중으로 편입한 것은 아니지만, 적어도 사키히사와 같은 최상급 공가가 직접 전쟁에 참가하는 이른바 ‘공가의 무가화’ 내지 ‘공가의 무가 종속화’를 막지 않았다. 아케치 미쓰히데나 무라이 사다카쓰 등도 요시다 가네미와 같은 일반 공가중의 우마조로에 행사 참가를 적극적으로 권유하였다. 이 점은 확실히 근세 초 공가에게 가업과 학문을 강요하고 ‘무’에서 이들을 배제시켜 ‘무위’를 사실상 무가가 독점하는 근세의 원리와 명백히 구분된다. 그렇지만 한편으로 무로마치 시대와도 구별된다. 무로마치 쇼군은 명가나 우림가羽林家의 공가를 진참중으로 편성한 적은 있어도 노부나가처럼 섭가출신 공가를 진참중으로 편성한 적은 없었다. 또 1582년 역법曆法 도입의 사례처럼 명가 · 우림가 급의 무가전주를 활용하면서도 섭가 사키히사를 개입시켜 이들 통어하려 한 점도 종래와 구별되는 새로운 현상이다.

제2장

오다 정권의 '무가신격화武家神格化'와 천황

오다 정권에 관한 선행연구는 근세권력인가, 중세권력인가? 그 성격을 규명하는 데 주된 관심을 두었다.[1] 통설에서는 오다 노부나가가 천황(조정)을 제압하고 사사寺社세력을 공격한 사례를 거론하면서 오다 정권은 전통적 권위를 인정하지 않은 새로운 시대(근세)를 지향한 혁신권력이라고 이해한다.[2] 나아가 노부나가는 궁극적으로 천황 권위를 '초월'하여 지상의 절대자로 군림하려 했고 이 과정에서 쇼군將軍권력이 창출된 것으로 파악한다.[3] 그러나 오다 정권의 경제 정책, 특히 장원 정책을 살펴보면, 노부나가는 천황 · 사사세력을 부정하지 않고 오히려 이들을 보호 · 온존하는 측면이 있다. 따라서 오다 정권은 전국 다이묘와 같은 중세권력으로 보아야 한다는 반론도 제시되었다.[4]

이처럼 '중세권력인가, 근세권력인가?'라는 오다 정권의 성격 규명에

1 박수철, 「織豊政權의 寺社支配에 대하여: 研究動向과 課題」, 『東洋史學研究』73, 東洋史學會, 2001.

2 今井林太郎, 「信長の出現と中世的權威の否定」, 岩波講座『日本歷史』近世1, 岩波書店, 1963.

3 朝尾直弘, 「「將軍權力」の創出」(1 · 2)(3)(4), 『歷史評論』241 · 266 · 293, 1971 · 72 · 74(후에 同, 『將軍權力の創出』, 岩波書店, 1994에 재록).

4 脇田修, 『近世封建制成立史論』, 東京大學出版會, 1977. 다만 오쿠노 다카히로(奧野高廣)는 오다 정권의 장원 정책에 대한 혁신성을 인정하고 노부나가가 발급한 주인장에 주목하여, 근세 막번체제 아래 이른바 '주인지완행'(朱印地宛行)의 조형으로 본다(奧野高廣, 「織田政權の基本路線」, 『國史學』100, 1976).

치중된 연구는 1970년대까지 주류를 이루는데, 1990년대에 이르러 새로운 관점의 오다 정권 연구가 나타났다. 그중에서도 하극상을 통해 성장한 전국 다이묘는 영국 통치의 정당성을 확보하기 위해 천황 등 전통적 권위가 필요했고 이 과정에서 쇠미한 상태에 놓여 있던 천황 권위가 다시 부상했다는 전국시대 천황 권위 재부상론이 주목된다.[5] 종래 무사세력의 통제 아래 놓인 무기력하고 약체화된 이미지의 천황 · 조정은 이제 분열된 무사세력을 중재하고 제어할 수 있는 중요 역할자로 부각되고 재해석되었다. 나아가 전국시대 오기마치正親町 천황을 노회한 정치가로 평가하고 무가세력의 수장 오다 노부나가의 지향을 사실상 좌절시킨 인물로까지 묘사한 연구도 나타났다.[6] 그러나 이러한 전국시대 천황 연구는 당시 조정정치의 실상을 실증적으로 분석한 것이 아니며 이 시기 천황의 실체를 지나치게 과도하게 평가했다는 비판을 받았다.[7] 또 기존 선행연구가 무사와 천황(조정) 사이를 지나치게 대립 구조로 파악한다고 비판하고 양자의 협조 관계에 주목한 연구도 있다. 호리 신堀新은 '공무결합 왕권公武結合王權'이란 개념을 제시하면서 노부나가와 천황은 어느 한쪽이 다른 한쪽을 제압하기 위해 대립했던 존재가 아니라 서로 협조하고 상호결합한 '운명공동체'였다고 주장한다.[8]

그러나 저자는 오다 정권과 천황(조정)의 관계를 대립인가, 협조인가의 구조로 선행연구를 파악하는 관점은 오다 정권을 근세권력인가, 중세권력인가로 파악했던 1970년대의 연구 관점과 기본적으로 다르지 않다고

5 脇田晴子, 「戰國期における天皇權威の浮上」上 · 下, 『日本史硏究』340 · 341, 1990 · 1991; 同, 『天皇と中世文化』, 吉川弘文館, 2003; 今谷明, 『戰國大名と天皇』, 福武ブックス, 1992; 同, 『武家と天皇』, 岩波書店, 1993.

6 今谷明, 『信長と天皇-中世的權威に挑む覇王-』, 講談社, 1992.

7 池享, 『戰國 · 織豊期の武家と天皇』, 校倉書房, 2003.

8 堀新, 『織豊期王權論』, 校倉書房, 2011, p. 49.

본다. 대립 · 협조와 중세 · 근세 중 어느 쪽이 본질인가라고 하여 어느 한 측면(요소)만을 강조하는 연구 시각은 이분론적 시각에 입각한 것으로 향후 극복되어야 할 관점이다. 오다 정권 내에는 중세와 근세, 대립과 협조라는 일견 상반되어 보이는 두 가지 요소가 모두 존재한다. 중요한 것은 각각의 두 요소(측면)가 어떻게 상호 작용(작동)하고 있으며, 오다 정권의 추이와 관련하여 어떻게 전개되었는가 하는 점이며, 이 중 어느 한 측면만을 강조하고 결과적으로 다른 한 측면이 무시되는 연구 시각은 지양되어야 할 것이다. 따라서 이러한 문제 의식에서 다음과 같은 두 가지 측면을 규명하고자 한다.

첫째, 저자는 오다 정권이 어떤 불변의 입장(대립 또는 협조)을 갖고 있던 것은 아니며 시기별로 편차가 있음에 불과하다는 입장으로, 초기 오다 정권 성립기와 상대적으로 안정된 정권 후기의 천황 대응에 큰 차이가 있다고 이해한다. 이처럼 오다 정권의 시기적 차이점에 주목한 선행 연구자로는 노부나가가 1580년 이후 '스스로 신격화'를 통해 천황 권위를 초월했다고 하는 아사오 나오히로朝尾直弘가 있다. 그렇지만 저자는 아사오와 달리 오다 노부나가가 스스로 신격화를 통해 천황 등 전통적 권위를 초월(극복)하거나 배제하지 않았다고 이해한다. 노부나가가 '무위' 강화를 통해 권력의 집중을 이루어가지만 그렇다고 해서 오다 정권이 천황 권위를 제거하거나 배제한 것은 아니었다. 무가(오다 정권)가 신격화를 추구했다고 해서 이를 곧 천황 권위의 부정과 연결시켜 파악할 필요는 없다. 이러한 내용의 오다 노부나가 신격화를, 저자는 '무가신격화'라는 개념으로 파악하고자 한다.[9]

---

9 중세 신국사상은 불교적 왕법불법론의 영향을 받으면서, 천황이 신의 후손이란 신성성을 강조하는 데 핵심이 있다. 근세 신국사상은 크리스트교와의 대결 속에 일본 내셔널리즘의 대두로 파악해왔다. 저자는 오다 · 도요토미 시기 신국사상의 특질로 무가 수장(오다 노부나가, 도요토미 히데요시, 도쿠가와 이에야스)을 신격화하는 새로운 현상을 지적하고 이를 '무가신격화'란 개념으로 이해한다(박수철, 「近世初 일본의

둘째, 대립 · 협조라는 두 측면이 오다 정권과 천황의 관계에 구체적으로 어떻게 작동되고 있었는가 하는 점을 규명하고자 한다. 특히 노부나가가 천황권력을 압박하면서도('대립') 마지막까지 이를 완전히 배제하지 않은('협조') 이유를 규명한다. 이 점은 달리 말하면 오다 정권 아래에서 천황이 왜 존속했는가의 문제이다. 저자는 그 핵심 요소를 천황이 가진 제사권 등 신불적 요소로 파악하고, 민중을 통치하기 위해 오다 정권이 이러한 천황의 권위를 활용한 사례와 의미를 고찰한다.

『鎖國』과 神國思想」, 『日本語文學』23, 2004).

1. '무가신격화'와 '어위광御威光'의 의미

노부나가信長의 '신격화'

도요토미 히데요시豊臣秀吉는 사후 도요쿠니 다이묘진豊國大明神이 되어 신의 반열에 오른다. 사람이 신이 된 경우는 고대 스가와라노 미치자네菅原道眞[가타노텐만궁천신(北野天滿宮天神)]를 비롯하여 많은 사례가 있어 히데요시가 신이 된 사실 자체는 그다지 새삼스런 일은 아니다. 그러나 히데요시 이전은 대체로 원령怨靈사상과 관련이 있으며 대부분 억울하게 죽은 대상자가 죽은 후 신으로 모셔졌다.[10] 이에 비해 히데요시는 살아서 행운을 다 누린 인물이었으며 생전에 자기 스스로 신이 되려는 의사를 표명했다는 점에서 특이하다.

일찍이 야나기타 구니오柳田國男가 히데요시의 이러한 특성을 지적한 바 있고,[11] 최근 히데요시의 신격화를 요시다吉田 신도와 연관시켜 파악한 연구도 있다.[12] 원래 죽음이란 더러움을 정화하는 불교의 영역으로 청정함을 표방하는 신도의 영역이 아니었다. 그런데 요시다 신도의 중흥자인 요시다 가네토모(吉田兼俱: 1435~1511)는 유해 위에 영사靈社라는 사단社壇을 만들어 승려를 배제한 채 신도식神道式으로 장례식을 거행했고

---

10 小松和彦, 『神になった日本人』, NHK, 2008; 村上重良, 『慰靈と招魂』, 岩波書店, 1974.

11 柳田國男, 「人を神に祀る風習」, 『定本柳田國男集』10卷, 筑摩書房, 1962.

12 岡田莊司, 「近世の神道葬祭」, 『近世の精神生活』, 續群書類從完成會, 1996; 曾根原理, 『神君家康の誕生-東照宮と權現樣』, 吉川弘文館, 2008.

1487년 이후에는 사자死者의 영靈에 '다이묘진大明神'이란 신호神號를 수여하기에 이르렀다. 가네토모의 손자 가네미기吉田兼右는 유언을 남겨 자신의 장례식을 아들 가네미(兼見: 1535~1610)가 집행하도록 지시하여 종래와 달리 승려는 1인도 간여하지 못하였다. 이리하여 요시다 가 당주當主는 사후 'OO영사'에 묻혀 요시다 가家 수호신으로 받들어졌다. 신관이 죽음이란 부정死穢을 피해왔던 기존 관념을 극복하고, 사람을 신으로 제사드리는 인령人靈 제사가 시작된 점이 주목된다.[13] 도요토미 히데요시를 도요쿠니 다이묘진에 추대하는 데도 요시다 가네미와 그의 동생 본슌梵舜이 주도적으로 간여한다.

도요토미 정권과 마찬가지로 요시다 가네미는 오다 정권과 밀접한 관련을 맺고 있었다. 따라서 요시다 신도도 노부나가가 신격화를 지향하는 데 일정 부분 영향을 끼쳤을 것으로 추정된다. 1573년(天正1) 노부나가는 교토 상경을 방화하기에 앞서 요시다 가네미를 불러 이를 자문한 적이 있다.[14] 상경 직후 노부나가는 왕법불법론과 같은 전통사상을 고려하고 자신의 행위를 뒷받침해주는 가네미의 해석을 듣고 나서 교토 방화에 나선다.[15] 그러나 요시다 신도가 명확하게 직접적으로 노부나가의 신격화에 영향을 주었다는 기록은 현재로서는 확인할 수 없다. 더욱이 오다 정권 후반기에는 요시다 가네미가 주로 무라이 사다카쓰村井貞勝나 아케치 미쓰히데明智光秀와 접촉하고 있으며, 노부나가와의 만남은 오히려 축소되었다.[16] 이런 점에서 요시다 신도와 밀접한 관계가 있는 히데요시의 신격화 과정과 동일선상에서 파악할 수 없다.

13 曾根原理, 『德川家康神格化への道』, 吉川弘文館, 1996; 同, 前揭『神君家康の誕生-東照宮と權現樣-』.

14 『兼見卿記』(史料纂集本), 元龜4年4月1日條.

15 同上.

16 박수철, 「織田 정권의 神社 정책과 吉田社」, 『역사학연구』32, 2008, pp. 308-312.

노부나가의 신격화와 관련하여 고려해볼 수 있는 또 하나의 가능성은 예수회 선교사와의 접촉이다. 사실 노부나가의 신격화도 크리스트교 기록에만 전해진다. 이 기록에 따르면 노부나가는 자신의 거성居城 아즈치 성내安土城內에 소켄지摠見寺를 건립한다. 이곳에는 마땅히 있어야 할 신체神體가 없었는데 "죽어야 할 인간이 아니며 신이 되어 불멸자가 된 듯이 존경받을 것을 희망"[17]한 노부나가가 스스로를 신체로 표방했기 때문이다. 그러나 그 후 노부나가는 본산盆山이란 돌을 자신의 신체로 삼는데, 이는 초기의 '파격'을 다소 수정하여 일본 신사의 전통 방식을 따른 것이라고 볼 수 있다. 노부나가는 소켄지에 와서 참배(노부나가 숭배)하면 부 · 장수 · 질병치유 · 건강회복의 효과가 있다고 선전하면서 자신의 탄생일을 성일聖日로 삼아 사원에 올 것을 지시했다. 그러면서 "이를 믿는 자는 반드시 약속한 바를 얻을 것이며 이를 믿지 않는 사악한 자는 현세는 물론이거니와 내세에도 망할 것이다. 따라서 여러 사람은 모두 완전히 (노부나가를) 숭경하도록 하라"[18]고 명령한다.

여기서 주목되는 점은 노부나가가 "매월 나의 탄생일을 성일로 삼아 이 사원으로 올 것"을 지시한 사실이다. 또 (후일 본산이란 신체를 두었지만) 처음에는 "아즈치 산의 사원에는 신체가 없고 노부나가 스스로가 신체이며 살아있는 신불"이라 한 점이나, "세계에는 다른 주主가 없으며 자기 위에는 만물의 조물주도 없다고 하면서 지상에서 숭배받기를 원하였다. 가신 등도 또한 노부나가 자신 이외에 숭배해서는 안 되다고 분명히 말하고 같은 곳同所에 모아놓은 우상(불상–역자 주)에 뒤떨어지지 않는 숭경을 다할 것을 희망했다"[19]는 기록에서 노부나가의 신격화는 예수나 하나

17 村上直次郎譯 · 柳谷武夫編輯, 『イエズス日本年報』上(新異国叢書3), 雄松堂書店, 1969, p. 207.
18 同上, pp. 207-208.
19 同上, p. 208.

님을 섬기는 크리스트교의 형식과 매우 비슷하다. 노부나가가 여러 차례 선교사와 면담을 갖고 있으며,[20] 불교와 크리스트교와의 논쟁을 직접 지켜보았던 점으로 보아도[21] 노부나가의 신격화가 크리스트교에서 모종의 영감을 얻었을 가능성이 있다.

노부나가의 신격화에 관해서는 이마이 린타로今井林太郎가 간단히 언급한 적이 있고,[22] 아사오 나오히로가 이를 본격적으로 분석하여 노부나가의 '스스로의 신격화'에 주목하였다. 아사오에 따르면, 1580년(天正8) 혼간지本願寺와 화해하는 과정에서 노부나가는 천황의 중재를 요청할 수밖에 없었다. 그리하여 그 후 노부나가는 천황 권위를 극복하기 위해, 또 어백성御百姓의식을 바탕으로 천황에게 귀속성을 보이는 잇코잇키一向一揆 등 민중을 제압하기 위해 스스로 신격화를 통해 독자적인 쇼군권력을 창출한다.[23] 지금까지는 아사오 설에 대해 예수회 선교사 기록 외에는 확인되지 않는다는 점에서 신빙성을 의심하는 연구자가 적지 않았으나,[24] 최근 연구는 예수회 선교사의 기록을 신빙성 있는 자료로 파악한다. 가령 오다 정권이 교토 니조二條 저택을 축조하는 과정에서 불상을 성벽의 일부로 사용했다는 내용이 있는데, 이는 노부나가의 신격화와 마찬가지로 당시 일본 측 기록에는 전혀 나오지 않는다. 그런데 1974년 교토 지하철 공사 도중 니조 저택으로 추정되는 거주지에서 부처상 실물이 대거 발굴됨으로써 예수회 선교사의 기록이 신빙성이 높다는 점

---

20 『フロイス日本史』4, 中央公論社, 1981, pp. 157-159 · 222-224; 『フロイス日本史』5, 中央公論社, 1981, p. 112.

21 『フロイス日本史』4, pp. 171-184.

22 今井林太郎, 前掲「信長の出現と中世的権威の否定」.

23 朝尾直弘, 前掲『將軍權力の創出』.

24 脇田修, 前掲『近世封建制度成立史論』, pp. 299-300; 三鬼清一郎, 「織田政権の権力構造」, 『幕藩制国家の成立』講座日本近世史1, 有斐閣, 1981(후에 藤木久志編, 『織田政権の研究』, 吉川弘文館, 1995에 수록. p. 100).

이 사실로 입증되었다.[25] 또 노부나가가 신체로 삼은 '본산'이 실재한다는 주장도 있다.[26] 아울러 소켄지의 인왕상仁王像을 비롯하여 아즈치 성에 남아 있는 삼중탑이나 누문樓門은 고가 군甲賀郡 등 다른 사원에서 옮긴 것이 밝혀졌다.[27] 다른 일본 내 사료 방증이 필요한 것은 사실이지만, 외국인인 크리스트교 선교사의 기록이라 치부하여 바로 전면적으로 부정할 필요는 없다.[28] 오히려 삼십여 년에 걸쳐 당시 일본에 거주한 사람의 생생한 기록이기 때문에 일부 종교관계 내용을 빼면 제1차 사료로서의 신빙성은 상당히 높다고 할 수 있다.

더욱이 사람을 신으로 받드는 일도 당시 사회에서 진귀하지 않았다. 깃카와 모토하루吉川元春을 섬기는 깃코吉香 신사가, 고바야카와 다카가게小早川隆景를 받드는 와가和賀 신사가 창설된다.[29] 신격화는 다소 차이가 있지만, 1544년(天文13) 시마즈 다다요시島津忠良(日新)가 스스로를 '보살의 화신'이라 하여 무사가 신불로 자신의 위치를 규정하려는 움직임도 확인되며, 1609년(慶長14)에 모리 모토토모毛利元倶가 모리 데루모토毛利輝元 부자를 '우지가미氏神'로 받든 사례도 있다.[30]

---

25 今谷明, 前揭『信長と天皇』, pp. 38-39.

26 秋田裕毅, 『織田信長と安土城』, 創元社, 1991, p. 191.

27 同上, pp. 203-210.

28 이마타니 아키라(今谷明)는 일본 측 기록에 없다는 점을 인정하면서도 선교사의 기록을 부정하지 않았다. 여러 소문을 적는 것을 좋아했던 나라 다몬인(多聞院) 에이슌(英俊)의 일기에도 노부나가가 제국(諸國)에서 불상을 모집했다는 사실이 적혀있지 않다는 점을 근거로, 오미(近江) 일국(一國) 혹은 아즈치 성(安土城) 아래 가모(蒲生) 일군(一郡)에 한정한 것으로 본다(同, 前揭『信長と天皇』, p. 179). 또 아시카가 요시미쓰(足利義滿)가 남도북령의 고승은 말할 것도 없고 법친왕(法親王) · 뉴도친왕(入道親王)까지 요시미쓰에게 배궤(拜跪)하고 자기를 위한 기도에 총동원한 데 비해 노부나가의 신격화 성과는 빈약하며 독선적이다. 노부나가의 신성화를 도와줄 사제가 없었으며 그의 자식이 '신의 아들'로 숭배된 흔적도 없다. 따라서 노부나가의 신격화는 실패한 것으로 이마타니는 이해한다(同上, p. 180).

29 堀新, 前揭『織豊期王權論』, p. 298.

30 石毛忠, 「思想史上の秀吉」, 『豊臣秀吉のすべて』, 新人物往來社, 1981, p. 192.

'어위광御威光'의 의미

이처럼 오다 노부나가가 신격화를 추진한 데는 요시다 신도와의 관계 및 크리스트교 선교사와의 접촉이란 당시 시대 상황과 직간접적으로 관련된다. 그 외에 신격화의 배경으로 생각할 수 있는 또 하나의 주된 가능성은 이 시기에 이르러 '무위武威'가 강화된 사실이다. 무가세력의 힘의 근간인 무위가 팽창하여 종래 천황·사사의 영역이던 신불에 개입함으로써 무가가 신의 반열에 오르는 '무가신격화'로 표출된다. 이것이 바로 무위와 신격화의 결합이며 근세 초 신국사상의 특징이기도 하였다.[31] 무가세력이 불교와 음양도를 비롯하여 천황의 제사권에 개입한 사례는 이미 아시카가 요시미쓰 시기에 존재한다. 그러나 이 경우도 요시미쓰는 신의 후손인 천황가의 입장을 고려하여 신사에는 개입하지 않았다는 지적이 있다.[32] 오다 노부나가 시기에 이르면 강화된 무위를 바탕으로 무가세력이 신사에 직접 개입하는 사례가 급증한다.[33]

물론 '무위' 자체는 가마쿠라 시대부터 확인되나,[34] 오다 시기 무위는 단순히 무력만을 의미하지 않고 무가 노부나가 개인에 대한 숭경 관념이 내포된 점이 특징이다. 1575년(天正3) 9월 오다 노부나가는 에치젠 국越前國을 장악하고 통치 방향을 지시한 에치젠 법규를 만든다. 여기에는 무위의 구체적 내용이 잘 드러나 있다. 이 법규에서는 무위를 '무편武篇'으로 표현한다. "대국大國을 맡겨 둔 바 모든 일에 신경을 써야 하고 방심하면 처벌하겠다. 무엇보다 무편이 중요하다. 무구武具와 병량에 신경

31 박수철, 前揭「近世初 일본의 『鎖國』과 神國思想」; 同, 「豊臣정권의 天皇觀과 '武威'」, 『歷史敎育』105, 2008.

32 今谷明, 『室町の王權-足利義滿の王權簒奪計劃-』, 中央公論社, 1990, p. 75.

33 박수철, 前揭「織田 정권의 神社 정책과 吉田社」.

34 남기학, 「鎌倉시대의 '武威'에 대한 일고찰-中世日本의 自己認識의 한 형태」, 『역사학보』178, 2003; 同, 「'武威'를 통해서 본 鎌倉幕府의 성립과 발전」, 『동양사학연구』90, 2005.

을 써서 5년도 10년도 확실히 에치젠 국을 지탱할 수 있도록 준비해야 한다"[35]고 하여, 무편은 무구(무기와 방어구)와 병량 준비로 전쟁을 수행하는 데 필요한 직접적인 물질적 기반을 지칭한다. 또 "무편도武篇道에 힘써도 은상을 내려 줄 영지가 없지 않은가라고 여러 사람이 생각하게 되면 용勇도 충의忠義도 얕아지니 그 분별이 중요하다"[36]고 하여 무편도는 충이나 은상과 결부된다. 무편은 전투 · 전쟁에서 승리하는 데 반드시 필요한 요소이며 승리를 거두면 그에 상응하는 대가를 보상받을 수 있었다.

그런데 1575년이 되면 무편도를 추구하는 노부나가의 가신단은 물질적인 측면 외에 신불과 같이 정신적인 측면에서 노부나가를 마음 속 깊이 숭상하기를 요구받았다.

> 1. 말할 것도 없으나 무엇이든 노부나가가 지시한 대로 처리하겠노라는 각오가 중요하다. 그렇지만 무리無理 · 비법非法이라 생각하면서 교언영색해서는 안 된다. 이 경우 무엇이든 걸리는 것이 있으면 거절의 의사를 밝혀야 한다. (그런 뒤) 노부나가에게 보고하고 지시에 따라야 할 것이다. 어떻든 나(我々: 노부나가–역자 주)를 숭경하고 보이지 않는 곳에서도 원수로 생각해서는 안 된다. 내(노부나가) 쪽으로 발도 뻗지 않을 정도의 마음가짐이 중요하다. 이러한 분分을 지키면 사무라이의 보살핌冥加이 있어 장구할 것이다. 잘 분별하길 바란다.[37]

노부나가의 '무위'(무편)가 단순히 무력을 의미하지 않고 묘가冥加라는 신불 보호 관념을 내포하고 있는 점이 주목된다. 종래 가마쿠라 시기

35 『信長文書』下, 549号.
36 同上.
37 同上.

신불을 섬김으로써 묘가를 받던 사무라이들은 이제 노부나가를 숭경함으로써 신불의 보호를 받을 수 있게 된다. 노부나가의 가신에게 노부나가에 대한 숭경은 그들이 신불을 섬기는 것과 동일하였다.

무위가 팽창하여 사원세력을 억제하는 논리는 혼간지에서도 확인된다. 1580년(天正8) 혼간지에 대해 "(혼간지가) 운을 천도天道에 맡겨 5년간 세월을 지켰지만, 기력은 날로 쇠해만 갔고 조의調儀와 조략調略도 듣지 않았다. 노부나가의 어위광御威光은 융성하여 제국칠도諸國七道가 평화스러워졌다. 여기에 이르러 혼간지는 칙명이라던가, 도리에 거슬리지 않겠다든가 하면서 오사카에서 퇴성하겠노라고 한다"[38]고 묘사한다. 무위는 '노부나가의 위광'으로 표출되며 여기에 혼간지가 굴복된 것으로 파악한다. 칙명과 도리를 명분으로 내세웠지만 일본에 분쟁을 종식시키고 평화를 가져올 수 있는 진정한 힘은 노부나가의 어위광이었다.

심지어 오다 정권 후기에 이르면 '노부나가의 어위광'이 더욱 왕성해진 점과 관세음보살의 힘이 쇠미해진 사실이 대비되기도 한다. 1581년(天正9) 노부나가는 이즈미 국和泉國 마키노오데라槇尾寺의 악승을 소탕한다. 이곳은 서국西國 삼십삼소三十三所 네 번째 순례 관음의 영험있는 대가람으로 평가되는 절로서 고야 산高野山 경내에 있으며, 구카이空海가 출가한 곳이었다. 그러나 "이 사원이 노부나가 공信長公의 어위광을 두려워하고, 탁세말대濁世末代가 되어 관세음의 힘도 쇠하여 창졸지간에 여우와 이리의 소굴로 황폐해졌으니 한탄한다고 해도 소용이 없다"[39]고 적어 사원세력을 압도하는 노부나가의 어위광을 알 수 있다.

그런데 이때 '노부나가의 어위광'은 단순히 노부나가의 무력 내지 군

---

38 『信長公記』(角川文庫本)卷13, 角川書店, 1969, p. 329.

39 『信長公記』卷14, p. 354.

사력만을 의미하는 것은 아니다. 1580년 8월 노부나가는 가신 중 가장 유력자였던 사쿠마 노부모리佐久間信盛 부자를 추방하는데, 그 주요 근거로 무자도武者道가 '형편없음'을 들었다. 이 경우 무자도는 무기 · 병량 등 직접적인 전투행위와 관련 있는 무편과 전쟁과 각종 전략을 뜻하는 조의 · 조략을 포괄하는 의미로 사용된다.[40] 기존 선행연구에서 '무위'는 일반적으로 무사권력의 힘이나 무가의 특징으로 파악하는 것이 일반적이다. 가령 도요토미 히데요시의 무위(弓箭이 엄격한 나라)를 명나라나 공가公家의 '긴소매'(長袖: 文)와 대비하는 경우이다.[41] 그런데 무자도는 물리적인 군사력과 더불어 전술 · 전략과 같은 책략을 포함한다. 또 조의 · 조략은 무사만이 독점할 수 있는 성질의 것이 아니고 혼간지 등 사원세력도 이에 간여했다. 이념적으로는 사원도 얼마든지 '무위'를 발휘할 수 있었다.

한편 노부나가의 어위광은 이러한 '무위'(무자도=무편+조략)만에 국한된 것이 아니다. 노부나가의 어위광은 무자도 외에 문이나 덕도 중요한 요소였다. 1582년 3월 노부나가가 다케다 씨를 공략하여 천하통합이 가시화되기 시작했을 때 『다몬인일기多聞院日記』에는 다음과 같은 에피소드가 전해진다.[42]

『다몬인일기』의 저자 에이슌英俊은 학승 센가쿠보(仙學房: 仙覺坊)와 담소하면서, 센가쿠보가 미카와 국 출신의 승려 가신可心에게 들은 10년 전의 꿈 이야기를 기록으로 남기고 있다. 가신의 꿈속에서 쇼토쿠 태자는 노부나가가 천하를 다스릴 인물이라 하면서 자신이 요리토모에게 주었던 칼(아쓰타 신사에 소장)을 찾아 노부나가에게 바칠 것을 지시하였다. 가신

---

40 『信長文書』下, 894号.

41 박수철, 前揭「豊臣 정권의 天皇觀과 '武威'」, pp. 137-138.

42 『多聞院日記』, 天正10年3月23日條.

은 꿈이라 생각하고 그냥 잊었는데 얼마 후 쇼토쿠 태자가 다시 꿈에 나타나 지시한 대로 하지 않음에 화를 내고 꾸짖었다. 이 때문에 가신은 할 수 없이 노부나가에게 가서 칼을 바쳤다. 그러자 노부나가가 자신도 같은 꿈을 꾸었다고 기뻐했다는 내용의 에피소드이다.

호리 신은 이 에피소드가 『헤이케모노가타리平家物語』의 내용과 유사하다는 사실을 지적하고, 무가 정권이 조정에게서 '절도節刀'를 받는 형식에 주목하여 오다 정권과 조정 사이에 공무협조 관계가 구축되었음을 의미하는 것으로 해석했다.[43] 그런데 저자가 주목하고자 하는 점은 가신의 꿈에, 쇼토쿠 태자가 나타나 말한 에피소드의 내용이다. 쇼토쿠 태자는 "천하를 다툴만한 자가 3명 있다. 요시카게(朝倉)義景는 바란다고 해도 능력用[내(에이슌–역자 주)가 덧붙이자면 기량(器用)을 말한다]이 없어 불가능하다. 신겐(武田)信源·玄은 바라는 바 무武는 있으나 자비심이 없어 불가능하다. 노부나가 한 사람만 가능하다"[44]라고 평가한다. 이 에피소드는 결국 에이슌과 같은 승려(지식인)들의 인식을 반영한 것이다. 에이슌은 어떤 무가가 요리토모賴朝의 후계자가 되어 천하를 얻으려면, '다치太刀'로 표방되는 무력(군사력)을 발휘할 수 있는 기량(武者道=무편+조략) 외에 자비심이란 덕목이 필요하다고 인식했다. 무가의 수장이 되어 어위광을 발휘하려면 단순히 무력(즉 좁은 의미의 '무위')만으로는 부족했다. "천하를 지시申付"하고 '천하를 맡은' 노부나가를 "무와 덕 양도에 모두 통달한 자信長公 御武徳兩道御達者"[45]로 선전한 이유도 여기에 있다. 무가 정권은 '무위'만으로는 천하를 장악할 수 없고 '무'와 더불어 '덕'도 통달해야 했다.

가신단의 숭경은 '무'에 치중했던 노부나가에게 자비와 덕으로 대표

---

43 堀新, 「『平家物語』と織田信長」·「織豊期の王權論をめぐって」, 前掲『織豊期王權論』.

44 『多聞院日記』, 天正10年3月23日條.

45 『信長公記』卷6, p. 158.

되는 요소까지를 포함시키려는 과정에서 출현한 것이다. 이것이 바로 "(마키노오데라가) 노부나가 공의 어위광을 두려워하고, 탁세말대가 되어 관세음의 힘도 쇠하여"의 노부나가의 '어위광'이다. 따라서 노부나가의 '어위광'은 단순한 '무위'는 아니었다. 선행연구에서 강조해온 '무위'에 이러한 덕목까지 포함하여 새로 고찰할 필요가 있다. 노부나가의 '어위광'은 그 후 가신을 포함하여 사원세력은 물론이거니와 일반 민중까지를 대상으로 팽창한다. 이것이 바로 노부나가(무가)의 신격화로 이어진 배경이라 생각된다. 무위가 팽창하여 신불의 자비심과 같은 덕목과 결부될 때 어위광을 지닌 무가는 신의 반열에 올라선 결과(무가신격화)가 나타난다. 그런데 무가의 수장이 신으로 받들어질 때, 신의 후손 천황과는 과연 어떤 관계를 설정해야 하는가?

2. 오다 정권의 천황 인식과 제사권祭祀權

천황 제사권의 추이

1567년(永祿10) 8월 오다 노부나가는 미노 국美濃國 이나바 산성稻葉山城을 함락시키고 기후岐阜로 이름을 바꾼다. 노부나가가 오와리 국에 이어 미노 국을 평정하자, 동년 11월 9일 천황 측은 사자를 보냈다. 천황은 가주지 하레토요勸修寺晴豊를 통해 "이번에 여러 국國々을 평정했다고 들었다. 실로 발군의 무용武勇이고 천도天道의 감응이며 고금무쌍의 명장이다. 앞으로도 더욱 더 승리로 나아갈 것乘勝이다. 특히 오와리 · 미노 국의 천황 영지御料所와 관련한 목록을 내리니 세금이 잘 걷힐 수 있게 엄중히 명령하였으면 좋겠다"[46]는 취지의 윤지綸旨를 노부나가에게 내린다. 이때 윤지에는 노부나가가 오다 오와리노카미織田尾張守殿로 명시되어 있다.

이마타니 아키라今谷明는 전국 다이묘의 무용을 상찬하고 승리를 축원하는 천황의 윤지를 '결승윤지決勝綸旨'라 명명하고 노부나가가 이러한 천황의 윤지를 받아 이를 명분으로 삼아 상경한 것으로 이해한다.[47] 마치 미나모토노 요리토모가 모치히토 왕以仁王의 영지令旨를 받아 이를 명분으로 교토에 진출하려 한 것과 흡사하다. 이마타니 설에 대해서는 호

46 『立入宗継文書 · 川端道喜文書』, 國民精神文化研究所, 1937, p. 90.

47 今谷明, 前掲『信長と天皇』, pp. 20-23.

리 신의 유력한 반론이 있지만,[48] 여기서 주목하고 싶은 점은 천황 측이 전국 다이묘 노부나가를 칭찬한 용어가 '무용'이나 '고금무쌍의 명장' 등 주로 무력과 연관시키고 있는 부분이다. 일반적으로 전국 다이묘는 하극상 풍조를 기반으로 실력을 길러 주군을 타도하고 신분을 상승한 경우가 많다. 하극상을 제어하고 슈고 다이묘에서 전국 다이묘로 비교적 순조롭게 전환한 이마가와 씨今川氏조차 "지금은 대개 자기 역량으로 국國 법도를 지시하고 분쟁을 해소靜謐하는 것"[49]이라 인식하고 있듯, 명목에 불과한 관위 등 권위보다 실질적인 개개 실력器量을 중시한다. 노부나가가 오와리에 이어 미노를 정복할 수 있던 것은 군사적 기량을 발휘한 덕분이고, 천황은 이를 인정하고 정당화하는 취지(무용, 명장, 승리)를 문서에 담았다.

천황가의 목표는 자신의 경제적 이득御料所 확보이다. 그런데 천황은 자기 이익에 합치되는 무가 권력자에게 단지 '무력'만 기대한 것은 아니었다. 1567년 마데노코지 고레후사萬里小路惟房를 통해 천황이 내린 윤지에는 노부나가의 미노 정복을 "실로 중국漢家 · 일본本朝 당대에 둘도 없는 책략이다. 무운장구의 기초이며 이름幸名을 드러냈다"고 '책략'(조의 · 조략)을 칭찬하면서도, "이번에 이웃 국을 도리에 따라 속히 평정하고 모든 사람의 숭경崇仰을 받은 것은 기특하다"고 '숭경'을 하나의 중요 판단 근거로 든다.[50] 앞서 언급한 가주지 하레토요를 통해 내린 윤지에도

---

48 전국시대 천황의 실체를 용인하는 이마타니 아키라는 가령 오다 노부히데가 미카와노카미(三河守)를 수여받은 것처럼 실리적인 관위에 주목한다. 호리 신은 노부히데가 미카와노카미를 칭한 문서가 존재하지 않았다는 점을 근거로 관위가 재지동치에 유리했던 것은 사실이나 천황에 연결시킬 수는 없다는 입장이다. 관위수여는 천황보다 막부와 관련이 있으며, 전국시대 막부 권위의 쇠퇴로 천황 · 조정도 지위가 저하되었기에 관위 자체가 큰 의미는 없다는 입장이다. 무로마치 막부와 천황은 '공무결합'의 '일심동체' 상태였고, 노부나가는 오와리노카미(尾張守)를 소망한 적도 없다. 이는 조정 측이 자발적으로 준 것에 불과하며 노부나가의 상경과 '결승윤지'(決勝綸旨)를 연결할 수 없다고 파악한다(堀新, 「戰國大名織田氏と天皇權威-今谷明氏の「天皇史」によせて」, 前揭『織豊期王權論』).

49 「今川假名目錄追加」第20條, 『中世法制史料集』第3卷武家家法1, 岩波書店, 1965.

50 「立入文書」, 『岐阜縣史』史料編古代 · 中世4, 1973.

노부나가의 군사적 승리를 '천도에 감응'한 결과로 보고 있듯, 전국 다이묘가 통치의 정당성을 부여받으려면 기량武力만이 아니라 '천도', '숭경' 등 그에 상응하는 사상적 이데올로기의 뒷받침이 필요했다.

노부나가가 교토에 상경한 직후 천황과 노부나가 사이에 긴장 상태가 전혀 없던 것은 아니지만,[51] 정치적으로 불리한 처지에 있던 노부나가가 친조정 · 친공가 정책을 추진하면서 천황 · 조정과의 협조관계는 정착된다. 노부나가는 자신이 발휘한 기량을 정치적으로 추인하고 인정해줄 존재가 필요했고, 천황 측 역시 경제적인 후원자가 필요했다. 그런데 당시 노부나가가 친천황 · 공가 정책을 편 것을, 다른 전국 다이묘 · 요시아키와의 대립이란 정치적인 측면뿐 아니라 '신불의 보호'라는 사상적 · 종교적 측면과 연관시킨 자료가 있어 주목된다. 『신초공기信長公記』에는 1571년(元龜2) 노부나가가 행한 대대적인 천황 거처禁中 수리가 다음과 같이 기록되어 있다.

> 대저 궁궐은 이미 부서지고 무너졌다. 노부나가께서는 신불의 보호御冥加를 받기 위해 궁궐의 수리가 필요하다고 생각하시어(A), 재작년 니치조 상인日乘上人, 무라이 민부승(村井民部丞: 村井貞勝)을 봉행奉行으로 삼아 수리를 지시하셨다. 3년이 지나서, (국가의 중요 의식이 행해지는 궁전인) 자신전紫宸殿, (천황의 일상 거처인) 청량전淸凉殿, [삼종(三種)의 신기(神器) 중 신경(神鏡)을 모시는 궁전인] 내시소內侍所, 다이다이리[大內裏: 궁청(宮廳)과 황거(皇居)를 총칭]의 다섯 건물의 하나인 소양사昭陽舍, 그 외의 궁궐이 남김없이 조영되었다. 여기에 덧붙여 노부나가 공公은 궁중에서 쓸 물품을 후대까지 조달될

51 1568년(永祿11) 9월 22일 오와리(尾州) 아시가루가 2, 3기 출몰하여 천황 거처에 다가가는 것을 조정이 엄격히 제지했다. 오다 노부나가의 상경으로 교토 내 소동이 일어났다(『御湯殿上日記』, 永祿11年9月22日條). 또 1570년 9월 혼간지와 노부나가의 화해를 주선한 사례에도 초기 공가들의 기회주의적 측면이 잘 보인다(『言繼卿記』, 元龜1年9月20日條).

수 있도록 조치를 취해야겠다고 생각하시어, 낙중洛中의 조닌町人에게 쌀을 맡기고 그 이자를 매월 진상하도록 지시하셨다. 아울러 몰락한 공가 측의 영지를 부활시켜 가문을 잇게 하고 나아가 저택도 짓게 해 주었다. 천하만민 일동一同이 이보다 만족함은 없다고들 한다. 본조에 있어 노부나가의 명예, 노부나가 가문의 위풍威風은 들어 헤아릴 수 없다(B). 또 노부나가는 분국 내 제관諸關의 제역諸役을 면제하였다. 천하안태天下安泰, 왕래하는 여행자를 가엾게 여기시고 자비심이 깊으시니 신불의 보살핌과 행운을 입어 이 세상世을 넘어서 더욱 더 노부나가께서 영원하실 토대가 되었다(C). 아울러 도를 배우고 몸을 세우는 것도 노부나가께서 자신의 이름御名을 후대에 알리고擧 싶기 때문이다(D). 경하스러운 일이다[52]

우선 궁궐의 수리를 신불의 보호를 받기 위한 것이라 주장한 부분(A)이 주목된다. 『신초공기』는 노부나가의 근신 오타 규이치太田牛一의 저술로서 기본적으로는 군기류이지만 사료적 가치가 높아 일급사료에 준하는 자료로 평가된다.[53] 그런데 이 자료는 신불의 보호를 강조하는 점에서 노부나가가 신불神佛의 권위를 부정하고 이를 통해 신격화함으로써 절대자가 되려 했다는 크리스트교 사료에 입각한 기존 통설과 배치된다. 물론 예수회 측의 신격화 기록은 1582년의 일로, 1570년을 전후한 상경 초기의 상황을 말해주는 이 사료와 시기적으로 차이가 있다. 또 이와 아울러 오다 정권 내 무사들은 친천황 정책을 통해 노부나가가 신불의 보호를 받고 있는 것으로 인식했을 가능성이 크다. 어쨌든 초기

52 『信長公記』巻4, pp. 128-129.

53 堀新編, 『信長公記を読む』, 吉川弘文館, 2009.

단계의 오다 정권은 친천황 · 친공가 정책을 통해 신불의 보호를 기대하고 있음을 표방하였다.

다음으로 주목되는 부분은 밑줄 친 C부분이다. 여기에서 알 수 있듯 오다 정권은 단순히 '무위'로 통칭되는 군사적 기량만을 지향한 것이 아니라 노부나가의 '자비심'[54]과 같이 윤리적 덕목을 제시하고 나아가 이를 '천하안태'의 기틀로 내세웠다. 능력(무와 관련한 기량)과 덕목(자비심)을 무가정권이 천하를 장악하고 태평을 유지하는 데 필수 요소로 이해한 것이다. 아울러 천황 거처의 수리 · 공가 측 영지의 부활 정책은 노부나가의 명예와 가문의 위풍과 연결하여(B), 노부나가도 이름을 추구하는 것(D)으로 해석한 점도 흥미롭다.[55]

대대적인 천황 거처 수리가 완성된 1571년은 무로마치 쇼군 요시아키와 노부나가의 사이가 나빠져 양자의 갈등이 최고조에 달한 시기이다. 불리한 상황이던 노부나가는 자신의 정치적 위상과 통치의 정당성을 확보하기 위해 천황과 공가세력을 자기편으로 끌어들일 필요가 있었다. 실제로 천황 · 공가에 대해 노부나가가 행한 '근황' 행위는 명령계통상 상위에 위치한 요시아키를 공격하는 데 유리하게 작용했다.

1573년(天正1) 노부나가는 요시아키의 행위를 조목조목 비판한 이른바 「이견17개조御異見17箇條」를 발표한다. 그중에서 "고겐인 도노(光源院殿: 足利義輝)께서 궁궐御內裏[56]을 소홀히 하시어 결국 신불의 보호를 받지 못한 일無

54 명리(冥利)라는 신불의 보호와 관련하여 노부나가의 자비심에 주목한 기록도 있다. 기후 현 세키가하라 산중에 걸인들이 거주하던 거처가 있다. 평소 이들을 불쌍하게 여기던 노부나가가 1585년 6월 교토로 상경하던 도중 이들에게 목면, 곡식, 쌀(扶持米)을 준다. 오타 규이치는 "이러한 자비심이 깊기 때문에 제천(諸天)의 명리(冥利)가 있어 노부나가 가문이 장구(長久)하게 된 것"(『信長公記』卷8, p. 186)으로 이해하였다. 이런 측면에서 신불과 천황은 상호 공통된 속성이 있다.

55 이른바 '공명론'(功名論)은 다음 논문을 참조할 것. 박수철, 「'가부키'와 '功名'으로 본 16세기 일본사회」, 21세기리더형 역사학교육사업단 엮음, 『지역 교류 문화로 본 역사』, 심미안, 2008; 同, 「15 · 16세기 일본의 전국시대와 도요토미 정권-'임진왜란'의 재검토」, 역사학회 엮음, 『전쟁과 동북아의 국제질서』, 일조각, 2006.

56 『信長文書』上, 340. 『신초공기』에는 '참내'(御參內)로 되어 있다(『信長公記』卷6, p. 141).

冥加이 오래되었다. 이 때문에 요시아키 대御代에는 매년 소홀히 하지 마시라고 상경 때부터 말씀드렸지만 일찍 잊으시고 근년에 궁궐이 황폐화됨은 일을 매우 잘못 처리한 것이라 생각되는 바"[57]라고 하여, 천황에 대한 근황 행위를 신불보호 여부와 직접 연결한 조항이 주목된다. 이는 중세의 전통 이데올로기인 왕법=불법론이 적어도 1573년 단계에서는 기능했던 것으로 보이며 노부나가가 이를 부정하지 않았다. 앞서 언급한 바와 같이 동년 4월 노부나가가 교토 상경을 방화하기 전에 요시다 가네미에게 "남도북령이 파멸할 때 왕성에 재앙이 내린다"는 것이 사실인가라고 자문을 구한 것도 동일한 맥락에서 이해할 수 있다.[58] 노부나가가 요시아키를 축출하고 권력을 장악해가는 시기에 궁궐 수리를 비롯한 천황과 연계된 제반 행위는 신불의 보호와 연관된 사항이었다.[59] 관위에 대한 인식 또한 기본적으로 이와 동일하였다. 1575년 노부나가의 아들 노부타다信忠가 관위를 받은 행위를, "고맙게도 천제天帝로부터 원선院宣을 받아 아키타 조노스케秋田城介로 임명된 것은 묘가(冥加: 신불보호)의 극함到이었다"[60]라고 인식한다.

노부나가는 신불보호를 받는 입장이고 천황은 신불의 제사권을 장악하였다. 실제 1575년 오다 정권이 수립할 때까지 천황이 사원과 신사문제에 간여했으며, 천변지요天變地妖와 같은 이상 자연 현상이 발생할 경우 이에 대처하기 위해 기도를 관장한 주체도 천황이었다.[61] 가령

57 同上.

58 박수철, 前掲「織田 정권의 神社 정책과 吉田社」, p. 302.

59 1574년(天正2) 노부나가가 도다이지(東大寺)에서 이름높은 향목 란자타이(蘭奢待)를 획득한다. 이 행위도 『신초공기』는 불천(佛天)의 가호가 있어 삼국무은(三國無隱)의 명물(名物)을 접했다고 평가했다(『信長公記』卷7, p. 168).

60 『信長公記』卷8, p. 205.

61 1565년(永祿8) 8월 11일 고류지(廣隆寺) 약사본존 개장(藥師開帳)의 일을 칙허했으며(『御湯殿上日記』, 永祿8年8月11日條), 1566년 10월 10일에는 야마시로 국(山城國) 고묘지(光明寺) 장로에게 자의(紫衣) 칙허를 내렸다(同上, 永祿9年10月10日條). 1568년 3월 27일 나라 도다이지 대불이 병화(兵火)를 입자, 재건을 촉구하기 위해 제국(諸國)에 윤지를 반포했다(同上, 永祿11年3月27日條). 1571년 8월 21일에는 칙

1572년 윤1월 8일, 천변지요가 발생하자 천황은 여러 사사諸社寺에 기도를 지시한다.

> 천변지요에 대해 기도하라. 특별히 정성을 다해야 한다는 취지를 담은 지시를 마쓰오松尾, 이나리稻荷, 히로타廣田 등 신사에게 내리라는 것이 천황의 뜻天氣이시다. 이에 집달한다.
>
> 2월 8일 사소벤左小弁 데루스케輝資 받들다奉
>
> 하쿠도노伯殿에게 올림謹上[62]

이와 유사한 취지의 지시가 닌나지 궁仁和寺宮, 쇼렌인靑蓮院, 묘호인妙法院, 만슈인曼殊院, 쇼고인聖護院, 산보인三寶院, 요시다吉田 신사 등에도 내려졌다.[63] 그런데 천황의 제사권은 '천하'의 안위와 관련되었다. 동년 5월 20일에는 가스가 신사春日社의 신목神木이 많이 고사하여 제사諸寺에 제사를 지시했고,[64] 모든 기도 수속은 "천변의 때와 같이"[65] 진행되었다.

주목되는 점은 "가스가 산春日山의 나무에 벌레가 생겼다. 아베 아리스에安倍有脩가 점을 쳐보니 6월 · 11월에 천하의 병이 들어 그러하다는 결

액(勅額)을 받은 지온지(知恩寺)가 천황에 예물을 바쳤다(同上, 元龜2年8月21日條)(이상 사원). 1566년 8월 11일에는 이세 신궁 조영의 윤지(綸旨)를 분고(豊後), 사쓰마(薩摩), 닛코(日向), 하리마(播磨)의 4개국에 내렸다(同上, 永祿9年8月11日條). 1571년 8월 26일 이세신궁 천궁(遷宮)과 관련한 윤지(綸旨)를 내렸다(同上, 元龜2年8月26日條). 동년 9월 14일에는 이와시미즈 하치만 궁(石淸水八幡宮)의 영지 분쟁과 관련한 보고를 받았다(同上, 元龜2年9月14日條)(이상 신사). 1566년 윤8월 23일 지우(止雨) 기도를 여러 사사(諸寺社)에 지시했고(同上, 永祿9年閏8月23日條), 1567년 10월 19일 천황이 병이 나자 치유기도를 지시하였다(同上, 永祿10年10月19日條). 1570년 2월 26일 천변(天變)이 나타나 기도를 올렸고(同上, 永祿13年2月26日條), 동년 3월 8일에도 지진이 일어나자 기도를 올렸다(同上, 永祿13年3月8日條). 1571년 9월 26일에도 천황 주도로 내시소(內侍所)에서 천변 발생에 따른 기도를 행했다(同上, 元龜2年9月26日條)(이상 기도).

62 「資定一品記」, 『正親正天皇實錄』第2卷, ゆまに書房, 2005, pp. 419-421.

63 同上.

64 同上, pp. 426-427.

65 同上, p. 427.

과가 나왔다"[66]고 하여 '천하의 병'이 지적되고 그 해소를 위해 천황가가 노력한 사실이다. 동년 6월 2일 가스가 산의 나무神木는 결국 고사했고, 천황은 가스가 신사에 기도를 독려하였다.[67] 천황이 신사에만 기도를 맡긴 것은 아니었다. 동월 7일 "오늘 아침 기도에 천권심경千卷心經을 모든 여인이 독송하였다. 가스가 나무가 고사했기 때문에 기도를 했"[68]고, 동월 29일에도 가스가 신사 신목 고사를 이유로 이세신궁에 기도를 거행할 것을 지시했다. 또 궁궐 내 내시소內侍所에서도 가구라御神樂가 거행된다.[69] '천하의 병'을 조정이 해소하기 위해 노력한 점이 주목된다. 이 즈음 노부나가와 반노부나가파 간 대립은 격렬했고 노부나가가 천황 제사권에 개입할 여지는 거의 없었다. .

그러나 1575년(天正3)이후 오다 정권이 안정되자 상황은 크게 변한다. 그 징표가 1576년 이른바 노부나가를 위한 천황 측 전승기도戰勝祈禱의 출현이다. 1576년 5월 7일 노부나가의 승리를 기도하기 위해 이와시미즈 하치만 궁石清水八幡宮의 법악法樂인 오상악五常樂이 "우대장(노부나가-역주) 출진을 기도"할 목적으로 연주되었다.[70] 1577년 1월 18일에도 천황은 노부나가에게 검과 향香을 하사하고 노부나가는 이에 감사를 표시했다.[71] 동년 2월 14일에도 노부나가가 출진하자 그 기도하기 위해 내시소에서 법악을 개최했고,[72] 동년 3월 19일에도 내시소에서 기도를 행하였다.[73]

---

66 『御湯殿上日記』, 元龜3年5月22日條.

67 同上, 元龜3年6月2日條.

68 同上, 元龜3年6月7日條.

69 同上, 元龜3年6月29日條..

70 同上, 天正4年5月7日條; 『言經卿記』, 天正4年5月7日條.

71 『御湯殿上日記』, 天正5年1月18日條.

72 同上, 天正5年2月14日條.

73 同上, 天正5年3月19日條.

물론 제사권 자체는 1575년 이후에도 여전히 천황 · 조정에 있던 것으로 보인다.[74] 그렇지만 천황이 마치 사제司祭처럼 노부나가를 위해 전승기도를 올리는 현상이 나타났으며 그 외에 노부나가가 직접 천황에게 기도를 요청하는 현상도 나타났다. 1580년(天正8) 5월 27일 노부나가는 이와시미즈 하치만 궁의 정천궁正遷宮 일시와 관련하여 내달 20일 이후에 날짜를 잡아줄 것과 칙사파견을 요청하였다.[75] 무신武神으로 알려진 이와시미즈 하치만 궁에 대한 노부나가의 관심과 개입은 점차 증가한다.[76] 그리하여 노부나가의 뜻대로 6월 21일 이와시미즈 하치만 궁 정천궁 일시가 정해지고, 칙사가 파견되어 행사가 진행되었다.[77] 당초 노부나가가 상경한 직후인 1568년(永祿11) 9월 21일에는 "천하기도를 위해 임시 배례御拜가 있었다. 이날로부터 3일간 행하셨다"[78]고 하여 천하기도의 주체는 천황 · 조정이었다. 그런데 1576년(天正4) 11월 13일에는 교토 천황 정원인 신센엔神泉苑의 연못을 수리하고 재흥하면서, "천하태평을 기도하려는 취지를 여방봉서女房奉書를 통해 도지東寺에 지시하였다. 우대장 노부나가가 말씀을 올려 행해졌다고 한다"[79]고 하여 노부나가가 조정을 통해 천하태평의 기도를 도지에 지시하였다. 이처럼 중앙 정권을 장악한 1575년 이후에도 오다 정권이 직접 기도권을 행사한 것은 아니었고, 어디까지나 천황 · 조정을 매개로 이루어졌다. 그렇지만 이

---

74 1576년 5월 23일 천황은 이번 달 기도에 대반야경을 독경할 것을 냐쿠오지(若王寺)에 지시했으며(同上, 天正4年5月23日條), 동년 6월 11일 천변이 발생하자 아베 아리스에(安倍有脩)에게 감문(勘文)을 제출하게 하였다(『言經卿記』, 天正4年6月11日條). 이듬해 1577년 10월 5일 혜성이 출현하자, 그 기도를 이세신궁 및 가모(賀茂) 상 · 하(上 · 下) 신사 등에 지시하여(『續史愚抄』, 天正5年10月5日條), 자연재해와 관련된 제사권이 천황에 있음을 확인할 수 있다.

75 『御湯殿上日記』, 天正8年5月27日條.

76 박수철, 前揭「織田 정권의 神社 정책과 吉田社」, pp. 296-299.

77 『御湯殿上日記』, 天正8年6月21日條.

78 同上, 永祿11年9月21日條.

79 『續史愚抄』, 天正4年11月13日條.

와 동시에 상경 초기와 달리 오다 정권이 '천하태평'을 사원에 지시하는 등 점차 개입의 강도가 높아진 모습이 주목된다. 1582년 3월 15일 노부나가의 다케다武田 정벌 출진과 관련하여 내시소內侍所에서 임시 가구라神樂를 행할 때, 비가 내리는 궂은 날씨에도 조정 측은 예정대로 전승기도 행사를 강행했다.[80]

천황 인식과 무사 · 민중

1578년(天正6) 우대신右大臣에서 사임한 노부나가는 본인이 직접 조정 · 천황에 간여하는 일은 가급적 피했다. 그러면서도 천황제사권에 일부 개입하지만, 천황 권위를 완전히 부정하지는 않았다. 그 이유는 무엇인가?

1579년 11월 22일, 사네히토 친왕은 노부나가가 새로 지어준 니조二條 신고쇼新御所로 이사한다.[81] 당시 행렬은 고노에 노부모토近衛信基, 관백關白[구조 가네타카(九條兼孝)], 다섯 섭가攝家순으로 가마를 타고 선두를 형성하고, 이어 친왕의 후궁을 태운 가마 6정丁, 그리고 전상인殿上人 이상의 공가중이 그 뒤를 따랐다. 이어서 사네히토 친왕御方御所의 가마, 그 뒤를 청화중淸華衆, 공가중이 부리는 사무라이, 주겐中間 등이 따랐다. 마치 후일 히데요시가 고요제이 천황後陽成天皇을 취락제로 불러들인 사례를 연상시키는 행차 퍼포먼스를 전개했는데, 여기서 흥미로운 대목은 이때 노부나가가 취한 행동이다. 노부나가는 사네히토 친왕에게 배례를 올렸다.

---

80 『兼見卿記』, 天正10年3月15日條.

81 同上, 天正7年11月22日條; 『信長公記』卷12, pp. 290-294.

(행차 중에) 때마침 아침 해가 친왕의 발御簾에 비추는 와중에 (친왕은) 노부나가가 행렬을 구경하는 곳으로부터 확실하게 배례를 받으셨다. 눈썹을 묵으로 그리고 다테에보시立烏帽子를 쓰고 온네리누키(御練貫: 생사를 날실로 숙사를 씨실로 짠 명주)의 주황색 고노시小直衣를 입고 그 위에 흰색 하카마를 입으셨다. 옛날에도 후대에도 이처럼 아주 가까이에서 배례를 드리는拜奉 일을 시도한 적은 없었다(E).[82]

예수회 선교사의 기록에 따르면 노부나가는 1582년에 "모리毛利를 정복하여 일본의 전全 66개국 절대영주가 되면, 중국에 건너가 무력으로 이를 빼앗기 위해 대함대 하나를 준비시키도록 했고 아울러 아들들에게 제국諸國을 나누어줄 생각을 정했다"[83]고 하여 일본의 '절대영주'가 되려 했고, 나아가 중국을 침략하려는 의향이 있었다. 이미 1569년(永祿12) 노부나가는 교토 상경 직후부터 천황이 내린 예수회 선교사 추방령을 부정하고 크리스트교의 포교 특권을 인정하였다. 이때 노부나가는 "천황內裏도 쇼군公方도 신경쓸 필요는 없다. 모두 나의 권력 아래 있고 내가 말하는 바만 하면 된다"[84]고 자신감을 피력한다. 아울러 천황을 신경쓰지 말고 교토에서 포교를 해도 좋은데 왜냐하면 노부나가 자신이 "황皇이자 다이리內裏"[85]였기 때문이다. 노부나가는 적어도 군사력에 기반한 사실상 실권이 자신에게 있음을 초기부터 자각하였다. 그럼에도 친천황 정책을 편 것은 권력 구조상 이해관계가 서로 충돌했던 아시카가 요시아키와 달리 천황 · 조정은 이해관계를 상호 절충할 수 있기 때문에 존속

82 同上, p. 294.
83 『16 · 17世紀イエズス會日本報告集』Ⅲ-6, 同朋舍, 1991, p. 124.
84 『フロイス日本史』4, 1981, p. 220.
85 『フロイス日本史』5, 1981, p. 119.

시켜 활용한 것이다. 어쩌면 요시아키가 실질적인 무로마치 막부 부활을 포기하고 명목상 쇼군으로 존재했다면, 노부나가는 가마쿠라 막부의 호조 씨와 같은 노선을 걸었을지 모른다.[86]

어쨌든 천황은 기량을 갖춘 무가 정권을 정당화해줄 수 있는 '전통적 권위'를 갖고 있었다. 그런데 여기서 말하는 '전통적 권위'란 구체적으로 무엇을 지칭하는가? 흔히 천황이 지닌 전통적 '권위'로 언급되는 것이 율령국제律令國制에서 연유하는[87] 관위수수 · 개원改元 · 역曆의 반포이다. 또 최근 와키타 하루코脇田晴子가 주목하는, 백성의 왕손王孫의식, 이름에 관직명을 붙이는 풍조官途名乘 확산, 예술(能樂 · 狂言 · 連歌) 활동 등에서 확인되는 천황을 핵으로 하는 문화편성 확대도 이와 관련이 있을 것이다.[88] 물론 천황 권위의 재부상론에 대한 반론도 적지 않지만,[89] 그 사실 여부에 대한 가부를 떠나 저자가 주목하는 점은 앞 인용문의 밑줄 친 E 부분의 내용이다. 사네히토(비록 천황은 아니지만 장차 왕위를 물려받을 것으로 거의 확실시되는 인물)의 행차에 대해 일찍이 이렇게 가까이서 '배례'드린 적이 없다고 오타 규이치는 강조한다. 그 '배례'의 이유는 무엇인가?

초기 예수회 선교사 기록을 보면, 정치 실권을 상실한 '왕'이 사람들로부터 신성시된 사실을 알 수 있다. 사비에르가 규슈에서 포교할 때 교토에서 분고豊後에 온 어떤 일본인이 "(사람들이 성인으로 간주하고 있는) 미야코

86 노부나가의 개성[改姓: 후지와라 씨에서 평씨(平氏)로 고침]을 겐페이교체(源平交替) 사상과 관련지어 해석하기도 한다. 다만, 오다 노부나가나 도요토미 히데요시의 경우 겐페이교체 사상이 없었고, 이는 도쿠가와 막부가 만들어낸 에도 초기의 산물이란 주장도 있다. 그러나 1573년(天正1) 9월 미노 국을 여행했던 도인(兎庵)이란 가승(歌僧)이 "겐케(源家)의 권병(權柄)도 점차 쇠퇴하고 천하 아래 노부나가 공에 초목도 휘어짐은 4백 년 후에 다시 헤이시(平氏)가 영화를 볼 것인가"라고 서술하고 있어 이 점은 좀 더 검토할 여지가 있다(堀新, 前揭『織豊期王權論』, pp. 281-282).

87 水林彪, 「近世の法と國制硏究序說-紀州を素材として」, 『國家學會雜誌』90-1 · 2 · 5 · 6, 91-5 · 6, 92-11 · 12, 94-9 · 10, 95-1 · 2, 1977 · 78 · 79 · 81 · 82.

88 脇田晴子, 「天皇はなぜ權威をもつのか」, 前揭『天皇と中世文化』.

89 이케 스스무(池享)의 前揭『戰國 · 織豊期の武家と天皇』나 호리 신(堀新)의 前揭『織豊期王權論』는 그 대표적 연구 성과물이다.

都의 왕이 발을 씻었다는 사발을 갖고 있었다. 그리고 왕은 신성하다고 말해지므로 (여러 사람이) 이를 숭상하여 머리에 씌웠다. 그 남자는 프란시스코(사비에르)에게 조차 머리에 써 보지 않겠는가"라고 말했다는 에피소드가 있다.[90]

당시 일반 민중에게 천황은 "결코 땅에 발을 대지 않는다. 만일 그러하면 사람들은 즉시 그가 성인이 아니라고 하고 그 지위를 빼앗기 때문"으로 인식된 존재였다. 이런 이야기가 회자되었다는 사실은 당시 일본인이 천황을 신성한 주술적 능력을 소유한 자로 인식하였음을 의미한다. 또 사람들이 천황을 신처럼 존경하면서도 누구도 그에게 복종하지 않는다고 사비에르가 지적한 점도 당시 일본인이 천황을 세속권력과 무관한 '주술적'·'종교적' 권위의 소유자로 파악하였음을 의미한다.[91]

앞서 언급한대로 노부나가의 상경 초기 궁궐수리를 "신불의 보호御冥加를 받기 위해"라고 인식한 점도 천황과 신불의 밀접한 연관성을 말해준다. 노부나가는 자신이 "황皇이자 다이리內裏"라고 사실상 일본의 실권자임을 주장하면서도 이러한 천황의 신불적 요소와 제사권을 무시할 수 없었다. 그렇기 때문에 노부나가는 이러한 천황의 권위를 활용하여 민중을 비롯한 무사·공가들의 장악하는 쪽으로 나아갔다. 사실 노부나가가 민중의 민심 방향에 주목한 사례는 왕왕 산견된다.

1578년(天正6) 노부나가는 사카이에서 구키九鬼가 띄운 대선大船을 구경하였다. 1581년 교토 우마조로에를 연상시키는 이 행사에서,[92] 대선은 각종 장식으로 아름답게 꾸며졌고, 각지에서 모인 배武者船도 병장기로 멋있게 치장되었다. 아울러 일종의 일본식 '요트'라 할 수 있는 당시 사

90 『16·17世紀イエズス會日本報告集』Ⅲ-1, 同朋舍, 1997, pp. 119-120.

91 堀新, 前揭『織豊期王權論』, p. 258.

92 박수철, 「織田政權의 公家政策과 '王權'-1581년 馬揃을 中心으로」, 『東洋史學硏究』115, 2011.

카이 남북의 고자부네御座船에는 당물唐物을 비롯하여 노부나가에게 바치려는 진상품으로 가득 찼다. 그 풍경은 "사카이 남북의 승속僧俗, 남녀男女가 이때 노부나가 공을 배봉拜奉하려고 훌륭히 차려 입고"[93] 많은 "군중이 모여들었다"[94]고 묘사된다. 1581년 교토 우마조로에(군사 퍼레이드)도 3월 5일 "천황禁中이 또 다시 우마조로에를 소망하여 말을 불러 모았다. 이때 우마조로에御馬揃 중 명마는 5백 기였다"[95]고 하면서 "노부나가의 어위광으로 고맙게도 일천一天의 군君, 만승萬乘의 주主를 직접 배례하고 받들 수 있다는 것拜奉은 고마운 시대御代라고 군집한 귀천貴賤의 무리들이 손을 잡고 감동과 존경을 표했다"[96]고 평가한다. 무사와 민중에게 신불과 밀접한 관련이 있는 천황은 활용도가 높은 존재였다. 이는 노부나가의 위광→천황에게 직접 배례→민중 · 무사 · 공가貴賤의 감동으로 이어지는 구조이다.

이처럼 오다 정권에게 천황은 민심과 여론을 얻기 위해 활용 가치가 있었고 노부나가가 굳이 이를 배제할 이유는 없었다. 천황이 신불과 같은 존재로 인식되고 노부나가가 이를 활용한 점은 아즈치 성에 천황의 거처로 마련한 미유키노마御幸御間에서도 알 수 있다. 1582년(天正10) 1월 1일, 노부나가는 인국隣國의 다이묘大名 · 소묘小名를 비롯한 일족을 아즈치에 출사出仕시켰다. 이때 매우 많은 사람이 몰려들어 더러 죽는 자와 부상자도 있었으며 칼을 잃어 곤란해하는 자도 있을 정도였다.[97]

노부나가는 이들에게 다이묘 · 쇼묘 가릴 것 없이 예전禮錢을 백 문씩 스스로 지참하도록 지시御觸를 내렸다. 이들은 모두 소켄지摠見寺 비사문

93 『信長公記』巻11, p. 252.
94 同上.
95 『信長公記』巻14, p. 346.
96 同上, p. 347.
97 同上, p. 373.

당毘沙門堂 무대를 구경하고 노부나가를 알현한 뒤 아즈치 성내 미유키노마를 둘러보았다.[98] 오타 규이치는 여기서도 우마조로에와 마찬가지로 "고맙게도 일천一天의 군君, 만승萬乘의 주主의 자리를 배람拜覽하는 일, 감사하게도 실로 살아생전의 기억이 되었다"[99]고 적었다. 이 대목에서 알 수 있듯 적어도 무사들에게 천황을 배례하는 일은 '살아생전의 기억'이 될 기쁜 일이고 노부나가 역시 이러한 천황의 효용성을 인지했다. 다만 그것이 결국 노부나가의 어위광의 칭송으로 귀결된 점도 유의할 대목이다.

한편 이 행사를 거행하면서 노부나가가 직접 '관람료'를 겸해 예전禮錢을 100문씩 수령한 점이 주목된다.[100] 그 의미를 신격화를 통해 신이 된 노부나가가 신불처럼 새전賽錢을 받은 것으로 보는 주장도 있지만,[101] 정작 예전을 바친 무사들은 노부나가를 신으로 보지 않고 천황에게 감사를 표시하였다. 물론 그 이면에는 이러한 천황의 자리를 배람할 수 있게 한 노부나가에 대한 감사의 마음이 내재되어 있지만, 저자가 강조하고 싶은 점은 이처럼 천황 권위를 매개로 노부나가와 가신들의 관계가 연결된 사실이다. 노부나가는 천황의 권위를 부정한 것이 아니라 이를 장악 · 활용하여 무사단을 통제하고 관리하는 데 이용했다.

노부나가가 1580년, 이와시미즈 하치만 궁을 수리 · 조영한 것도 자신의 "무운장구와 가문의 번영의 근간信長御武運長久御家門繁永之基也"[102]이 된다고 인식했기 때문이다. 아울러 "참배의 무리, 귀천貴賤이 군집하여 존

98 同上.
99 『信長公記』巻15, p. 374.
100 同上, p. 375.
101 奥野高廣, 前掲「織田政權の基本路線」, p. 50.
102 『信長公記』巻13, p. 325.

경의 배례를 올렸다"[103]고 하여 민중들은 자연스럽게 노부나가를 칭송하게 된다. 1582년(天正10) 1월 25일 이세신궁의 정천궁正遷宮이 3백 년간 퇴전하여 집행되지 못했을 때 노부나가 천궁 비용을 제공하기로 승낙한 것도[104] 기본적으로 천황이나 신불이 자신에게 적대시하지 않는 한 군이 이를 적대할 이유가 없기 때문이다.[105]

1581년 2월 28일 우마조로에도 오기내五畿內 · 인국隣國의 다이묘, 쇼묘, 고케닌御家人을 동원하여 "성왕聖王의 예람叡覽을 대비"[106]한 것이다. 천황이 오다 정권에게 적대적 행동을 보이지 않는 한 천황의 권위를 굳이 부정할 필요나 이유는 없었다.

103 同上.

104 『信長公記』巻15, p. 377.

105 朴秀哲, 「織田信長における寺社支配の構造」, 『史林』83-2, 2000.

106 『信長公記』巻14, p. 340.

소결小結

종래 아사오 나오히로가 제시한 통설은 오다 정권의 특징을 '무위'로 파악하고 이것이 확대되어 신격화로 나아간 것으로 이해한다. 이 장에서는 무위가 사료상 무편武篇이나 무자도武者道로 표기되는 사실을 지적하고 그 자세한 개념을 살펴보았다.

첫째, 무편은 무기 · 병량 등 보다 직접적인 무력을 지칭하고 무자도는 이러한 무편에다가 조의 · 조략의 책략까지 포괄하는 용어이다. '무위'는 단순히 무력(군사력)만을 의미하지 않으며 자비심과 같은 덕목을 필요로 한다. 바로 그것이 '어위광'이다. 오다 정권은 '무위'를 기반으로 하면서도 자비심과 같은 덕목을 포괄할 때 '어위광'으로 표출된다. 이와 아울러 '어위광'은 오다 노부나가부터 도요토미 히데요시, 도쿠가와 이에야스로 이어지는, 사후 신으로 모셔지는 이른바 신격화 현상과 관련해서도 많은 시사점을 줄 수 있다. 기존 선행연구의 이해처럼 무위의 확대가 곧바로 신격화로 이어지는 것이 아니고, "노부나가는 무와 덕 양도에 모두 통달한 자信長公 御武德兩道御達者"라는 무와 자비심과 같은 덕이 결부(어위광)될 때, 비로소 무가신격화로 나아갈 수 있었다.

둘째, 노부나가와 천황의 관계는 대립인가, 협조인가가 아니라, 대립하면서도 협조한 두 가지 측면을 동시에 고려해야 한다.

노부나가는 상경 직후부터 많은 천황 · 조정 보호 정책을 반포했는데, 이는 "노부나가가 신불의 보호御冥加를 받기 위"한 것이었다. 이처럼 천황과 신불의 보호는 밀접한 연관성이 있으며, 천황의 이러한 속성은 무가나 민중지배에도 매우 효과적이었다. 천황의 행차에 대해 오타 규이치와 같은 무사는 "옛날에도 후대에도 이처럼 아주 가까이에서 배례를 드리는 일을 시도한 적은 없었다"라든지, "고맙게도 일천의 군, 만승의 주의 자리를 배람하는 일, 감사하게도 실로 살아생전의 기억"이라고 천황에 대한 존경을 표시하였다. 물론 이것은 "노부나가의 어위광으로 고맙게도 일천의 군, 만승의 주를 직접 배례하고 받들 수 있다는 것은 고마운 시대"라고 하여 어디까지 노부나가의 어위광이 있었기에 가능하였다.

조정 측은 "노부나가信長 공가公家의 일통지정도一統之政道, 5백 년 이전과 같이 행해지도록 바란다"[107]고 오다 정권에 기대감을 표시했지만, 노부나가가 반드시 이를 전면적으로 수용한 것은 아니다. 1578년 노부나가는 우대신을 사직하고 천황 · 조정과 일정한 거리를 두었다. 종래 아사오 나오히로는 이러한 노부나가의 모습을 천황 권위의 '초월' · '극복'으로 해석했지만, 노부나가가 천황 권위를 부정한 명백한 증거는 없다. 오히려 노부나가가 민중과 무사들을 통제하기 위해 천황의 신불적 요소를 활용한 것은 사실이다. 천황세력이 적대적 태도를 취하지 않는 한 노부나가는 천황의 보호를 통해 신불의 묘가冥加를 확보하고, "신불의 보살핌과 행운을 입어 이 세상을 넘어서 더욱 더 노부나가께서 영원하실 토대"를 만들고자 했다. 그러나 노부나가의 목표는 천황 권위 보호

107 산조니시 사네에다(三條西實枝)[사네즈미(實澄)]의 1574년(天正2) 3~12월로 추정되는 서장[書狀(國立歷史民俗博物館編, 『天下統一と城』, 読売新聞社, 2000)]. 호리 신은 여기서 공가는 조정이며, 조정과 하나가 된 노부나가에 의한 '조정재건'정치로 이해했다(堀新, 前揭『織豊期王權論』, pp. 301-302). 이 점은 무사들도 마찬가지로 인식하였던 것으로 보인다. 1575년 4월 1일 "(노부나가가) 말씀하신 취지는 근래 궁궐이 이미 황폐해졌기 때문에 전년에 수리할 것을 지시하여 이제 그 뜻이 이루어졌다. 그런데 공가(公家方) 가문이 파산하고 단절되었다. 무라이 민부승(村井民部丞)과 니와 고로자에몬(丹羽伍郎左衛門: 丹羽長秀)에게 지시하여 공가들이 판 토지를 덕정(德政)을 통해 그들 원래 영지(本領)를 돌려주어, 천황(主上), 공가(公家), 무가(武家)는 모두 함께 재흥하였다"고 보았다(『信長公記』卷8, p. 178).

에 있던 것은 아니다. 따라서 노부나가와 천황의 관계가 '운명공동체' 일 필요는 없으며,[108] 노부나가는 민중과 무사의 인심을 얻기 위해 천황 권위를 활용했을 따름이다.

108 천황과 오다 정권을 '운명공동체'로 보는 연구자로는 이토 신쇼(伊藤眞昭, 「織田信長の存在意義」, 『歴史評論』640, 2002)와 호리 신(堀新, 前掲『織豊期王權論』)이 있다.

제3장

도요토미 정권의 천황관과 '무위武威'

도요토미 정권의 대외관은 '문文'에 대한 '무武'의 우월 의식을 기반으로 한다. 1592년(文祿1) 6월 도요토미 히데요시는 부하들에게 "내가 소신小臣이었을 때는 혹은 5백 기 혹은 1천 기라는 적은 수로도 대군을 격파했고, 일본 국내를 공격하고 복종시켜 예사銳士와 용장을 모두 (나의) 지시에 따르게 하였다. 너희들은 바야흐로 수십만 군졸로 주벌에 나섰으니 처녀와 같은 대명국大明國은 산으로 계란을 누르는 것 같다"고[1]하여 명을 여자처럼 문약한 나라로 그린다. 히데요시는 중국을 문약한 '긴 소매長袖의 나라'로, 일본을 예사와 용장이 많은 '궁전弓箭이 엄격한 나라'로 보는데, 이는 중세 무가정권의 수립 이래 점차 성장 · 발전해온 무가의 자의식이다.[2]

일본사회의 중국에 대한 '무'의 우월감을, 아사오 나오히로는 '무위武威'(무가의 위광)라는 개념으로 정형화하고[3] 오다 · 도요토미 정권의 주된 대

1 『毛利家文書』(大日本古文書本), 903号.

2 남기학, 「鎌倉시대의 '武威'에 대한 일고찰-中世日本의 自己認識의 한 형태」, 『역사학보』178, 2003.

3 사전적 의미로는 용맹스런 위력(威力), 무력(武力)의 위세(威勢)(『廣辭苑』), 또는 무가의 위광(威光)(『日本國語大辭典』)으로 정의되며, 궁시(弓矢) · 도검(刀劍) 등 무기가 가진 주술적 영위를 지칭하는 경우(關幸彦, 「中世初期の「武威」と「武力」」, 『日本歷史』532, 1992)와 외국에 대한 일본의 군사적 위세로 사용한 경우(남기학, 前揭「鎌倉시대의 '武威'에 대한 일고찰」)가 있다. 아사오 나오히로는 '무위'(武威)를 전국을

외인식으로 파악한다. 그러나 '무위'는 무가정권의 대외인식으로만 표출된 것은 아니며 일본 국내의 내부세력을 통제하는 데도 중요한 역할을 했다. 특히 사사세력이 자신의 장원지배를 유지하기 위해 무력을 바탕으로 무가에 저항하자, 도요토미 정권은 무력을 동원하여 이들을 굴복시키고 '무기몰수령刀狩令'을 반포하여 무가만이 무용武勇과 무구武具를 독점할 수 있다고 선포한다. 1585년(天正13) 4월 히데요시는 고야 산 등 사원세력이 무장하고 무용에 힘쓰는 것을 엄히 처벌하였다.[4] 1596년(文祿4) 8월 히데요시의 뜻을 받든 도쿠가와 이에야스와 마에다 도시이에前田利家, 모리 데루모토毛利輝元 등이 법제를 반포했는데, 여기에는 "여러 공가와 문적門跡은 가문의 도家之道에 힘쓰고, 공의公儀를 지키고 봉공奉公을 다할 것"과 "여러 사사는 사법寺法과 사법社法을 선례와 같이 준수하고 오로지 사원 건물을 수리 · 조영하며 학문과 근행에 소홀하지 말 것"이 규정되었다.[5]

'무'와 관련된 일체의 행위가 금지되고 공가와 사사는 공의=무가의 지시에 따라 각자의 '가업'과 '학문'에만 힘쓰게 되었다. 근세 초 도쿠가와 막부가 「금중병공가제법도禁中并公家諸法度」를 제정하여 천황이 힘써야 할 제일의 덕목으로 학문을 규정한 것도 그 원류를 살펴보면 무가에 의

통일한 도요토미 정권의 대외적 국가의식으로 파악해 무가 정권의 특질과 연결하여 이해했다. 그는 이를 바탕으로 근세 초 일본사회가 '호무'(好武)의 관념에 지배되는 현상을 지적한다(朝尾直弘, 「一六世紀後半の日本-統合された社會へ」 岩波講座『日本通史』近世1, 岩波書店, 1993). 노부나가는 무로마치 막부 쇼군이 갖고 있는 공권력(公權力=公儀)을 제약하기 위해 '천하'(天下)라는 용어를 사용하여 자기 지배의 정당성을 주장한다(高木傭太郎, 「織田政權期における「天下」について」, 『織田政權の研究』, 吉川弘文館, 1985). 도요토미도 처음에는 '천하정밀'(天下靜謐) 등 천하의 개념을 사용했으나 쇼군 아시카가 요시아키가 출가하자 자기 권력을 공의(公儀)로 지칭하였다(藤井讓治, 「一七世紀後半の日本-武家の國家の形成」, 岩波講座『日本通史』近世2, 岩波書店, 1994). 이때 공의는 무가 · 공가 · 사사를 총괄하는 국가권력을 의미하며 현실 정치에서는 무가의 수장이 그 권한을 행사하였다. 그런데 무가의 수장이 공의를 내세워 다른 세력을 압도할 수 있는 힘의 근원은 '무위'로 상징되는 무가의 군사력에 있었다. 무위는 사료상 '무편'(武篇), '무편도'(武篇道), '무구'(武具) 등으로 표현된다.

4 『高野山文書』3(大日本古文書本), 821号.

5 日下寬編, 『豊公遺文』, 博文館, 1914, p. 547(이하 『豊公遺文』으로 약칭함).

한 '무'의 독점과정과 밀접한 관련이 있다.

그러나 중세 이래 무가에 의한 '무'의 독점과 팽창이 대외적으로는 '무위'로 발현되고 대내적으로는 천황을 위시한 공가 · 사사세력이 무가 정권에 복속되는 것으로 귀결되었지만 그 과정이 일직선상으로 순탄하게 진행된 것은 아니었다. 이 문제와 관련하여 와키타 하루코脇田晴子와 이마타니 아키라今谷明는 전국시대의 '천황 권위 재부상'론을 제기했다.[6] 특히 이마타니는 통설적 견해인 전국시대에 천황가가 쇠약해졌다는 쇠미론이나 제도적 몰락론이 당시 상황과 전혀 맞지 않으며,[7] 오히려 무로마치室町 막부의 약체화와 쇼군권력의 혼미라는 시대 상황 속에서 천황 권위가 다시 부활 · 상승했다고 주장한다. '하극상'을 통해 권력을 잡은 전국 다이묘는 자기 지배의 정통성을 획득하기 위해 고대 이래 전통적 권위를 가졌던 천황에게 관위 서임을 요청하고 그 반대 급부로서 즉위례即位禮, 다이리內裏 수리 및 조영에 다액의 헌금을 제공했다. 결국 이는 천황 권위의 부활 · 상승으로 이어진다. 이마타니는 히데요시의 지향을 전국 다이묘와 동일한 것으로 보며 히데요시가 천황 권위에 의존하여 일본을 통일한 것을 도요토미 정권의 '왕정복고'라 주장한다.

이마타니의 새로운 학설은 커다란 반향을 일으켰고 많은 찬반 논쟁이 전개되는데 그중에서도 이케 스스무池享의 연구가 주목된다.[8] 이케는 이마타니의 연구가 조정의 실태에 대한 분석은 간과한 채 무가 정권만을 고찰하여 얻어진 결론에 불과하다는 입장에서 전국 및 오다 · 도요

6 今谷明, 『戰國大名と天皇』, 福武ブックス, 1992; 同, 『信長と天皇』, 講談社, 1992; 同, 『武家と天皇』, 岩波書店, 1993; 脇田晴子, 『天皇と中世文化』, 吉川弘文館, 2003.

7 천황에 관한 전후 일본사학계의 최대 과제는 '만세일계'(萬世一系)의 황국사관을 극복하는 것이다. 이러한 입장에서 전국시대 천황이 경제적으로 매우 곤궁하였고 권위가 저하되어 전국 다이묘와 오다 · 도요토미 정권의 원조로 근근이 명맥을 유지하였다는 천황 쇠미론이 제기되었다(池享, 『戰國 · 織豊期の武家と天皇』, 校倉書房, 2003).

8 同上; 堀新, 「織豊期王権論-『日本國王』から『中華皇帝』へ」, 『人民の歴史學』145, 2000.

토미 시대의 조정 정치를 직접 분석하여 이 시기 천황과 조정이 실질적으로나 형식적으로나 실권을 상실하고 형해화되었다고 주장한다. 즉, 도요토미 정권은 스스로 무가권력의 내부 사정에 기초하여 주도적으로 천황을 이용했으며 천황의 권위에 의존하지 않았다는 것이다. 요컨대 이마타니는 히데요시가 '국군제國郡制'적 질서로 표현되는 고대 율령제律令制에 연유하는 천황 권위에 실질적으로 '의존'하여 통치했으며 대외적으로도 천황=일본국왕의 입장을 고수하였다는 입장이고, 이케는 히데요시가 율령제에서 유래하는 관위제 도입 등 부분적으로 천황의 권위를 빌린 것은 사실이지만 이는 고대의 관위제와 다르며 히데요시가 일본을 통치할 수 있는 힘은 조정이 아닌 도요토미 정권 자체의 군사력이란 점에서 천황 권위를 단순히 '이용'한 데 불과하다는 입장(히데요시=일본국왕)이다.

'의존'론과 '이용'론적 시각이 팽팽하게 대립하는 선행연구의 최대 문제점은 도요토미 정권의 시기별 변화상을 전혀 염두에 두고 있지 않는 점이다. 1580년대 초반 히데요시가 오다 노부나가의 후계자가 되어 다른 세력과 각축하던 시기와 1590년대 전국 다이묘를 굴복시켜 일본을 통일한 이후의 도요토미 정권의 성격은 동일한 것으로 볼 수 없는데, 선행연구에서는 이 점을 간과한다. 이 장에서는 이처럼 도요토미 정권의 시기별 · 단계별 변화라는 측면에 유의하면서 현재까지 선행연구가 주로 분석해온 관위제가 아니라 '무위'와 천황관이란 새로운 관점에서 도요토미 정권과 천황의 관계를 고찰하고자 한다.

1. 관백 서임과 '황윤설皇胤說'의 유포

'무위'의 한계

1582년 6월 오다 노부나가가 죽고 난 후 1585년 7월 관백關白[천황을 보좌하여 만기(萬機)의 정무를 총람하는 직책]을 서임받기까지 히데요시의 기본 정책은 '무력'을 통해 상대방을 굴복시키는 것이다. 1582년 7월 아케치 미쓰히데明智光秀의 반란을 제압하여 "나라御国가 전과 같이 평온静謐"하게 되었다거나,[9] 동년 10월 반역인 아케치의 목을 즉시 쳐서 "천하가 평온"하게 되었다는 주장처럼[10] '천하평정'은 히데요시의 무력을 통해 달성된 것이며 조정이나 천황의 의지와는 무관했다. 아케치를 토벌한 후 노부나가의 주요 가신이 모여 회의할 때 교토의 '인후'에 해당 하는 오미국 사카모토坂本를 누구의 영지로 할 것인가가 문제였다. 이때 히데요시는 "사카모토를 차지하면 천하를 취하게 되니 지쿠젠筑前(히데요시)이 천하에 마음이 있다는 소리가 나올까 봐"[11] 니와 나가히데丹羽長秀에게 넘기고 있듯, 천하의 행방은 천황과 무관하며 전략적 요충지의 장악이란 군사적 행위와 관련된다.

1582년을 전후한 여러 세력이 각축하는 시기에 노부나가의 후계자 자리는 군사력의 우위라는 '무력'을 통해 결정되고 히데요시도 자기 권

9 『豊公遺文』, p. 19.

10 同上, p. 20.

11 同上, p. 26.

력의 정당성을 '무'에서 찾는다.

1582년 6월 아케치 미쓰히데를 죽여 가장 큰 전공을 세운 히데요시는 이듬해 1583년 4월 노부나가의 가장 유력한 가신이던 시바타 가쓰이에마저 제거함으로써 중앙권력을 사실상 수중에 넣었다. 1583년 4월 히데요시는 모리毛利의 일족 고바야가와 다카카게小早川隆景에게 편지를 보내 "엣슈越州는 말할 것도 없고 가슈賀州 · 노슈能州 · 엣추越中까지 모두 히데요시의 뜻대로 처리"[12]했다고 경과를 보고한다. 그런데 "하리마播磨 서쪽 지역[모리(毛利)의 영지-역자 주]은 간여할 수 없지만 동쪽으로 스가루津輕 · 갓포合浦 · 소토가하마外濱까지 우리 창끝鑓先을 감당할 자는 없습니다. 모두 하시바羽柴(히데요시)의 채찍 끝鞭先에 의해 평온해졌습니다"고 하거나 "관동坂東에서 지쿠젠筑前(히데요시)에게 조금이라도 대항할 수 있는 자가 없습니다"[13]라고 하는 등, 히데요시가 자기 권력의 확립 과정을 '창끝'과 '채찍끝'이란 무력 즉 '무위에 관련지어 표현한 점이 주목된다. 물론 이때는 아직 다테 씨伊達氏의 동북東北 지역은 말할 것도 없고 관동 지역조차 고호조 씨北條氏가 건재하다는 점에서 이는 명백히 히데요시의 과장 선전이다. 그러나 어쨌든 이처럼 초기 히데요시가 자기 권력의 정당성을 천황이 아닌 무력武力에서 찾는 점은 주목할 부분이다.

이 점은 시바타 가쓰이에에 대한 평가에서도 알 수 있다. 히데요시는 "(시바타가) 무편武篇[무용(武勇) · 무도(武道)]에 힘쓴 자이기에 세 차례에 걸쳐 자신과 창을 겨누어 전투에 임하는 등 놀라웠습니다"고 하거나, "수리修理(시바타)도 평소 무편을 힘쓴 무사이므로 (최후의 저항선인 천수각에서) 일곱 번까지 대항"했다고 상대방을 높이 평가하면서도, "일본의 다스림治이 이때에 달

12 同上, p. 32.

13 同上, p. 30.

렸기에 병사와 함께 죽어도 지쿠젠(히데요시)은 아쉬움이 남을 게 없다고 생각하여" 힘껏 싸워 격퇴했다고 하여 결국 가쓰이에를 능가하는 자신의 '무편'을 선전한다.[14] 요컨대 시바타의 '무편'과 히데요시의 '무편'이 충돌하여 승리한 쪽이 '일본을 다스릴' 자격을 얻은 것이다. 동시에 "동국東國은 (호조) 우지마사氏政, 북국北國은 [우에스기(上杉)] 가게가쓰景勝까지 지쿠젠의 뜻에 맡기고 있습니다. 모리 우마노카미毛利右馬頭殿[데루모토(輝元)]께서도 히데요시의 뜻대로 하실 각오가 되어 있으면 일본의 치세가 요리토모頼朝 이래 무엇이 이보다 나을 수 있겠습니까?"[15]라고 하듯 승리자는 미나모토노 요리토모와 비견되는 무가로서의 정통성도 계승할 수 있었다. 이처럼 히데요시는 '일본의 치세治'를 '무편', 즉 '무위'로 결정되는 것으로 파악하고 천황과 연결시키지 않았다.

남북조 내란을 통해 정치적 권한이 대부분 무로마치 막부로 넘어가고 무가 정권의 수장인 무로마치 도노室町殿는 중세 이래 권문세력인 공가와 사사를 총괄하면서 조정의례 · 기도 등 국가적 기능을 담당한다. 3대 쇼군 아시카가 요시미쓰足利義満의 사례에서 알 수 있듯 무가 정권이 비록 천황 조상의 제사와 관련 있는 신기神祇와 관련된 영역은 개입하지 못했지만,[16] 무가가 조정이나 천황을 통제하여 천황의 정치 행위는 극도로 제약받았다. 오닌 · 분메이의 난 이후 무로마치 막부의 실권을 장악한 호소카와 마사모토細川政元는 쇼군 아시카가 요시즈미足利義澄가 참의중장參議中將의 관직을 소망하자 "관위 등이 승진했다고 사람이 명령에 응하는 것은 아니기 때문에 의미가 없다"고 부정적인 견해를 피력했

14 同上, pp. 33-34.

15 同上, p. 35.

16 今谷明,『室町の王權』, 中央公論社, 1990.

다.[17] 그는 천황의 즉위식에 관해서도 실체가 없고 아무도 천황을 왕이라 생각하는 자가 없기 때문에 무의미한 것이라는 입장을 표명했다.[18] 이는 남북조시대 '원院(상황)이랑 천황은 번거로운 것으로 아무래도 필요하다면 나무나 금으로 만들어 대신하면 된다'는 아시카가 다카우지足利尊氏의 집사 고노 모로나오高師直의 발상과 궤를 같이 한다.[19] 1580년대 초반 '무편'에 의존한 히데요시의 '일본의 치'에 대한 인식도 기본적으로 이와 유사하다. 천황은 시바타 가쓰이에柴田勝家를 멸망시킨 히데요시에게 요시다 가네미를 칙사로 파견하지만 히데요시는 시바타의 잔당이 일으킨 모반에 가담했다는 명목을 내세워 천황가와 밀접한 관련이 있는 금리육조禁裏六町의 주민을 체포하는 등 천황과 조정에 압력을 가한다.[20]

이처럼 히데요시의 경우 1582년 직후에는 조정과 천황에 엄격한 자세를 취했다. 그러면 왜 히데요시가 입장을 바꾸어 조정에 접근하여 관백을 서임받았는가? 통설에서는 1584년 4월 히데요시가 이른바 고마키小牧 · 나가쿠테長久手 전투에서 도쿠가와 이에야스와 오다 노부가쓰織田信雄에게 일격을 당해 패배를 경험한 후, 무력에만 의존한 기존 입장을 바꾼 것으로 본다.[21]

히데요시는 자신과 대등한 무력을 소유했으며 노부나가의 아들이란 점에서는 정통성 측면에서 유리했던 오다 노부가쓰와 이에야스 세력을 제압하기 위해 '무편'을 통한 정벌이란 기존 노선을 수정하고 천황 · 조정이란 전통적 권위를 이용하는 쪽으로 정책을 바꾸었다는 것이다. 저자 역시 이 주장이 기본적으로 타당하다고 생각된다. 그 외 전국시대

17 池享, 前揭『戰國 · 織豊期の武家と天皇』, 2003, p. 31.

18 同上, p. 33.

19 『太平記』(佐藤和彦, 『日本の歷史』11 · 南北朝時代, 小學館, 1974, p. 136).

20 『兼見卿記』(史料纂集本), 天正11年5月2日條.

21 朝尾直弘, 「豊臣政權論」, 岩波講座『日本歷史』, 岩波書店, 1963.

이래 여러 세력이 각축하는 상황에서 천황과 조정의 권위가 이용될 가능성이 높아진 점도 중요 요인의 하나이다.[22]

1585년 7월 11일 히데요시는 무사로서는 처음으로 관백의 지위에 오른다. 이를 계기로 히데요시는 천황의 권위를 적극적으로 활용하고 '예려叡慮'(천황 · 천황의 뜻)를 내세워 도요토미 정권에 의한 지배와 전국평정을 정당화한다. 1585년 10월 히데요시는 규슈 지역에 다음과 같은 분쟁 종식 명령을 내렸다.

> 관동關東 지역은 말할 나위 없이 오슈奧州(동북쪽) 끝까지 천황의 명령綸命에 따라 천하가 평온해졌는데, 규슈 지역이 아직도 전쟁 중인 것은 옳지 않다. 국군國郡 경계와 관련된 서로의 주장을 소명하라. 그러면 이쪽에서 판결해주겠다. 먼저 피아쌍방 간에 전쟁弓箭을 멈추라는 것이 천황의 뜻이다. 이 뜻을 명심해야 한다. 만약 이 취지를 지키지 않으면 반드시 처벌할 것이다. 이에 대해 잘 대답하기 바란다. 잘 분별해서 상신上申하도록 하라.[23]

'예려'를 내세워 전국 다이묘 상호 간 무력 경쟁과 이로 인해 발생되는 분쟁을 불허하고 만약 불응할 경우 이를 구실로 토벌에 나섰다. 히데요시 자신은 시바타 가쓰이에와 '무편'을 경쟁하여 기내畿內의 지배권을 획득했지만 자신 외 다른 전국 다이묘가 '무편'을 발휘하여 힘을 키

22 오닌의 난 이후 무로마치 막부의 중앙 지배가 사실상 와해되면서 전국 다이묘가 각축하는 과정에서 천황 권위가 이용될 가능성이 커진 것은 사실이다. 호소카와 마사모토 등 기내 권력자는 조정 생활을 유지하기 위한 경제적 부담으로 천황에 대해 소극적인 태도를 취했다. 반면에 지방 권력자는 조정과 천황의 권위를 이용하여 자신의 영국 통치에 유리한 지위를 점하고자 하였다. 전국 다이묘는 치열한 내부 경쟁에서 유리한 지위를 확보하기 위해 형해화(形骸化)한 무로마치 막부의 쇼군 권위를 대체할 권위가 필요했고 이 과정에서 전통적인 천황 권위가 활용될 가능성이 커졌다(今谷明, 前揭『武家と天皇』).

23 『島津氏文書』1(大日本古文書本), 344号.

워나가는 행위는 철저히 막았다. 이때 히데요시가 가진 명분상 정당성은 천황의 전통적 권위였다. 히데요시 논리에 따르면 "근년 도비都鄙에서 반역(의 무리)을 정벌하여 대체로 평온해졌다. 이로 인해 천황과 조정禁廷도 숭배와 존경을 받았다. (히데요시를) 내대신內大臣에 임명하고 당직을 맡긴 바 천하는 천황 뜻에 엄격히 따르게 되고 남북동국南北東國에서 그 분부를 받들었다".[24]

요컨대 히데요시는 1580년대 중반에 되면, 아케치 미쓰히데 · 시바타 가쓰이에와 같은 역도들을 '무편'으로 제압하고 미나모토노 요리토모 이래 '일본의 치세'를 이루려 했던 무력 중시 입장을 수정한다. 이러한 입장 선회는 오다 노부다카와 도쿠가와 이에야스의 연합세력 때문이었다. 관백을 서임받은 히데요시는 천황의 권위를 내세워 도요토미 정권의 전국지배 정당성을 주장하고, 시마즈 씨와 같은 전국 다이묘가 '무위'를 추구하여 세력과 힘을 늘리는 것을 억제했다.

황윤설皇胤說과 취락제聚樂第 행차行幸

그런데 히데요시의 관백직이 갖는 의미를 지나치게 강조해서는 안된다는 이케 스스무의 주장도 있다.[25] 히데요시는 율령제 이래 '국제國制'의 정점을 의미하는 어떤 관직에 취임하면 충분했고 꼭 관백일 필요는 없었다는 것이다. 이케는 천황권력에 밀착하여 기능한 관백직으로 인해 천황의 독자성이 저하되었다는 와키타 오사무의 주장을 비판한다. 이케는 ①히데요시가 진의陣議, 서위敍位, 제목除目 등 관백의 전통적 직무를 전혀 수행하지 않은 점과 ②1587년 정월 이후 조정 의식과 의례가

24 『豊公遺文』, p. 67.

25 池享, 前掲『戰國 · 織豊期の武家と天皇』, p. 111.

부흥했지만 히데요시는 오사카 성에서 공가가 아닌 무가의 하례를 받았다는 점을 근거로, 히데요시의 관백 취임은 명목에 불과하며 전통적 권위의 의존으로 볼 수 없다고 주장한다.[26] 히데요시의 실질적인 힘은 무가의 군사력에 있으며 관백 등 전통적 권위와 관위 · 관직은 형식적인 것에 불과하다는 입장이다.

그러나 형식적이든 아니든 히데요시가 '천하' 지배자로서의 지위를 전통적 권위에 근거한 관백이란 직책에 둔 것은 분명한 사실이며, 초기 '무위'에 의존한 입장에서 천황의 권위를 전면에 내세운 입장으로 노선을 바꾼 점도 주목해야 한다. 이케의 지적대로 히데요시의 관위제가 상당한 독자성을 갖고 있든 없든 도요토미 정권이 '관위' 또는 '국군제적國郡制的 기반'이란 율령에 연유하는 전통적 요소를 매우 적극적으로 활용한 점은 사실이기 때문이다.[27] 이 점을 고려할 때 히데요시가 관백 서임을 계기로 천황의 권위를 적극 활용하여 난국을 타파해나간 것으로 보는 편이 타당하다. 실제 히데요시는 천황과 일체화를 도모하고 이를 '황윤설皇胤說'이란 형태로 유포했다.

1585년 7월 관백을 서임받은 히데요시는 자신의 공적과 정당성을 대내외에 알리기 위해 우필右筆(서기) 오무라 유코大村由己를 시켜 『덴쇼기天正記』를 편찬한다. 그중 일부인 「관백임관기關白任官記」에는 히데요시의 출생에 관한 매우 민감한 내용이 들어 있어 『덴쇼기』가 히데요시의 사전 허가를 바탕으로 편찬된 것으로 보인다. 이 책의 핵심 내용은 '황윤설' 인데, 「관백임관기」에서 오무라는 히데요시가 어릴 때부터 기담이 많

26 同上, p. 112.

27 "전국시대 조정 정치가 국정(國政)으로서의 실체를 형식적으로도 실질적으로도 상실하여 형해화를 넘어 근본적으로 변질된 것이며 오다 · 도요토미 정권은 무가권력 내부의 사정에 기초하여 스스로 주도하여 천황을 이용한 것으로 무가권력이 천황이란 율령제 이래 국제상 권한에 의존한 것은 아니었다"(池享, 前掲『戰國 · 織豊期の武家と天皇』, p. 19)는 것이 이케 학설의 주된 요지이다.

아 범상한 인물이 아니었다고 주장하면서 "어찌 왕씨王氏가 아니라면 이러한 준걸을 얻을 수 있겠는가"고 하여 히데요시=천황의 후예임을 강조한다.[28] 이 '황윤설'은 근거가 매우 박약한 허설이지만 히데요시가 자신을 천황의 낙윤이라고 의도적으로 유포한 점은 중요하다. "일본국의 관습은 국왕 종성(種姓: 素性, 혈통)을 잇는 사람이 아니면 국왕이 될 수 없다고 신대神代부터 정해진 국"[29]이란 주장이 있듯 귀한 종성인 '귀종貴種'과 일반 백성인 '범하凡下'에 대한 차별 관념은 오랜 기간 존속하고 있었다.[30] 무가정권을 수립한 다이라노 기요모리나 미나모토노 요리토모가 모두 천황의 후예임을 내세웠듯 무가 수장의 반열에 오른 히데요시도 자기 권력의 정당성을 천황과의 일체화에서 찾았다.[31]

'황윤설'의 주장 이후 히데요시의 천황에 대한 접근은 더욱 긴밀해진다. 1586년 11월 히데요시는 고요제이後陽成 천황의 즉위식을 맞아 오사카에 출두하여 복종의 뜻을 표한 도쿠가와 이에야스를 종삼위 권중납언權中納言에 추거했다. 동년 12월에는 도요토미 성을 새로 하사받고 태정대신에 올랐다. 이처럼 히데요시는 관위라는 전통적 질서를 이용하여 이에야스 등 라이벌에 신분서열상의 우위를 확보할 수 있었다. 고요제이 천황의 즉위식 때 히데요시는 천황과 함께 고어위高御位(천황이 착좌하는 장소)에 올라 관백의 전통적인 역할인 즉위 관정灌頂을 행하고 그 직후 고노에 사키히사近衛前久의 딸 사키코前子를 자신의 양녀로 삼아 입궐시킴으로써 천황가와 섭관가攝關家의 인척 관계를 부활시켰다. 히데요시가 천황의 권위를 적절히 활용한 사례의 정점이자 완성은 1588년 4월에 있

28 「關白任官記」, 『天正記』(『太閤史料集』, 人物往來社, 1965).

29 『愚管抄』卷7(日本古典文學大系本), pp. 328-329.

30 『大乘院寺社雜事記』, 文明7年5月10日條; 박수철, 「室町 · 戰國시대 「記錄」과『大乘院寺社雜事記』」, 『東亞文化』39, 2001, pp. 199-202.

31 박수철, 「豊臣秀吉은 왜 將軍(쇼오군)이 되지 못했나-일본 역사의 한 단면과 특질」, 『전남사학』21, 2003.

었던 고요제이 천황의 취락제聚樂第(히데요시의 교토 거처) 행행이다. 히데요시는 이 행사를 성대하게 거행한 직후 도쿠가와 이에야스 등에게 다음과 같은 맹세문을 작성하게 했다.

1. 이번 취락정聚樂亭의 행차를 분부하신 뜻은 실로 감사하며 눈물이 흐를 일입니다.

1. 금리(조정)에 바친 영지와 지자地子 및 공가중의 지행知行(토지를 지배할 권리)에 대해 만약 무도한 무리가 불법을 자행한다면 알려만 주십시오. 지금은 물론이거니와 향후 자자손손까지 다른 맘을 먹지 않도록 하겠습니다.

1. 관백께서 분부하신 뜻을 무엇 하나 위배하지 않을 것입니다.

이상의 항목은 만일 하나라도 위배한다면 범천梵天 · 제석帝釋 · 사대천왕, 모든 일본 60여 주의 대소 신기神祇, 특히 왕성王城을 진수하는 신, 가스가 다이묘진春日大明神 · 하치만八幡 대보살 · 천만대자재천신天滿大自在天神 · 씨신氏神 · 부류권속部類眷屬의 신벌 · 명벌을[32] 받을 것입니다.

1588년(天正16) 4월 15일

우근위권소장右近衛權少將 도요토미 도시이에豊臣利家

참의좌근위중장參議左近衛中將 도요토미 히데이에豊臣秀家

권중납언權中納言 도요토미 히데쓰구豊臣秀次

권대납언權大納言 도요토미 히데나가豊臣秀長

대납언大納言 미나모토노 이에야스源家康

내대신內大臣 다이라노 노부카쓰平信雄[33]

32 신벌(神罰) · 명벌(冥罰)의 구체적인 내용은 "금생(今生)에는 나병에 걸리고 내세(來世)에는 팔만(八萬) 지옥에 떨어져 다시 세상에 돌아오지 못한다"는 것이다(『豊公遺文』, p. 331).

33 『聚樂第行幸記』[『群書類從本』第3輯(帝王部)], p. 612.

취락제 행차의 행렬을 분석하여 사실상 히데요시가 국왕 지위에 있음을 보여주려 한 것이란 주장도 있으나[34] 전체적인 맥락을 볼 때 통설처럼 도쿠가와 이에야스 등 독자성이 강한 다이묘의 통제 정책으로 보는 편이 타당하다.[35]

천황을 내세우면서도 실은 "관백께서 분부하신 뜻을 무엇 하나 위배하지 않을 것"이라고 히데요시가 복종의 서약문을 작성시킨 점이 주목된다. "천황은 사실상 국왕인 히데요시에게 권위를 덧붙이는 수단으로 어디까지나 형식적인 존재에 불과"하다든지, "행차 자체가 진정한 주인공 히데요시를 끌어내기 위한 괴뢰 역을 천황에게 연출시킨 것"이란 시각에 동의할 수 없다.[36] 천황의 행차 형식 자체도 무로마치 시대인 1381년 고엔유後円融 천황의 아시카가 요시미쓰 거처(무로마치 저택) 행차, 1408년 고코마쓰後小松 천황의 요시미쓰 기타야마 저택北山殿 행차, 1437년 고하나조노後花園 천황의 아시카가 요시노리足利義教 거처(무로마치 저택) 행차 중에서 1408년과 1437년에 시행된 선례를 충분히 참조하여 거행했다.[37] 히데요시는 관백직에 따른 직무를 선례대로 충실히 수행했는데 그 압권은 "전하(히데요시)가 (천황의) 옷자락御裾을 잡으셨다"고 하여 천황을 호종하고 옷자락을 잡는 관백의 전통적인 역할에 있다. 국왕=히데요시의 취임을 알리는 것이 목적이라면 굳이 이러한 역할까지 히데요시가 성실히 수행할 필요가 없다. 따라서 이케가 주장하듯 히데요시가 국왕취임을 선

34 池享, 前揭『戰國 · 織豊期の武家と天皇』, pp. 113-114.

35 朝尾直弘, 『天下一統』(大系日本の歷史), 小學館, 1988, p. 171.

36 池享, 前揭『戰國 · 織豊期の武家と天皇』, p. 113.

37 나카가와 가즈아키(中川和明)는 천황의 행렬이 갖는 의미에 주목한다. ①관백 히데요시가 천황의 거처까지 마중을 나갔고 자신의 우마차 뒤에 직신(直臣)과 제다이묘(諸大名)를 이끌고 봉공(奉公)한 것은 히데요시가 천황 및 조정에 봉사하는 자세를 보인 것이며 ②전체적인 순서가 국가의 전통적 질서 즉 율령관제를 중시하고 이에 따랐다는 점에서 도요토미 정권이 설정한 취락제(聚樂第) 행차의 행렬 구성은 전통적인 국가질서를 중시한 것이자 천황 및 조정에 대한 존중으로 보아야 한다는 입장이다(中川和明, 「聚樂第行幸の行列について」, 『國史硏究』90, 1991).

언한 것이 아니라 아사오의 주장처럼 천황 권위를 배경으로 도쿠가와 이에야스 등 독립적인 성향의 다이묘를 도요토미 정권에 복종시킨 점이 보다 의미가 크다.

히데요시의 관백 서임은 율령제에 연유하는 관위와 국군제國郡制에 기반한 전통적인 통치이념을 정권 내에 흡수한 것으로 주종제적 봉건적 무가지배만이 갖는 한계를 인식하고 이를 극복하기 위함이었다. 물론 그렇다고 히데요시가 주종제적 봉건적 무가지배의 핵심을 이루는 '무위'와 '무편' 등을 매개로 한 무사 편성 원리를 포기한 것은 결코 아니었다.[38]

히데요시는 규슈 시마즈 씨를 토벌함에 있어 천황의 권위를 최대한 활용하면서도 그와 동시에 '무편'에 의한 정벌임을 분명히 밝히고 있다. 1586년 8월 히데요시는 "당국唐國까지도 명령을 내리고자 생각하여 뜻대로 처리御存分할 수 있는데 시마즈가 히데요시의 뜻을 위배한 바"[39] 처벌했다고 하면서, "(히데요시는) 당과 남만국까지도 명령을 내릴 수 있다고 생각하고 있다. 규슈는 오기내五畿內와 마찬가지인데 명령을 따르지 않아 즉각 군대를 내었다"[40]고 하여, '천황' 지시가 통하지 않을 경우 궁극적으로 '무위'를 통해 자신의 뜻을 관철시켰다.

---

38 미키 세이이치로(三鬼淸一郞)는 히데요시가 국군제적 통치원리를 도입하여 봉건제의 아나키적 성격을 극복하려 한 것으로 본다(同, 「戰國 · 近世初期における國家と天皇」, 『歷史評論』320, 1976). 미키를 비롯한 대부분의 선행연구는 이른바 봉건제의 주종제적 원리와 통치권적 국군제의 원리의 대립적 측면을 강조한다. 국군제적 율령적 전통적 관위에 입각한 관백과 주종제적 결합에 입각한 태합이란 무가지배 원리를 대립적으로 파악한다. 히데쓰구에게 관백을 넘겨줌으로써 국가지배의 기능을 갖고 있는 관백과 주종제적 질서에 입각한 태합권력(주종제적 질서) 사이에 갈등이 생겼다고 보는 입장(北島萬次, 「豊臣政權論」, 『講座日本近世史』1, 有斐閣, 1981), 무가영주에게 옹립된 천황이 전통적 제도상 관념에 기초하여 독자적으로 움직일 가능성이 있기 때문에 관백 히데쓰구 정권을 해체시킨 것으로 보는 견해(朝尾直弘, 「幕藩制と天皇」, 『大系日本國家史』3 · 近世, 東京大學出版會, 1975)가 대표적이다.

39 『豊公遺文』, p. 78.

40 同上, p. 167.

> 사쓰마 놈들奴原이 무편을 내세워 일전을 벌이고 패배한다면 어쩔 수 없는 것일 텐데, 전투도 하지 않고 (히데요시) 선발대의 병사를 보고 (싸우지도 않고) 패군이 되었으니 상당히 약해 빠져 (전투를) 지시할 것도 없다. 사쓰마의 비겁에는 검太刀도 도刀도 휘두를 필요가 없으니 추격하여 성을 포위해버리면 된다.[41]

'무편'과 '비겁臆病'은 히데요시의 이른바 '공명功名'론 핵심 개념에 입각한 것으로[42] 관백 서임 이후 히데요시가 천황 권위에 일정 부분 의존하면서도 이처럼 정작 전쟁이 시작되자 시바타 가쓰이에를 굴복시킬 때와 마찬가지로 사쓰마(시마즈 씨) 정벌의 정당성을 '무편'에서 찾았다.[43] 선행연구에서는 후지키 히사시의 '도요토미 평화령'과 같이 히데요시가 천황의 권위를 내세워 규슈를 평정한 사실만을 강조하고 있으나 이상에서 살펴본 것처럼 히데요시는 관백에 서임된 이후에도 '무위'와 '예려'를 병행하였다. 그런데 히데요시가 '예려'가 통용되지 않을 경우 이를 관철시킬 수 있는 기반은 그의 '무위'였다. 따라서 이마타니 아키라와 같이 천황 권위에 의존함으로써 전국통일을 달성한 것으로는 볼 수 없다. 히데요시가 시바타 가쓰이에 편이었던 삿사 나리마사佐佐成政를 공략하고 "일국평균一國平均을 달성하여, 양국(越中國 · 飛彈國—역자 주) 모두 칼太刀도 도刀도 휘두를 필요가 없이 히데요시의 뜻에 속하게 되어 깨끗이

41 同上, p. 120.

42 박수철, 「15 · 16세기 일본의 전국시대와 도요토미 정권-'임진왜란'의 재검토」, 역사학회 엮음, 『전쟁과 동북아의 국제질서』, 일조각, 2006.

43 오다 노부나가도 '군사를 전문적 직능으로 하는 무사의 논리'라 할 수 있는 '무자도'(武者道), '무편도'(武篇道)에 의거하고 있다. 1580년 8월 노부나가는 오와리 시대 이래 숙로(宿老)로 활동하던 사쿠마 노부모리(佐久間信盛) · 사다히데(定榮) 부자를 추방하면서 그 이유로 형편없는 무편도를 들었다. 반면 아케치 미쓰히데에 대해서는 군공(軍功)을 세워 '천하의 면목'(面目)을 높였다고 칭찬한다(奥野高廣, 『增訂織田信長文書の研究』下, 894号, 吉川弘文館, 1988).

정리되어 군대를 거두었다"[44]고 하듯 천황의 권위와 별개로 존재하는 도요토미 정권의 '무위'도 중요하다.

요컨대 히데요시는 관백 서임을 계기로 '무위'에만 의존하지 않고 '천황의 뜻叡慮'을 내세워 부족한 부분을 보완한다. 그렇다고 무위를 포기한 것은 아니었다. 이 시기 히데요시는 황윤설을 유포하여 자신과 천황의 혈연적 연관성을 선전함으로써 통치의 정당성을 확보하려 했고, 고요제이 천황의 취락제 행차라는 방법을 동원하여 도쿠가와 이에야스 등 독립성이 강한 다이묘大名를 통제하였다.

44 『豊公遺文』, p. 65.

2. '태양日輪의 아들子' 논리와 '무위'

'태양의 아들'과 천황

'예려叡慮'(천황, 혹은 천황의 뜻)와 '참락參洛'(천황과 히데요시를 알현하기 위한 상경)을 내세워 다른 전국 다이묘를 복속시키는 방식은 이후 히데요시가 취한 일관된 입장이었다. 1587년 5월 규슈를 평정한 히데요시는 시마즈 씨의 기존 영지를 그대로 인정하면서 "앞으로 천황의 뜻을 잘 지키고 충공을 다해야 할 것"[45]을 지시했으며, 1589년 동북 지역의 다테 마사무네伊達政宗에도 "천황에게서 천하를 다스리도록 분부받고 관백직에 임명된 이상" 자신에게 복종해야 한다고 주장했다.[46]

히데요시는 심지어 조선에도 천황 권위를 내세워 복종을 획책한다. 규슈를 평정한 히데요시는 "일본 천황內裏에 복종하고 부하가 되라고隨身 고려(조선)에 빠른 배를 보냈다. 그러지 않으면 내년에 처벌하겠노라고 통보하였다"[47]고 하고, "고려에 군대를 보내 처벌하려 하였으나 [소(宗)] 요시시게義調가 이유를 소명하여 일단 연기하였다. (조선) 국왕이 일본日域에 와서 알현參洛하면 모든 것은 이전과 같을 것이나 만약 지체하면 즉시 도해하여 주벌할 것이다. 그 때에는 나라를 모두 (몰수하여) 영지知行地로

---

45 『島津氏文書』1, 345号.
46 『伊達家文書』1, 428号.
47 『豊公遺文』, p. 139.

삼을 것"[48]이란 뜻을 밝혔다. 히데요시는 일본 국내의 전국 다이묘와 마찬가지로 조선에도 천황의 권위를 내세워 복종을 강요하고 이에 따르지 않으면 무력을 동원하는 방식을 취했다.

그런데 1588년 고요제이 천황의 취락제 행차를 통해 도쿠가와 이에야스 등 독립성이 강한 다이묘를 통제하는 데 성공한 직후부터 히데요시의 천황관에는 다소 변화의 조짐이 나타난다. 1590년 고호조 씨 토벌에 즈음해서는 히데요시가 천황 권위를 내세우면서도 '무위'를 보다 강조한 점이 눈에 띈다. 히데요시는 호조 우지나오北條氏直가 조의朝儀를 가볍게 여긴 점을 추궁하면서도 "(고)호조가 근년 공의를 멸시하고 상경도 하지 않으며 특히 관동을 제멋대로 처리하는 것은 옳지 않은 일"이라고 하여 '공의'(=히데요시)를 전면에 내세운다. 시마즈의 경우는 '예려'를 전면에 내세우는 데 비해[49] 고호조의 경우는 "'조의'를 가볍게 여기고 '공의'를 멸시하여"라고 하여 조정과 공의 담당자인 히데요시를 함께 내세웠다.

> 히데요시는 젊은 때부터 홀로 노부나가 공의 막하에 속해 몸을 산야에 버리고 뼈를 해안에 부수어 무기干戈를 베개로 삼고 밤늦게 자고 아침 일찍 일어나 군충軍忠에 힘써 전공을 세웠다. 이로서 주군의 은혜를 입고 다른 사람에게 이름을 알리고 이로 인해 서국의 정벌을 명령받았다.……히데요시는 한마디도 표리가 부동하지 않아 천도에 걸맞다. 나(히데요시)는 이미 등용양응登龍揚鷹의 명예를 얻고 염매칙궐鹽梅則闕의 신하가 되어 만기萬機의 성치를 담당했나. 그런데 호조 우지나오가 천도

48 『豊公遺文』, p. 142.
49 同上, p. 67.

> 의 정리正理를 위배하고 제도帝都에 대해 간모를 획책하니 어찌 천벌을 받지 않겠는가.[50]

여기서도 만기의 정치를 담당한 신하=관백임을 밝히고 있듯 히데요시가 천황의 권위를 이용하여 전국 다이묘를 제압한 1585년 관백 취임 이후의 기본 방침은 계승된다.[51] 그러나 본문을 살펴보면 은恩과 군공을 매개로 한 주종관계, 이름名의 추구 등 '무위'와 관련된 요소가 유난히 강조되고 있음을 알 수 있다. 또 고호조 씨 토벌의 정당성을 천도에 둔 점도 주목된다. 이 시기 천도는 불교적 인과응보와 유교적 '천'의 개념이 혼재된 보편적인 논리였으며 기본적으로 천황 · 칙명과 무관하다.[52] 도쿠가와 이에야스 등 독립성이 강한 전국 다이묘를 사실상 장악한 1588년 이후 1590년에 이르면 히데요시가 '칙명', '예려' 등 천황의 권위는 활용도가 그 이전에 비해 상대적으로 크게 떨어졌고 자연스럽게 무위가 다시 강조되었다.

히데요시가 자신을 '태양日輪의 아들'이라 주창한 것도 이 무렵이다. '태양의 아들'설이 고호조 씨를 멸망시켜 통일을 달성한 1590년 직후에 나타난 것도 우연만은 아니다. 이 시기가 되면 히데요시는 더 이상 천황과의 일체화='황윤설'을 주장하지 않는다. 그 대신 '태양의 아들'이라는 새로운 주장을 통해 천황과 매개하지 않고 독자적으로 하늘天과 자신을 연결하여 도요토미 정권을 정당화할 수 있는 길을 모색한다. 1590년 11월 통신사[정사(正使) 황윤길(黃允吉), 부사(副使) 김성일(金誠一)]를 통해 보낸

50 『伊達家文書』1, 452号.

51 또 본문 중에는 "보천(普天) 아래 칙명을 위반하는 무리는 빨리 주벌해야 한다"라는 구절이 있다. 고호조 씨 정벌에도 조정과 천황의 명령에 따르지 않는 것을 토벌의 명분으로 삼고 있다(『豊公遺文』, p. 211).

52 石毛忠, 「戰國 · 安土桃山時代の思想」, 『體系日本史叢書』23(思想史2), 山川出版社, 1976.

히데요시의 국서에는 "제가 태아였을 때 저의 어미가 태양이 태내懷中에 들어오는 꿈을 꾸었습니다. 점쟁이가 말하길 '햇빛은 미치고 비추어 임하지 않는 바 없다. 장년에 반드시 팔방八方의 끝까지 인덕仁德의 교화를 듣도록 하고 사해에 위명을 떨치게 할 자이다. (이 사실을) 그 누가 의심할 것인가'라고 하였습니다. 이러한 기묘하고 상서로움이 있어 (저에게) 적대심을 갖는 자는 자연히 쇠퇴하였고 (제가) 싸워서 취하지 못한 바가 없었습니다"[53]라고 통일의 정당성을 태양의 정기로 돌린다. 이는 그 동안 대내적으로 '예려'를 내세워 자신의 무력행사(무위)를 정당화한 것과는 다른 새로운 정당성의 논리가 출현하였음을 의미한다.[54]

히데요시='태양의 아들' 논리를 통해 도요토미 정권은 천황의 권위에서 벗어나고자 했다. '태양의 아들'에 대한 일본학계 통설은 동아시아 지역에서 널리 확인되는 감생제설感生帝說의 일종으로 보는 것이다. 한의 유방[뇌전(雷電)에 의해 회임], 수의 양견[자기(紫氣)가 정원에 충만], 북위 도광제(태양 빛이 실내에서 나오는 꿈을 꾸고 회임), 징기스칸의 10대조[흰 빛이 창문에서 들어와 금색 신인(神人)으로 변하는 꿈]와 같이 중국에 새로운 정복왕조 수립을 꾀한 히데요시의 지향으로 해석한다.[55]

그런데 이러한 히데요시상을 뒷받침하는 자료가 1592년 일본군이 조선의 수도 한양을 탈취하고 승승장구할 때 히데요시가 발표한 '천황 북경 이주' 계획이다. 히데요시는 관백 도요토미 히데쓰구에게 "대당大唐의 수도로 천황叡慮을 옮기도록 통보하고 준비하라. 내후년에 행차하

53 田中健夫 · 石井正敏, 『善隣國寶記 · 新訂續善隣國寶記』, 集英社, 1995, p. 374.

54 이러한 논리는 1593년 11월 5일자로 대만(高山國)에 보낸 국서(國書)에서도 확인된다. "무릇 태양은 비추고 임하여 바다, 산천, 초목, 동물, 벌레 모두 그 은혜와 빛을 얻지 않음이 없습니다. 내가 어머니의 태내에 있을 때 태몽이 있었는데 태양이 방에 가득하여 낮과 같았습니다. 모든 사람이 놀라고 두려워하였습니다. 점쟁이들이 모여 점을 보고 말하길 장년에 이르러 덕(德)과 모습이 사해(四海)에 빛나고 위광(威光)이 만방(萬方)에 발휘하는 기이한 일이므로 십 년이 지나지 않아 불의를 주벌하고 공을 세워 국내와 국외 구석구석을 평정할 것입니다"(北島萬次, 『豊臣政權の對外認識と朝鮮侵略』, 校倉書房, 1990, p. 100).

55 同上, pp. 122-126.

도록 할 것이다. 도읍 주위의 나라 10개국을 바치려 한다. 어떤 공가중이나 이곳에 지행知行을 줄 것이다. 하급 공가는 10배를 늘려줄 것이고 상급 공가는 사람에 따라 결정할 것이다"[56]고 했고, "일본 제위帝位는 와카미야若宮나 하치조 도노八條殿 중 어느 한쪽으로 결정할 것이다"[57]고 하여 히데요시가 천황(일본국왕)의 지위를 사실상 마음대로 결정했다. 이케 스스무도 이를 히데요시가 중국식 중화사상을 받아들여 동아시아의 황제가 되려한 것으로 보아 히데요시의 '북경 행차계획'이 실현되면 천황가는 히데요시에 더욱 종속되고 천황으로서의 정체성마저 위협받을 것으로 파악했다.[58]

그런데 최근 아토베 마코토跡部信는 이러한 기타시마 · 이케 등의 통설을 비판하면서 계획전이나 이후나 히데요시는 자신을 천황의 아래에서 실권을 행사하는 쇼군으로 위치지웠으며 '북경 이주계획'은 어디까지나 천황의 지위와 역할을 저하시킨 것에 불과하다고 주장했다.[59] 아토베는 히데요시의 권세가 '현실'의 '살아있는生身' 천황은 압도했고 칙명과 예려도 히데요시를 구속하지 못했지만 히데요시가 율령제에 연유하는 '옛 국제國制의 권위'마저 무시한 것은 아니며 오히려 이에 구속되고 의존한 것으로 이해했다. 저자도 이 견해가 기타시마나 이케의 주장보다 타당하다고 생각한다. 왜냐하면 히데요시가 '태양의 아들'을 주장하여 천황의 지위나 권위를 약화시킨 것은 분명하지만 정권 말기까지 천황의 지위를 부정하지는 않았기 때문이다.

1592년 고요제이 천황은 "고려국에 하향함에 험로와 파도를 견디어

56 『豊公遺文』, p. 358.
57 同上, p. 359.
58 池享, 前掲『戰國 · 織豊期の武家と天皇』, p. 47.
59 跡部信, 「秀吉の朝鮮渡海と國制」, 『大坂城天守閣紀要』31, 2003.

야 하는 일이 안쓰럽습니다. 출진을 사양함이 좋을 것입니다. 승리를 천 리 밖에서 거둘 수 있으니 이번은 병사諸卒를 부려도 충분할 것입니다. 조정朝家을 위해 천하를 위해 부디 (도해를) 유보해주신다면 아주 기쁠 것입니다"[60] 하고 히데요시의 조선 출진을 말렸다. 그러자 히데요시는 이에 호응하여 자신의 도해 연기를 정당화하고 이를 나고야名護屋 성에 있는 도쿠가와 이에야스 등에게 통보하였다. 1594년 9월에도 "빨리 하향하려 하였는데 천황이 만류하여 연기하였다. 다음 달 1일 나고야에 내려갈 것이며 오는 봄에는 도해할 것이니 (이를) 엄격히 지시해두어라"[61] 고 자기 행위의 불가피성을 이에야스를 포함한 부하들에게 설명할 때 어김없이 천황을 구실로 하였다. 전쟁이 장기화되면서 영주들 사이에 도요토미 정권에 대한 잠재적 불만은 상시적으로 존재했고 이러한 상황 속에서 이들 세력을 통제할 수 있는 천황의 이용가치는 여전히 유효하였다.[62]

'양장良將의 위威'와 법의 지배

1590년 이후 히데요시가 국내통일을 달성한 후에도 천황의 효용가치는 여전히 존재한다. 이 때문에 히데요시가 천황의 지위를 굳이 부정하지는 않았다. 그렇지만 '태양의 아들' 주장 등을 통해 천황권을 제약하

60 『豊公遺文』, p. 359. 칙서(勅書) 발행 시기에 관한 논쟁은 跡部信, 前掲「秀吉の朝鮮渡海と國制」, pp. 4-6 참조.

61 『豊公遺文』, p. 512.

62 명과 일본 사이에 화평의 분위기가 고조되었을 때 "천지가 변하지 않는 한 틀림이 없는 계약은 대명황제(大明帝王)의 딸(姬宮)을 일본천황(日本帝王)의 비(后)로서 보내는 것"이라 하여 대외적으로 천황을 내세우고 있다(同上, p. 442). 1592년 6월 8일 안코쿠지 에케이(安國寺惠瓊)가 해당 사원관계자에게 보낸 편지에는 "(히데요시가) 올해 중에 중국(大唐)에 건너가시고 다음 해 정월 일본천자 및 현(當) 관백님(도요토미 히데쓰구)께서 도해(渡海)하시어 대명국까지 행차하라고 재촉하셨다. 조선(朝鮮) · 대명(大明)의 왕을 일본의 천자에 항복시키려고 왕을 생포하라는 명령이 내려졌다. 조선 · 대명(大唐)을 손에 넣어 서적, 내전 · 외전 기타 보물을 배로 실어 각각에게 주신다고 한다"고 하듯이 천황이란 존재는 계속 활용되고 있다(同上, p. 381).

고 천황이란 전통적 권위의 의존에서 벗어날 여지는 높아졌다. 1580년대 중반 히데요시 스스로가 황윤설을 제시하여 천황과의 일체화를 도모하던 시기와는 상황이 크게 달라졌다.

1589년 12월 히데요시는 '동국무도東國無道'라고 고호조 씨를 비난하면서 "해를 넘기면 상경上洛은 무효"라고 하여 '예려'가 아닌 '무위'를 통해 문제를 해결하려 했다.[63] 나아가 앞에 언급한대로 1592년에 이르면 히데요시가 천황의 북경 이주와 일본 왕위 결정권을 행사할 수 있다고 하여 황윤설 시기의 천황관은 큰 변화를 보인다. 그런데 천황 북경 이주 계획 속에는 "삼국 중에 적대하는 자가 없다고 하더라도 (일본의) 체면外聞實儀에 관련된 일이므로 오로지 '무기武具'만을 즐겨 힘쓰고武具嗜專一, 이런 사실을 부하들에게도 그대로 전달하라"[64]고 하듯 도요토미 정권의 대외침략은 무구='무위'를 기반으로 했다. 또 히데요시의 비서右筆였던 야마나카 기쓰나이山中橘內가 히데요시의 속내를 언급하면서 "이번 선발대에게는 천축天竺 근처의 나라를 주실 것이다. 그러면 우에사마上樣(히데요시)의 말이 없더라도 (이들이 스스로) 천축을 치겠다는切取 말이 나올 것이라는 게 히데요시의 생각"이라[65] 하듯, 그 속에는 토지지급을 매개로 무한대로 확장되는 무가세력의 영토 확대 논리가 들어있다.

1591년 히데요시는 포르투갈령 인도 총독에게 "이때를 맞아 성주聖主(천황)의 칙명을 환중寰中(天下 · 畿內)에 전하고 양장良將의 위威를 새외塞外(외국)에 떨쳐……대명국大明國을 다스리고자 한다"[66]고 밝혔다. 천황의 지배가 미치는 지역은 칙명으로 해결하고 그것이 통용되지 않는 새외 지역은

---

63 同上, p. 237.

64 同上, p. 357.

65 同上, p. 366.

66 『異國往復書翰集』11.

'양장의 위'(무위)로 해결하겠다는 발상으로, 이는 도요토미 정권의 지향에 잘 부합한다. 히데요시는 칙명과 예려를 내세워 국내통치(다이묘의 복속)을 완성한 후 '양장의 위'를 매개로 국외로 영토를 확대하려 했다. 히데요시가 일본 국내의 다이묘를 통제하려면 여전히 계속 천황의 칙명을 필요로 했다. 그렇지만 국외를 대상으로 할 때 '예려'는 더 이상 통용되지 않으며 결국 '양장의 위'(무위)를 통해 관철시킬 수밖에 없었다. 조선 · 명에 천황에의 복종을 강요할 수는 있었지만 양국이 이를 거부할 때 그것을 실현시킬 수 있는 궁극의 힘은 '무위'였다.

그런데 히데요시가 주장하는 '양장의 위'는 중세와 같이 단순히 무가의 위='무위'만은 아니었다. 이는 사사세력의 장악을 통해 종교적 권위까지도 흡수한 도요토미 정권의 보다 강대해진 '무위'였다. 히데요시는 일본=신국사상을 원용하여 크리스트 교도를 추방하는 과정에서 과거 천황가가 독점하고 있었던 신기神祇문제에도 개입한다.[67] 1597년 2월 히데요시는 모리 히데모토毛利秀元 등 7인을 조선에서 군사행동을 벌이고 있는 가신들을 감시하기 위해 오메쓰케御目付에 임명하고 다음과 같이 지시했다.

> 1. 이상 7인에게 7매의 기청문起請文(신에게 행한 맹세문)을 작성하게 하고, 모든 일을 있는 그대로 보고할 것을 지시했다. 충공忠功의 자에게는 은상을 내릴 것이다. 만일 법도를 위반하는 자가 있으면 7인이 주청하는 대로 누구라 할 것 없이 하치만 대보살八幡大菩薩이 처벌할 것이다. 이 뜻을 잘 파악하여 방심하지 말도록 하라.[68]

---

67 박수철, 「近世初 일본의 『鎖國』과 神國思想」, 『日本語文學』23, 2004.

68 『豊公遺文』, p. 569.

하치만 대보살八幡大菩薩은 '무가의 신'으로 추앙받는 신이다. 문장상 처벌의 주체가 하치만 대보살로 되어 있는 점이 주목된다. 그런데 7인의 보고를 받아 처벌을 집행하는 권한이 히데요시에게 있다고 할 때 하치만 대보살의 행위란 결국 히데요시의 행위에 다름 아니다. 물론 법 위반자 처벌을 하치만 대보살의 행위로 규정한 점은 도요토미 정권의 한계로 보이나, 히데요시기 자기 행위의 정당성을 하치만 대보살이란 '무가의 신'의 행위로 등치시킨 점은 주목된다.

'태양의 아들', '하치만 대보살'이란 히데요시의 권위가 확대되면서 천황의 권위와 지위는 약화되고 '국제國制'와 관위 · 관직을 중심으로 하는 천황의 통치권적 질서도 약화된다. 그러나 국가권력을 장악한 도요토미 정권의 입장에서 볼 때 이러한 통치권적 질서의 약화가 꼭 바람직한 일은 아니었다. 천황 권위의 약화라는 상황을 맞아 이를 보완하기 위해 도요토미 정권은 점차 '법'을 통한 제도적 지배도 모색한다. 히데요시는 1590년 7월 호조 씨를 항복시키고 그 여세를 몰아 동년 8월 동북의 오슈奧州 지역을 공략한 후 다음과 같은 명령을 내렸다.

> 1. (8월) 9일 아이즈會津로 이동하시어 오키메御置目(법규)를 지시하시고, 아이즈와 시라카와白川의 토지조사檢地는 중납언中納言(도요토미 히데쓰구), 그 근처의 토지조사는 비젠 재상備前宰相[우키타 히데이에(宇喜多秀家)]에게 지시하셨다.
>
> (중략)
>
> 1. 야마가타 데와노카미山形出羽守[모가미 요시아키(最上義光)]와 다테 마사무네伊達政宗 처자妻子를 빨리 교토에 올려보내라. 이 두 사람 외의 국인國人도 누구나 처자妻子를 교토에 보내는 것이 가장 바람직하다. 만일 이것

이 어려우면 아이즈會津에 보내도록 하라.[69]

도요토미 정권은 마지막 남은 동북 지역을 장악하면서 '예려' 이외에 '법규置目'를 전면에 내세웠다. 또 상경의 목적은 더 이상 천황 · 히데요시에 대한 알현이 아니며 '인질' 제공으로 바뀌게 된다. 1590년대 이르러 아이즈 등 지역 단위 전체를 대상으로 하는 법이 출현한 점이 주목되며, 이 경우 통치권적 지배를 의미하는 법은 '조정' · '예려'보다 객관화되고 물체화된 것이다. 이는 도요토미 정권이 1580년대 중반과 같이 천황의 권위에 의존한 단계를 벗어나 다양한 방법을 모색한 단계에 도달하였음을 의미한다. 히데요시는 오슈 지역에 "향후 조치仕置는 비슈중납언尾州中納言(도요토미 히데쓰구)에게 보고하고 도쿠가와 이에야스에게도 상의하여 빠진 곳 없도록 신경을 쓰고 데와出羽 · 오슈奧州의 끝까지 법규置目를 엄격히 준수하도록 지시하라"[70]고 하여 지역단위에서 총괄되는 '법'질서를 관철시키고자 노력한다.[71]

1597년 7월 태합 히데요시는 관백 도요토미 히데쓰구를 자살시킨다. 이어 8월 3일 도쿠가와 이에야스 등이 중심이 되어 "다이묘의 결혼은 허가를 얻을 것", "다이묘 · 쇼묘小名는 계약의 맹세문을 작성하지 말 것", "싸움이 일어났을 때 참는 쪽에 이운理運(이치)가 있는 것으로 할 것" 등을 규정한 「온오키테御掟」(법규)를 작성하도록 했다.[72]

또 「온오키테추가御掟追加」라고 하여 "여러 공가와 문적은 가문의 도

---

69 同上, p. 271.

70 同上, p. 309 · 311.

71 1590년대 이르러 천황이란 개인적 차원의 전통적 질서 · 권위 의존에서, 법이라는 보다 객관화된 지배체제로의 전환 움직임은 기본적으로 조선에도 적용된다. 도요토미 정권은 1590년의 '오슈 오시오키'(奧州御仕置)에 비견하여 '조선 오시오키'(朝鮮御仕置)(同上, p. 429)라는 용어를 사용했으며, 조선에서의 연공 수납을 "정도(政道) 법도(法度) 이하 일본의 법규대로 지시하고 잡세를 수납하라"(同上, p. 461)고 지시한다.

72 同上, p. 545.

에 즐겨 힘쓰고, 공의를 준수하고 봉공할 것"과 "여러 사사는 사법寺法과 사법社法을 선규先規와 같이 준수하고 오로지 수리 · 조영修造하고 학문과 근행에 즐겨 힘쓸 것"도 지시한다.[73] 봉건제 주종제의 편성원리, '무위'를 기반으로 하면서도 태합太閤 히데요시는 관백 히데쓰구의 죽음으로 와해된 통치권적 차원의 정당성을 이제 법체계를 통해 보완하고자 했다.[74] 그리고 모리 데루모토가 "(히데요시는 물론 그의 아들인) 히데요리秀頼에 대한 봉공을 태합과 동일하게 하며 소략하지 않"을 것이라 하면서, "법도法度도 오키테置目도 지금까지 지시한 바대로 위배하지 않을 것"이라 맹세하듯, 법法度 · 置目의 준수는 모든 가신에게 강요되었다.[75]

도요토미 정권의 이러한 시도는 법체계 도입이란 점에서는 매우 의미 있는 일이었다. 그러나 법리의 해석은 아직 객관화하지 못해 히데요시가 자의적이며 주관적으로 개입할 여지가 농후한 체제였다.[76] 또 전술한 1597년 12월의 경우처럼 "만일 법도를 위반하는 자가 있으면…… 누구라 할 것 없이 하치만 대보살이 처벌"한다고 하고 있듯,[77] 종교적 권위를 빌려 관철시켜야 하는 한계성도 있었다.

73 同上, p. 546.

74 이른바 무가 정권의 이원적(二元的) 편성 원리로 거론되는 통치권적 원리와 주종제적 원리는 佐藤進一, 「室町幕府論」, 岩波講座『日本歷史』中世3, 岩波書店, 1963 참조.

75 『豊公遺文』, p. 615.

76 1596년 히데요시는 동북(東北) 지역의 총괄자로 파견한 가모 우지사토(蒲生氏郷)가 죽자 그 후계자 처리를 지시하였다. "아이즈 재상[會津宰相(가모 우지사토-역자 주)]이 생각지 않게 급사하였는데 당치 않은 일이다. 그의 아들 쓰루치요(鶴千代)가 어리기는 하나 히데요시가 우지사토를 특별히 총애하였으니 이를 불쌍히 여겨 계속해서 변함없이 상속하라고 지시한다. 따라서 인국(隣國)의 무리(衆)도 그 뜻을 잘 헤아려 수용해야 할 것이다. 앞으로 공사(公事)와 관련해 도당을 결성하지 말고 이전처럼 지내도록 하라. 만약 이의를 제기하면 5대 5의 경우는 말할 것도 없고 4대 6의 경우라도 쓰루치요가 '이치'(理運)가 있는 것으로 판단할 것이다. 태합[太閤(히데요시)]께서 발탁한 쓰루치요이므로 각각이 이의를 제기한다면 (상호 간) 5대 5의 도리가 있다고 하더라도 처벌할 것이다"(同上, p. 530)고 하듯 '이운', '도리'라는 관습법에도 히데요시가 자의성을 행사할 수 있었다. 단, 상대방의 이운(이치)이 6을 넘어서면(즉 7 이상이면), 히데요시도 어쩔 수 없는 점도 흥미롭다.

77 同上, p. 569.

소결小結

이 장에서는 '의존'론과 '이용'론이 팽팽하게 대립하고 있는 선행연구의 문제점을 해결하기 위해 도요토미 정권의 시기별 변화상에 주의하여 고찰하였다. 1580년대 초반 히데요시가 노부나가의 후계자가 되어 다른 무장과 각축하던 시기에서 1590년대 일본 전국을 통일한 이후로 넘어가면 도요토미 정권의 성격이 크게 달라지는데 선행연구에서는 이 점을 간과한다. 이 장은 '의존이냐, 이용이냐'는 문제는 본질이 아니라는 입장에서 선행연구와 달리 도요토미 정권이 천황의 권위를 일관되게 '의존 · 이용'한 것이 아니라 시기에 따라 히데요시의 천황관이나 천황에 대한 태도가 달라진 것으로 파악했다.

1580년대 초반 히데요시는 주로 '무편武篇'이란 군사력에 의존한다. 히데요시는 '무위'를 통해 라이벌을 굴복시키려 했으며 '예려叡慮'나 '칙명'은 적극적으로 활용하지 않았다. 그러나 히데요시는 도쿠가와 이에야스와 같은 라이벌을 무력만으로 복속시키기 곤란해지자 점차 '예려'(천황)를 이용 · 의존하는 쪽으로 방침을 바꾸었다. 히데요시는 자신이 천황의 낙윤이라는 '황윤설'을 널리 유포시켜 천황권력과의 일체화와 권력의 정당성을 확보하려 했다. 그런데 1590년대 고호조 씨를 굴복시키고 도쿠가와 이에야스를 관동關東 팔주八州로 이전시킨 이후 도요토미 정권의 지배체제가 안정화된다. 이에 따라 천황 권위를 이용하거나 이에 의존할 필요성도 상대적으로 감소했다. 물론 이에야스 등과 같은 내부의 잠재적 위험은 상존했기 때문에 다이묘 통제를 위해서도 천황 권위는 계속 필요했다. 이런 이유에서 히데요시가 권력 말기까지 천황 권위를 부정한 적은 없었다. 그렇지만 1580년대만큼 절실하지는 않았다. 특히 히데요시가 천황의 권위가 통용되지 않는 동북아시아로 '무위'를 확대하려 할 때 이를 정당화해줄 새로운 논리가 필요했다. 이것이 바로 '태양의 아들'=히데요시라는 주장으로 히데요시의 '무가신격화'가 본격화되는 계기가 되었다. 여기에 천황의 권위가 더욱 상대화될 여지가 생겼고 대외적으로는 '양장良將의 위威'(무위)의 논리로 나타났다. 그런데 천황의 권위가 내부의 다이묘 통제와 관련된 제한적인 역할만으로 국한되어 전통적 '국제國制'적 질서에 기반을 둔 국가 통치권적 요소가 약화된다. 여기에 '오키메置目', '온오키테御掟'와 같은 법의 지배가 강화되고 도요토미 정권은 국가권력으로서 보다 객관화된 지배를 도모하였다. 그러나 이는 하치만 신八幡神=히데요시의 자의적 법집행과 해석을 전제로 했다는 한계를 갖고 있다. 이런 점에서 도요토미 정권의 지배는 근세 초 인적 지배에서 제도적 지배로 전환되는 일본 중·근세 이행기의 과도기적 모습이 남아 있다고 할 수 있다.

제4장

도요토미 정권의 추이와 천황

도요토미 정권 시기 천황은 과연 어떤 존재인가? 이를 바라보는 시각은 대체로 크게 두 가지로 나뉜다.

하나는 도요토미 정권이 천황의 전통적 권위(율령적 국제)에 기댈 수밖에 없었다는 '의존'성을 강조하는 입장이다. 이 주장은 히데요시가 관백직에 취임한 사실과 천황 권위를 내세워 다른 전국 다이묘를 굴복시킨 사실을 강조한다. 예컨대 도요토미 정권과 천황의 관계를 히데요시의 '왕정복고'로 규정하는 이마타니 아키라今谷明나,[1] 하극상을 통해 권력을 장악한 전국 다이묘가 자신의 부족한 정통성을 확보해나가려는 과정에서 천황이란 전통적 권위가 다시 재부상하였다고 보는 와키타 하루코脇田晴子가 그 대표적 주창자이다.[2] 또 무사 정권에 중심을 두면서도 '공무公武결합 왕권'이라 하여 양자의 '결합'에 주목하거나,[3] 히데요시가 율령적 규정성을 갖고 있는 관백직에 취임함으로써 본래 권력적 분산을 의미

1 今谷明, 『武家と天皇-王權をめぐる相剋-』, 岩波書店, 1993.

2 脇田晴子, 「戰國期における天皇權威の浮上」上 · 下, 『日本史研究』340 · 341, 1990 · 91(후에 『天皇と中世文化』, 吉川弘文館, 2003에 재록).

3 堀新, 「織豊期の王權論をめぐって」, 『歷史評論』649, 2004; 同, 「織豊期王權論再論-公武結合王權論をめぐって」, 大津透編, 『王權を考える-前近代日本の天皇と權力-』, 山川出版社, 2006.

하는 봉건제의 아나키적 성격을 극복할 수 있었다는 미키 세이이치로三鬼清一郎의 주장도 크게 보아 도요토미 정권 속에 내재하는 전통적 권위 및 질서 존중을 중시하는 입장이다.[4]

다른 하나는 기본적으로 도요토미 정권이 천황 등 전통적 권위를 단순히 이용한 데 불과하다는 입장으로 히데요시의 관백 취임 등에 큰 의미를 부여하지 않는다. 반대로 관백 취임 등을 지나치게 강조하면 무가 권력의 '무위'가 통치의 본질이자 핵심인 당시 실상이 무시되는 결과를 초래한다고 주장한다. 대상제大嘗祭 중지를 비롯하여 무력하기 짝이 없던 조정과 대비되는 도요토미 정권의 실력을 강조하거나,[5] 근세와 연결되는 '쇼군권력'의 창출 과정이란 입장에 서 있거나,[6] 무가 관위제에 있어 도요토미 정권의 독자적 특질을 강조하는 견해가 이에 해당한다.[7] 요컨대 천황은 무가 정권의 장식에 불과하며 이를 강조하는 것은 당시 실상과 맞지 않다는 입장이다.

나가하라 게이지永原慶二는 "히데요시는 이러한 도요토미 정권의 주종제 및 통치기구의 약점을, 노부나가와 달리, 철두철미 천황과 결합함으로써 보완하려 했다"[8]는 입장인데, 후타키 겐이치二木謙一는 의례적 측면에서 이와 유사한 주장을 편다. 후타키에 따르면, 도요토미 정권은 기본적으로 무로마치 막부의 의례를 모방했고 분로쿠文祿 시기에 이르러서야 비로소 '도요토미적' 새로운 의례 질서를 형성하였다. "도요토미 성姓 · 하시바羽柴 성의 사여, 관위에 의한 계층적 신분서열, 가격家格 제

---

4 三鬼清一郎, 「戰國 · 近世初期における國家と天皇」, 『歷史評論』320, 1976.

5 池享, 『戰國 · 織豊期の武家と天皇』, 校倉書房, 2003.

6 朝尾直弘, 『將軍權力の創出』, 岩波書店, 1994.

7 李啓煌, 「近世武家官位制の成立過程について」, 『史林』74-6, 1991; 同, 「근세권력의 형성과 천황의 역사적 지위」, 『동방학지』117, 2002.

8 永原慶二, 「天下人」, 『日本の社會史』3(權威と支配), 1987.

정"이 이루어졌고, 이에 따라 숙로가宿老家(중진 다이묘 가문) 지정, 가격家柄 · 신분에 따른 특전 및 면허가 제정되었다.[9] 그런데 이는 무로마치 막부와 유사한 측면이 있다. "무로마치 막부는 그 최전성기 때에도 군사력 · 경제력이 약하고 권력기반이 불안정한 정권"이었는데, "이 허약한 막부와 아시카가足利 쇼군가를 무사 사회에 군림시켰던 것은 유력 슈고 다이묘 간 세력 균형을 이룬 지배 조직과 쇼군을 정점으로 행해진 복잡한 의례적인 관습과 예의 작법"이었다. "히데요시 만년에 중진 다이묘가를 지명하고 각종 격식을 도입한 것도 무로마치 막부의 경우와 같이 조직 · 체제의 힘으로 도요토미 가의 장래를 지키려는 의도가 나타난 것"이었다.[10] 후타키 설은 이처럼 분로쿠文祿 시기 이전과 이후로 나누어 도요토미 정권을 이해한 점에 특색이 있다.

저자도 도요토미 정권의 천황관이 시기에 따라 변화하였음을 지적하여, '황윤설皇胤說'을 주장한 관백 취임 초기 시기와 고호조後北條 씨를 멸망시킨 이후 명실상부한 통일권력이 된 시기 천황과의 관계는 크게 달라졌다고 본다.[11] 나아가 '태양의 아들'설이 제기된 이후 도요토미 정권

---

9 二木謙一, 「豊臣政権の儀禮格式」, 『武家儀禮格式の研究』, 吉川弘文館, 2003. 후타키에 따르면, 쇼군과 고케닌(御家人)의 사적(私的) 연고(緣故)를 본질로 하는 가마쿠라 시대에는 오위(五位) 이상의 유위자(有位者)를 제외하고 고케닌(御家人) 상호 간 신분적 차별이 적었다. 무로마치 시대에 이르러 신분, 지위, 서열에 의한 격식을 중요시하게 되어, 요시미쓰(義滿)가 조정의 오섭가칠청화(五攝家七淸華)처럼 무가에 삼직칠두(三職七頭)를 정하고, 시바(斯波), 호소카와(細川), 하타케야마(畠山)를 삼직[三職(管領)], 야마나(山名), 잇시키(一色), 도키(土岐), 아카마쓰(赤松), 교고쿠(京極), 우에스기(上杉), 이세(伊勢)를 칠두(七頭)로 한다. 그 후 요시마사(義政)에 이르러 신분격식이 완성되어 삼직(三職), 고쇼반 중(御相伴衆), 구니모치 중(國持衆), 준쿠니모치(准國持), 오토모중(御供衆), 반가시라(番頭), 절삭중(節朔衆) 등이 정해졌다. 반면 오다 정권의 경우, 무로마치 막부와 같은 의례 · 격식은 뚜렷하지 않으며 도요토미 정권에 이르러 원일어례(元日御禮) 등이 성립되고 히데쓰구 추방 이후 독자적인 도요토미 의례가 창출되었다. 이는 1594년 히데요시의 다이묘가(大名家) 방문과 1595년 육다이묘연서(六大名連署)로 정한 법규와 그 추가를 통해 성립된다. 그런데 오다이로(五大老)를 중납언(中納言) 이상 관위를 가진 무가 공경이라 하면서 청화 가격(淸華成)으로 파악한 입장(矢部健太郎, 「豊臣「武家淸華家」の創出」, 『歷史學研究』746, 2001)과 그 외 다른 2명을 포함하여 7인이 숙로(宿老)라는 가격을 형성한 것으로 파악한 입장(二木謙一, 前揭「豊臣政權の儀禮格式」)의 차이가 있다.

10 同上, pp. 245-246.

11 박수철, 「豊臣 정권의 天皇觀과 '武威'」, 『歷史教育』105, 2008.

의 자립성이 강화된 것으로 이해한다. 이 점은 무로마치 정권의 연장선상에서만 도요토미 정권을 바라보는 후타키 설과 일견 충돌하는 바, 이 장에서는 '의례'의 측면에서 이를 재검토하고자 한다. 특히 히데요시의 금리禁裏 참내參內 양상과 전개 과정에 주목하고자 한다. "황실 존중의 자세를 보인 히데요시, 그 자신도 매년 정월 중 참내하여 천황과 상황에게 참하參賀의 예를 행하는 것을 잊지 않았지만, 조정의 원일절회元日節會도 조배朝拜도 히데요시의 휘하에서 행해진 원일참하元日參賀의 성의盛儀에 비할 바가 아니었다"는 지적이 있다.[12] 히데요시의 원일참하가 조정에 비해 성대하게 거행되었다는 지적은 타당하지만, 매년 정월마다 히데요시가 참내한 것은 아니었고, 참내의 빈도도 관백에 취임한 시기와 그 이후에 커다란 차이가 존재한다. 특히 ①1590년(天正18) 고호조 씨 정벌 이후부터 1595년(文祿4)까지의 시기, ②히데쓰구 자살 이후부터 1598년(慶長3) 히데요시 사망까지의 시기 사이에 중요한 변화가 있으나, 선행연구에서는 이 점을 충분히 고찰하지 않았다. 이와 더불어 기도권祈禱權의 소재 문제도 히데요시 권력과 천황의 관계를 분석할 때 유념해야할 부분이다. 전승기도 · 질병기도의 주체와 그 과정, 기타 조정이 갖고 있는 기도 권한의 실체를 분석하여 도요토미 정권의 한계도 아울러 살펴보고자 한다.

12 二木謙一, 前揭「豊臣政權の儀禮格式」, p. 223.

1. 금리禁裏 참내參內의 의미

1588년(天正16) 4월 14일부터 18일까지 5일에 걸쳐 고요제이 천황이 히데요시의 사저聚樂第를 방문했다. 4월 14일에는 천황 착좌着座의 의식과 연회가 거행되었다. 이어 15일 히데요시는 교토의 지자은地子銀 5천 5백 30여 냥兩을 천황에게 진상하고, 상황과 친왕 도시히토智仁에게 지자미地子米 800석을 헌상했다. 또 친왕과 공가에게 오미 다카시마 군高島郡 8천 석의 토지를 주었다. 4월 16일에는 와카연회和歌御會가 열리고, 히데요시는 고요제이 천황의 처 가주지 하루코勸修寺晴子에게도 영지御料所를 헌상했다. 이어 4월 17일 무악舞樂이 크게 열렸고, 4월 18일 천황은 환궁했다.[13]

천황이 무가 권력자의 사저를 방문한 것은 도요토미 정권 시기에 처음 나타난 것은 아니다. 1381년(永德1) 고엔유後円融 천황이 아시카가 요시미쓰足利義滿의 사저 무로마치 저택室町殿에 행차한 일, 1408년(應永15) 고코마쓰後小松 천황이 아시카가 요시미쓰의 기타야마 저택北山殿을 행차한 일, 1437년(永享9) 고하나조노後花園 천황이 아시카가 요시노리足利義教의 무로마치 저택을 행차한 일이 있다. 『취락제행행기聚樂第行幸記』에는 요시미쓰 시기의 1408년(應永15) · 요시노리의 1437년(永享9) 행차를 선례로 삼았다고 하며,[14] 그중에서도 1437년에 행해진 요시노리의 사례가 가장 비

13 『聚樂第行幸記』(『群書類從』3帝王部); 『御湯殿上日記』, 天正16年4月14 · 15 · 16 · 17日條.

14 前揭『聚樂第行幸記』(『群書類從』3帝王部), p. 604..

슷하다.[15] 기존 통설에서는 4월 15일 여러 다이묘가 "관백(히데요시)이 지시한 취지를 무엇 하나 위배하지 않을 것"이라 맹세한 사실에 주목하여, 히데요시가 천황·조정의 권위를 이용하여 여러 다이묘를 압도하였다는 역사적 의의를 강조한다.[16]

그런데 이는 주로 취락제 내부에서 전개된 일련의 의식에 초점을 맞춘 것이다. 이에 대해 나카가와 가즈아키中川和明는 내적인 측면보다도 일반인에 널리 영향을 준 천황과 관백의 행차라는 외부적 시각에 주목하여, 행렬이 천황의 행렬, 관백의 행렬, 여러 다이묘의 행렬로 구성되어 있음을 밝혔다. 그리고 이를 전통적 국가질서, 즉 율령 관제에 기초하여 구성된 행렬로 파악하고 조정과 천황을 중시하는 히데요시의 태도가 드러난 것으로 본다.[17] 반면 이케 스스무는 행렬을 천황의 행렬과 관백의 행렬(여러 다이묘는 여기에 포함)로 구분하고, 관백 행렬이 압도적으로 다수이며 대규모라는 점에서 "천황과 공가 집단이야말로 히데요시의 선두前驅"에 불과하며, 히데요시가 사실상 국주임을 증명한 것이라 보았다. 특히 그는 천황의 봉련鳳輦이 취락제에 도착하였음에도 이를 맞이할 히데요시의 우거牛車가 아직 금리에 있는 사실을 지적하면서 "히데요시가 득의만면의 퍼레이드를 하고 있는 동안" 오로지 기다릴 수밖에 없었던 궁색한 천황의 처지를 지적하고 이러한 연출을 통해 히데요시가 일본의 국왕으로 등극하였음을 대내외에 과시한 것으로 보았다.[18]

1585년(天正13) 관백 취임 이후 1588년까지 도요토미 정권을 바라보는 관점은 이처럼 크게 다른데,[19] 이를 어떻게 보아야 하는가?

---

15 二木謙一, 『武家儀禮格式の研究』, 吉川弘文館, 2003, p. 251.

16 朝尾直弘, 『天下一統』(大系日本の歷史8), 小學館, 1988.

17 中川和明, 「聚樂第行幸の行列について」, 『國史硏究』(弘前大學)90, 1991.

18 池享, 前揭『戰國·織豊期の武家と天皇』, p. 114·228.

19 후타키 겐이치(二木謙一)는 이들 선행연구가 무로마치 시기의 의례를 이해하지 못한다고 비판하면서,

취락제 행행이란 천황의 히데요시 사저 방문은 이처럼 도요토미 정권과 천황의 관계를 고찰하는 데 좋은 소재를 제공한다. 그런데 천황의 취락제 방문은 종래 크게 다루어졌으나 종래 거의 언급되지 않았던 것이 히데요시의 금리 방문(참내)이다. 히데요시의 금리 참내는 천황의 사저 방문(취락제 행행)과 대조되는 측면에서 도요토미 정권과 천황의 관계를 이해하는 데 흥미로운 시사점을 제공해줄 수 있다. 이 장에서는 이를 제1시기[1585년(天正13) 관백 취임 전후~1590년(天正18) 고호조 씨(後北條氏) 멸망 이전], 제2시기[고호조 씨 멸망 이후~1595년(文祿4) 7월 관백 히데쓰구의 자살까지], 제3시기[히데쓰구 자살 이후~1598년(慶長3) 히데요시 사망까지]로 나누어 살펴보고자 한다.

··표1 도요토미 정권과 정월참내(正月參內)

연도	날짜	내용	비고
1583년(天正11)		참내 없음	
1584년(天正12)	1월 14일	참내 없음	히데요시의 헌물(獻物)
1585년(天正13)	1월 17일	참내 없음	마에다 겐이(前田玄以)가 참내
1586년(天正14)	1월 14일	히데요시, 참내	
1586년(天正15)	2월 6일	히데요시, 참내	
1586년(天正16)	1월 13일	히데요시, 참내	요시아키(義昭)와 함께 참내
1586년(天正17)	1월 14일	히데요시, 참내	
1586년(天正18)	1월 1일	히데요시, 참내	
1586년(天正19)	1월 12일	히데요시, 참내	
1592년(文祿1)	1월 1일	히데쓰구, 참내	1월26~28일, 천황의 취락제 행차
1593년(文祿2)	4월 1일	히데쓰구, 참내	
1594년(文祿3)	1월 26일	히데쓰구, 참내	
1595년(文祿4)	1월 1일	히데쓰구, 참내	
1596년(慶長1)	5월 13일	히데요시 부자(父子), 참내	히데요리(秀頼)의 첫 참내
1597년(慶長2)	4월 27일	히데요시 부자, 참내	
1598년(慶長3)	4월 18일	히데요시 부자, 참내	

행차 행렬은 ①국모(國母)의 준후(准后), 여어(女御)의 행렬, ②천황의 행렬, ③관백의 행렬로 구분하고, 이는 무로마치 시대의 의식(儀式)을 모범으로 한 것으로 보았다.

1585(天正13)~1590년(天正18)

히데요시의 정월참내가 성립된 시기는 1586년(天正14)이다. 이 해 히데요시는 정월 14일 제대부諸大夫가 된 가신들과 함께 참내하여 세수를 축하하고,[20] 이후 빈번한 정월참내가 전개된다. 이는 1584년(天正12) 정월 14일 히데요시가 헌물獻物을 하는 데 그치거나,[21] 1585년(天正13) 정월 17일 마에다 겐이前田玄以가 참내하는 것과 비교된다.[22] 이후 〈표1〉에서 알 수 있듯 히데요시의 정월참내는 대략 1591년(天正19)까지 지속되고, 관백을 사임한 다음 해인 1592년(文祿1)부터는 히데쓰구가 히데요시를 대신하여 참내한다. 그런데 1586년(天正14)은 히데요시가 관백에 취임한 이후 첫 번째 맞이한 해로 정월 외에도 참내 횟수가 매우 많다.

1586년(天正14) 정월 14일의 금리 참내 이틀 후인 16일, 히데요시는 고고쇼小御所로 나가 섭가攝家, 청화淸華와 근신近臣을 참석시켜 자신이 자랑하던 황금다실黃金茶室을 구경시킨다.[23] 황금다실을 본 요시다 가네미가 "삼국의 선대先代에 아직 들어 본 적이 없다. 그 훌륭함은 필설로 다하기 어렵다. 경탄할 따름이다"[24] 하고 놀라고 있듯 히데요시는 이러한 행사를 통해 무가의 힘을 보여주고 공가 측을 복속해갔다. 정월 18일에는 사네히토誠仁 친왕의 주도하에 자신전紫宸殿에서 노能가 공연되었다. 히데요시를 비롯한 공가, 참의參議, 문적門跡 등이 대거 참석하여 '난주亂酒의 상황'이 전개된다.[25] 2월 28일에도 히데요시는 참내하였다. 천황은 정원의 벚꽃을 보고 만든 노래를 히데요시에게 하사하고 이에 히데요시도 답

---

20 『兼見卿記』, 天正14年1月14日條; 『御湯殿上日記』, 天正14年1月14日條.

21 『兼見卿記』, 天正12年1月14日條.

22 同上, 天正13年1月17日條.

23 『御湯殿上日記』, 天正14年1月16日條; 『兼見卿記』, 天正14年1月16日條; 『續史愚抄』, 天正14年1月16日條.

24 『兼見卿記』, 天正14年1月16日條.

25 『御湯殿上日記』, 天正14年1月18日條; 『兼見卿記』, 天正14年1月18日條; 『多聞院日記』, 天正14年1月19日條.

가를 보냈으며,[26] 다음 날인 29일에는 히데요시의 청원으로 사네히토 친왕의 노래도 하사받았다.[27] 1586년의 빈번한 참내는 그 외에도 확인되는데, 7월 24일 병에 걸린 사네히토 친왕이 사망하자, 26일 히데요시가 참내하여 위로하였다.[28]

11월 7일에 이르러 오기마치正親町 천황의 양위가 드디어 실현되어 즈치미카토의 사토다이이리土御門里內에서 수선受禪할 때 히데요시 등이 참가했고,[29] 이어 11월 25일 자신전에서 즉위의 예가 열렸을 때 히데요시는 관정灌頂의 역할을 수행하였다.[30] 이에 대한 공헌으로 12월 19일 히데요시는 태정대신太政大臣에 오르고 도요토미란 새로운 씨성氏姓을 하사받았다.[31] 따라서 이처럼 도요토미 정권 초기 히데요시와 천황(조정)은 관백·태정대신 관직 수여, 도요토미 씨라는 새로운 씨성 부여, 오기마치 천황의 양위와 고요제이後陽成 천황의 즉위를 통해 매우 긴밀히 유착되고 이로 인해 히데요시의 참내가 빈번히 나타났다. 조정을 내세운 효과는 1586년(天正14) 10월 26일 종래 적대시하던 도쿠가와 이에야스의 교토 상락上洛과 27일 오사카 성에서 히데요시와의 면담 실현으로 증명된다.[32]

물론 그 이듬해인 1587년(天正15) 히데요시가 2월에 참내하였듯 아직 정월참내가 고정되지는 않았고,[33] 규슈 출진과 관련하여 참내의 횟수가 줄었지만, 천황과의 친밀한 사적관계는 여전히 유지되었다.[34] 그리하

26 『御湯殿上日記』, 天正14年2月28日條.
27 同上, 天正14年2月29日條.
28 同上, 天正14年7月26日條.
29 同上, 天正14年11月7日條; 『兼見卿記』, 天正14年11月17日條; 『續史愚抄』, 天正14年11月17日條.
30 『御湯殿上日記』, 天正14年11月25日條; 『兼見卿記』, 天正14年11月25日條; 『多聞院日記』, 天正14年11月28日條; 『言經卿記』, 天正14年11月25日條.
31 『公卿補任』, 天正14年條; 『本朝通鑑』, 天正14年12月19日條.
32 『言經卿記』, 天正14年10月26日條; 『多聞院日記』, 天正14年10月27日條.
33 정월1일 히데요시는 제장(諸將)의 참하(參賀)를 오사카 성에서 받고, 정월 9일 입경(入京)한다. 그 후 2월 6일이 되어서야 히데요시와 히데쓰구가 참내하였다.
34 7월 14일 해로를 통해 오사카 성에 개선한 히데요시를 칙사 가주지 하레토요(勸修寺晴豊)가 맞이했다.

여 1588년(天正16), 조정 권위의 효용성을 자각한 히데요시는 이른바 고요제이 천황의 취락제 행차를 성황리에 거행하여 천황 권위를 최대한 활용한다. 특히 이 해의 정월참내는 출가하여 법명을 쇼잔昌山이라 칭한 무로마치 막부의 마지막 쇼군 요시아키義昭가 히데요시와 함께 참내했다.[35] 이로써 무로마치 막부는 완전히 종말을 고하고 히데요시는 명실상부한 무가의 최고 권력자로 등극하였다. 4월에 단행된 취락제 행차는 천황의 권위를 빌어 히데요시의 지위를 여러 다이묘에게 확인하는 자리였다. 4월 14일 천황을 맞이한 후, 이어 4월 15일 히데요시는 다이묘를 두 그룹으로 나누어 "금리(조정)에 바친 영지와 지자地子 및 공가중의 지행知行에 대해 만약 무도한 무리가 불법을 자행한다면 알려만 주십시오. 지금은 물론이거니와 향후 자자손손까지 다른 맘을 먹지 않도록 하겠습니다"라는 맹세의 기청문起請文을 올리게 한다.

이 맹서문은 두 장으로 구성되어, 하나는 마에다 도시이에前田利家, 우키타 히데이에宇喜多秀家, 도요토미 히데쓰구, 도요토미 히데나가秀長, 도쿠가와 이에야스, 오다 노부카쓰織田信雄의 6명이, 다른 하나는 조소카베 모토치카長宗我部元親 이하 23명의 다이묘가 서명한다. 히데요시는 다이묘 그룹을 이처럼 둘로 나누어 파악했는데, 그 최대 목적은 아사오 나오히로가 지적한 대로 "제3조, 즉 관백의 명령을 준수"[36]시키는 것이었다. 1588년(天正16)은 히데요시가 천황의 권위를 최대한 활용한 시기로 평가할 수 있다.

취락제 행차를 계기로 히데요시의 지위는 확고해져, 1589년(天正17) 정

이어 25일 교토 취락제에 입경한 이후 바로 29일 참내하여 토산물을 헌상하고 서정(西征)의 결과를 보고한다(『御湯殿上日記』, 天正15年7月14日條; 『兼見卿記』, 天正15年7月14日條; 『多聞院日記』, 天正15年7月16日條; 『言經卿記』, 天正15年7月14日條; 『兼見卿記』, 天正15年7月25日條; 『兼見卿記』, 天正15年7月29日條).

35 『御湯殿上日記』, 天正16年1月13日條; 『公卿補任』, 天正16年條.

36 朝尾直弘, 前掲『將軍權力の創出』, p. 207.

월 16일 경기京畿의 여러 주지住持가 취락제에 모여 히데요시에게 세수歲首를 축하하였다.[37] 5월 20일 히데요시는 취락제에서 사네히토 이하 신하廷臣와 다이묘들에게 금 천 매枚와 은 천 매를 분배한다.[38]

1590(天正18)~1595년(文祿4)

1590년(天正18)에 이르면 히데요시의 지위가 더욱 확고해져 조정(천황) 권위의 효용성이 이전에 비해 낮아지고 히데요시가 이를 상대화할 수 있는 계기도 마련된다. 의례의 측면에서 볼 때 1590년이란 시점은 히데요시 출진이 사실상 공식행사화된다는 점에서 주목된다. 동년 3월 1일 고호조 씨 정벌과 관련하여 히데요시는 교토에서 출진한다.[39] 1587년(天正15)의 규슈 출진은 히데요시가 오사카 성에서 직접 출진하고 일부 문적門跡과 칙사勅使 등이 이를 배웅한 데 그쳤으나,[40] 이제 교토에서 출진함으로써 조정의 천황과 귀족은 사족문四足門 앞에 가설 누각假樓을 설치하고 거기서 히데요시 출진 모습을 구경했다. 히데요시는 천황 앞에 말에서 내려 출진을 보고하고 상황의 고쇼院御所에 들려 술잔을 받는 퍼포먼스를 행하였다.[41] 그 후 1592년(文祿1) 3월 26일 히데요시가 '임진전쟁'을 감행할 때도 금리와 상황 고쇼 앞을 통과하고, 천황과 상황은 이를 관람하였다.[42]

히데요시의 권한 확대와 천황가의 위상 변화는 히데요시의 금리 참내에도 영향을 준다. 그 단적인 변화는 고호조 씨의 멸망 후에 나타났

37 『多聞院日記』, 天正17年1月16日條.
38 『御湯殿上日記』, 天正17年5月20日條; 『多聞院日記』, 天正17年5月24日條.
39 『御湯殿上日記』, 天正18年3月1日條; 『言經卿記』, 天正18年3月1日條.
40 同上, 天正15年3月1日條; 『多聞院日記』, 天正15年3月3日條.
41 『晴豊記』, 天正18年3月1日條.
42 『兼見卿記』, 天正20年3月26日條; 『續史愚抄』, 天正20年3月26日條.

다. 1590년(天正18) 9월 1일 고호조 씨를 굴복시킨 히데요시는 교토로 개선한다.[43] 그런데 9월 4일 히데요시는 다이묘들이 아직 개선하지 않았음을 내세워 참내하지 않았다.[44] 이어 9월 15일 히데요시는 금리 조영을 순시하면서도,[45] 9월 16일 천황이 신고쇼新御所로 옮기는 것을 기다려 조선의 사신과 함께 참내하겠노라고 다시금 연기를 통보하였다.[46] 종래 빈번하게 참내를 해왔던 지금까지 히데요시의 행동을 감안할 때 매우 이례의 사태이다. 9월 23일 히데요시는 취락제에서 다회를 개최하고,[47] 동월 25일에는 아리마有馬로 온천욕을 떠난다.[48]

계속 미루기만 한 히데요시가 다시 참내하게 된 것은 다이묘의 귀경도, 조선 사절의 입경도 아닌, 동생 도요토미 히데나가秀長의 발병 때문이었다. 이는 1590년(天正18) 이후 군사적인 측면에서 천황 권위의 효용성은 이제 크게 낮아졌지만, 기도권과 관련된 천황의 종교적 권위는 여전히 히데요시에게 유효하였음을 말해주는 것이다.

1590년(天正18) 10월 22일 히데요시의 주청에 의해 여러 신사諸社에서 히데나가의 병 쾌유를 비는 기도가 행해졌다.[49] 이에 앞서 10월 19일 히데요시는 가스가 신사春日社에 쌀 5천 석을 기진하면서 히데나가의 쾌유를 빌고,[50] 21일 모든 다이묘를 이끌고 방문하였다.[51] 히데나가의 병은 심각하여 모두들 그 사후를 걱정하였으나 다행히 그는 고비를 넘겼

43 『御湯殿上日記』, 天正18年9月1日條; 『多聞院日記』, 天正18年9月1日條.
44 『御湯殿上日記』, 天正18年9月4日條.
45 同上, 天正18年9月15日條.
46 同上, 天正18年9月16日條.
47 『史料綜覽』, 天正18年9月23日條.
48 『兼見卿記』, 天正18年9月25日條,
49 『史料綜覽』, 天正18年10月22日條.
50 『多聞院日記』, 天正18年10月20日條.
51 同上, 天正18年10月22日條.

다.[52] 이에 대한 답례로 마침내 11월 3일 참내한 히데요시는 동정東征의 결과를 보고하면서 은자銀子 300매枚[상황(院)에는 100매]를 헌상한다.[53] 그러나 전국 통일을 달성한 히데요시에게 천황이 지닌 효용성이나 가치는 크게 하락하고 1588년(天正16) 시기와는 상황이 크게 달라졌다. 12월 22일 다이리의 쓰네노고쇼內裏常御所 및 내시소內侍所의 상동上棟, 동월 26일 신축新造 다이리內裏 이사가 단행되지만, 히데요시의 모습은 보이지 않았다.[54] 1590년(天正18) 11월 7일 히데요시는 황윤길 · 김성일을 면담하고 국서國書를 수용했는데 그 장소가 취락제였다.[55] 취락제는 일본을 대표하는 국정의 최고 기관으로 자리 잡았다. 히데요시가 '황윤설'을 대신하여 '태양의 아들'설을 제시한 것도 이 즈음이다.

1591년(天正19)이 되면 천황에 대한 정월참내 등 의례는 여전히 지속되면서도,[56] 공식적인 국가 행사가 아닌 비공식적인 히데요시의 수렵 행위에도 천황 · 상황이 참여하게 된다. 1591년(天正19) 11월 3일 히데요시가 미노 · 오와리 국으로 사냥 나갔다가, 12월 16일 오와리에서 상경했는데, 그 모습을 천황과 상황 등이 관람하고 섭가와 문적이 마중나왔다.[57] 동월 22일 히데요시는 가별家別로 새 한 마리와 쌀 1석씩 나누어주고 나아가 지자전地子錢 · 인부역人夫 등의 여러 공사諸公事와 좌座 폐기 등을 지시한다.[58] 동년 12월 히데요시가 히데쓰구에 관백직을 물려준 것도 천

52 同上, 天正18年10月4 · 6 · 18 · 20 · 22日條.

53 『御湯殿上日記』, 天正18年11月3日條; 『兼見卿記』, 天正18年11月3日條.

54 『御湯殿上日記』, 天正18年12月22 · 26日條; 『兼見卿記』, 天正18年12月22 · 26日條; 『晴豊記』, 天正18年12月22 · 26日條.

55 同上, 天正18年11月7日條.

56 『御湯殿上日記』, 天正19年1月12日條; 『晴豊記』, 天正19年1月12日條.

57 『兼見卿記』, 天正19年11月3日條 · 12月16日條; 『言經卿記』, 天正19年12月16日條.

58 『多聞院日記』, 天正19年12月28日條. 그런데 이를 다몬인(多聞院) 에이슌(英俊)이 "말대(末代)까지 이름을 남기기 위한 것"(同上, 天正19年12月28日條)이라 평가한 점이 흥미롭다.

황과 일정한 거리를 확보하기 위함이다.[59] 물론 1591년 12월 히데쓰구의 관백 임명과 관련하여 동월 27일 히데요시가 상황 거처에 갔을 때 은자 30매(院: 禁裏는 50매)를 바치고 관백직을 사임하고 있듯,[60] 히데요시가 천황가를 완전히 무시하지는 않았다. 그 이유는 다이묘와의 주종관계의 불안정성 · 통치기구의 미정비라는 측면과[61] 정치적 타협을 통해 복속시킨 도쿠가와 이에야스라는 존재 때문으로[62] 보인다. 그렇지만 이제 천황과 일정할 거리를 둘 수 있을 정도로 히데요시 권력은 안정화되었다.

1591년(天正20, 文祿1)~1595년(文祿4)은 히데요시가 직접적으로 천황 · 조정과 관련을 맺고 있던 단계에서 벗어나 히데쓰구를 통해 간접적으로 조정을 통제하던 시기이다. 히데요시의 정월참내는 이제 히데쓰구가 대신하고,[63] 히데요시의 대천황 자립화의 노선은 한층 강화된다. 히데요시는 '임진전쟁'을 일으켜 이것이 성공하면 천황을 북경으로 옮기고 일본 국왕도 히데요시가 결정하려 할 정도였다.[64] 실로 '태양의 아들' 논리를 동아시아로 확대 · 적용하려 한 것이다. 그러나 조선에서의 전쟁은 생각대로 진척되지 않았다. 여기에 더하여 결정적으로 어린 히데요리秀頼를 히데요시의 후계자로 결정하는 일이 발생한다.

---

59 『言經卿記』, 天正19年12月27日條; 『多聞院日記』, 天正19年12月28日條.

60 『晴豊記』, 天正19年12月27日條; 『言經卿記』, 天正19年12月27日條.

61 永原慶二, 前揭「天下人」, p. 216.

62 池享, 前揭『戰國 · 織豊期の武家と天皇』, p. 118.

63 『兼見卿記』, 天正20年1月1日條; 『時慶記』, 文祿2年4月1日條; 『言經卿記』, 文祿2年4月1日條; 『駒井日記』, 文祿3年1月26日條; 『御湯殿上日記』, 文祿4年1月1日條.

64 1592년(文祿1) 5월 18일 히데요시는 북경천도 계획을 발표하였다. 여기에는 ①천황을 중국으로 옮겨 주변 10개국을 진상하고, ②일본의 제위(帝位)는 와카미야(若宮)나 하치조 도노(八條殿)로 정하고, ③히데요시 자신은 닝보(寧波)를 근거지로 삼아 인도까지 정복하겠다는 국가구상이 보인다(三鬼淸一郎, 「戰國 · 近世初期の天皇 · 朝廷をめぐって」, 『歷史評論』492, 1991; 堀新, 「織豊期王權論-日本國王から中華皇帝へ-」, 『人民の歷史學』145, 2000; 跡部信, 「秀吉の朝鮮渡海と國制」, 『大阪城天守閣紀要』31, 2003).

1595(文祿4)~1598년(慶長3)

이에 앞서 1593년(文祿2) 10월 3일, 히데요시가 오랜만에 참내하는데,[65] 그 직전인 10월 1일 히로이마루拾丸(히데요리)와 히데쓰구의 자녀 간 혼약이 있었다.[66] 조선과의 전쟁에 여념이 없던 히데요시는 1595년(文祿4) 2월 27일 히로이마루의 서작敍爵을 주청하고,[67] 비록 3월 17일의 참내는 우천 때문에 중지했지만,[68] 3월 27일 참내한 후 칼太刀, 백조, 목면을 헌상하였다.[69] 그런데 1595년(文祿4) 7월 8일, 히데요시가 히데쓰구의 모든 관직을 박탈하여 고야 산에 유배보내고, 동월 15일 그를 자살시키는 대사건이 발생한다.[70] 이에 따라 그 동안 진행되던 후계자 구도에 대변화가 나타났다. 히데쓰구 정권의 붕괴는 오랜 기간 자립화를 도모했던 히데요시로 하여금 다시 천황 권위에 기대게 했다. 비록 붕괴된 정월참내의 의례는 부활하지 않았지만, 그 대신 빈번한 히데요시 부자의 참내가 나타난다. 어린 히데요리의 기반은 매우 취약했고, 이를 보완하는 방안 중 하나가 천황 · 조정의 권위였다.

1596년(慶長1) 5월 6일, 히데요시 부자가 상경한다.[71] 동년 5월 11일 권대납언權大納言 이에야스를 내대신內大臣에 임명하고 정이위正二位에 서임했다.[72] 이에야스를 위시한 잠재적 적대 다이묘로 인해 도요토미 정권은 천황 권위를 지속적으로 필요로 했다. 5월 13일 히데요시 부자는 처음

---

65 『時慶記』, 文祿2年10月3日條; 『言經卿記』, 文祿2年10月3日條; 『駒井日記』, 文祿2年10月3日條.

66 同上, 文祿2年10月1日條.

67 『御湯殿上日記』, 文祿4年2月27日條.

68 同上, 文祿4年3月15 · 17日條.

69 同上, 文祿4年3月27日條. 백조(白鳥)를 헌상한 것은 오다 노부나가 때부터 보이는데, 금 헌상에 그쳤던 무로마치 막부와 구별되는 노부나가와 히데요시의 독자적인 정책이다(神田裕理, 「織田信長と禁裏公家の交流-獻上行爲を通して」, 『日本女子大學大學院文學研究科紀要』2輯, 1996).

70 『言經卿記』, 文祿4年7月8日條; 『御湯殿上日記』, 文祿4年7月8日條; 「太閤さま軍記のうち」, 『太閤史料集』(戰國史料叢書1).

71 『言經卿記』, 文祿5年5月6日條; 『義演准后日記』, 文祿5年5月6日條; 『舜舊記』, 文祿5年5月9日條.

72 『公卿補任』, 文祿5年條.

으로 금리를 참내하고 이를 이에야스 등이 수행했다.[73] 5월 15일에도 히데요시 부자가 참내하고 천황도 직접 참가한 성대한 노能가 개최된다. 특히 이때 히데요시는 천황에게 검 두 자루를 비롯한 각종 선물과 은자 천 매, 요시히토良仁에게 은자 100매, 섭가에게 은자 30매를 준 것을 비롯하여 당상堂上 · 지게地下에 이르기까지 은자를 골고루 뿌렸다.[74] 동월 17일에도 히데요시 부자가 참내한 가운데 노가 성대히 거행되었다.[75] 5월 25일에는 천황의 칙사가 히데요시 부자에 보내졌고, 친왕宮, 섭가, 문적을 포함한 공가중公家衆과 제국의 다이묘들이 "한 명도 남김없이" 후시미 성伏見城에 가서 세수를 축하하였다.[76] 히데요시는 금리 참내를 매개로 공가와 다이묘의 도요토미 가에 대한 충성을 다시 이끌어낸 것이다. 히데쓰구의 할복을 계기로 다소 거리를 두고 있던 천황과 히데요시가 다시 빈번히 접촉하게 되었다. 이는 조정(천황)의 권위를 통해 이에야스 등 다른 다이묘를 복속시켜온 1588년 시기와 유사하다.

물론 게이초慶長 연간에 이르러 천황 권위에의 '의존성'이 증폭되었다고 해서 히데요시 권력이 '무위'로 표상되는 무사권력의 지향을 방기한 것은 결코 아니었다. 1596년(慶長1) 2월 히데요시는 여러 다이묘에게 후시미伏見 지성支城의 축조를 명령하고 명나라 사절을 영접하기 위해 "일본국중의 무사에게 무기를 준비"할 것을 지시했다.[77] 도요토미 정권의 본질인 '무위'를 대외적으로 과시하려는 심산이었다.[78] 그렇지만 히데

73 『言經卿記』, 文祿5年5月13日條; 『義演准后日記』, 文祿5年5月13日條; 『舜舊記』, 文祿5年5月13日條.

74 『義演准后日記』, 文祿5年5月15日條; 『舜舊記』, 文祿5年5月15日條.

75 『義演准后日記』, 文祿5年5月17日條; 『言經卿記』, 文祿5年5月17日條.

76 『義演准后日記』, 文祿5年5月25日條.

77 同上, 文祿5年2月9日條.

78 비록 윤7월 13일 기내 대지진이 발생하여 동월 14일 히데요시가 무사 퍼레이드(武者揃)를 정지하였지만, 9월 1일 오사카 성에서 명(明) 사신(使臣)을 면담하여 일본의 대표는 '무가'권력임을 대내외에 표방하였다(『言經卿記』, 文祿5年閏7月13日條; 『義演准后日記』, 文祿5年閏7月13日條; 『舜舊記』, 慶長1年閏7月12日條; 『義演准后日記』, 文祿5年閏7月14日條; 『舜舊記』, 文祿5年9月1日條).

요시가 국내를 통치하는 데 있어 교토 천황 권위를 완전히 배제할 수는 없었다. 파괴된 취락제를 대신하여 천황과 접촉할 새로운 거점을 교토에 재건하려 한 것도 이러한 움직임의 반영이다.

1597년(慶長2)의 참내는 정월이 아닌 4월에나 이루어졌고,[79] 정례적인 정월참내는 더 이상 시행되지 않았다.[80] 4월 24일 상경한 히데요시는 동월 26일 교토에 신정新亭을 축조하려 한다.[81] 또 5월 18일 히데요시가 금리禁裏를 쇼코쿠지相國寺 내에 조영하려 한다는 풍문이 도는데,[82] 아마도 히데요시의 교토 사저 건립과 관련이 있던 것으로 보인다. 마침내 9월 26일 금리 근처에 히데요시 · 히데요리의 교토 저택이 준공되어 히데요시 부자가 상경하였다.[83] 9월 28일 히데요시 부자가 참내하고 히데요리는 종사위하從四位下, 좌근위권소장左近衛權小將에 서임받았다.[84] 이어 9월 29일 히데요리는 좌근위권중장左近衛權中將에 임명된다.[85] 10월 5일 이에야스도 교토에 저택을 축조하려고 땅을 고르고 있다.[86] 무가 측은 교토에 다시 천황과의 접촉 거점을 준비하고 있었다. 1598년 정월 8일 히데요

79 『言經卿記』, 慶長2年4月27日條; 『義演准后日記』, 慶長2年4月27日條.

80 『言經卿記』, 慶長2年5月17日條; 『義演准后日記』, 慶長2年5月17日條. 5월 17일 천황은 칙사를 히데요시의 후시미 성(伏見城)에 파견하여 세수(歲首) 및 이사를 축하했다. 이때도 "공가(公家)와 문적(門跡)을 비롯하여 제국(諸國)의 다이묘(諸大名)가 한 명도 남김없이" 참가하였다. "통로에는 백여 명 정도에 달하였고", "태합 및 히데요리에게 두 차례에 걸쳐 행한 예(禮)로 칼(太刀)과 말 네 필씩을 바쳤고 그 외에 많은 금은(金銀)은 이루 다 말할 수 없다. 상고(上古)에는 일찍이 없었던 일"이라 기엔(義演)은 감탄하였다.

81 『言經卿記』, 慶長2年4月26日條; 『義演准后日記』, 慶長2年4月24 · 26日條; 『舜舊記』, 慶長2年4月26日條.

82 『義演准后日記』, 慶長2年5月18日條.

83 『言經卿記』, 慶長2年9月26日條; 『義演准后日記』, 慶長2年9月26日條; 『舜舊記』, 慶長2年9月26日條; 『기엔주고일기(義演准后日記)』에는 "히데요리가 교토(禁裏 辰巳 방위)의 새저택으로 이사"로 기록되어 있으나, 『슌큐기(舜舊記)』에는 "태합(太閤) 후쿠다이묘진(福大明神)의 저택(屋形)으로 이사하였다"고 되어 있으며, 『도키쓰네경기(言經卿記)』(慶長2年10月5日條)에도 "태합님 방문"(太閤樣御城)으로 되어 있다.

84 『言經卿記』, 慶長2年9月28日條; 『義演准后日記』, 慶長2年9月28日條; 『舜舊記』, 慶長2年9月28日條; 『公卿補任』, 慶長2年條.

85 『言經卿記』, 慶長2年9月29日條.

86 同上, 慶長2年10月5日條.

시는 학을 헌상하고[87] 4월 18일 이번에도 히데요시는 히데요리와 함께 참내 후, 은자를 헌상하고 세수를 축하하였다.[88] 이때 히데요리를 대납언大納言에 임명하려는 시도가 있었으나,[89] 결국 동월 20일, 히데요리와 마에다 도시카쓰前田利勝를 각각 권중납언權中納言에 임명하고 히데요리를 종이위, 도시카쓰를 종삼위에 서임한다.[90]

히데요리라는 어린 후계자로 인해 히데요시는 조정 · 천황의 권위를 다시 적극적으로 활용할 수밖에 없었다.

87 『御湯殿上日記』, 慶長3年1月8日條.

88 同上, 慶長3年4月18日條; 『言經卿記』, 慶長3年4月18日條; 『義演准后日記』, 慶長3年4月18日條; 『舜舊記』, 慶長3年4月18日條.

89 『御湯殿上日記』, 慶長3年4月18日條.

90 『公卿補任』, 慶長3年條.

2. 기도권祈禱權의 소재와 도요토미 정권의 한계

도요토미 정권의 추이와 성격을 이해하는 데 또 다른 중요 소재는 천황의 기도권祈禱權이다. 천황 존속의 이유와 관련하여 선행연구는 천황이 가진 주술적 제사왕권과 율령제적 관위제도를 중시해왔다.[91] 이 절에서는 그중에서도 주술적 제사왕권과 관련하여 전승기도와 질병기도를 소재로 도요토미 정권과 천황의 관계를 고찰하고자 한다.

무가권력에 대한 천황의 전승기도는 오다 정권 시기부터 확인되는데,[92] 도요토미 정권에도 계승되어 히데요시의 관백 취임 후에 본격적으로 시행된다. 1585년(天正13) 윤8월 5일 히데요시의 출진에 따라 조정은 요시다 신사吉田社에 기도를 지시하고 승군치요勝軍治要의 하라에祓를 진상하도록 한다.[93] 이어 규슈 출진이 있던 1587년(天正15) 3월 13일에는 조정이 이와시미즈 하치만 궁石清水八幡宮, 요시다 신사 등에 히데요시의 출진에 따른 기도를 지시한다.[94] 이어 3월 24일에는 칙사를 히데요시의

91 다카키 쇼사쿠(高木昭作)는 천황이 세속적 군주권력이란 측면에서는 몰락하였지만 주술적 제사왕권으로서는 계속 존속한 것으로 보았다. 반면 미즈바야시 다케시(水林彪)는 고대 천황은 주술적 제사왕권으로 볼 수 있지만 근세 천황의 권위는 통일권력의 보증에서 나온 것이란 점에서 다카키 설을 비판하고 율령제적 관직계층제를 천황 존속의 주요 토대로 보았다. 반면 와키타 하루코(脇田晴子)는 천황은 제사왕(祭祀王)이 아니며 세속권력(종교장악)이란 측면에서, 쇼군 권위의 몰락과 귀족문화의 확산을 전국기 천황 권위 부활 · 상승의 기반으로 이해한다(脇田晴子, 前揭『天皇と中世文化』, 吉川弘文館, 2003).

92 박수철, 「織田 정권의 神社 정책과 吉田社」, 『역사학연구』32, 2008.

93 『兼見卿記』, 天正13年閏8月5日條.

94 『史料綜覽』, 天正15年3月13日條.

진에 파견하고,[95] 7월 12일에도 칙사를 파견했다.[96]

그런데 1590년(天正18) 무렵 기도권의 소재와 관련하여 조정 내부에 논란이 생겼다. 기도권의 행사 주체와 관련된 상황과 천황 사이의 논쟁이다. 1590년 2월 28일, 조정은 쇼고인聖護院 도초道澄를 시켜 히데요시의 무사함을 기원하였다.[97] 동년 3월 1일 히데요시는 군대를 거느리고 고호조 씨後北條氏를 치러 관동關東으로 출발했다. 그런데 3월 16일 천황과 상황 사이에 다음과 같은 문제가 생긴다.

> 원院이 간로지 곤노벤甘露寺勸弁[쓰네토(經遠)][98]을 불러, 관동關東으로 관백이 출진함에 따라 제신제사諸神諸社에 기도드리는 일을 지시했다. 기쿠테이菊亭 우대신右大臣[하루스에(晴季)]에게 간로지를 파견하여 의논한 바, '원이 변관弁官에게 명령하는 일은 좋지 않다'고 기쿠테이가 주장하여, 간로지가 옳다고 여겨 원에 다시 말씀드린 바, 원이 수용하셨다.[99]

그러나 이는 상황에 의한 전승기도 자체를 반대한 것은 아니며, 변관弁官의 루트를 밟아 처리하는 것에 대한 이의제기였다. 3월 17일 기쿠테이 하루스에가 사자를 가주지 하레토요勸修寺晴豊에게 보내 "어제 원院에서 직사職事[변관(弁官)]를 보내 기도드리는 일"을 반대한 이유를 설명하고 자문을 구하자, 하레토요는 "여중女中의 문文[여방봉서(女房奉書)]으로 처리하자"는 안을 낸다.[100] 여방봉서는 원래 천황·상황 등의 사적인 용무

95 『御湯殿上日記』, 天正15年3月24日條.
96 同上, 天正15年7月12日條.
97 同上, 天正18年2月28日條.
98 『諸家傳』上, 自治日報社, 1968, p. 572.
99 『晴豊記』, 天正18年3月16日條.
100 同上, 天正18年3月17日條.

를 처리하는 문서로 널리 쓰였음을 감안할 때,[101] 원의 기도권을 사적인 차원으로 국한하려는 의도가 있던 것으로 보인다. 3월 18일 원은 기도의 연기를 지시하고 이미 오사카의 스미요시住吉 신사에 보낼 준비가 끝났음에도 이러한 조치를 취한 것으로 볼 때, 원 측의 당혹감이 느껴진다.[102] 그 후 3월 27일, 이날부터 7일간 조정(고요제이 천황)은 간로지 쓰네토를 봉행奉行으로 삼아 제사諸社에 히데요시의 전승을 기원하는 기도를 지시하였다.[103] 4월 5, 6일에 이르면 각지에서 많은 권수卷數(기도를 위해 독송한 경전의 이름과 횟수가 적힌 목록)가 도착한다.[104]

이처럼 1590년의 경우 천황이 사사에 전승기도의 지시를 내렸다. 그렇다고 해서 원이 기도권을 완전히 상실한 것은 아니었다. 동년 4월 8일 이날부터 원의 고쇼御所에서도 전승기도가 거행되었다.[105] 또 4월 17일 원의 고쇼에서 묘호인 궁妙法院宮 교손堯尊친왕이 호마법護摩法을 시행하고,[106] 이어 4월 23일에도 동일한 의식이 거행되었다.[107] 그런데 이 4월 23일에는 금리禁裏에서도 쇼고인(興意 친왕)의 주도하에 히데요시의 전승기도를 위한 금강동자법金剛童子法이 시행된 것으로 보아,[108] 불교식 제사 기도권은 천황과 상황이 비교적 자유롭게 행사한 것으로 보인다. 문제가 되는 것은 중요 '제신제사諸神諸社'에 대한 기도권의 소재였다. 1592년(天正20) 히데요시가 조선 침략 전쟁을 개시하였을 때도 동년 5월 18일 원은 쇼렌인靑蓮院 문적門跡(尊朝親王)을 불러 '이국정벌異國征伐'의 기도를 올렸다.[109] 그러나 이

101 佐藤進一, 『古文書學入門』, 法政大學出版局, 1971, p. 116.
102 『晴豊記』, 天正18年3月18日條.
103 『續史愚抄』, 天正18年3月27日條; 『石淸水文書』(大日本古文書)4／6, pp. 20-21.
104 『御湯殿上日記』, 天正18年4月5 · 6日條.
105 『晴豊記』, 天正18年4月6日條.
106 『御湯殿上日記』, 天正18年4月17日條.
107 『晴豊記』, 天正18年4月23日條.
108 『御湯殿上日記』, 天正18年4月23日條; 『晴豊記』, 天正18年4月23日條.
109 『續史愚抄』, 天正20年5月18日條.

때에도 천황禁裏이 대신궁大神宮 이하 제사諸社에 히데요시 승리를 기원하고 있듯 중요 신사에 대한 기도권은 천황에게 있었다.[110] 이는 히데요시도 간여할 수 없는 천황의 고유 권한이다.[111] 가마쿠라鎌倉 시대 이래 무가 정권의 종교적 기도권에 대한 개입은 점차 확대되었지만,[112] 이른바 이십이사로 대표되는 중요 신사에 관한 통제와 기도권은 여전히 조정 측에 있었다. 이는 히데요시 시기에도 마찬가지이다.

질병 기도도 조정 측이 갖고 있는 고유한 중요 특권이다. 히데요시의 모친 오만도코로大政所가 병에 걸리자, 1588년(天正16) 6월 21일 히데요시는 내시소의 임시 가구라神樂를 주청한다. 천황은 이를 수용하고 아울러 기내 여러 사사寺社에 쾌유기도를 지시하였다.[113] 주요 신사의 기도권이 천황 측에 있었음은 1590년(天正18)의 사례에서도 확인된다. 동년 11월 19일 이세伊勢, 이와시미즈石清水, 가모賀茂, 가스가春日, 이나리稲荷, 기온祇園, 고료御靈, 기타노北野, 이마미야今宮, 마쓰오松尾, 스미요시住吉의 중요 11개 신사에 칙사를 보내 히데요시의 아들 쓰루마쓰鶴松의 병 쾌유를 기원하였다.[114]

---

110 『多聞院日記』, 天正20年5月21日條.

111 다만 1590년 3월 29일 하루스에(晴季), 하레토요(晴豊), 나가야마 지카쓰나(中山親綱) 등은 겐이(玄以)에게 내시소 가전 천궁(內侍所假殿遷宮)을 논의하듯 기도의 운영과 관련한 실무적인 차원에서 히데요시 측이 간여할 여지는 농후했다(『晴豊記』, 天正18年3月29日條).

112 가마쿠라 막부 시기 조정은 이십이사(二十二社)를 중심으로 적국항복(敵國降伏)의 기도를 올렸고 그 중심에 상황이 있었다. 상황은 공경을 이세 신궁에 파견하고, 가까운 이와시미즈 하치만 궁에는 직접 행차하여 기원하였다. 흥미로운 점은 도요토미 시대와 달리 능(陵)에 산릉사(山陵使)를 파견하여 기청(祈請)하고 있는 점이다. 또 도요토미 정권과 달리 관백도 기도에 중요한 역할을 했는데, 이십이사를 비롯하여 중요 신사에 기도를 드렸으며, 각종 불교 행사를 집행했다. 가마쿠라 막부의 경우는 중요 신사에 신령(神領) 기진을 통해 기도를 의뢰했으며 이십이사와 같은 중요 신사의 기도권은 상황이 장악하였다. 그러나 가마쿠라 시대 막부는 슈고를 통해 이십이사를 제외한 지방의 유력 신사를 점차 장악해갔다(相田二郎, 「敵國降伏の祈願」, 『蒙古襲來の研究』, 吉川弘文館, 1957). 무로마치 시대에도 주요 이십이사 기도권은 천황이 장악한 주요 권한의 하나였다. 아시카가 요시미쓰도 궁중에서 행한 옥체안전(玉體安全)과 진호국가(鎮護國家)를 기원하는 후칠일법(後七日法)의 인선(人選)에 간여하거나, 자기 저택(北山第)에서 행한 기도를 조정 기도보다 상위에 두었지만, 율령제사(律令祭祀)의 기저를 이루는 신기(神祇) · 신도(神道)에는 천황가의 조상 숭배의 성격을 갖고 있었기 때문에 간여하지 못했다(今谷明, 『室町の王權』, 中公新書, 1990, pp. 26-27 · 75).

113 『御湯殿上日記』, 天正16年6月21日條; 『多聞院日記』, 天正16年6月21日條.

114 『御湯殿上日記』, 天正18年11月19日條; 『兼見卿記』, 天正18年11月19日條.

동년 11월 21일에는 내시소에서 천반악千返樂을 연주하여 병 쾌유를 기원한다.[115] 동월 22일에도 히데요시는 조정에 기도를 의뢰"하여 제 신사諸社에 "입원칙사立願勅使"를 보낸다.[116] 관백 히데요시는 기쿠테이菊亭·고가久我·가주지勸修寺·나카야마中山를 사절로 삼아 칙사 파견을 의뢰하는데, 1586년 오만도코로의 선례를 따라 11개 신사에 의뢰하였다.[117]

또 원의 추천으로 요시다 신사에도 따로 가주지 하레토요가 칙사로 파견하여 기도를 의뢰했다.[118] 그리하여 동월 26일 쓰루마쓰가 회복된다. "제사의 기도가 있었기 때문"이라고 요시다 가네미가 주장하고 있듯, '신위神威'는 히데요시가 아닌 천황(조정) 측에 귀속되어 있다.[119]

그러나 조정(천황)의 종교 장악은 주로 중앙의 전통적 대사大社인 이십이 신사에 국한된 것으로 보인다. 1595년(文祿4) 11월 히데요시가 발병하자, 동월 14일 후시미伏見에서 주청하여 히데요시의 발병을 통보하고 "금중禁中에서 기도의식修法을 행해줄 것"과 내시소에서 가구라를 연주해줄 것을 요청했다. 또 기온, 기타노, 아타고愛宕, 가모 상·하, 마쓰오, 기요시미즈, 하치만, 가스가 신사에 기도를 청원한다.[120] 그러나 히데요시의 병환에 차도가 없자, 17일에 다시 가구라의 연주와 여러 사사의 칙사를 서둘러 파견할 것을 요구한다.[121] 이날부터 7일간 청량전清涼殿에서

115 『御湯殿上日記』, 天正18年11月21日條.

116 同上, 天正18年11月18·19日條·12月6日條; 『晴豊記』, 天正18年11月18·20·22日條; 『兼見卿記』, 天正18年11月21·2日條.

117 『御湯殿上日記』, 天正18月11月18日條.

118 『兼見卿記』, 天正18年11月21日條. 기쿠테이의 사자는 가네미에게 "상황의 거처(院御所)에서 여러 신사(諸社)가 해야 할 일을 논의했는데, 요시다 신사는 신사의 으뜸이므로 가장 숭경하여 기도를 의뢰한다"는 경위를 전했다. 따라서 상황(院)은 신사 기도 결정과정에서 완전히 배제된 것이 아니며 일정 부분 간여하였다.

119 同上, 天正18年11月26日條.

120 『親綱卿記』, 文祿4年11月14日條.

121 同上, 文祿4年11月17日條.

부동법不動法을 수행했다.[122] 11월 26일에도 히데요시의 병 기도를 위해 내시소에서 가구라가 연주되었다.[123] 12월 22일에도 히데요시를 위해 내시소에서 가구라가 연주되는데, 모리 데루모토毛利輝元의 양자 히데모토秀元의 주청에 의한 것이었다.[124] 따라서 기도 요청권이 히데요시 권력에만 국한된 것은 아니었다. 다만 이때는 천황이 불참하고 있듯 히데요시 측에서 직접 요청한 경우와 차이가 있었다.

1598년(慶長3) 6월 중순 히데요시의 마지막 발병이 있었다. 이때도 동월 27일 히데요시의 처 기타노만도코로北政所의 요청으로 내시소에서 임시 가구라를 열어 히데요시의 쾌유를 빌었다.[125] 7월 1일에도 다시 기타노만도코로의 요청으로 내시소에서 임시 가구라가 열렸다.[126] 7월 6일에는 히데요시가 천황 측에 의뢰하여 이세, 이와시미즈, 가스가 이하 여러 사사에 입원立願 원서를 바치도록 요청하였다. 이세 신궁에 2천 석, 가스가 신사春日社에 1천 석, 그 외 500석, 300석씩이었다.[127] 이렇듯 도요토미 정권은 직접 신사에 청원하지 않고 조정(천황)을 매개로 회복 청원을 요청하였다. 도요토미 정권에게 천황이란 존재는 여전히 효용성이 있었다. 7월 8일, 이번에는 히데요리의 요청으로 내시소의 임시 가구라가 행해지고,[128] 동월 10일에는 히데요리로부터 히데요시가 회복하면 그 대가로 기진하겠다는 약속이 있었다.[129] 11일에는 히데요시 부자의 요청으로 각 신사에 대납언大納言 사이온지 사네마스西園寺實益를 비

122 『孝亮宿禰日次記』, 文祿4年11月17日條.
123 同上, 文祿4年11月26日條.
124 同上, 文祿4年12月22日條.
125 『御湯殿上日記』, 慶長3年6月27日條; 『義演准后日記』, 慶長3年6月27日條.
126 『御湯殿上日記』, 慶長3年7月1日條; 『言經卿記』, 慶長3年7月2日條.
127 『御湯殿上日記』, 慶長3年7月6日條.
128 同上, 慶長3年7月8日條.
129 同上, 慶長3年7月10日條.

롯한 16명의 칙사가 파견되었다.[130] 그런데 이 과정에서 오와리尾張 기요스묘진清洲明神과 아쓰타묘진熱田明神은 멀다는 이유를 칙사를 파견하지 못하고, 그 대신 히데요리 측에서 사람을 보내 쾌유를 빌었다. 다만 칼太刀과 말 대금馬代은 금리에서 부담하였다.[131] 히데요리는 쓰시마 신사津島神社에 직접 기도를 의뢰했다.[132] 이십이사를 제외한 지방 신사의 기도권은 가마쿠라 막부 이래 무가 측에 귀속되어 있었다.

또 11일에는 각종 불교식 기도도 거행되었다. 다이고지醍醐寺 리쇼인 교조理性院堯助는 태원호마법太元護摩法을 금중禁中에서 행하고 히데요시의 쾌유를 기원했다.[133] 7월 17일과 18일 히데요시의 상태가 다소 좋아졌다는 소문도 돌았으나,[134] 결국 8월 18일 히데요시는 사망했다.

이처럼 히데요시를 비롯한 도요토미 가문 주요 인물을 위한 쾌유 기도에서 알 수 있듯 조정(상황과 천황)의 기도권은 무가권력도 절대적으로 필요로 했다. 무가세력은 '무위'를 통해 세속권력을 장악했지만, 종교적 측면에서는 여전히 일정 부분, 전통적 중요 신사를 장악한 천황의 권위를 활용할 수밖에 없었다.[135]

물론 1593년 주요 신사에 히데요시가 직접 기도를 지시한 경우도 있고,[136] 쇼고인 도초와 요시다 가네미 등 친親히데요시파의 인물이 크게

130 同上, 慶長3年7月11日條.

131 同上.

132 『史料綜覽』, 慶長3年7月11日條.

133 『義演准后日記』, 慶長3年7月11日條.

134 同上, 慶長3年7月17 · 18日條.

135 히데요시는 천황에 대한 기도 의뢰권을 완전히 독점하지 못했다. 1595년 10월 25일, 우키타 히데이에(宇喜多秀家)의 처가 병이 났을 때, 히데이에가 금리에 가구라를 의뢰하였다(『親綱卿記』, 文祿4年10月25日條; 『續史愚抄』, 文祿4年10月25日條).

136 1595년 10월 20일 히데요시는 양녀(養女)가 발병하자 이나리 신사(稲荷社) 사인(社人)에 기도시키고 있으며, 1598년 8월 9일에는 이나리 신사에 병 쾌유를 기도시켰다. 1591년 5월 14일에는 히데요시가 이에야스의 사가미(相模) 쓰루가오카 하치만(鶴岡八幡) 신사 조영을 인정하였다(『史料綜覽』, 天正19年5月14日條 · 文祿4年10月20日條 · 慶長3年8月9日條).

활약한 것은 사실이지만, 질병, 혜성 출현, 지진 등 재해에 관한 기도권은 기본적으로 천황 측에 있었다.

가령 질병과 관련하여 1588년(天正16) 5월 23일 역질이 유행하자 금리는 7일간 여러 사사에 기도를 지시하고, 묘호인妙法院 조인 법친왕常胤法親王을 불러 천권심경千卷心經 등을 독송시켰다.[137] 천변天變도 마찬가지이다. 1589년 7월 10일 월식이 발생하자 여러 사사에 기도를 지시했다.[138] 특히 1595년(慶長1)에는 6월 29일, 7월 2일, 3일, 4일, 6일, 7일에 혜성이 잇달아 출현하였다.[139] 7월 22일 이날부터 7일간 금리에서 인왕경법仁王經法이 수행되고,[140] 25일은 천황 참석하에 기엔義演의 주도로 성대히 거행되었다.[141] 이에 앞선 동년 윤7월 13일 대지진이 발생하여 후시미 성伏見城 천수각이 파괴되었다.[142] 동월 17일, 조정은 기엔을 시켜 진재震災를 막기 위한 기도를 지시하고 18일부터 인왕경仁王經 전독轉讀을 계속하였다.[143] 마찬가지로 윤7월 17일에는 이와시미즈 하치만 궁에도 지진 방지를 위한 7일간 기도를 지시하고,[144] 동월 20일에는 이세 신궁에도 사자를 보내 기도를 올리게 하였다.[145] 천황은 사원에도 동년 8월 12일 가주지 하레토요를 칙사로 쇼렌인에 파견하여, 오는 9월에 지진 기도로

137 『御湯殿上日記』, 天正16年5月23日條; 『石清水文書』(大日本古文書)家わけ4ノ6, pp. 21-22.

138 『續史愚抄』, 天正17年7月10日條.

139 『孝亮宿禰記』, 文祿5年6月29日條 · 7月2 · 3 · 4 · 6 · 7日條.

140 『續史愚抄』, 文祿5年7月22日條.

141 『義演准后日記』, 文祿5年7月25日條.

142 김문자, 「豊臣政權 末期의 자연재해와 정치적 상황-文祿5년(1596)의 지진발생을 중심으로-」, 『동양사학연구』99, 2007.

143 『義演准后日記』, 文祿5年閏7月18 · 21日條.

144 『石清水文書』(大日本古文書)家わけ4ノ6, pp. 23-24.

145 『續史愚抄』, 文祿5年閏7月20日條.

오단법五壇法[146]을 시행할 것을 지시하였다.[147] 1585년(天正13) 12월 3일 지진 발생과 관련하여 동월 4일 요시다 가네미에게 금리에서 신도대호마神道大護摩를 거행하게 했고,[148] 9일, 12일에 쇼고인 문주가 청량전에서 호마법護摩法을 수행한 적이 있다.[149] 그 외에 1586년 6월 4일 천황이 지우止雨 기도를 여러 사사에 지시한 적이 있으며,[150] 1587년 5월 20일 요징妖徵이 빈번해지자, 기타노 신사北野社 등에 신하를 보내 대참代參시킨 적이 있다.[151]

이상에서 살펴본 것과 같이 '국토안전', '만민쾌락' 등 민생과 관련된 중요 기능을 종교적 차원에서 조정(천황 · 상황)도 일부 담당하였다. 이렇듯 이십이사를 비롯한 주요 신사에 대한 기도권이 천황 측에 있기 때문에 도요토미 정권은 천황의 기도권을 적극적으로 활용하면서도, 자신의 부족한 종교적 권위를 보완하기 위해 호코지方廣寺 축조, 대불전천승회大佛殿千僧會 개최 등을 통한 불교 장악에 나섰던 것이다.[152]

146 국가적 기도의 하나로, 조적(朝敵) · 모반인 추토에 의한 천하정밀(天下靜謐), 지진과 혜성 등의 천변지요를 진정시키기 위한 기도의식(修法)의 하나이며 태밀(台密) · 동밀(東密)에서 중시하였다(今谷明, 前揭『室町の王權』, p. 76).

147 『華頂要略』13(門主傳24), p. 471.

148 『兼見卿記』, 天正13年12月3 · 4日條.

149 同上, 天正13年12月9 · 12日條.

150 『御湯殿上日記』, 天正14年6月4日條; 『兼見卿記』, 天正14年6月14日條.

151 『御湯殿上日記』, 天正15年5月20日條.

152 1594년 4월, 도요토미 정권은 여러 사원으로 하여 학문에 힘쓰게 하고, 여범(女犯) · 육식(肉食)을 주지(住持) · 장로(長老) · 제자(弟子) · 동숙(同宿) 간 상호 감시하게 했다. 1595년 9월 21일 히데요시는 도초(道澄)를 호코지(方廣寺) 대불전 주지로 삼고 사원영지(寺領) 1만 석(石)을 기진하였다. 이어 동년 9월 25일 히데요시는 부모 법회를 호코지 대불전 경당(經堂)에서 거행하였다. 1596년 정월 29일 히데요시는 호코지 대불전에서 천승회를 개최하여 불교 장악을 달성한다. 1597년 7월 18일 히데요시가 젠코지 여래(善光寺如來)를 가이(甲斐)에서 옮겨와 호코지 대불전에 안치한 것도 불교 장악을 위한 정책의 일환이다. 천황 측이 장악하고 있던 이십이사를 중심으로 하는 주요 신사와 달리 불교 사원은 무가권력의 지배가 상당 부분 관철되었다.

소결小結

이 장에서는 정월참내와 그 외 참내, 전승 및 질병 기도 등을 통해 도요토미 정권과 천황의 관계를 살펴보았다. 특히 참내를 중심으로 도요토미 정권의 추이를 세 시기로 나누어 고찰하였다.

제1시기는 1585년(天正13) 히데요시의 관백 취임 이후부터 1590년(天正18) 고호조 씨가 멸망하기 이전까지이다. '무위'를 매개로 독립 노선을 지향하던 히데요시 노선이 좌절되고 1585년 관백 취임을 계기로 천황과 밀접한 관계를 맺는다. 히데요시가 천황을 정월에 정례적으로 참배하는 정월참내가 점차 자리를 잡고, 히데요시의 빈번한 금리禁裏 참내가 나타난다. 히데요시는 1588년(天正16) 고요제이 천황의 취락제 행차를 비롯하여 천황 권위를 적극적으로 활용하여 도쿠가와 이에야스를 비롯한 전국 다이묘를 복속시켰다. 천황의 효용성이 매우 높은 시기로 조정의 각종 의례도 이 시기에 부활한다.

제2시기는 1590년(天正18) 고호조 씨 멸망 이후 1595년(文祿4) 도요토미 히데쓰구의 자살 이전까지이다. 고호조 씨를 정벌한 후로 히데요시의 지위가 '태양의 아들'로 승격되고, 관백의 지위에서 물러난 히데요시는 히데쓰구를 통해 조정을 통제하였다. 히데요시의 권력이 확고해지고 천황 등 전통적 권위에 대한 의존 · 이용은 현저히 약화된다.

제3시기는 1595년(文祿4)의 히데쓰구 자살 이후 1598년(慶長3) 히데요시의 사망까지이다. 히데쓰구를 제거하여 후계자 구도에 변화가 생기면서, 이에야스 등 현존하는 잠재적 적대 다이묘 세력을 통제하기 위해 천황의 전통적 권위를 다시 이용할 수밖에 없었다. 이에 따라 히데요시와 천황 · 조정과의 관계가 다시 친밀해졌으며 히데요시 부자의 빈번한 참내가 확인된다. 히데요시의 '태양의 아들'설 확대는 일단 좌절되고 말았다.

이처럼 도요토미 정권의 시기별 변화 전개 양상에 주목할 필요가 있다. 저자는 종래 도요토미 정권의 추이를 2단계의 변화('낙윤설'→태양의 아들)로 파악했는데, 여기서는 이를 좀 더 구체화하여 세 시기로 설정하고 특히 제3시기 히데요시의 천황 권위의 활용도가 급속히 다시 고조된 점에 주목했다.

한편 도요토미 정권이 불교와 지방 신사는 장악했지만, 이십이사로 대표되는 조정 측 신사 기도권을 장악하지 못했다. 도요토미 정권이 질병 기도를 비롯한 천황의 종교적 권위를 계속 필요로 한 것도 이 때문이다. 물론 히데요시가 '무위'를 통한 지배 및 다이묘 통제를 포기한 것은 아니며 이를 지속적으로 추구했지만, 쾌유 기도로 대표되듯 천황 · 상황이 갖고 있던 기도권은 도요토미 정권에게 여전히 유효했다. 무가권력 도요토미 정권이 보다 완전한 권력을 행사하려면, 천황이 확보하고 있는 이러한 종교 권위(특히 이십이사 등 주요 신사)를 장악해야 했다. 히데요시가 다이묘를 통제하는 데 하치만 대보살을 이용하거나,[153] 유언으로 신하치만新八幡이 되려한 것, 도쿠가와 이에야스가 사후 도쇼다이곤겐東照大權現이 되려 한 것도 이러한 맥락에서 이해할 수 있으며, 이것이 바로 16세기 후반 무가권력의 특색이었다.

---

153 박수철, 前揭「豊臣 정권의 天皇觀과 '武威'」, p. 157.

제3부

오다 · 도요토미 정권과 사상

제1장

전국 및 오다 시대의 정치사상

전국시대는 일본 역사에서 커다란 정치 · 사회변동이 일어난 시기이다. 일찍이 나이토 고난內藤湖南은 그 획기성에 주목하여, 새로운 지배층의 등장으로 중세 이래 기존 명망가가 거의 다 몰락하고 아시가루足輕 등 근세사회의 주역이 되는 서민층이 크게 대두한 사실을 지적한다.[1] 최근 비토 마사히데尾藤正英도 이 논지에 동조하면서, 15, 16세기 새로운 질서를 확립한 에도 시대 국가체제는 일본사에서 7세기 고대국가와 맞먹는 제2의 통일국가라고 규정한다.[2] 전국시대를 포함하여 넓은 의미에서 무로마치 시대[3]는 동武家 · 서公家의 문화 융합이 활발히 이루어진 시기로, 여기에 잇키一揆와 하극상의 시대로 통칭되듯 토호土豪 · 명주名主

1 內藤湖南, 「応仁の亂について」, 1921(지리역사학회에서 강연. 후에 『歷史の思想』現代日本思想大系27, 筑摩書房, 1965에 재록).

2 尾藤正英, 「はじめに」, 『江戶時代とはなにか—日本史上の近世と近代—』, 岩波書店, 1992, p. 7.

3 넓은 뜻의 무로마치 시대는 1333년(元弘3) 겐무(建武) 정권 성립부터 1573년(天正1) 마지막 쇼군 아시카가 요시아키가 오다 노부나가에게 추방되기까지의 시기를 일컫는다. 좁은 뜻으로는 1392년(明德3) 남북조가 통일된 때부터 1493년(明応2) 호소카와 마사모토(細川政元)가 쿠데타를 일으켜 기존 쇼군(義材)을 폐위시킨 메이오 정변(明応政變)까지를 지칭한다. 그 이전을 남북조시대, 이후를 전국시대라 한다. 그러나 무로마치 막부는 이미 1336년에 시작되었기 때문에 겐무 정권을 포함하여 1333년부터 1493년까지를 무로마치 시대라고 하여, 남북조의 대립을 상대적으로 크게 중시하지 않는 견해도 있다. 넓은 뜻의 무로마치 시대를 사용할 경우 남북조시대를 무로마치 초기, 전국시대를 무로마치 후기라고 한다. 현재 학계에서는 무로마치 시대를 중세 후기라는 명칭으로 사용하는 것이 일반적이다(今谷明, 「室町時代」, 『日本史大事典』6, 平凡社, p. 653).

라는 재지세력이 성장하여 새로운 질서를 모색하였다. 그러나 여러 가지 다양한 요소와 세력이 갈등하고 충돌했다고 해서 이 시대에 혼란과 분열의 양상만이 난무한 것은 아니었고, 상호 경쟁과 타협 속에서 서로 융합하고 하나로 통합해가는 움직임도 있었다. 오다 · 도요토미 정권의 출현은 그 결과물이라 할 수 있다. 이와 같이 일본은 중세사회에서 근세사회로 넘어갈 때 여러 다양하고 복잡한 정치 · 사회상황이 전개되는데, 이러한 사회변동을 가져온 이 시기 핵심적인 정치사상 · 이념은 과연 무엇인가?

중세 전기의 주된 정치사상으로는 가마쿠라 신불교와 같은 개별 사상을 제외하면, 새의 두 날개 또는 두 수레바퀴로 비유되는 왕법불법론王法佛法論, 인도의 부처가 일본에 와서는 신의 모습으로 나타났다는 본지수적설本地垂迹說, 신의 후손이 다스리는 일본을 신이 지켜준다는 신국사상神國思想, 가마쿠라 후기에 널리 침투되기 시작한 유교적 무민주의撫民主義 등을 들 수 있다.[4] 이들 이념 · 사상은 기본적으로 무로마치 시대에도 계승되지만 내용적으로는 크게 변한다. 가마쿠라 막부법御成敗式目은 "신사를 수리하고 오로지 제사에만 힘써야 할 일"(제1조), "사탑寺塔을 수리 · 조영하고, 불교행사 등을 근행勤行해야 할 일"(제2조)로 시작하듯 신불을 매우 중시하는 입장이다.[5] 반면에 무로마치 막부법建武式目은 "근검절약을 행해야 할 일"(제1조), "군음群飮과 유흥을 억제해야 할 일"(제2조)이란 현실과 밀접한 사항을 가장 앞서 제시하듯 신불神佛의 중요도는 크게 낮아진다.[6] 물론 중세 후기에도 신불은 여전히 숭경의 대상이지만, 무사들

4 黒田俊雄, 『日本中世の國家と宗教』, 岩波書店, 1975; 同, 『王法と佛—中世史の構造』, 法藏館, 2001; 同, 『寺社勢力—もう一つの中世社會—』, 岩波書店, 1980; 佐藤弘夫, 『神國日本』, 筑摩書房, 2006; 鍛代敏雄, 『神國論の系譜』, 法藏館, 2006; 남기학, 「鎌倉幕府 執權 北條氏의 정치사상-撫民思想의 재음미-」, 『일본역사연구』30, 2009.

5 佐藤進一 · 池內義資編, 『中世法制史料集』第1巻鎌倉幕府法, 岩波書店, 1955.

6 同, 『中世法制史料集』第2巻室町幕府法, 岩波書店, 1957.

의 인식이나 사회적 위상은 중세 전기와 크게 달라졌다. 이는 왕법으로 상징되는 천황 · 상황에 대한 무사들의 태도 · 인식에서도 확인된다. 무사들은 더 이상 왕법불법론을 무조건 추종하지 않았다.

가령 남북조시기 미노 국美濃國 슈고守護 도키 요리토土岐賴遠가 교토에서 고곤光嚴 상황의 행차와 만났을 때, "원院(상황)의 마차이다. 말에서 내려라"라고 하마下馬를 지시하자, 요리토는 "뭐라고? 원(院, 인)이라고 했는가, 개(犬, 이누)라고 했는가? 개라면 쏘아 버려야지"라고 말하며 상황의 마차에 활을 쏘았다.[7] 아시카가 다카우지足利尊氏의 가신 고노 모로나오高師直도 "왕內裏 · 원院의 거처가 있기에 말에서 내리든가 하는 어려움이 있다. 만약 왕이 없으면 안 될 도리道理라도 있다면 나무로 만들거나 금으로 주조하고, 살아있는 상황과 국왕은 어디론가 모두 갖다 버려라"라고 주장했다는 일화는 다소 과장이 없진 않지만, 남북조시기 무사세력의 새로운 인식을 상징적으로 보여준다.[8] 헤이안 시대 이래 중시되어 왔던 본지수적설도 중세 후기까지 그대로 이어지지만, 무로마치 중기 요시다 가네토모吉田兼俱가 종래 개념을 뒤집어 새롭게 신본수적설神本垂迹說을 제시하였다.[9] 불佛을 주主로 신神을 종從으로 보아왔던 일본 신도계神道系가 자립하여 인도의 부처가 일본에 와서 신이 된 것이 아니라, 거꾸로 일본의 신이 인도에 가서 부처가 되었다는 내셔널리즘 성격이 강화된 신본수적설을 주창한다. 또 천손강림天孫降臨 · 신명옹호神明擁護 · 신성국토神聖國土를 주요 내용으로 하는[10] 중세 신국사상도 변화하여, 신의 보

---

7 佐藤進一, 『日本の歷史』9(南北朝內亂), 中央公論社, 1971, p. 216.

8 同上, pp. 215-216.

9 요시다 신도는 요시다 가네토모(吉田兼倶) 시기에 집대성되는데, 그의 아들 요시다 가네미는 오다 · 도요토미 정권에 접근하여 크게 세력을 떨쳤다(박수철, 「織田 정권의 神社 정책과 吉田社」, 『역사학연구』32, 2008).

10 佐々木馨, 「神國思想の中世的展開」, 『大系 佛教と日本人』2, 春秋社, 1987, p. 185.

호를 받는 위치에 있었던 무사가 도요쿠니 다이묘진豊國大明神 · 도쇼다이곤겐東照大權現 등 자신의 최고 우두머리를 신으로 탈바꿈시킨다. 그 결과 중세 신국사상 속에 '무가신격화武家神格化'라는 새로운 요소가 포함되는 등 내용면에서 크게 변화한다.[11] 무민주의撫民主義도 큰 골격이 바뀐 것은 아니지만 근세 초기에 주자학이 본격적으로 도입되면서 유교적 성격이 더욱 부각되었다.

중세 핵심 정치사상으로 볼 수 있는 왕법불법론王法佛法論, 본지수적설本地垂迹說, 신국사상神國思想, 무민주의撫民主義 등이 내용은 크게 변화하면서도 기본적으로 중세 후기까지 지속되었다고 할 때, 그 밖에 남북조시기 이후 새로 등장한 정치이념 · 사상은 무엇인가? 관점에 따라 여러 가지가 제시될 수 있지만 이 장에서는 중세 후기 핵심 정치사상 · 이념으로서 천도天道와 공의公儀에 주목하고자 한다.

천도 관념은 가마쿠라 시대에도 존재했지만, 남북조 이후 본격적으로 나타나 에도 막부 초까지 빈번히 사용된 개념이다. 남북조 이후 천도가 많이 사용된 배경은 첫째, 가마쿠라 시대 무사들에게 유교사상이 침투되면서 점차 천天을 자각한 점, 둘째, 남북조시기 이후 하극상에 성공한 자들이 자기 행위를 정당화하고자 천을 내세운 점을 들 수 있다. 이미 14세기에 사용된 적이 있는 공의도 주로 남북조 이후에 본격적으로 사용되었다. 공의는 대체로 ①'사私'에 대한 '공公'의 의미, ②'공'의 의향 · 결정, ③법적 주체 등을 의미하고,[12] 어느 특정 개인 또는 집단이 독점하는 것이 아니라 영주들의 공동이해를 조정하고 대변하는 성격을 띤다.[13] 가령 전국 다이묘가 자기 권력을 공의로 자칭할 때, 영국領國 내 영

---

11 박수철, 「近世初 일본의 『鎖國』과 神國思想」, 『日本語文學』23, 2004.

12 藤井讓治, 「一七世紀の日本-武家の國家の形成」, 『岩波講座日本通史』12(近世2), 岩波書店, 1994, p. 9.

13 山本博文, 「將軍權威の强化と身分制秩序」, 『新しい近世史』1, 新人物往來社, 1996, p. 13.

주들의 공동이해를 대표하는 입장이었다. 다이묘는 영주층의 공동이해를 조정하고 갈등을 해결하는 과정에서 영국의 지배자로 성장했다. 반면 오다 노부나가는 공의를 거의 사용하지 않았고 천하天下를 전면에 내세웠다는 점이 큰 특징이다. 남북조 이래 널리 사용된 천도나 공의와 달리 천하는 이미 고대 시기부터 사용되며,[14] 한국이나 중국에서도 널리 쓰이는 용어이다. 그런데 오다 정권 시기에는 천하가 단순한 통치의 대상이 아니라 무사로서 자기 통치를 정당화하는 기능도 수행하였다.[15] 오다 노부나가가 남북조 이후 널리 사용된 공의라는 용어를 대신하여 천하를 전면에 내세운 이유는 무엇인가? 또 노부나가 사후에 천하보다 공의라는 용어로 귀결된 이유는 무엇인가? 이 장에서는 천도와 공의를 중심으로 전국 및 오다 시대의 일본 정치사상을 살펴본다.

14 大平聰, 「古代の政治思想」, 『新體系日本史』4(政治社會思想史), 山川出版社, 2010.

15 이계황, 「근세권력의 형성과 天皇의 역사적 지위」, 『동방학지』117, 2002; 同, 「織田信長의 '天下觀'」, 『東아시아의 人間像』(황원구교수정년기념논총), 혜안, 1995.

1. 천도天道와 하극상下剋上의 시대

도리道理와 천도

남북조시기 이후 천도라는 용어가 많이 사용되었다고 할 때, 그 이전인 가마쿠라 시대에 이에 해당하는 용어는 무엇인가? 천도는 대체로 인간 행동의 잘잘못을 판단하거나 인간에게 벌을 내리는 주체로서 기능하는 경우가 많은데, 가령 오다 노부나가 시기에 "한 치라도 거짓이 있으면 천도가 벌할 것"[16]이라고 하여 천도가 심판자 역할을 한다. 가마쿠라 시대에는 "신려유공神慮有恐"[17]이라 하여 신려神慮가 천도와 유사한 역할을 수행했다. 반면 전국시대의 전란이 종식된 이후인 근세 초기 오제 호안小瀨甫庵의 『신초기信長記』에는 천도라는 용어가 거의 사용되지 않았다.[18]

중세 시기 천도와 유사한 개념으로 많이 사용된 용어는 '운명' 내지 '운'이다. 이 용어는 전투와 관련된 장면에서 무사들이 많이 사용했다. 중세 무사들은 운이 열리는가, 닫히는가가 전투의 승패를 결정한다고 이해하고 그 판단을 내리는 주체를 운으로 보았다. 그런데 그 후 점차 불교적 색채가 강한, 다시 말해 숙명적 성격이 강한 '운' 내지 '운명'을 대신하는 용어로 천도가 새로 부각되었다. 무사들은 천도를 자기 행

16 오타 규이치(太田牛一)의 『신초공기(信長公記)』(角川文庫本)에는 이러한 표현이 곳곳에 보인다.
17 『吾妻鏡』(新訂增補國史大系本), 壽永1年5月29日條.
18 『信長記』(現代思潮社本).

위 · 행동의 가부를 위임할 권위나 그 가부를 판정할 보편적 초월자로서 의식하고, 숙명적이고 피동적인 운명에 따르기보다는 역사 배후에 존재하는 힘을 인식하고 적극적이며 주체적으로 활동하여 기존 현실을 타개하고자 했다.[19] 이 과정에서 수동적인 운 · 운명보다 좀 더 인간의 주체성이 강하게 발휘되는 천도라는 관념에 주목했다.

천도와 유사한 개념으로 도리가 있다. 가마쿠라 후기에서 남북조시기에 저술된 것으로 추정되는 『묘에쇼닌전기明惠上人傳記』에는 조큐承久의 난을 일으킨 무사의 행위를 다음처럼 평가한다. "무위武威를 떨쳐 관군官軍을 멸하고 왕성王城을 부수었다. 태상천황後鳥羽院을 포로로 잡아 먼 섬에 보내고 왕자 후궁을 여러 곳에 유배시키고 공경을 어디론가 보내버렸다.……이러한 소행은 도리를 거스른背 것으로 보인다. 만일 도리를 거스르면 신불의 인지照覽, 하늘의 벌이 있을 것이다. 크게 근신해야 한다."[20]고 하여, 행동 판단의 준거를 천도가 아닌 도리에 두었다. 호조 야스토키北條泰時가 제정한 「어성패식목御成敗式目」을 평가하여 중세를 관통하는 도리의 관념을 법령이란 형태로 구체화한 것이란 주장도 있고,[21] 가마쿠라 막부 초기 지엔慈円이 저술한 『우관초愚管抄』에도 '도리'는 곳곳에 언급되어 있다.[22]

그럼 도리란 무엇인가? 다마카케 히로유키玉懸博之는 도리를 다음과 같이 정의한다. 첫째, "기존에 일반적으로 권위가 있다고 인정되는 법

---

19 村上隆, 「太田牛一の歴史認識」, 『信長公記を読む』, 吉川弘文館, 2009, pp. 140-142.

20 石毛忠, 「室町幕府の政治思想」, 『日本思想史講座』2, 雄山閣, 1976, p. 37.

21 玉懸博之, 「北條執政時代の政治思想」, 『日本思想史講座』2, 雄山閣, 1976, p. 20.

22 『우관초(愚管抄)』에는 ①구조 미치이에(九條道家)의 아들 요리쓰네(頼經)의 쇼군 취임은 도리로 설명하기 어렵다고 하여, 도리의 영역 밖에 존재하는 천도를 자각하고 있는 부분과 ②모든 것을 폭력에 의존하는 무사를 훈계하면서 도리가 설득력을 갖고 있지 않을 때 이를 보완할 유일한 권위로서 천도가 등장하는 부분이 있다. 이에 대해 무라카미 다카시(村上隆)는 천황이란 혈통의 연속성을 중핵으로 하는 정통성을 합리화하고 정당화하는 도리와 그 범위를 넘어서는 초월성을 지닌 관념으로서의 천도에 주목한다(村上隆, 前掲「太田牛一の歴史認識」, pp. 138-140). 따라서 천도가 남북조 이후 본격적으로 사용된다고 해서 그 이전에 전혀 사용되지 않았다는 것은 아니다.

령상 규범(예를 들면 당의 율령 규정) 혹은 도덕상 규범(예를 들면 유교의 도덕 규정)과 같은 종류의 것이 아니며, 무사들 스스로가 생활 영역에서 경험에 의거하여 형성한 생활상의 규범"이다.[23] 둘째, 도리는 무사들의 생활 경험을 바탕으로 형성되었기 때문에, "무사사회라는 공간 속에서는 규범성을 가지지만 그 공간을 벗어난 영역까지 반드시 규범성을 가진 것은 아니다."[24] 그러나 승려 지엔이 저술한 『우관초』에도 도리가 많이 보이며, 1225(嘉祿1)년에 설치된 평정중評定衆도 중세 사원법寺院法에서 유래하는 '다분多分(다수결)의 도리'를 채용하고 있듯[25] '도리'는 가마쿠라 시대에 보편적으로 널리 사용된 개념이었다.

물론 도리라는 용어가 남북조 이후 갑자기 소멸된 것은 아니며, 그 후로도 지속적으로 사용된다. 남북조시대인 14세기 중반 북조 측과 가까운 인물이 저술한 것으로 알려진 『매송론梅松論』에는 도리와 천도의 접점이 잘 드러난다.

> 조큐承久 때 고토바 원後鳥羽院을 오키隱岐로 옮겼다.……그 사유를 말하길, 고토바 원은 충忠은 있되 잘못이 없는 관동 삼대 쇼군가의 유적遺跡을 없애려 하였다. (잘못은 위에 있는데) 아래 사람을 책망함은 천도가 정한 이치理를 따르지 않은 것으로 결국 상황은 오키 국으로 유배되었다. 그렇지만 무가는 더욱 천명天命을 두려워하여 고토바 상황의 손자인 고호리카와後堀川 천황을 즉위시켰다. 아주 불가사의한 일이라고 사람들은 말한다.[26]

23 玉懸博之, 前揭「北條執政時代の政治思想」, p. 21.

24 同上.

25 石母田正, 「解說」, 『中世政治社會思想』上(日本思想大系21), 岩波書店, 1972, p. 581.

26 『梅松論』(群書類從13輯 · 合戰部), p. 148.

'도리'라는 직접 표현은 없지만 이와 유사한 '이치理'라는 용어가 사용되며,[27] 천도라는 용어 대신 천명이 쓰인 점이 주목된다. 남북조시기에는 천도와 천명, 그리고 이(도리)가 혼재되어 사용되었다.[28] 이처럼 남북조 이후 도리를 대신하여 점차 천도가 널리 확산되는데, 그 배경은 과연 무엇인가?

첫째, 가마쿠라 막부 후기 이후 천天 사상에 대한 사회적 관심이 커진 점이다. 가마쿠라 막부 후기에는 유교적 정도론正道論 · 덕치德治사상이 점차 확산되었다. 가령 호조 도키요리北條時頼는 이세理世(세상을 다스림)와 무민撫民을 정치목표로 삼았고, 1261년(弘長1)에 제정된 「관동신제關東新制條」의 기조도 이세 · 무민사상이다. 다마카케 히로유키玉懸博之는 이를 유교사상에 근거한 천하만민을 위한 무민으로 보고,[29] 이시게 다다시石毛忠도 이와 비슷한 입장에 서서 '천하'사상 또는 유교의 경천사상과 밀접한 관련된 무민인정주의撫民仁政主義를 제시한다.[30]

둘째, 하극상이란 사회 현상과 관련이 있다. 유교적 관념을 내포한 천도는 한편으로는 하극상 풍조를 조장하면서도 때론 거꾸로 이를 억제하는 등 상당히 유효하게 사용할 수 있었다.

---

27 1333년(元弘3)의 가마쿠라 막부의 멸망에는 "천명을 거스른 도리가 분명하다"(同上, p. 157)라고 직접 거론한다.

28 도리는 전국시대에 들어와 의미가 축소되어 용례가 이전 시대와 매우 달라졌다. 무엇보다 "도리(道理)를 파(破)하는 법"(法)이라고 하여 도리와 대립되는 법 관념, "법은 권도(權道)에 이김"이란 전국시대 특유의 법 관념이 나타난다. 전국시대에 이르러 이(理) · 도리(道理) · 이운(理運)이라 통칭되는 재지적인 관행 · 관습은 천도뿐 아니라 법 제정이란 통치권력의 현실적 의지로 부정되는 현상이 널리 보인다(勝俣鎭夫, 「武士家法(解題)」, 『中世政治社會思想』上, 岩波書店, 1972, pp. 500-501). 다만 다테 씨(伊達氏)의 『진개집(塵芥集)』에서는 여전히 도리를 강조하는 등 지역에 따른 차이는 존재한다.

29 玉懸博之, 前揭「北條執政時代の政治思想」, pp. 24-25. 남기학은 교토에서 막부로 초빙된 귀족 관료들을 통해 유교적 천도(천명)사상이 무가 측에 수용된 것으로 추정하고 있다(남기학, 前揭「鎌倉幕府 執權 北條氏의 정치사상-撫民思想의 재음미-」, p. 40).

30 천의(天意)의 반영인 민의 지지를 기반으로 하는 천하사상은 안민(安民) · 보민(保民)을 정치 요결로 하여 위정자 축출 · 방벌(放伐)을 인정하고 천하는 '천하의 천하'라고 주장한다. 이시게 논지의 특징은 천하사상과 대립하는 것으로 전통적인 왕토(王土)사상을 설정하고, 양자의 대결을 남북조 이래의 주된 정치사상으로 이해하는 점에 있다(石毛忠, 前揭「室町幕府の政治思想」, p. 31).

남북조시대 아시카가 다카우지足利尊氏의 동생 아시카가 다다요시足利直義는 고다이고 천황後醍醐天皇의 정책을 비판하면서 "(고다이고 천황의 사주를 받은) 악당 등이 근국近國의 신사 · 사원 영지를 가릴 것 없이 영가領家 · 지토地頭의 영지를 논할 것 없이 모두 빼앗아 제멋대로 관리한다. 이는 피로써 피를 씻는 행위이다. 어찌 무민의 인정이라 할 수 있겠는가"라고 비판하듯 무민인정주의를 내세워 조정 · 천황가를 비판한다.[31] 이처럼 아시카가 씨는 '무민인정'이란 유교 관념을 매개로 천황 등 전통 권위를 비판했고, 천도는 아시카가 씨의 하극상을 정당화하는 기능을 하였다. 그런데 천도는 거꾸로 무로마치 쇼군도 역시 언제든지 공격의 대상으로 전화할 수 있는 성질을 가졌다. "우리들은 쇼군가御當家를 위해 특히 사를 잊고 충을 다해야 한다"고 충성을 맹세한 이마가와 료슌今川了俊이 정작 1399년 오에이應永의 난 때에는 오우치 요시히로大內義弘 · 아시카가 미쓰카네足利滿兼의 편에 서서 쇼군 아시카가 요시미쓰足利義滿를 맹비난한다. 그는 가마쿠라 도노鎌倉殿인 아시카가 미쓰카네滿兼를 두둔하면서 미쓰카네야말로 "천하가 천하다운 길道을 생각하고, 특히 천도에 불신佛神의 마음에 들도록", "천하만민을 위해 모반하신" 것이라 주장했다.[32] 이처럼 다양한 상황에서 다양한 형태로 사용될 수 있기에 천도는 널리 확산되었다.

요컨대 천도의 활용과 정착 과정은 이른바 하극상이 만연한 무로마치 시대의 불안정성 또는 혼란 상황과 관련이 있다. 전국시대에도 주군을 배신한 부하들은 자신이 일으킨 하극상의 정당성을 천 · 천도에서 찾았다.[33] 오우치 씨大內氏의 슈고다이守護代 스에 하루카타陶晴賢는 주군

---

31 同上, p. 41.

32 同, 「戰國 · 安土桃山時代の思想」, 『體系日本史叢書』(思想史2), 山川出版社, 1976, p. 5.

33 미즈바야시 다케시(水林彪)는 천도 관념에 대해 "하극상과 전란의 시대를 맞아 권력의 영고성쇠를 눈앞

오우치 요시타카大內義隆를 타도하려 했다. 하루카타는 자신이 줄곧 요시타카의 무운 장구와 번영을 빌었으나, 요시타카가 타국에서 온 악역 무도인 사가라 다케토相良武任만을 총애했다고 비난하면서 반란을 일으켰다. 하루카타는 "하늘이 준 바를 취하지 않으면 도리어 죄를 받는다"고 하면서, "나의 운運도, 요시타카님의 운도 천도가 판단할 것"이라 주장한다.[34] 하루카타의 주장은 충절에 정당한 보상을 내리지 않는, 주군이 주군답지 못한 요시타카를 천도가 그대로 둘 리 없다는 것이다. 이처럼 천도란 객관화하지 못한, 지극히 자의적으로 해석될 수 있는 여지가 농후하였다. 전투의 승패를 결정하는 것이 결국 천도라 할 때, 승자에게 천도가 있다는 결과론적인 해석에 치우칠 가능성이 많다.[35]

전국시대의 잦은 하극상은 전국시대의 주종제가 근세만큼 절대적이지 않고 쌍무적 관념이 강하다는 점에서 유래한다.[36] 근세 시기 법적 · 제도적 요소가 정비되어 주군에 대한 충이 우선시되는 것과 비교된다. 천도는 불안정한 주종관계를 해소하고 새로운 질서를 창출하는 데 일조했다.

그런데 천도는 유교사상과 관련이 있지만 그와 동시에 전통적인 신불사상과도 밀접한 관련이 있다. 극단적으로 말하면 중세의 신불이 천으로 바뀌었을 뿐, 유교 본연의 합리주의와 무관하며 여전히 신비로운 측면을 내포한다.

에서 경험한 전국무사의 관념"으로서 "만민을 안녕하게 하는 좋은 통치와 결합된 관념"으로 본다(水林彪, 「近世の法と國制史研究序說」, 『國家學會雜誌』90-1 · 2, 1977, p. 9).

34 石毛忠, 前揭「戰國 · 安土桃山時代の思想」, p. 6.

35 천도가 자신에게 있음을 확인하는 길은 '실력'(武)을 통한 결과 획득이었고 이 때문에 실력주의가 중시된 측면도 있다. 1471년(文明3) 2월 빗추 국(備中国) 데쓰타 군(哲多郡) 니이미 장(新見莊)의 장관 가네코 히라우지(金子衡氏)는 "지금 시기는 시골도 교토도 완력이 있어야 영지도 몸도 지킬 수 있는 때이다"라고 소감을 피력한다(同上, p. 8).

36 중세에는 주군에 대한 충과 부모에 대한 효가 충돌할 경우 기본적으로 효가 우선하였다(水林彪, 前揭「近世の法と國制史研究序說」, p. 29).

전국시대 모리 모토나리毛利元就, 아사쿠라 다카카게朝倉孝景는 자기 일생이나 전투에서 승리 · 영달榮達을 돌이켜보고 이는 '불가사의'한 일이라는 소감을 피력했으며,[37] 『신초공기信長公記』에도 곳곳에 "희대 불가사의한 일이다"라는 표현이 등장한다. 전국시대라는 전란 속에 왜 승리하고 살아남았는가? 여기에는 합리적으로 설명될 수 없는 요소가 있는 것도 사실이다. 그렇기 때문에 전국시대 호조 소운北條早雲도 후손들에게 신불을 늘 숭배할 것을 당부하면서 "천도에서 벗어나지 않도록 살아야 한다"[38]고 주의를 주었다.

천도의 용례

천도라는 용어는 본래 유교, 불교, 노장사상 등의 용어이며 크리스트교 전래와 함께 들어온 '데우스'라는 말도 이에 해당한다.[39] 또 "인간계를 초월 내지 인간계를 지배하는 하나의 초월자"[40]로 규정하기도 한다.

그런데 천도는 중세 후기에 이르러 구체적으로 어떻게 사용되고 있는가? 무라카미 다카시村上隆에 따르면 『신초공기』에는 22사례[수권(首卷) 6례, 본문의 16례]가 있다.[41] 이하 무라카미의 소개 사례를 중심으로, 천도와 관련한 핵심 사례를 재구성하면 다음과 같은 결론을 얻을 수 있다.

첫째, 천도는 하극상을 맹목적으로 용인하는 것이 아니라 주군과 종자의 바람직한 주종제를 유지하는 역할을 한다.[42]

37 石毛忠, 前揭「戰國 · 安土桃山時代の思想」, p. 9.

38 「早雲寺殿二十一箇條」第5條, 佐藤進一 · 池內義資 · 百瀨今朝雄編, 『中世法制史料集』第3卷(武家家法1), 岩波書店, 1965.

39 石毛忠, 前揭「戰國 · 安土桃山時代の思想」, p. 9.

40 水林彪, 前揭「近世の法と國制史硏究序說」, 『國家學會雜誌』90-1 · 2, p. 9.

41 村上隆, 前揭「太田牛一の歷史認識」, pp. 146-159.

42 이시게 다다시는 이를 신비성과 윤리성이란 천도의 이중성으로 파악한다. 천도는 신비성이란 측면에서 부하의 하극상을 용인하면서도, 윤리성이란 측면에서는 하극상을 금지한다는 것이다. 하극상의 성공 여부가 무력의 대소와 강약이 아니라 운명(천도)이 이를 결정하고, 예정대로 진행되지 않는 천도의 신비성

오와리 국尾張國의 슈고 시바 요시무네斯波義統가 죽었다(사례①). 이는 정당한 사유 없이 후다이譜代 가신 사카이 다이젠坂井大膳 · 오다 히코고로織田彦五郎를 제거하려 했기 때문에 불천佛天의 가호加護를 받지 못한 것이다. 요시무네가 죽은 배경에 천도가 작용하고 있으니 천도란 두려운 존재이다. 시바 요시무네의 가신 사카이 다이젠과 오다 히코고로도 죽었다(사례②). 이는 주군 요시무네를 살해한 데 대한 천도의 징벌이다. 이상 사례①, ②로 볼 때, 주군이라도 주군답지 못하면 불천의 가호가 없고, 반대로 주군이 비록 자기를 적대시하더라도 후다이 가신이라면 주군을 죽일 수 없다.[43] 이처럼 주종 관계에 입각한 무사들의 행위를 통제하는 배후에 천도가 있다. 요컨대 하극상이 난무하는 사회 풍조 속에서도 이를 제약할 수 있는 논리가 '천도'였다.

둘째, 천도에는 유교적 측면 외에 전통적인 신 · 불교 요소와 공유한 측면이 존재한다. 천도는 신불의 전통사상을 배제하고 이를 대체하는 형태였던 것이 아니라, 신불을 바탕으로 한 전통사상에 천 사상이 융합한 것이다.

노부나가의 숙부 오다 마고사부로織田孫三郎가 죽었다(사례③). 마고사부로의 사망은 서약서의 벌이며 천도의 무서움이며 동시에 노부나가의 행운御果報이다. 여기서 알 수 있듯 서약서를 통해 나타나는 신불의 역

은 거꾸로 전국무장에게 과감한 행동력과 현상타개의 힘을 제공하여 하극상의 계기를 만들어 준다. 그렇지만 늘 대립하고 갈등하는 군웅쟁패의 시기에 무사히 살아남아 가(家)를 존속시키려면 가문 구성원(家中) 사이의 단결과 질서 존중이 필요하다. '은'과 '의리'는 가문을 유지하기 위한 핵심 윤리로서 천도는 윤리적 정신의 함양을 강조할 때도 사용된다(石毛忠, 前掲「戰國 · 安土桃山時代の思想」, pp. 8-9).

43 『신초공기』의 저자 오타 규이치가 사례①에서는 요시무네의 가신 공격을, 사례②에서는 사카이 다이젠 · 오다 히코고로의 주군 살해를 천도를 내세워 정당화한 것은 논리상 모순으로 규이치가 천도를 자의적으로 왜곡한 것이란 주장도 있다(村上隆, 前掲「太田牛一の歴史認識」, p. 149). 그러나 규이치의 주장을 반드시 논리상 모순으로 볼 수 없다. 왜냐하면 사례①은 주군이라도 '정당한 이유 없이' 가신을 공격하면 천도의 벌을 받는 것이고, 다시 말해 합당한 이유의 가신 제거라면 천도의 징벌을 받지 않는다. 사례②는 후다이의 부하라면 적어도 주군을 죽여서는 안된다는 것으로, 비록 후다이 부하는 아니지만 노부나가가 끝내 요시아키를 죽이지 않은 것도 이러한 측면에서 이해할 수 있다. 결국 군주가 군주답지 못하고 신하가 신하답지 못한 '무도'함을 천도가 징벌한 것으로 파악하고 규이치는 이를 모순으로 생각하지 않았다.

할은 여전히 중요하다. 또 인과응보라는 불교적 숙명적 '운명'관과 천도가 연관되어 있다. 노부나가가 신판神判(火起請文)을 행했다(사례④). 이것도 천도와 밀접한 관련이 있다. 이케다 쓰네오키池田恒興[노부나가 유모의 아들(乳兄弟)]의 피관被官 사스케佐介는 쇼야庄屋 간베에甚兵衛의 저택에 들어가 절도를 했다. 사스케는 혐의를 부정하지만 신판을 거행한 결과 불에 달군 도끼를 잡지 못하고 떨어뜨려 자신의 말을 입증하지 못했다. 그러나 이케다의 권위를 내세워 모면하려 하자, 격노한 노부나가가 직접 나서 똑같은 온도로 달군 도끼를 쥐고 세 발짝을 옮겨 목책에 두었다. 노부나가는 사스케를 주륙하는데, 『신초공기』는 이를 천도의 무서움으로 해석하고 있다. 이 경우 천도는 종래 전통적인 신불의 사용 사례(神罰 · 佛罰)와 궤를 같이 한다.

셋째, 그렇지만 천도는 종교세력의 통제 밖에 위치하며 현실의 사원 · 신사를 억제하는 기능을 수행한다.

혼간지本願寺가 노부나가에게 굴복했다(사례⑤). 혼간지는 "운을 천도에 맡겨" 농성했지만 나날이 쇠퇴하였고, 노부나가에게 여러 책략(調儀 · 調略)을 썼지만 통하지 않았다. 반면 "노부나가의 위광은 더욱 성해져 제국칠도諸國七道가 평정되었다". 요컨대 천도는 불교세력(혼간지)의 통제 밖에 위치하며 사실상 무가(노부나가)의 사원세력 탄압을 정당화하는 기능을 수행했다. 이 점은 엔랴쿠지에도 적용된다(사례⑥). 엔랴쿠지가 왕성진수王城鎭守의 사원임을 내세워 "행동과 법식이 출가의 법규에 맞지 않아 천하에 웃음거리가 됨을 간과하고, 천도의 두려움도 돌아보지 않고, 음란함, 물고기와 새고기의 섭취, 금은을 탐닉하고 아자이 · 아사쿠라 편을 들었다"고 비판한다. 이처럼 오다 정권은 자신을 적대시하는 혼간지와 엔랴쿠지를 공격하는 데 천도 관념을 활용하였다.

이상 천도 사용 용례로 볼 때 전국시대 천도 관념은 "무엇인가 불가지不可知의 초월적인 위력을 상정"하고 "사람과 경우에 따라 일정하지 않고, 더욱이 꽤 제멋대로 사용"한 것도 사실이다.[44] 그러나 그와 동시에 노부나가 시기에 이르러 천도가 무사의 주장을 정당화하는 측면에서 기능하고 있으며, 때로는 신불의 권위를 내세워 무사에 저항하는 사사 세력을 통제하는 논리로도 사용되었다. 이처럼 유교와 신불의 논리가 혼재된 천도가 중세 후기에 널리 쓰이게 된 것은, 앞에 언급했듯 가마쿠라 시대 이후 무민주의와 같은 유교 관념의 확산이 가져다 준 성과이다.[45] 전국시대 군담기軍談記에는 "이 하극상에 의해 마침내 천벌을 받는 자업자멸自業自滅"이라든지, "실로 천벌자멸天罰自滅이라고 세상에서 회자되는 것" 등 종래 신불을 대신하여 천이 많이 언급되고 있다.[46] 여기에 무로마치 후기 천도 관념의 역사적 의의가 있다.

---

44 同上, p. 160.

45 물론 전통적인 신불관을 완전히 버린 것은 결코 아니다. 천도는 전통사상을 '부정'하는 형태로 출현한 것이 아니라 전통사상과 '융합'하여 새로운 논리를 창출한다.

46 石毛忠, 前揭「戰國 · 安土桃山時代の思想」, p. 9.

2. 공의公儀와 중세 국가권력

천하와 공의

오와리 국을 장악하고 미노 국까지 세력을 넓혀 도카이도東海道 일대의 강자로 등장한 오다 노부나가는 새로운 의지를 담아 '천하포무天下布武'의 도장을 만든다.[47] 이를 통해 노부나가는 '천하'에 '포무', 즉 무武威를 펼칠 것을 대내외에 공포한다. 이렇듯 '무'를 내세워 천하 장악의 의지를 표명한 점은 주목할만하나, 사실 천하를 주요 정치이념으로 내세운 무사는 노부나가가 처음이 아니다.

『아즈마카가미吾妻鏡』에 따르면, 미나모토노 요리토모源頼朝가 막부 성립 후에 "천하초창天下草創"[48]을 선언했다. 천하는 비로소 무사 정권의 지배영역이 되었고, 천도사상과 결부되어 정치 시행의 평가 주체, 행위 정당화의 논리 · 근거로 사용되었다.[49] 그런데 요리토모가 지칭하는 '천하'는 무가 단독 지배를 의미하지 않는다. 요리토모의 천하는 무가 단독정권이 아니라, 천황 · 조정과 무사의 연합 정권이라는 의미의 '천하초창'이었다.[50] 흔히 '귀종貴種'이라 칭해지는 요리토모의 귀족성을 염두

47 堀新, 「信長公記とその時代」, 『信長公記を読む』, 吉川弘文館, 2009, p. 14.

48 『吾妻鏡』, 文治元年12月6日條.

49 久保健一郎, 「天下と公儀」, 『信長公記を読む』, 吉川弘文館, 2009, p. 165.

50 1185년(文治1) 12월 6일 요리토모는 고시라카와 상황에게 상신하여 많은 공경을 해임하고 구조 가네자네(九條兼實) 등 친요리토모파 공경을 대거 요직에 기용한다. 요리토모는 이것을 지칭하여 "천하초창의 때"라고 하였다. 그런데 "(자신은) 오랫동안 원국(遠國)에 있어 공무(公務)의 사정을 모른다"고 하면서 "천하의 정도(政道)는 군경(群卿)의 의주(議奏)에 의해"야 된다고 주장했다(玉懸博之, 「源氏將軍時代の政治思想」, 『日本思想史講座』2, p. 12). 따라서 요리토모의 천하초창은 주된 강조점이 무가에 있지 않고

에 둘 때, 또 그가 종종 내세웠던 "조정의 사무라이侍 대장"이란 구호를 염두에 둘 때 이러한 추정이 가능하다. 초기의 일이긴 하나, 1181년(養和1) 9월 요리토모는 이세신궁에 기원서를 보내, "헤이케平家라 하더라도 왕화에 순종하는 무리에는 신은神恩을 베풀어야 한다. 겐지源氏라 하더라도 조위朝威를 무시하는 자들이 있으면 신불의 벌冥罰을 받을 것이다"고 했다.[51] 요리토모는 왕법불법론을 핵심요소로 하는 중세 정통사상을 준수하는 입장이고,[52] 무사 정권의 독자적인 천하초창을 지향한 것은 아니었다. 따라서 노부나가가 '천하포무'라고 하여 '무'와 천하를 직접 연결시킨 사실을 염두에 둘 때, 요리토모의 무사 정권으로서의 자의식은 노부나가에 견주어 그다지 높지 않았다.[53] 가즈사노스케 히로쓰네上總介廣常가 요리토모는 늘 조가朝家의 일만을 생각하고 관동關東은 그러하지 않았다는 지적[54]도 같은 맥락에서 이해할 수 있다.

그 후 막부체제가 점차 안정되면서 천하는 점차 무사세력의 행위를 정당화하는 논리로 활용된다. 앞에 언급한 『묘에쇼닌전기』에는 호조 야스토키가 "천하 사람天下の人의 슬픔을 대신"하여 고토바 상황과 싸웠다는 주장이 실려 있다.[55]

야스토키는 기본적으로 "천하는 모두 왕토이기 때문에 왕토에 태

조정(공가)의 재편에 있다.

51 同上, p. 9.

52 다마카케 히로유키(玉懸博之)에 따르면, 요리토모는 제일 중요한 정치 자격으로 혈통의 고귀성을 들고 있는 점에서 '혈통의 원리'를 기본 정치사상으로 한다. 이는 요리토모 자신이 겐지(源氏)의 적류라는 '귀종'임을 내세워 무가의 동량으로 군림했기 때문이다(同上, p. 14).

53 물론 요리토모가 군사정권으로서의 자각이 전혀 없었다는 것은 아니다. 이 점은 남기학, 「'武威'를 통해서 본 鎌倉幕府의 성립과 발전」, 『동양사학연구』90, 2005 참조. 한편 『매송론(梅松論)』에는 "천하를 다스림에 궁전(弓箭)의 도(道)가 끊어진 적이 없다"[『梅松論』, 群書類從13輯(合戰部), pp. 157]라고 하거나 "천하일통은 무위(武威)에 의한 것"(p. 163)이라고 하여 남북조시기에 이르러 천하와 무위의 결합 강도가 더 확고해지는 것으로 보인다.

54 玉懸博之, 前揭「源氏將軍時代の政治思想」, p. 14.

55 久保健一郎, 前揭「天下と公儀」, p. 165.

어난 자는 군주의 뜻에 따르고 군주에 복종하지 않으면 안 된다. 따라서 군주와 싸우는 것은 도리에 어긋난다"는 입장이다. 그러면서도 이는 "군주의 정치가 바르고 국가가 잘 다스려졌을 때의 일이다. 지금 군주의 시대에 나라 곳곳이 혼란으로 동요하고 상하 모든 사람은 수심이 가득"하다. 주周의 무왕武王, 한漢의 고조高祖의 사례로 볼 때 "지금 군주를 대신하여 다른 군주를 세운다"고 해서 "아마테라스 오미카미天照大御神 · 하치만 궁八幡宮께서 어떤 벌을 내리겠는가?"라고 반문한다.[56]

그러나 비록 무사들이 천황만의 천하는 비판했지만, 천황을 완전히 배제하지 못했다. 이 점은 남북조시기에 저술된 『매송론』도 마찬가지로, 중국 왕조의 흥망을 거론하면서 "천하를 장악한 주인은 어짊賢과 덕이 있다. 세상을 잃어버린 군주는 비도무도하기 때문에 하늘天鑑이 운을 빼앗은 것"이라 하여 유덕자=군주의 주장을 펴면서도 "무가는 천명을 두려워해 후손 고호리카와 천황을 즉위시켰다"고 하여 완전한 중국식 방벌론은 주장하지 않는다.[57]

고대부터 줄곧 사용되고 한국 · 중국에서도 쓰인 '천하'와 달리, '공의'는 중세 이후 일본에서만 쓰인 용어이다. 공의란 용어는 적어도 남북조시기인 14세기경까지 확인되고, 15세기 중엽 이후 본격적으로 사용된다.[58] 공의는 원래 천황 · 공가와 쇼군 · 막부 등 공권력, 이와 관련된 사람, 기구, 의례 장소 등을 지칭하는 말로 쓰였으나, 점차 개별 영주

56 石毛忠, 前揭「室町幕府の政治思想」, p. 37. 이와 비슷한 논리가 가마쿠라 후기 남북조시기의 저술에서 확인된다. 『매송론』에는 아시카가 다카우지가 "천하를 위해" 남조와 싸웠다고 주장한 내용이 보이며(同上, p. 46), 『도지인어유서(等持院御遺書)』에는 다카우지가 "천하는 천하의 천하"이며 "천하를 홀로 장악하면 개인(人)의 천하"에 불과하다는 입장을 피력했다는 내용이 있다(同上, p. 50).

57 同上, pp. 43-45.

58 1354년(文和3) 무로마치 막부가 반포한 「대소선찰규식조조(大小禪刹規式條々)」에 보이는 공의는 다수자의 의향을 담은 공론(公論)에 가까웠는데, 16세기 중반에 이르면 영주 계급의 계급적 결집에 의해 공권적 요소를 띠게 되었다(深谷克己, 「公儀と身分制」, 『大系 日本國家史』, 東京大學出版會, 1975, p. 161).

권력을 초월한 국가 공권, 통일정권인 근세 쇼군권력을 뜻하게 되었다.[59] 또 앞에 서술한대로 ①'사'에 대한 '공'의 의미, ②'공'의 의향 · 결정, ③ 법적 주체 등을 의미한다.[60] 이 가운데 법적 주체로서 '공의'는 중세 시기 무로마치 쇼군을 지칭했지만, 독자적 움직임을 보이던 전국 다이묘도 자신을 '공의' 권력이라 칭하면서 권력의 정당화를 꾀한다.[61]

전국시대 이후 공의가 유행한 것은 사회질서의 혼란을 극복하고 안정을 희구하는 사회적 메커니즘과 관련이 있다. 무사들은 "천하가 파멸된다면 파멸되어라. 세상世間이 멸망한다면 멸망하라"고 하면서 자신만의 부귀영화를 추구하거나,[62] "무사武者는 개라 하든, 축생이라 하든 이기는 일이 가장 중요"한 상황에서 거꾸로 이러한 개개 무사의 '사'를 조정해줄, 초월적 차원의 '공'을 소망했다.[63] 이시모다 쇼石母田正에 따르면, 성장한 재지영주층은 고쿠진 잇키國人一揆를 이루고, 스스로가 '공'임을 표방했다.[64]

이처럼 '공'이 재지 사회에 널리 확산된 사실은 구보公方란 용어의 변질에서도 알 수 있다. 무로마치 쇼군을 지칭하는 구보는 전국시대 다이묘 권력의 호칭으로도 나타나지만, 재지권력의 호칭으로도 광범위하게

---

59 白川部達夫, 「「公儀」論の展開」, 『日本近世史研究事典』, 東京堂, 1989, p. 14.

60 藤井讓治, 前揭「一七世紀の日本-武家の國家の形成」, p. 9.

61 현재 공의 연구는 전국시대에 비해 근세에 사용된 사례가 압도적으로 많기 때문에 주로 근세사 연구자에 의해 진행되었다. 그 결과 전국시대와 에도 시대의 공의가 어떻게 다른지, 양자의 차이점이 강조된다. 또 주된 분석도 공의와 백성의 관계를 밝히는 데 치중한다(久保健一郎, 「戰國大名と公儀」, 『日本中世史研究事典』, 東京堂出版, 1995).

62 『応仁記』, 『群書類從1』3輯(合戰部), p. 356.

63 小澤富夫, 「戰國時代」, 『日本思想史講座』2, 雄山閣, 1976, p. 87.

64 石母田正, 前揭「解說」, pp. 641-642. 이시모다 쇼에 따르면 전국 다이묘는 이들 잇키를 해체시키고 신분존비(尊卑)를 명확히 한 예적(禮的) 질서에 입각하여 재지에 형성된 '공'을 자신의 '공'으로 흡수시켜 나간다. 또 전국 다이묘가 재지의 '공'을 자신의 '공'으로 흡수하는 데는 전국가법(戰國家法)의 제정이 결정적인 역할을 했다. 전국가법의 근본 사상은 '상벌'(賞罰)을 강조하는 법가사상과 유사한 점이 있다. 전국가법의 제정으로 도덕과 종교로부터 법이 분리되었다고 평가한다(同上, pp. 610-611).

성립한다.[65] 후지키 히사시藤木久志는 재지에 존재하는 다양한 '공'을 공계公界[66]의 '공'으로 이해하고 전국 다이묘가 이러한 재지의 '공'을 흡수함으로써 공권력의 '공'으로 전환된 것으로 파악한다.[67] 또 그 과정에서 전국 다이묘는 피지배층의 이탈을 방지하고자 무민을 주장한다는 것이다. 즉 다이묘 권력은 다이묘에서 평백성平百姓 이하에 이르는 모든 구성원을 포함시켜 '공의의 어백성御百姓'이란 환상을 불어넣어 통치의 정당성을 모색했다.[68] 그 결과 전국 다이묘의 공의는 개별 영주의 자의성을 억제하여 영주층과 명주백성층名主百姓層의 평균적 이해를 옹호하는 기능을 수행하고,[69] 슈고직 등 전통적인 공적 기능을 흡수하여 스스로 '공의'임을 표방한 전국 다이묘는 재지의 공공질서를 재편하고 지배해간다.

그런데 전국 다이묘의 '공의'가 근세와 같이 명확한 법적 주체인가는 유보적이다.[70] 또 쇼군의 '공의'와 전국 다이묘의 '공의'가 경합한 흔적은 없다는 점에서 전국 다이묘의 공의를, 무로마치 막부 내지 천황을 포함한 전통적 권위와 완전히 단절된 새로운 공권력으로 볼 수 없다는 주장도 있다.[71] 그렇지만 전국 다이묘가 자기 지배 영역에 대한 통치의 정당성을 끊임없이 추구한 것은 사실이다. 전국 다이묘의 '어국御國'의식이 여기에 해당하며, 고호조 씨後北條氏의 '어국'은 그 전형적인 사례이

---

65 藤木久志, 「大名領國制論」, 『大系日本國家史』2, 東京大學出版會, 1975, p. 252.

66 가쓰마타 시즈오(勝俣鎭夫)는 "공계(公界)는 세간(世間) · 공중(公衆)의 의미"라고 해석한다(勝俣鎭夫, 「相良氏法度」, 『中世政治社會思想』上, 岩波書店, 1972, p. 188).

67 藤木久志, 前揭「大名領國制論」, p. 251.

68 同上, p. 259.

69 「롯카쿠씨식목」에는 전체적으로 선례를 중시하고 있지만, 동시에 일부 조항에서 선례를 부정한 내용도 들어 있다. 장례 · 향례(庄例鄕例)라는 재지관습법을 인정하지 않으며(14조), 선례가 있는 손면(損免)도 인정하지 않는 방침(15조)을 취한다. 또 "재지 곳곳의 장례법도(庄例法度)는 없애야 한다"(34조), "식목어법(式目御法)에 따라"(32조) 처리해야 한다고 하여, 재지 관습을 부정하고 법을 우선시하는 전국 다이묘의 속성을 잘 보여주고 있다. 이러한 길항관계를 바탕으로 전국 다이묘='공의'가 출현한다.

70 藤井讓治, 前揭「一七世紀の日本-武家の國家の形成」, p. 12.

71 久保健一郎, 前揭「天下と公儀」, p. 166.

다. 구보 겐이치로久保健一郎에 따르면, 고호조 씨는 외부세력의 침공 등 영국領國이 위기에 직면했을 때 비전투원을 포함한 구성원을 전쟁에 동원하고자 '어국'을 표방한 일이 많았다. 구보는 전국 다이묘 통치 정당성의 논리 · 근거인 '어국'이 다이묘 자신을 초월하는 객관적 존재이며, '공의'의 발전 형태로 어국의식을 파악한다.[72] 그러나 공의가 과연 어떻게 어국의식으로 전화하였는가? 단순한 양자의 연결 · 발전과정을 넘어서는 구체적인 메커니즘은 아직 해명되지 않고 있다.

천하 · 공의의 용례

무로마치 시기에 나타난 공의와 근세 정착된 공의 사이에,[73] 전국 다이묘戰國大名와 오다 정권이 존재한다. 이 시기 일부 전국 다이묘는 공의와 더불어 국國 단위의 공통 의식을 갖고 있는 점이 특징이다. 고호조 씨 외에 긴키近畿 지역의 롯카쿠 씨六角氏에게도 어국御國 · 총국惣國의식이 존재하며,[74] 고후쿠지興福寺를 중심으로 한 야마토 국大和國에도 성격은 조금 다르지만 '본조무쌍신국本朝無雙神國=야마토 국'이란 어국 의식과 유사한 국 단위 인식 · 관념이 확인된다.[75]

오다 노부나가의 경우는 공의보다 천하를 즐겨 사용했다. 전국시대 공의가 기본적으로 '공'을 표방하고 개개 구성원의 '사'를 제약하여 구

---

72 同上, p. 167.

73 후지이 조지는 17세기에 이르러 "무가의 국가가 '공의'로서 정착"되었다고 하면서 근대 '정부'로 호칭되는 정치권력에 해당하는 근세 정치권력이 바로 '공의'라고 주장한다. 근세는 쇼군과 다이묘가 각각 '공의'로 기능하면서 "현실 세계에서 가장 중요한 정치적 사회적 가치를 결정하는 주체"인 '공의'가 피지배자인 백성 · 조닌(町人)까지 그 세계에 포함시켰다는 것이다(藤井讓治, 前掲「一七世紀の日本—武家の國家の形成」, pp. 3-4). 후카야 가쓰미는 "막번제의 국가공권" 내지 "막번제의 봉건왕권인 공의"라고 정의한다(深谷克己, 前掲「公儀と身分制」, pp. 149-150). 또 공의를 위로 막부-다이묘-다이칸(代官)-촌-가(家)-가족까지 이레코 형(入字型) 지배체계를 갖고 있었고 자기보다 위는 공(公)으로 아래는 사(私)로 규정된 것으로 파악한 주장도 있다(高木昭作, 「公儀」, 『日本史大事典』3, 平凡社, 1993).

74 박수철, 「戰國時代 近江守護 六角氏의 〈地域統合〉 過程-延暦寺와의 關係를 중심으로」, 『歷史學報』 170, 2001, p. 105 · 110.

75 박수철, 「室町 · 戰國時代 「記錄」과 『大乘院寺社雜事記』」, 『東亞文化』39, 2001, p. 204.

‥표1 『신초공기』의 천하와 공의

시기	천하	공의
1568년(永祿11)	1	1
1569년(永祿12)	0	1
1570년(元龜1)	4	1
1571년(元龜2)	2	3
1572년(元龜3)	4	1
1573년(天正1)	5	8
1574년(天正2)	0	0
1575년(天正3)	7	0
1576년(天正4)	0	0
1577년(天正5)	0	0
1578년(天正6)	2	0
1579년(天正7)	3	0
1580년(天正8)	5	0
1581년(天正9)	1	0
1582년(天正10)	1	0
소계	35	15

성원 전체의 공동 이익을 대변하는 데 중점을 둔다면, '어국' 관념 속에는 영주층의 공동 이해를 넘어 해당 지역 단위의 모든 구성원을 포괄하는 최고 권력자의 지향이 내포되어 있다. 그런데 한정된 특정 지역을 오래 지배한 롯카쿠 씨나 고호조 씨와 달리, 노부나가는 오와리 통일이 늦고 곧바로 정복 전쟁에 나서 국 단위 지역을 뛰어넘는 통일정권으로 나갔기 때문에 고호조 씨 등에 비해 어국·총국의식이 상대적으로 두드러지지 않는다. 굳이 이와 비슷한 관념을 찾자면 각 부장들을 유력국에 배치하고 이를 아우르는 지배영역 개념으로 사용된 분국分國 의식이다. 그런데 오다 노부나가는 기본적으로 이미 초기부터 이질적인 국 단위의 연합체인 분국까지 포괄하여 이를 넘어서는 천하라는 개념을 제시했다.

더욱이 노부나가의 경우 공의와 천하는 길항관계였는데, 구보 겐이치로는 이 점을 『신초공기』의 사례 분석을 통해 소개한다.[76] 구보의 연구에 의하면 천하의 용례는 시기적으로 흩어져 있고 후기에 많이 사용되는 반면, 공의의 사례는 압도적으로 초기에 집중된다.

1568년(永祿11) 교토에 상경한 직후 노부나가는 '천하를 위해'와 '공의를 위해'를 주요 정치 슬로건으로 내세운다. 노부나가는 이 둘을 적절히 활용하면서도 현실적으로 존재하는 '당시의 공의=아시카가 요시아키'를 제어하기 위해 천하를 가장 상위 관념으로 삼았다. 특히 1570년(元龜1) 문서에서 "천하의 일 무엇이든 노부나가에게 맡긴 이상은 누구에게도 의존하지 않고, 상의上意를 얻을 필요도 없이 (노부나가의) 분별대로 조치成敗할 것"[77]이라고 하여 천하를 최고 정치이념으로 삼았다.

그 후 1573년(天正1)에 이르면 노부나가와 쇼군 요시아키의 사이가 결정적으로 틀어져, 노부나가는 요시아키를 추방한다. 그러나 이 시기 사용된 공의는 모두 요시아키를 지칭하며, 노부나가는 자기의 행위를 지칭하는 용어로 여전히 천하를 사용한다. 이후 공의의 용례는 확인되지 않는다. 노부나가가 줄곧 천하를 고집한 것은 그가 요시아키를 대신하여 공의로 칭할 수 있는 객관적인 조건을 갖추지 못했기 때문이다. 요시아키가 쇼군직을 정식·정당한 수속을 통해 상실하지 않은 이상, 그는 다른 전국 다이묘들에게 여전히 공의라 불렸고, 노부나가는 스스로의 권력을 '공의'로 일컬을 수는 없었다.[78] 물론 노부나가의 가문 안家中에서는 노부나가를 '공의'로 일컫고 있었지만 노부나가 스스로는 공의

76 久保健一郎, 前揭「天下と公儀」, p. 171.

77 「足利義昭·織田信長條書」, 奧野高廣, 『信長文書』上, 吉川弘文館, 1988, p. 343.

78 藤井讓治, 前揭「一七世紀の日本-武家の國家の形成」, p. 14.

로 일컬은 적이 없다.[79] 이처럼 노부나가는 다른 전국 다이묘와 달리 공의를 거의 쓰지 않고 천하라는 용어를 적극적으로 사용하였다. 그 이유는 어디에 있는가?

노부나가가 천하라는 용어를 사용한 이유가 단순히 요시아키의 권위를 극복하고자 함인가? 아니면 다른 의미가 있는가?[80] 구보 겐이치로는 고호조 씨가 '구보公方'를 대신하는 용어로 다이토大途를 사용하여 자기 권력의 환골탈태를 모색한 것처럼,[81] 노부나가는 천하라는 용어를 사용한 것으로 본다. 그러나 전국 다이묘인 고호조 씨의 다이토와 오다 노부나가의 천하를 동일한 성격으로 볼 수 있는가는 의문이다.[82] 왜냐하면 첫째, 고호조 씨 주군의 인격체를 지칭하는 '다이토'(혹은 쇼군을 지칭하는 구보)와 달리, '천하'가 명확히 노부나가의 인격을 가리키는 사례는 확인되지 않으며, 둘째, 고호조 씨의 경우는 위기의 순간 비전투원인 백성까지 직접 설득에 나선 반면, 노부나가의 천하는 주로 무사를 대상으로 했고, 백성이 여기에 포섭되었는가는 여부도 사실 명확하지 않다.

대체로 천하에 대한 해석은 크게 두 입장으로 나뉜다. 하나는 아사오 나오히로와 후지이 조지藤井讓治의 주장으로,[83] 이들은 노부나가가 1575년

79 久保健一郎, 前掲「天下と公儀」, pp. 173-174.

80 이계황은 천하를 "노부나가의 권위에 의해 지배 혹은 지배되어야 할 일본"으로 파악한다. 노부나가가 전제화 · 공의화 · 권위화를 통해 천하에 군림하려 했다는 것이다. 또 노부나가가 천황에게 관위를 받았을 때는 천하를 사용하지 않다가 사관한 1578년 이후 다시 천하라는 용어를 사용한 점에 주목하고, 이를 천황의 정치화 방지로 이해한다(이계황, 前掲「織田信長의 '天下觀'」, p. 227).

81 무로마치 시대 쇼군은 공의로 일컬어지나 경우에 따라 특정 인격을 가리키는 경우 '구보'(公方)로 사용된다. 관동 지역을 지배한 고가 구보(古河公方)도 이에 해당한다. 그러나 이러한 용어는 전국 다이묘 고호조 씨가 사용할 수 있는 용어가 아니다. 이에 고호조 씨는 '다이토'(大途)(고호조 씨 당주를 가리키며, 자기 통치의 정당화 논리, 근거)를 사용한다. "다이토님의 직속부하"(御大途樣御被官)라고 가문의 유서를 밝히는 경우나 영국 전체의 군사를 동원하는 데도 '고다이토'(御大途)를 내세워 정당화의 논리 · 근거로 사용했다(久保健一郎, 前掲「天下と公儀」, p. 176).

82 후지키 히사시에 따르면, 다이묘 권력이 공권력임을 표시하는 다이토의 용법은 고호조 씨 영국에 특징적으로 나타나며, 공의와 통용될 수 있는 성질을 갖고 있는 동시에 영주 대관 등 개별적인 사권(私權)과 대립하는 존재였다(藤木久志, 前掲「大名領國制論」, p. 258). 다만 후지키는 고호조 씨의 경우 16세기 이후 다이토(大途) · 공의(公儀) · 구보(公方)가 서로 통용된 것으로 본다.

83 朝尾直弘, 前掲「『將軍權力』の創出」; 藤井讓治, 前掲「一七世紀の日本-武家の國家の形成」.

(天正3) 에치젠 국 법규越前國掟를 계기로 천하를 하나의 지역, 또는 계급을 초월한 보편적 도리로 파악하고 스스로 이를 체현한 것으로 본다. 노부나가가 천하와의 일체화를 도모하여 전국 다이묘 또는 중세적 '공의'와는 다른 단계에 이르렀다는 것이다. 최근 이에 동의하면서 노부나가가 중세사회의 '천하'를 발전시켜 '천하를 위해'라는 명목으로 민중세계까지 포함하려 했다는 평가도 있다.[84]

다른 하나는 노부나가의 국가구상인 천하 속에 민중은 포함되지 않았다는 입장이다. 노부나가의 천하는 무자도武者道와 결부되면서 오히려 왜소화하여 대상이 무사로만 한정되었다는 주장이다. 사사키 준노스케佐佐木潤之介에 따르면,[85] 노부나가가 주창한 무자도武者道[무편(武篇)]에 근거한 군대 동원은 세금 징수 등 민중 통치를 염두에 두고 진행시켜야 할 분국지배와 모순을 발생시켰다. 즉 노부나가의 '천하'는 주로 주종관계에 입각한 무사도와 결부되어 주창된 것으로, 그 속에는 분국지배의 통치논리가 결여되어 있기 때문에 농민을 비롯한 민중들이 이를 수용할 수 없다. 따라서 무사만을 대상으로 한 노부나가적 천하는 이후 부정해야 할 유산으로 작용했다.

아사오나 사사키나 모두 노부나가가 무사세력을 통합한 논리로 무사도를 주창한 점은 인정하면서도, 그것이 노부나가가 천하와 일체화되어 나타난 것인가, 아니면 오히려 민중을 배제하고 무사들만을 대상으로 왜소화한 것인가로 상반되게 해석한다.[86]

---

84 堀新, 「信長・秀吉の國家構想と天皇」, 『日本の時代史』13(天下統一と朝鮮侵略), 吉川弘文館, 2003.

85 佐々木潤之介, 「信長における「外聞」と「天下」について」, 『織田政權の硏究』戰國大名論集17, 吉川弘文館, 1985.

86 천하가 가리키는 대상 영역에 관해서도 논란이 있다. 노부나가의 천하가 통설에서 말하듯 일본 전체를 가리키는 것이 아니라, 교토를 중심으로 하는 전통적인 질서 구조를 내포한 사회영역이었다는 주장도 있다. 노부나가의 '천하를 위해'라는 주장은 교토를 중심으로 하는 전통적인 질서 속에 자신을 자리매김한 것이며 결코 전통적인 '천하'관과 대립한 것이 아니라는 입장이다. 천하란 쇼군이 실효적으로 지배하고 있던 교토를 일컬은 것이며 '천하포무'에서 천하가 지향하는 바도 교토 근변에 지나지 않을 뿐이다

노부나가의 천하는 이념적 성격이 강하고, 현재 민중까지를 직접 대상으로 한 것인가는 불명확한 점이 많다. 또 노부나가가 지배 대상으로 설정한 천하는 그 이념적 영역과 실제 지배하고 있는 현실의 영역이 서로 달랐다. 천하를 내세워 무로마치 쇼군의 공의를 제약하고 분국을 뛰어넘는 기능을 수행하고자 했으나, 실제로는 기존에 사용되던 천하의 용법이 있었으므로 노부나가만이 이를 독점할 수 없었다. 그렇지만 설령 노부나가의 천하가 민중 세계를 포함하지 않았다고 해도 그 의미를 축소할 필요는 없다. 이미 노부나가의 천하 의식에는 전국 다이묘의 어국의식을 뛰어넘는 지향이 내포되어 있기 때문이다. 또 일단 오다 노부나가가 제시한 '형식'(틀)은 그의 후계자 도요토미 히데요시에 의해 '내용'이 채워졌다.[87]

(高木傭太郎, 「織田政權期における「天下」について」, 前揭『織田政權の硏究』).

87 이념으로의 천하와 실제 지배영역으로의 천하가 일치한 도요토미 히데요시는 자신을 '덴카'(てんか)로 자칭하고 있다. 이 덴카는 전하(殿下)를 의미하는 것이지만, 그 속에는 천하로 의미하는 이중성이 내포되어 있다고 추정된다. 후카야 가쓰미에 따르면, 근세 초가 되면 '공의지민'(公儀之民), '공의백성'(公儀百姓)이라 하여 천하와 공의가 일체화된다(深谷克己, 前揭「公儀と身分制」, p. 162).

소결小結

근세법 관념으로 '비리법권천非理法權天'이란 격언이 있다. 그 뜻은 "비非라 함은 무리無理이다. 이理란 도리道理이다. 법法이란 법식法式이다. 권權은 권위權威이다. 천天은 천도天道이다. 비非는 이理를 이기지 못하고 이理는 법法에 이길 수 없다. 법法은 권權을 이기는 일이 없고 권權은 천天을 이길 수 없다"[88]는 것이다. 도리와 천도가 중세 후기를 지나 근세 초기에 어떻게 정착되었는가를 잘 말해준다.

이 장에서는 주로 그 전제에 해당되는 부분을 살펴보았다. 하극상이란 사회 풍조 속에서 이를 정당화하기 위한 근거로서 천도가 활용된 사실을 지적하고,[89] 가마쿠라 시대에 많이 사용되었던 도리와 비교했다. 특히 천도가 ①오히려 하극상을 억제하여 주종제적 질서를 유지한 역할을 한 점, ②유교적 천 사상에 영향을 받았지만 전통적인 신불과 융합하여 나타난 점, ③무가권력이 현실 사원세력을 통제하는 데 이용한 점 등을 규명하였다. 천에 대한 관심은 가마쿠라 후기 이후 유교적 정치사상의 확산에 기인하지만, 이는 왕법불법론과 같은 전통적 이데올로기와 대립하거나 이를 대체하는 형태로 나타난 것이 아니라 서로 융합·확충된 것이었다.

88 「貞丈家訓」, 『日本思想大系』27 · 近世武家思想, 岩波書店, 1974, p. 99.

89 도요토미 히데요시가 고호조 씨를 치러갈 때 그 명분으로 "천도(天道)의 정리(正理)를 거스르고 제도(帝都)에 대해 간모(奸謀)를 도모하였으니 어찌 천벌(天罰)을 입지 않겠는가"(『豊公遺文』, p. 211)라고 하였다.

한편 이 장에서는 무가권력이 자기 권력을 정당화하기 위해 사용한 공의와 오다 노부나가의 천하도 살펴보았다. 무가권력은 자신의 권력을 공의로 표방했고, 전국시대에는 지역 정권인 전국 다이묘까지도 이 용어를 광범위하게 사용하였다. 그러나 현실적으로 존재하는 전국 단위 무로마치 막부를 극복하려면 이를 넘어선 새로운 관념이 필요했다. 천하는 고대부터 사용된 연원이 오래된 개념이지만, 천도나 천에 대한 관심이 높아지면서 노부나가가 이를 적극적으로 사용하여, 공의=무로마치 쇼군을 억제하였다.

그러나 천하의 내용이 과연 무엇인가는 용법상 논란이 많다. 아사오는 공의를 초월하기 위한 정치이념으로 규정하나, 구보 겐이치로는 고호조 씨의 '다이토'와 유사하다는 주장을 폈고, 사사키 준노스케는 민중이 배제된 왜소화된 무자도에 불과하다는 입장을 피력한다. 또 다카기 요타로처럼 천하란 일본 전체를 지칭하는 것이 아니라 교토 인근 지역에 불과하다는 견해도 있다. 확실히 노부나가의 천하란 개념은 명확한 형태를 띤 것이 아니다. 그러나 '천하포무'라 하여 노부나가가 강력한 무위에 대한 자의식을 천하와 결부시켜 파악한 점은 주목할만한 부분이고, 전국 다이묘의 어국 · 총국 의식을 넘어선 성격으로 판단되나, 이 점은 추후 보다 세밀한 연구가 필요하다.[90]

90 천하는 천도와도 밀접한 관련성이 있다. 도쿠가와 이에야스는 "(자신이) 천도에 충과 신을 다한 자이기에, 지금 천하의 집정(執柄)을 천도에게서 받았다"(「東照宮遺訓」)고 주장하였다(水林彪, 前掲「近世の法と國制史研究序說」, p. 9). 무로마치 초기에 저술된 것으로 보이는 『도지인어유서(等持院御遺書)』(아시카가 다카우지 유서)에도 "천하를 장악한 자는 한순간이라도 태만해서는 안 되며 눈길을 늘 천도에 두어야 한다"는 내용이 들어 있다(石毛忠, 前掲「室町幕府の政治思想」, p. 50).

제2장

오다 · 도요토미 정권과 신국神國사상

쇄국은 석고제石高制, 병농분리兵農分離와 함께 근세 막번체제를 구성하는 편성 원리의 하나이다. 쇄국은 "에도江戶 막부가 크리스트교 금제(禁制: 금지법규)를 축으로 무역의 통제·관리, 일본인의 해외왕래 금지를 위해 실시한 대외통교정책"[1]으로 정의된다. 이 정책은 네덜란드인을 나가사키長崎 데지마出島로 강제 이주시킨 1641년(寬永18)에 확립되었으며 이후 1854년(安政1) 페리 함대 내항을 계기로 미일화친조약이 체결되기까지 약 2백여 년간 지속된다.

그럼 언제 최초의 쇄국정책령이 발포되었는가? 저명한 일본 근세사학자 아사오 나오히로는 1616년(元和2) 8월 8일 에도 막부 2대 쇼군 도쿠가와 히데타다德川秀忠가 반포한 금교령禁教令을 "최초의 '쇄국'령"으로 파악한다.[2] 아사오는 "크리스트교 금령과 무역통제가 하나의 법령으로 합쳐서 정해진 것은 이것이 최초"라고 평가하고, "(도요토미) 히데요시가 1587년(天正15) 처음으로 반포한 금령은 크리스트교 단속을 언급하고 있

1 「日本史大事典」3, 平凡社, p. 610.

2 朝尾直弘, 『鎖國』, 小学館, 1975, p. 24.

으나 포르투갈선과의 무역은 인정"[3]하고 있다고 주장한다.

그러나 과연 이처럼 쇄국의 성립 시점을 이에미쓰 시기에 두고 히데요시와 도쿠가와 이에야스 시기를 단지 그 전사前史로만 파악할 수 있는가? 후술하는 바와 같이 '쇄국'의 핵심 배경 중 하나가 '신국神國사상'을 축으로 한 국가의식 고양에 있다고 할 때, 이러한 움직임은 이미 히데요시 시기부터 확인된다. 이런 입장에서 보면 크리스트교 금교와 무역통제, 그리고 해외왕래 금지 정책은 신국사상 발현에 따른 결과물에 불과하다.

어떻든 이와 같이 선행연구에서는 '금교'와 '무역통제'를 쇄국의 핵심 요소로 파악해왔는데,[4] 최근에는 그 배경이 되는 국가의식이란 문제가 연구의 초점이 되고 있다. 그 대표적인 연구자가 기존 쇄국론의 도달점이라 할 수 있는 아라노 야스노리荒野泰典이다.[5]

아라노는 근세 일본의 대외관계를 '일본형 화이질서'로 개념화한다. 아라노에 따르면 도요토미·도쿠가와 정권은 '무위武威'(무가정권의 위광)와 천황을 상징으로 비크리스천을 표식으로 하는 '국민'을 형성해가는데, 쇄국은 그 도달점이다. 근세 에도 막부는 조선, 류큐琉球, 에조蝦夷, 중국, 네덜란드를 대상으로 일본의 입장이 가미된 '화이주의華夷主義'적 편성을 통해 근세 일본 국가체제를 형성시켜 나간다. 이것이 이른바 4개의 창구四ツ口로, 근세 일본국가와 주변 국가의 관계는 정치적인 면에서 4개의 창구로 이루어졌다는 것이다. 막부 직할의 나가사키를 통해 네덜란드, 중국을 통제하며, 마찬가지로 류큐는 사쓰마薩摩, 조선은 쓰시마対馬

---

3 同上, p. 26.

4 岩生成一, 「鎖國」, 『岩波講座日本歷史』10, 岩波書店, 1963; 中村質, 「島原の亂と鎖国」, 『岩波講座日本歷史』9, 岩波書店, 1975; 朝尾直弘, 前揭『鎖國』 등.

5 荒野泰典, 『近世日本と東アジア』, 東京大学出版会, 1988.

島, 아이누는 마쓰마에 번松前藩을 매개로 하여 제어한다. 이때 국내지배와 대외관계의 매개체가 바로 '일본형 화이의식'이란 국가의식이며 '무위'와 천황의 존재가 '화華'의 근간이자 중국으로부터의 자립의 증표(조선과의 차이)라는 것이다.

아라노의 연구는 일본형 화의의식을 지적한 아사오 나오히로의 연구를 한층 발전시켜 화이질서로 개념화한 것이다. 이는 크리스트교 금교와 무역통제, 해외왕래금지라는 쇄국의 구성 요소를 단순히 분석하는 단계를 뛰어넘어 그 배경 내지 근본 원인을 추구한다는 점에서 주목된다. 그러나 아라노의 연구에도 한계는 있다. 과연 아라노의 '일본형 화이질서'라는 용어나 개념이 타당한가 하는 점도 의문이거니와, '화이질서'의 근원이라 할 수 있는 신국사상과 관련해서도 명확히 언급하지 않은 부분이 있다.

이 장에서는 이러한 문제의식에서 아라노설을 포함한 쇄국론에 관한 기존 연구를 비판적으로 검토해보고, 이를 바탕으로 근세 일본의 국가의식에 관해 새로운 관점을 제시하고자 한다. 그것은 근세 초 신국사상을 재검토하는 방식이다. 쇄국에 이르는 과정을 살펴보면, 근세 일본 국가의식의 핵심적 요소는 사실 이 '신국'사상에 있다고 해도 과언이 아니다.

1. 쇄국론의 검토

초기 쇄국 연구는 일본과 서양과의 관계를 해명하는 데 초점을 두었다. 근대에 이르러 일본이 서양세력에 뒤떨어진 이유가 무엇인가 하는 관점이다. '쇄국득실론' 관점이라 통칭하는 이들 연구는 쇄국을 서양의 영향 및 감화에 대한 반응이자 대응으로 이해한다.[6]

그런데 그 후 연구의 진전에 따라 서양(외부)영향을 강조하는 관점을 비판하고, 일본 내부의 국내 조건에 좀 더 비중을 두어야 한다는 주장이 제기되었다. 그 최초의 성과가 하야시 모토이林基의 연구이다.[7]

하야시는 경제적 측면에 주목하여 이토왓푸[糸割符: 에도 초기 교토 · 사카이 · 나가사키 · 에도 · 오사카의 5개 지역 상인에 의한 중국산 생사(生糸) 독점수입방식] 제도를 분석한다. 상인들은 자신의 무역 독점을 관철하기 위해 이토왓푸 나카마中間를 구성하고 이익을 극대화하기 위해 에도 막부를 유도하여 쇄국제로 나아가게 했다는 것이다. 그러나 상인들의 능동적이고 주체적인 움직임을 강조하는 하야시의 연구는 그 후 상인자본의 배경에 쇼군권력이 있었음이 밝혀짐으로써 부정된다.[8] 이 시기 상인은 무가의 명령을 받아

---

6 徳富蘇峰, 『近世日本国民史』14(鎖國篇), 民友社, 1924; 和辻哲郎, 『鎖國』, 筑摩書房, 1950; 中田易直, 「鎖國」, 『日本史の問題点』, 吉川弘文館, 1965 등 참조.

7 林基, 「割符の展開-鎖国と商業資本」, 『歴史学研究』126, 1947.

8 쇼군과 삼개소(三箇所) 상인(교토 · 사카이 · 나가사키)만이 생사 구입을 독점했다(후에 에도 · 오사카가 추가됨). 게이초(慶長) 연간 수입 생사의 25~30%가 이른바 '쇼군 생사'(公方の糸)였고 막부가 이들 삼개소 상인을 통해 나머지 국내 상인을 통제했다(加藤栄一, 「成立期の糸割符に関する一考察」, 『日本社会経済史研究』近世編, 1968).

그것을 수행하는 존재에 불과했다는 것이다.

서양과의 관계라는 외부조건을 중시하면서도 일본의 내적 측면을 동시에 주목한 연구자가 이와오 세이이치岩生成一이다.[9] 이와오는 크리스트교 금교와 무역 통제를 쇄국의 핵심 내용으로 파악한다. 사실 이 점은 이미 오래전에 우치다 긴조內田銀蔵가 언급한 적이 있는데,[10] 이와오는 금교와 무역통제 문제를 좀 더 광범위하게 실증하여 구체화하였다. 즉 이와오는 유럽세력의 아시아 진출과 이에 대한 도요토미 · 도쿠가와 정권의 대응을 크리스트교 금교와 무역통제를 중심으로 쇄국과정과 연결시킨다. 그러나 이와오 역시 서양과 일본을 기본 축으로 설정한 점에서는 그 이전 전통적인 쇄국 연구와 별반 다르지 않다.

이 점을 예리하게 비판한 것이 아사오 나오히로였다.[11] 그는 "국제관계사라는 입장에서 일본의 쇄국을 재검토"할 필요가 있다는 다나카 다케오田中健夫의 주장에[12] 동의하면서, 유럽과 일본 사이에 매개체로서 '동아시아 세계'를 넣어 쇄국을 이해한다. 그 과정에서 일본형 화이의식에 주목하였다. 일본 고대시기에 있었던 중국=대등국, 조선=조공국이란 관념이 근세 초에 이르러 일본형 화이의식으로 재생된다. 도요토미 정권은 '일본은 무에 엄격한 나라', '명은 긴소매(일본 귀족이 입는 옷)의 나라'로 양국을 대립시키는 국가 관념(문에 대한 무의 우월의식)이 있고 도쿠가와 정권은 이 관념을 그대로 계승한다. 그리하여 이러한 일본형 화이 관념에 입각한 국가의식의 소산으로 쇄국이 단행되었다.

그러나 아사오가 지적한 것처럼 과연 당시 일본사회가 중국에 대해

---

9 岩生成一, 前揭「鎖國」.

10 内田銀蔵, 『日本の近世』, 倉元社, 1938.

11 朝尾直弘, 「鎖國制の成立」, 『講座日本史』4, 1970; 同, 前揭『鎖國』.

12 田中健夫, 「鎖國成立期における朝鮮との関係」, 『朝鮮学報』34, 1965.

대등의식 내지 우월의식을 갖고 있었는가? 이 점은 불명확하다. 아사오는 히데요시의 문에 대한 무 우월의식을 예로 들고 있지만 이는 단편적인 사례에 불과하다. 도쿠가와 정권의 경우, 상위에 '천자'를 주인으로 하는 중국(명)을 두고, 그 다음에 이에야스를 '국주'로 하는 일본을 두고 그 하위에 조선과 동남아시아를 두는, 이른바 삼층 구조의 국가인식도 존재하기 때문이다.[13] 이에 따르면 근세 초 일본은 결코 중국을 대등국으로 인식하지 않는다. 오히려 일본을 '소국'으로 의식한 경우도 있으며,[14] 화의의식의 근간이라 할 수 있는 이른바 중일 대등의식은 앞으로 좀 더 검토할 필요가 있다.

그런데 아사오가 제기한 일본형 화이의식 · 관념은 그 구체적인 내용과 실체가 규명되지 않은 채 아라노 야스노리에 의해 논리가 한층 비약된다.[15] 아라노는 이미지에 불과한 관념과 의식(즉, 일본형 화이관념)을, 형태가 있는 실체(즉, 일본형 화이질서론)로 전환한다. 아라노는 먼저 선행연구의 집약인 쇄국이란 용어에 대한 비판에서 출발한다.

아라노는 먼저 이 용어가 17세기 당시에는 쓰이지 않았던 점에 주목한다. 쇄국은 후대 19세기에 만들어진 용어에 불과하다는 것이다. 쇄국이란 용어는 나가사키의 통사通詞이며 난학자인 시즈키 다다오志筑忠雄가 1801년(享和元)에 처음 사용한 것으로 알려져 있다. 네덜란드 상관商館의 의사로 겐로쿠元祿 연간(1688~1703) 일본에 2년간 체류하였던 독일인 엥겔베르트 캠퍼(Engelbert Kämpfer: 1651~1726)가 쓴 『일본지日本誌』 중 한 장을 시즈키가 번역하였는데, 이때 그는 그것에 "쇄국론鎖国論"이라 표제를 붙였다. 그런데 막부 말에 즈음하여 일본의 문호개방 즉 '개국開国'이 문제시

13 荒野泰典, 『江戸幕府と東アジア』(日本時代史14), 吉川弘文館, 2003, p. 47.

14 『妙貞問答』(高木昭作, 『将軍権力と天皇-秀吉-家康の神国観』, 青木書店, 2003, p. 48).

15 荒野泰典, 前掲『近世日本と東アジア』.

되면서 이와 대비되는 에도 시대의 체제를 자연스레 쇄국이라 칭하고 그 후 이 용어를 널리 사용하게 되었다.[16]

또 아라노에 따르면, 쇄국이란 용어는 17세기 당시의 실상을 제대로 반영하지 못하고 있다. 17세기 일본에 살았던 캠퍼는 "일본제국에 있어 본국인에게는 해외도항이, 외국인에게는 입국이 금지되어 이 나라와 바다 · 다른 세계와의 교류가 모두 금지되어 있는 것"[17]이라 서술했다. 아라노는 17세기 당시 일본(에도 막부)의 대외관계의 실상은 바다를 통한 교류 금지, 즉 자유로운 해외도항을 금지한 것에 불과하며 4개 창구를 통해 교류하고 있으므로 대외 세계와 고립된 것도 아니었다. 따라서 '문을 잠그다'를 의미하는 쇄국은 타당하지 않다는 입장이다. 이러한 입장에서 아라노는 해금이란 용어를 새로 주창한다. 그러나 이러한 아라노의 주장은 캠퍼의 서술을 지나치게 엄격히 해석한 것이다. 굳이 쇄국이란 용어를 방기하고 해금을 고집할 필요성은 없다. '이 나라와 바다 · 다른 세계와의 교류가 모두 금지'라는 캠퍼의 말 속에 녹아 있는 원뜻을 충분히 반영한다면 '외부세계로부터의 고립'이란 의미로서 쇄국이란 명칭을 그대로 사용하여도 무방하다. 오히려 이것이 에도 막부의 대외정책을 말해주는 본질로 보인다. 후술하는 바대로 스페인 측이 "황제(도쿠가와 이에야스)는 일본의 문호를 폐쇄하려고 할지도 모른다"[18]고 받아들인 점도 고려할 필요가 있다. 당사자인 서양 측은 에도 막부의 대외 정책을 '폐쇄'로 인식하였다. 당시 조선, 명, 일본 등 동아시아 세계에서 일반적으로 시행되었던 외부 세계와의 단절 정책이 '해금'이고 그 중에서 일본이 실시했던 일본적 해금정책을 '쇄국'이라 정의하면 그것

16 朝尾直弘, 前揭『鎖國』, pp. 16-17.
17 小堀桂一郎, 『鎖国の思想』, 中央出版社, 1974, p. 61.
18 『大日本史料』12-12, p. 19.

으로 충분할 것이다.

그런데 아라노의 주장에서 주목할 부분은 '해금'이란 용어 자체가 아니라 쇄국의 배경으로 제시한 일본형 화이질서라는 개념이다. 전술한 바대로 아라노는 쇄국을 도요토미 · 도쿠가와 정권이 '무위'와 천황을 상징으로 하여 비크리스트교 교인을 표식으로 하는 '국민'을 형성시켜 나가는 과정으로 보는데,[19] 그에 따르면 이것은 4개의 창구[조선(쓰시마), 류큐(사쓰마), 에조(마쓰마에), 중국 · 네덜란드(나가사키)]에 대해 '화이주의'적으로 편성함으로써 가능하였다.[20] 4개 창구론은 원래 사사키 준노스케佐佐木潤之介가 제기한 주장이다. 사사키는 근세 막번제 국가론 전개와 관련하여 전근대 민족국가의 문제를 제기하였다. 그는 나가사키 · 사쓰마 · 쓰시마 · 마쓰마에란 '4개 입구'에 의한 외교체제와 에조 · 류큐의 '이민족', '이역' 지배문제, 이것을 지지하는 천황의 존재와 결부된 공의公儀의 신국神国 · 본조本朝 의식문제를 간략히 지적한 바 있는데,[21] 아라노는 이것을 발전시켜 '일본형 화이질서'로 정교화하였다.

그러나 저자는 '질서'라는 용어야말로 아라노의 '일본형 화이질서'론이 갖는 최대 약점이라 생각한다. '화이관념'이란 단순한 의식 내지 허상의 관념이 아니라 그것을 '질서'라고 부를만한, 현실적으로 정치 · 경제적으로 기능하는 일본을 중심으로 한 동아시아 질서체제가 과연 당시에 존재하였는가 하는 점에는 회의적이다.

무엇보다 정치적으로 나가사키를 통해 중국을, 쓰시마를 통해 조선을 각각 제어했다는 주장에는 동의할 수 없다. 정치적으로 중국과 조선

---

19 荒野泰典, 「日本型華夷秩序の形成」, 『日本の社会史』1, 岩波書店, 1987.

20 同上.

21 佐々木潤之介, 「序説幕藩制国家論」, 『大系日本国家史』3, 東京大学出版会, 1975; 同, 「幕藩制国家と東アジア」, 『日本史を学ぶ』 有斐閣, 1976.

이 일본적 화이질서 체제에 편입된 것으로 볼 수 없기 때문이다. 쓰시마를 통해 조선을, 유구를 통해 명을 제어한다는 것은 실체가 없는 레터릭이다. 가령 책봉 관계처럼 일본이 조선을 규정할 수 있는 어떤 구체적 실체가 있던 것이 아니다. 또 경제적인 측면에서도 '일본형 화이질서'로 지칭할만한 일본 중심의 어떤 경제 질서가 있던 것도 아니다. 원래 "화이질서의 경제적인 의의는 그것 자체로 자립적 또는 완결적인 경제권을 구성하는 것"이지만 일본은 두 가지 이유에서 완결적인 경제권을 형성하지 못했다고[22] 아라노도 스스로도 자인하고 있듯 구체적인 경제적 실체가 존재한 것은 아니었다. 실제 생사生糸(중국), 인삼(조선)의 수입에 비해 금 · 은 · 동 귀금속만이 당시 일본의 주요 수출품이고 일본 역시 이것을 화폐 재료로 쓰기 시작하면서 무역은 퇴조한다. 따라서 일본형 화이질서란 실체가 없으며 오직 일본식 화이의식만을 확인할 수 있다. 의식이란 관념을 마치 현실적으로 기능하는 '질서'라는 용어로 표현한 것이 큰 문제이다.

22 첫째, 일본 시장의 중국 시장에 대한 의존도가 높고, 둘째, 4개 창구의 대외무역 의존도가 높아 외교 관계를 통해 얻은 제(諸)이익 없이는 번(藩) 재정 자립이 곤란했다. 도쿠가와 정권의 대외 관계는 무역 등을 통한 여러 이익에 의존한 불완전한 체제였다(荒野泰典, 「序「鎖国」論から「海禁 · 華夷秩序」論へ」, 前掲『近世日本と東アジア』, pp. 13-14).

2. '쇄국'의 전개와 신국사상

선행 연구성과로 인해 쇄국은 대략 크리스트교 금교와 무역통제, 해외 왕래 금지라는 요소로 구성되었음이 밝혀졌다. 그러나 전술한 바대로 그 과정에 이르는, 그리고 그 근원이라 할 수 있는 근세 일본의 국가의식은 아직도 명확하지 않은 부분이 있다. 물론 아라노 등이 '일본형 화이질서'라는 개념을 제시하였지만 앞서 언급한 바대로 이 또한 완전한 것은 아니다. 이러한 입장에서 근세 초 일본형 화이의식의 근간이자 이 시기 국가의식의 핵심요소로 널리 지적된 '신국사상'은 그 대안의 하나로 주목할 필요가 있다.

오다 · 도요토미 정권 시기

오다 정권은 통일과정 중에 붕괴했기 때문에 외교방침이 명확하지 않다. 쇄국을 외교 정책으로 내세운 흔적도 확인되지 않는다. '일본은 신국'이란 의식은 크리스트교 세력과 충돌하면서 명확한 형태를 띠는데, 오다 정권은 반대로 크리스트교 세력과 호의적 관계였다. 당시 노부나가는 타 지역의 전국 다이묘를 압도하기 위해 경제적 · 정치적 목적에서 포르투갈을 비롯한 서양세력에 접근하였다. 노부나가는 서양세력과의 교역을 통해 납, 염초焔硝 등 당시 일본 국내에서 구할 수 없는 전쟁 물자를 획득하고 무역을 통해 막대한 경제적 부를 축적하였다. 크리스트교 세력을 적극적으로 보호하였던 것도 여기에 이유가 있으며,

오다 정권의 국가의식 속에 크리스트교를 적대세력으로 설정한 '일본=신국'의식이 거의 보이지 않는 것도 이 때문이다.

그러나 다른 한편으로 후일 도요토미 정권과 도쿠가와 정권 시기에 발현되는 신국사상의 핵심내용인 '신격화'(神格化: 무가 최고 권력자를 신으로 추앙하는 것)의 맹아가 싹튼 점은 주목할 필요가 있다. 오다 노부나가는 천하라는 개념을 중심으로 독자적인 국가 의식을 갖고 있었는데[23] 이를 바탕으로 자신을 신으로 추앙하는 이른바 '신격화' 정책을 폈다.

1582년(天正10) 5월 노부나가는 아즈치 성安土城에서 새로운 행사를 거행한다. 예수회 선교사 루이스 프로이스는 노부나가가 "죽어야 할 인간이 아니며 신으로서 불멸인 자와 같이 존경받기를 희망하"여 이러한 일을 획책한 것으로 본다.[24] 노부나가는 아즈치 산상山上에 소켄지摠見寺라는 사원을 건립하고, 이를 참배하면 다음과 같은 공덕과 이익이 있다고 선전했다.

> 첫째, 부자가 이곳에 와서 숭경하면 더욱 더 부를 모을 수 있고 신분이 미천하며 불쌍한 빈자貧者가 이곳에 와서 숭경하면 이 사원의 공덕으로 부자가 될 수 있다. 자녀 및 후계자가 없는 자가 가계를 존속시키기 위해 오면 곧바로 자손을 얻어 장수하며 평화와 안락을 얻을 것이다.
>
> 둘째, 생명은 연장되어 80세에 이를 것이고 질병은 즉시 고쳐지며 희망 건강 및 평안을 얻을 수 있을 것이다. 매월 나의 생일을 성일聖日로 삼아 이 사원에 오라. 이것을 믿는 자는 반드시 그에게 약속한 것을 얻을 수 있을 것이요. 이것을 믿지 않는 사악한 자는 현세나 내세나 멸

---

23 朝尾直弘, 『将軍権力の創出』, 岩波書店, 1994.

24 『イエズス会日本年報』上(新異国叢書3), 雄松堂書店, 1969, p. 207.

> 망당할 것이다. 따라서 너희들 모두는 (노부나가를) 완전히 숭경할 필요가 있다.
>
> 앞서 언급한 것과 같이 노부나가는 정치를 시작한 이래 신불을 숭배하지 않았다. 그런데 지금 맹목의 극에 달해 악마에게 유혹되어, 커다란 숭상을 받는 우상을 여러 국諸国으로부터 아즈치安土의 사원으로 옮겨왔다. 다만 이를 숭배하기 위함이 아니라 이를 통해 자기를 숭배하게 하기 위함이었다.
>
> 일본 신궁神宮에는 통칭 신체神体라 불리우는 돌이 있다. 신체는 신의 마음 또는 본질인데 아즈치 산安土山의 사원에는 신체가 없고 노부나가 스스로가 신체이며 살아있는 신불이다. 세계에는 다른 주主가 없고 그(노부나가)의 위에 만물의 조물주도 없다고 하며 지상에 있어 숭배받기를 원했다.[25]

노부나가의 신격화는 쓰지 젠노스케辻善之助 · 이마이 린타로今井林太郎가 지적하고,[26] 아사오 나오히로가 이를 본격적으로 제기한 바 있다.[27] 그 후 노부나가 신격화에 관해 여러 견해가 제시되는데, 대체로 루이스 프로이스라는 외국인 선교사의 기록이란 점에서 그 신빙성을 의심한다. "다케다 씨 멸망의 감사를 포함하여 종교의식이 이루어졌다고는 생각할 수 있으나 노부나가가 신으로 되었다는 것은 다른 사료에는 보이지 않으며 신빙성이 적다"는 주장이나,[28] "이것의 출전은 크리스트교 선교사 기록만에 한정되며 일본 측 사료에서는 전혀 입증할 증거가 없다"

25 同上, pp. 207-208.

26 辻善之助, 『日本佛教史』第7巻 · 近世編之一, 岩波書店, 1952; 今井林太郎, 「信長の出現と中世的権威の否定」, 岩波講座『日本歴史』近世1, 1963.

27 朝尾直弘, 前掲『将軍権力の創出』.

28 脇田修, 『近世封建制度成立史論』, 東京大学出版会, 1977, pp. 299-300.

"만일 노부나가가 전국의 사사로부터 매우 중요한 본존과 신체를 몰수하였다면 승려와 신관들은 죽기를 각오로 항의하였을 것이다. 이러한 움직임의 흔적조차 확인할 수 없기 때문에 선교사의 기록은 의심해야 할 것이다"라는 주장은[29] 노부나가의 신격화 움직임 자체를 부정하는 대표적 입장이다.

확실히 다른 일본 내 사료로 방증하지 않는 한 노부나가의 '신격화' 내용을 전면적으로 수용할 수는 없다. 그러나 크리스트교 선교사의 기록이라 치부하여 바로 모든 내용을 전면적으로 부정할 필요도 없다.[30] "견문한 바 모든 것을 크리스트교에 입각"[31]한 점에서 일정한 한계를 갖는 것은 사실이지만, "삼십여 년에 걸쳐 당시 일본에 거주한 사람의 생생한 기록이기 때문에 제1차 사료로서의 신빙성이 있다"[32]는 점 또한 명백한 사실이기 때문이다.

또 노부나가가 신불이란 전통적 종교적 권위를 그대로 인정하지 않은 점도 하나의 반증이 될 수 있다. 노부나가는 당시 일반적 풍조와 달리 신불의 권위를 맹목적으로 숭상하지 않았다. 따라서 노부나가 자신이 신불의 권위를 대신하려 했다고 해서 해석상 어떤 모순점이 생기는 것은 아니다. 물론 그것을 과연 '신격화'로까지 볼 수 있는가는 좀 더 고찰할 필요가 있지만, 노부나가의 신불에 대한 관념이 당시 일반인과 크게 달랐음은 틀림없어 보인다. 중세 신국사상은 신불일치를 기본으로 신과 불에 절대적 권위를 부여하고 있다는 점에서 신과 불을 상대

29 三鬼清一郎, 「織田政権の権力構造」, 『幕藩制国家の成立』(講座日本近世史) 1, 有斐閣, 1981(후에 藤木久志編, 『織田政権の研究』, 吉川弘文館, 1995에 재록, p. 100).

30 이 책 제2부 제2장 제1절 참조.

31 松田毅一 · 川崎桃太, 「解説」, 『回想の織田信長-フロイス「日本史」より』, 中央公論社, 1973, p. 17.

32 同上, p. 16.

화한 노부나가와 일정한 차이를 보인다. 자신에게 절대성을 부여하는[33] 노부나가의 지향은 그 후 히데요시, 이에야스의 신격화로 연결된다. 이런 입장에서 후일 근세 신국사상으로 발아될 싹은 이미 이 시기에 내포되어 있다.

한편 도요토미 정권도 초기에는 분명한 외교방침을 보이지 않았으나, 규슈 통일을 달성한 후 신국사상을 명확히 드러낸다.

1587년(天正15) 6월 규슈 평정 후 5개조로 구성된 선교사 추방령伴天連追放令이 시초이다. 그 내용은 선교사가 국군国郡의 인민을 신도로 삼아 신사불각神社仏閣을 파괴한 일을 비난하고 이를 '사법邪法'으로 규정하여 선교사 추방을 명령하면서도 신불을 방해하지 않는 한 무역과 '크리스트교국' 왕래를 보장한 것이다. 즉 "흑선黒船은 상매매商売이므로 별개의 일", "앞으로 불법에 저해되지 않는 무리는 상인은 두말할 나위 없고 누구라도 크리스트교 국과 왕래하는 데 곤란하지 않도록 함"이라 하여 완전한 외국세력 배제(쇄국의 실현)는 염두에 두지 않고 있다. 오직 "일본은 신국이므로 크리스트교 국으로부터 사법을 전해 받는 것은 대단히 옳지 못한 일", "신사불각을 파괴하는 일은 전대미문前代未聞"이라고 크리스트교 전파 등 종교 행위를 억제하려 했다.[34]

그런데 여기서 신불=정법正法이란 주장이 중세 이래 불교계의 주장인 신불합체의 신국사상 논리와 동일한 점이 주목된다.[35] 또 '크리스트교=

---

33 아사오는 1579년(天正7) 단계에서 "노부나가는 가신(家臣)의 현세와 내세 모두를 지배하고 평가하는 주인공으로 출현"하였다고 평가하면서 이러한 절대성이 1582년의 신격화로 이어졌다고 본다(朝尾直弘, 前掲『将軍権力の創出』, pp. 40-41).

34 「松浦文書」(岩生成一, 前掲「鎖国」, p. 61).

35 "듣자니 데우스당 27인을 처벌하였다고 한다. 수레(雑車)에 태워 코를 베고 낙중(洛中)을 돌았다고 한다. 그 후 후시미 · 오사카로 보냈다고 한다. 예전(先年)에 처벌을 한 적이 있는데 또 1, 2년 사이에 그 법을 전파하려고 교토에 있는 바 (히데요시의) 귀에 들어가 이와 같이 처벌한 것이다. 요즈음 들어 훌륭한 일, 불법이 아직 쇠퇴하지 않음, (일본은) 신국임이 기특하다"(『義演准后日記』, 慶長元年11月15日條)고 승려 기엔이 평가하고 있듯, 히데요시의 '신국'사상은 신 · 불습합의 전통적인 신국관념을 기반으로 한다.

사법'과 '신불=정법'을 대비시키는 이분법적 발상도 중세 관념과 흡사하다. 이는 '현밀顯密불교=정법正法'으로 '가마쿠라 신불교=이단異端'(邪法)으로 보았던 중세 현밀체제의 전통적인 인식과[36] 매우 유사하다. 단지 적대 관계로 설정한 대상이 내부 세력(신불교)인가 외부 세력(크리스트교)인가의 차이가 있을 따름이다. 이 점에서만 보면 히데요시 시기의 '신국'사상 자체는 중세 관념과 크게 다르지 않다. 히데요시의 신국관념은 전통적인 신불습합을 통해 구축되었으며 이는 중세 신국사상과 기본적으로 동일하다.

그런데 흥미로운 점은 가장 일본적이어야 할 '일본은 신국'이 실상은 중국사상 · 철학에서 유래한 내용으로 구성된 사실이다. 이는 1591년(天正19) 7월 25일 인도 부왕에게 보낸 외교문서에 잘 드러나 있다.

> 우리나라는 신국입니다. 신이란 마음입니다. 삼라만상이 하나의 마음에서 나오지 않는 것이 없으니, 신이 없으면 그 영靈이 살지 못하고 신이 없으면 그 도道가 이루어지지 않습니다.……이 때문에 신을 만물의 근원으로 삼습니다(A). 이 신이 축토竺土(인도)에 있으면 불법이 되고 진단震旦(중국)에 있으면 유도儒道가 되고 일본日域에 있으면 이것을 신도라 하니 신도를 알면 즉 불법을 알 수 있고 또한 유도를 알 수 있습니다(B).……따라서 인의의 도를 모르면 신불을 공경하지 않게 되면 군신의 사이가 멀어져 단지 사법으로 정법을 파괴할 따름입니다(C).……저들 바테렌伴天連의 무리들은 예전에 이 땅에 이르러 도속道俗의 남녀를 미혹시키려 하여 형벌을 내린 적이 있습니다. (그런데도) 거듭하여 또 이 땅에 와 (백성을) 이끌어 변화시키려고 하니 남김없이 그 족속을 멸해야 할

36 黒田俊雄, 『日本中世の国家と宗教』, 岩波書店, 1982.

것입니다.[37]

일본 중세 시기는 신보다 불仏을 더욱 중시[말하자면 불이 주(主) 신이 종(従)인 관계]하였다. 그런데 이 시기가 되면 인도에는 불교가 중국에는 유교가 있지만 모두 일본의 신이 변용한 것에 불과하다는 입장(B)으로 변한다. 외래적인 불보다 토착적인 신을 강조한 점이 이 시기 신국사상의 특질로 신을 매개로 한 일본의 우월의식이 잘 드러난다. 그러나 그 우월의식을 한꺼풀 벗겨 신국사상의 구체적인 내용과 근거를 살펴보면 그 속에 일본의 독자적 논리가 존재하지 않는다. 신만을 강조할 뿐 그 근거로 제시된 것은 매우 빈약하거나(A) 중국철학의 원용에 지나지 않는다(C).

이 시기 신국사상의 특징으로 요시다 신도吉田神道의 영향을 받아 신도를 중심으로 유儒·불仏·신神 삼교 일치를 모색한 것,[38] 삼라만상·만물의 근원을 신으로 보는 천태계 요시다 신도의 주장과 "일본은 신국이므로 이적夷狄이 침범할 수 없다"는 오산五山 선종계 승려의 무가적 입장이 혼재되어 성립한 것이란 주장도 있지만[39] 사실 그 핵심 내용은 중국철학·사상에 다름 아니다.[40]

도쿠가와 정권 시기

히데요시의 신국관은 거의 그대로 도쿠가와 이에야스에게 계승된다.

---

37 「富岡文書」(北島萬次, 『豊臣政權の對外認識と朝鮮侵略』, 校倉書房, 1990, p. 106).

38 石毛忠, 前掲「思想史上の秀吉」, p. 198.

39 北島万次, 前掲『豊臣政權の對外認識と朝鮮侵略』, p. 129.

40 1597년 7월 27일 히데요시가 필리핀(呂宋)에 보낸 외교문서를 보면, "본조는 혼돈이 해소된 이래 신도를 종주로 삼아왔다. 해와 달은 신을 통해 움직이며 세월(春秋)은 신에 의해 변천한다. 바람과 구름이 흩어지고 비와 이슬은 윤택하며 잘 날고 달리는 것은 금수요. 잘 살고 자라는 것은 초목이니 모두 신도의 오묘한 이치가 아님이 없다"는 주장은 중국의 도교나 음양도에 영향을 받은 것이며, "신의 이치를 앎에 의해 어른과 아이엔 질서가 있고 부부 사이엔 절도가 있다"는 주장은 유교의 변용이다(松田毅一, 「慶長二年呂宋国主宛 豊臣秀吉書状」, 『日本歷史』164, 1962, pp. 40-41).

1611년(慶長16) 8월 "야소耶蘇는 이적夷狄의 사법邪法"[41]이란 입장이 제시된 후 크리스트교 금지는 에도 막부의 기본 방침이 된다.

1613년(慶長18) 12월 23일 이에야스는 난젠지南禅寺 승려 스덴崇伝을 시켜 크리스트교 금령의 문안을 작성하게 했다. "일본은 본디 신국"이라 하면서 "신도를 의심하고 정법을 비방하는" "신적 · 불적" 크리스트교 교도를 그냥 두면 "국가의 환患"이 될 것을 주장한다.[42] 대대적인 선교사 추방이 단행되고, 스페인 측은 "황제(도쿠가와 이에야스)는 일본의 문호를 폐쇄하려고 할지도 모른다"[43]고 받아들였다. 이처럼 신국사상은 현실에서 쇄국이란 대외 정책으로 기능하였다. 어쨌든 신도=정법과 크리스트교=이적의 사법을 대비한 사고 · 관념은 히데요시와 마찬가지이며 이는 중세 이래 신불일치의 신국사상과 동일한 논리 구조이다.

그러면 히데요시 · 이에야스의 신국사상은 중세의 신국사상과 공통점만 존재한 것인가? 물론 그렇지 않다. 중세 신국사상과 가장 큰 차이점은 신의 개념이 달라진 점이다. 중세 신국사상 속에서 신은 무가를 비롯하여 천황 · 조정을 보호하는 역할을 하며 무가가 결코 넘볼 수 없는 상위의 우월적 존재였다. 그러던 것이 이제 근세 초가 되면 이제 히데요시, 이에야스라는 무가 최고 권력자가 신의 반열에 오른다. 히데요시는 도요쿠니 다이묘진으로 이에야스는 도쇼다이곤겐이 된다. 무가 최고 권력자는 더 이상 신불의 보호를 받는 단순 객체가 아니고 오히려 천황 · 조정과 민중이 포함된 일본을 보호하는 주체가 된다. 중세 신국사상의 커다란 변질이다.

무가가 신이 되어 신국일본을 옹호한다는 논리는 그 후 지속적으로

---

41 『徳川実紀』, 慶長16年8月條.

42 岩生成一, 前掲「鎖国」, p. 74.

43 『大日本史料』12-12, p. 192.

나타난다. 3대 쇼군 도쿠가와 이에미쓰德川家光가 쇄국을 단행한 간에이寬永 연간 조선통신사가 일본에 왔다. 1636년(寬永13) 12월 이응고 통신사는 우여곡절 속에 도쇼 궁東照宮을 방문하는데, 이때 이에미쓰의 유모이자 막후 실력자였던 가스가노 쓰보네春日局는 다음과 같이 말한다.

> 소노 쓰시마노카미宗対馬守[요시나리(義成)]와 야나가와 부젠노카미柳川豊前守가 공무를 처리할 때 조선국과 일본의 통로가 끊어져 단절이 있으면 전쟁出馬이 날 수도 있다고 말했다. 그러자 조선국도 일본 측의 뜻에 따랐다. 병자년(丙子年: 1636) 11월霜月, 조선국에서 신사信使가 왔고, 결국 에도부터 닛코日光山까지 참배하였다. 이 지역의 신궁 건설, 신앙은 심상한 것이 아니라고 삼사三使가 (이를) 글을 써서 올렸다. 실로 이는 군君(家光)의 위세, 달리 말하면 다이곤겐大権現(도쿠가와 이에야스)의 신덕神徳, 특히 일본은 신국이라 말해지는 것으로 의지할만한 고마운 일이라고들 말한다. 법화에 말하는 명칭보문名称普問 무량세계無量世界일 것이다. 부처와 같이 다이곤겐大権現에 대한 신앙이 이국異国까지 전해졌으니 이는 불가사의한 신덕이라 할 수 있다.[44]

일본이 신국인 이유를 무가 권력자(이에야스 및 그의 직계후손)와 연결시켜 파악한 점이 무엇보다 주목된다. 후지이 조지는 이에 대해 '이에미쓰의 위광→도쇼다이곤겐의 신덕→신국일본'이란 논리를 단계적으로 비약시켜 정당화하고 국가의식으로 고양한 측면이 보인다고 지적했는데,[45] 이는 매우 타당한 견해이다. '무위'(위광)와 '신'(신덕)이 결합되어 국가의식

44 「東照大権現祝辞」(藤井讓治, 『徳川家光』, 吉川弘文館, 1997, p. 197).

45 同上, p. 198.

(신국사상)으로 발전한 과정을 매우 정확하게 보여주고 있다. 무가 이에야스에 대한 '신격화'야말로 에도 시대 신국사상의 핵심이다. 본래 이에야스는 '관동팔주의 진수關八洲之鎮守'를 유언으로 남겼으나, 3대 쇼군 이에미쓰는 1645년(正保2) 닛코 도쇼사東照社에 대한 궁호宮号를 조정에서 선하宣下받고, 익년 봉폐사 파견을 항례화함으로써 이에야스를 '일본의 신日本之神'으로 격상시킨다.[46] 대대적인 이에야스 신격화가 이루어진 이에미쓰 시대에 쇄국이 확립된 사실을 단순한 우연의 일치로만 볼 수 없다.

무가 최고 권력자가 스스로 신격화에 나선 일은 이전 시기에 보이지 않는 오다 · 도요토미 시기의 특질이다. '사법=크리스트교'에 대항하는 정법正法의 근원에 중세적 불교 · 신도만이 존재한 것은 아니었다. 이제 새롭게 무가 권력자가 신으로 편입된다. 종래 신불의 보호를 받던 '수동적' 무가세력이 스스로 '능동적'으로 무가 권력자의 신격화를 통해 신의 반열에 올랐다. 무가 최고 권력자의 신격화는 오다 노부나가가 시작하여 히데요시, 이에야스를 거쳐 완성된다. 무가 최고 권력자를 신으로 편입하는 과정에서 신의 개념이 변화하고 자연히 중세적 신국사상도 변질된다. 이러한 '무가(권력자의) 신격화'에서 근세 초 일본의 신국사상의 특질을 찾을 수 있다.

46 同上, p. 205 · 216.

소결小結

근세 초 일본사회가 신국=일본을 내세워 크리스트교를 금지한 사실은 많은 연구자가 지적한다.[47] 이러한 신국 관념이 배경이 되어 쇄국이 단행된 사실도 마찬가지다. 그러나 근세 초 쇄국의 배경이 된 국가의식은 여전히 모호한 점이 많다. 아라노가 '일본형 화이질서'라는 개념을 제시하였지만 이 또한 충분하지 않다.

쇄국의 배경에 일본=신국이란 관념이 중요한 역할을 했다는 사실 자체는 누구나 동의한다. 히데요시나 이에야스가 크리스트교 세력을 축출하는 과정에서 내세운 이념이 '일본은 신국'이기 때문이다. 그러나 이 시기 국가사상의 핵심인 신국사상이 구체적으로 중세와 어떻게 다른가 하는 점은 그다지 추구되지 않았다.[48] 이 장에서는 중세와 큰 차이점으로 근세 초에 무가 최고 권력자의 신격화가 추구된 사실을 지적했다. 이것이 근세 초 신국사상의 특질이며 중세 신국사상과의 커다란 차이이다.

일본이 신국임을 내세워 쇄국을 단행한 배경에는 무위武威를 바탕으로 성장해온 무가세력의 힘이 내포되어 있다. 종래 피동적으로 신불의 보호만을 받던 무가세력이 자신들의 최고 권력자를 신의 하나로 만

47 佐佐木潤之介,「東アジアと幕藩制」,『講座日本歷史』5, 東京大学出版会, 1985; 朝尾直弘, 前揭『将軍権力の創出』; 同,『日本近世史の自立』, 校倉書房, 1988; 同,「一六世紀後半の日本ー統合された社会へー」, 岩波講座『日本通史』11(近世1), 1993.

48 高木昭作, 前揭『将軍権力と天皇-秀吉-家康の神国観』, p. 21.

들어 주체적으로 자신들을 보호하는 구조로 바꿔 놓았다. 이제 무가세력도 천황과 종교세력이 독점하던 신의 영역에 간여한다. 이것이 바로 '무가 권력자의 신격화'이며 이를 바탕으로 근세 일본 국가체제가 형성된다.

제3장

도요토미 정권과 '임진壬辰전쟁'

1592년 3월 13일 도요토미 히데요시는 조선을 침략하기 위해 약 16만 명에 달하는 일본군을 9개 부대로 편성한다.[1] 이윽고 4월 13일[일본력(曆)으로는 12일] 고니시 유키나가小西行長의 일본군 선봉 부대가 부산포를 급습하여 전쟁의 서막이 올랐다. 이 침략 전쟁을 위해 히데요시는 663년 금강白村江전투 이래 일본 역사상 최대 원정군을 동원하였으나 결국 패배로 끝났다. 그로부터 시간이 흘러 4백여 년이란 아득한 세월이 흘러갔다. 흘러간 세월을 감안하면 이제 우리는 임진왜란을 그저 머나먼 옛날 이야기의 하나로 치부해버릴 수 있을 듯한데 한국의 현실은 아직 그렇지 못하다. 아주 오랜 이야기인 임진왜란과 히데요시는 아직도 우리들의 기억 속에 생생하고 선명한 침략의 '흉터'로 남아 있다.

한국에게는 '악' 그 자체인 히데요시지만 일본에서의 평가는 전혀 다르다. 일본의 '영웅'이자 서민에게 친근함을 주는 '선량'한 인간 그 자체

1 『毛利家文書』3(大日本古文書本), 885 · 886号. 제1진은 고니시 유키나가(小西行長)를 중심으로 한 18,700명, 제2진 가토 기요마사(加藤清正) 등 22,800명, 제3진 구로다 나가마사(黒田長政) 등 11,000명, 제4진 시마즈 요시히로(島津義弘) 등 14,000명, 제5진 후쿠시마 마사노리(福島正則) 등 25,100명, 제6진 고바야카와 다카카게(小早川隆景) 등 15,700명, 제7진 총대장 모리 데루모토(毛利輝元) 30,000명, 제8진 우키타 히데이에(宇喜多秀家) 10,000명, 제9진 호소카와 다다오키(細川忠興) 등 11,500명으로 총 158,800명이다.

이다. 그런데 유념할 점은 히데요시가 처음부터 일본 민중들의 인기를 독차지한 것은 아니었다는 사실이다. 히데요시 역시 정권을 장악했을 때는 많은 비판과 저항에 직면했다. 교토에는 도요토미 정권을 비판하는 비방문이 나붙었으며 해외 침략전쟁에 대한 불평의 목소리도 자못 높았다. 이렇게 살아생전 인기가 없던 히데요시지만 도요토미 가문이 몰락해버린 에도江戶 시대에 들어오면 상황이 180도 바뀐다.

그것은 에도 시대 일본 민중의 현실 지배체제에 대한 불만과 관련이 있다. 에도 막부체제에 대한 민중의 반감은 에도 막부 창시자 도쿠가와 이에야스 폄하로 이어지고 다시 이것은 이에야스에게 멸망당한 히데요시를 향한 동정으로 연결된다. 민중은 히데요시의 아들(히데요리)을 죽여 '주군'을 '배신'하고 권력을 '찬탈'한 이에야스를 비판했다. 이 과정을 통해 현실 정치에 불만을 품은 에도 시대 일본 민중은 카타르시스를 느꼈다.[2] 미려한 문장으로 유명한 오제 호안(小瀨甫庵: 1564~1640)의 『태합기太閤記』[3]가 널리 읽히고 나중에는 『에혼繪本태합기』(1797년 개판, 1802년 완성)라 하여 삽화까지 첨가된 도요토미 일대기가 유행한다. 이 과정에서 몇 가지 가공의 에피소드가 첨가되어 히데요시의 이야기는 더욱 더 민중적인 요소를 띠게 된다. 그런데 막부 권력자 측에서 보면 민중의 히데요시 회고는 통치에 방해만 될 뿐이다. 히데요시를 거론하면 자연 도쿠가와 이에야스의 배신을 이야기하지 않을 수 없고 이는 에도 막부의 정통성을 심각히 침해하는 사안이다. 그리하여 에도 막부는 여러 번 각종 『태합기』를 발간 금지 처분하고 8대 쇼군 도쿠가와 요시무네德川吉宗는 "이에야스 및 도쿠가와 씨에 관한 사항을 묘사해서는 안 된다"고 아예 법령

---

2 小和田哲男, 『豊臣秀吉』, 中央公論社, 1985.

3 태합이란 원래 은퇴한 관백(천황을 보좌하는 최고관직)을 지칭하는 보통명사였는데 후일 도요토미 히데요시가 유명하게 되면서 태합=도요토미 히데요시로 된다. 한국인이 '세종' 하면 한글을 창제한 세종대왕을 떠올리는 것과 유사하다.

으로 금지하기도 했다.[4] 그러나 히데요시의 인기를 막을 수 없었다.

물론 에도 시대 히데요시의 인기 상승의 원인이 오로지 이러한 민중들의 반감 때문만은 아니었다. 그들에게도 히데요시의 입신출세 스토리는 매우 매력적이었다.

에도체제 성숙기인 17세기 말이 되면 도시화가 진전되고 상업이 발달하면서 민중들의 생활도 풍족해진다. 심지어 "사무라이라 하여 귀하지 않고 조닌町人(도시상인 · 상공업자)이라 하여 천하지 않다"는 말이 회자될 정도였다.[5] 그러나 그럼에도 이들이 지배층(무사)으로 상승할 길은 거의 없었다. 그리하여 "미천하며 가장 하층 출신으로 나(히데요시)의 기량에 의해 최고 최상의 위계에 도달"[6]한 히데요시의 출세담은 '사농공상'의 신분이 고정된 에도 시대 민중들에게 강렬한 대리만족을 주었다. 바로 15 · 16세기 전국동란이 초래한 커다란 사회 혼란 속에서 얼마든지 기존 신분체제를 뛰어넘을 수 있던 히데요시 시대에 대한 향수이다. 여기에 히데요시의 이야기가 오히려 그의 사후인 에도 시대에 확대 재생산된 중요한 이유가 있다.[7] 근대 메이지 유신明治維新 이후 히데요시가 다시 한 번 부각된 것도 그가 '대륙팽창'이란 당시 일본의 당면 과제에 아주 잘 부합한 인물이란 점이 주된 원인이겠지만, 그 이면에는 이처럼 에도 시대를 통해 지속적으로 민중 사이에 배양되어 온 히데요시의 '영웅'관이 깔려 있다는 점도 유의해야 한다.

사실 한국인에게 그저 옛이야기의 하나가 될 수도 있던 '악인' 히데

---

4 小和田哲男, 前揭『豊臣秀吉』, p. 31.

5 榊坂次郎, 『元禄御畳奉行の日記』, 中央公論社, 1984, p. 2.

6 松田毅一 · 川崎桃太譯, 『フロイス日本史』2, 中央公論社, 1981, p. 199.

7 오늘날 일본사회에서 '샐러리맨의 우상'으로 히데요시를 거론하는 경우도 따지고 보면 기본적으로 입신출세라는 점이 핵심이다. 히데요시는 백성 신분으로 인해 서민성을 많이 띠었고 권위주의적인 지배자와 다른 모습으로 일본 민중에게 다가갔다.

요시의 행적이 다시 부각된 것은 일본 식민지배의 여파 때문이다. 현재까지 이어진 일본 식민지배의 폐해가 없다면 '임진왜란'이나 히데요시는 그다지 부각되지 않을 지도 모른다. 옛날 금강전투처럼 그저 머나먼 과거의 한 사건으로 남았을 수 있다. 그런 점에서 끊임없이 재생산되는 '임진왜란'에 대한 선명한 '기억의 각인'은 아직도 한국사회가 '일제청산'을 완결하지 못했음을 말해준다.

여기서 생각해볼 문제가 '임진왜란壬辰倭亂'이란 명칭이다.[8] '임진왜란'이란 글자 그대로 임진년에 왜가 난을 일으켰다는 것이다. 그런데 '왜倭'라는 비하 명칭에서 알 수 있듯 이 속에는 주관적인 감정이 내포되어 있다. 객관적으로 상대방을 파악하지 않고 무시하거나 경멸한다. 여기에는 국가와 국가 간 대등한 전쟁이란 시각은 존재하지 않는다. '임진왜란'을 삼포왜란과 같이 왜구의 분탕질 차원에서 파악한다. 그러나 '임진왜란'은 당시 조선과 일본이 국력을 걸고 싸웠던 국가 간 전쟁이라는 점에서 성격이 기본적으로 다르다. 아이러니하게도 한국과 일본은 인접한 국가임에도 불구하고 '전쟁'이 한 번도 없는 특이한 관계이다. 과연 전쟁이 없었을 정도로 양자의 사이가 매우 좋았는가 하면 물론 그것은 아니다. 양국 간에 전쟁이 없었던 것이 아니라 단지 양국의 충돌을 '전쟁'이란 명칭으로 부르지 않을 뿐이다. 왜 전쟁이란 용어를 사용하지 않는가? 이것은 매우 중요한 문제이다.

여기에 여러 요인이 있을 수 있지만 그 출발점은 서로가 상대방을 객관적 실체로 인정하지 않는 시각에 있다. 예로부터 일본은 조선을 조공국朝貢國으로 조선은 일본을 만이蠻夷의 나라로 본다. 상대방을 비하하는 태도는 오늘날에도 여전히 해소되지 않았다. 일본의 식민지배는 양측

8 '임진왜란' 명칭에 대한 대안으로 '임진전쟁'(壬辰戰爭)을 제안한다. 이 점에 대한 상세한 설명은 이 장의 소결 부분 참조.

의 왜곡된 관념을 더욱 증폭시켰다. '임진왜란'이란 용어의 잔존은 이러한 관념의 산물이자 다시 이를 강화하는 데 일조한다. 한국사회는 히데요시를 '악인'으로 위치지우면서도 그가 왜 그러한 행동을 하였는가? 그 배경과 구조적인 문제는 사실 잘 알지 못한다. '임진왜란'에 관한 많은 연구가 있음에도 불구하고 정작 도요토미 히데요시나 도요토미 정권에 관한 전문 연구서 한 권 없는 것이 우리의 현실이다.[9] 철저한 무시로 일관해온 결과에 다름 아니다. 이러한 입장을 심정적으로 이해 못하는 바는 아니다. 그러나 21세기를 맞는 오늘날 이러한 입장을 여전히 고수하는 것이 과연 한국사회에 바람직한가는 다른 문제이다.

'임진왜란'의 인식문제, 명칭문제를 포함하여 이 장에서는 특히 '임진전쟁'의 전제가 되는 전국시대 이후 일본사회의 성격, 침략 전쟁에 나선 도요토미 정권의 논리에 관한 주요 연구를 중심으로 몇 가지 문제를 재검토한다.

9 한국사를 전공한 연구자의 시각에서 '임진왜란'을 분석한 연구는 방대한 연구실적을 자랑한다. 국방군사연구소, 『한국군사사논문선집(韓國軍事史論文選集)』5(왜란 · 호란편), 1999 권말에 실린 「'왜란'(倭亂) · '호란'(胡亂) 연구논저목록」 참조. 한편 일본사를 전공한 한국 연구자들이 이 부분에 대해 관심을 갖기 시작한 것은 1990년대 중반 이후이다. 몇몇 뛰어난 논문은 있지만 연구성과는 대체로 아직 미약한 편이다. '임진전쟁'에 관한 일본 내 연구성과는 北島萬次, 「豊臣政權の朝鮮侵略に關する學說史的檢討」, 『豊臣政權の對外認識と朝鮮侵略』, 校倉書房, 1990에 집대성되어 있다. 또 이를 포함한 국내외 연구성과는 김문자, 「전쟁과 평화의 근세 한일관계-임진왜란과 통신사」, 『기억의 전쟁』, 이화여자대학교출판부, 2003에 잘 정리되어 있다.

1. 전국시대의 성격과 도요토미 정권

1467년(応仁1) 오닌応仁의 난이 발발한 이후 1568년(永祿11) 오다 노부나가가 아시카가 요시아키足利義昭를 받들고 수도 교토로 상경하기까지 각지의 지역 정권이 서로 각축을 벌인 약 백여 년간을 통칭 전국시대라고 한다. 이 시기는 일본사회가 중세에서 근세로 넘어가는 이행기이자 과도기였으며 큰 사회적 변혁이 나타난 시대이다.[10]

전국시대는 1467년 유력가문의 하나인 하타케야마 씨畠山氏 상속문제를 둘러싸고 촉발된 분쟁에서 출발한다. 이미 무로마치 장군가의 상속문제로 악화일로에 있던 당대의 실력자 호소카와 가쓰모토細川勝元와 야마나 모치토요山名持豊가 군사적으로 충돌했다. 동군細川과 서군山名으로 나누어 벌인 이 전쟁에서 동군은 24개국 16만의 병사를, 서군은 20개국 9만[나중에 오우치 씨(大内氏)의 2만이 합류되면서 11만]의 병사를 모아 교토 일대를 포함하여 각지에서 격렬한 전투를 벌였다. 1477년 최종적으로 전쟁이 종결되기까지 약 10년간의 전투로 무로마치 막부는 비록 붕괴되지는 않았으나 더 이상 전국 정권이라 할 수 없는 권력체로 바뀐다.[11] 예를 들어 오닌의 난이 종결된 1477년(文明9) 9월 이후에 이르면, 다음과 같은 상황이 전개된다.

10 박수철, 「전국대명연구의 동향과 과제-그 성격규명을 중심으로-」, 『서울대동양사학과논집』17, 1993 참조.

11 이러한 통설에 대해, 크게 약화는 되었지만 전국시대에도 무로마치(室町) 막부가 중앙정권으로서 일정한 권한을 행사했다는 반론(今谷明, 『室町幕府解體過程の研究』, 岩波書店, 1985)도 있다. 그러나 아시카가 쇼군이 교토에 상주하지 못한 점에서 단적으로 알 수 있듯 오닌(応仁)의 난을 계기로 막부권력이 급격히 쇠락한 것은 틀림없다.

근래 천하(일본)에 좋은 일이 없다. 교토 인접 지역近國인 오미近江, 미노(三乃: 美濃), 오와리(尾帳: 尾張), 도토미遠江, 미카와三河, 히다飛驒, 노토能登, 가가加賀, 에치젠越前, 야마토大和, 가와치河內 등은 전부 쇼군의 명령에 응하지 않고 연공 등을 일체 바치지 않는 지역國이다. 그 외 기슈(紀州: 紀伊), 셋슈(攝州: 攝津), 엣추越中, 이즈미和泉 등은 지역 내國中 난으로 인해 연공(수납)을 거론할 게재가 아니다. 한편 쇼군의 명령이 미치는 지역은 하리마播磨, 비젠備前, 미마사카美作, 빗추備中, 빈고備後, 이세伊勢, 이가伊賀, 아와지淡路, 시코쿠四國 등이다. (그러나 이곳도 사실상) 일체 쇼군의 명령에 따르지 않는다. (즉) 비록 슈고守護가 쇼군의 명령을 따라 슈고다이(守護代: 슈고대리역) 이하에게 명령의 실행을 하달하더라도 현지에서는 쉽게 관철되지 못한다. 그리하여 (결국) 일본국은 전부 쇼군의 명령에 따르지 않게 되었다.[12]

이와 같이 쇼군의 명령조차 무시되는 상황에 직면하여 기존 무로마치 막부체제의 와해는 더욱 가속화된다. 나아가 1493년(明応2) 2월 호소카와 마사모토政元(가쓰모토의 아들)가 쿠데타를 일으켜 아예 쇼군 아시카가 요시타네足利義稙를 교토에서 쫓아낸 이후 무로마치 쇼군은 이곳저곳의 유력자를 찾아 떠도는 '유랑하는 쇼군'[13]의 지위를 감내해야 했다.

일찍이 동양사학자 나이토 고난內藤湖南은 전국시대의 출발점인 오닌応仁의 난이 갖는 역사적 의의에 주목하여 오닌의 난이야말로 일본 역사상 분기점이 되는 획기적 사건이라 평가했다.[14] 그는 그 이유로 두 가

12 『大乘院寺社雜事記』(增補續史料大成本), 文明9年12月10日條.

13 杉山博, 『日本の歷史』11(戰國大名), 中央公論社, 1971, p. 21.

14 內藤湖南, 「応仁の亂について」, 1921(지리역사학회에서 강연. 후에 『歷史の思想』現代日本思想大系27, 筑摩書房, 1965에 재록).

지를 드는데, 첫째, 새로운 지배층의 등장이다. 나이토에 따르면 에도 시대에 번성한 약 260여 개 다이묘大名(영주) 가문의 유서를 살펴보면 대부분이 오닌의 난을 전후한 시기로 거슬러 올라간다. 즉 오닌의 난 이후 극심한 사회변동 과정에서 고 · 중세 이래의 명망가, 기존 귀족 · 무사 가문 대부분은 몰락하고 이들을 대신한 새로운 영주세력(土豪 · 名主層)이 등장하여 에도 시대 지배층으로 부상한다. 둘째, 아시가루足軽 등 서민층의 대두이다. 나이토에 따르면, 이들이야말로 전국시대 이래 현재까지 이르는 대규모 사회변동을 가져 온 주역이며 에도 시대 조닌町人의 원류이다. 나이토는 이러한 사실을 근거로 현재 일본을 알기 위해 일본 역사를 연구할 때 고대 역사는 필요하지 않으며 오닌의 난 이후의 역사를 알면 그것으로 족하다고 하면서, 그 이전의 일본 역사는 마치 외국의 역사와 같다고까지 주장했다.

오닌 · 분메이의 난을 계기로 기존 무로마치室町 막부체제가 급속히 와해된 것은 일정 정도 사실로 보인다. 그러면 이러한 사회변동의 힘은 과연 어디에서 나왔는가? 그 근원에는 국인國人, 토호土豪, 명주名主 등 재지영주층과 백성층의 강렬한 신분상승(출세)의 욕구가 있다.

오닌의 난이 발발한 직후인 1470년 8월, 난은 수습될 기미를 보이지 않고 오히려 확대되어 8월 4일 서군은 동군 하타케야마 나가마사畠山政長의 거점인 가와치 지역을 공략한다. 이때 야마토 국의 재지영주國人인 오치 씨越智氏도 이에 동참했다.[15] 그런데 야마토 국 재지영주가 다른 지역으로까지 군사행동을 편 것은 이례적인 행위였다. 야마토 국의 사실상 지배자인 고후쿠지興福寺 다이조인大乘院 주지門跡 진손尋尊은 이에 대해 “이즈미 슈고和泉守護를 목적으로 한 것이라 한다. 국민(國民: 재지영주)으로

15 森田恭二, 『大乘院寺社雜事記の研究』, 和泉書院, 1997, p. 77.

서는 과분한 생각이다. 다만 근일은 토민(土民: 평민) · 사무라이侍 간 계급(의 차이)가 보이지 않는 때이다"[16]라고 평했다. 비슷한 예는 무수히 많다. 1560년대 재지영주들로 구성된 이가 국伊賀國 총국 잇키惣國一揆(재지영주 연합체)는 내부 협의를 통해 타국에서 국경 지역에 성을 쌓았을 경우 "아시가루足輕의 신분으로 그 성을 뺏어 충성을 다하는 백성이 있으면 과분한 포상을 내릴 것이다. 그 자는 사무라이로 삼을 것이다"는 원칙을 정하기도 했다.[17] 실력과 실적만 있으면 얼마든지 신분을 바꿀 수 있는 '하극상'의 시대로서의 전국시대의 특질이 잘 드러나 있다.

이러한 사회변동의 결과물로 출현한 새로운 국가체제가 이른바 근세 막번幕藩[막은 막부(幕府), 번은 지방 다이묘]체제이다. 막번체제라는 명칭이 정착된 것은 1945년을 전후한 시기로 후루시마 도시오古島敏雄의 정의가 널리 인정된 것을 계기로 한다.[18] 후루시마는 종래 주로 정치적 측면에서 논의되던 막번체제 개념(=중앙집권적 지배의 성립)을 한층 발전시켜 경제적인 측면에서 분석하여 태합검지太閤檢地(히데요시의 토지조사), 도수령刀狩令(히데요시의 무기몰수령)에 주목하고, 이후 도쿠가와 체제 확립 과정을 통해 상대적으로 독자적인 권한을 행사하던 번藩(大名)을 막부가 확고히 장악한 체제를 막번체제라 했다. 후루시마의 정의를 바탕으로 연구가 보다 진전됨에 따라 일본 근세 막번체제(내지 막번제 국가)는 무사와 백성의 신분을 고정시킨 병농분리제兵農分離制, 쌀米을 단위로 연공과 군역의 통합적 지배를 도모한 석고제石高制, 크리스트교 · 해외왕래 금지를 축으로 이루어진 쇄국제鎖國制란 세 가지 편성 원리로 구성되었음이 밝혀졌다.[19]

---

16 『大乘院寺社雜事記』, 文明2年8月5日條.

17 「伊賀惣國一揆掟書」, 『中世政治社會思想』上(日本思想史大系), 岩波書店, 1972, p. 413.

18 「幕藩體制」, 『世界歷史事典』, 平凡社, 1953; 佐佐木潤之介, 「幕藩制사회의 성립」, 『일본근대사론』, 지식산업사, 1981, p. 38.

19 "막번체제란 병농분리제를 민중지배의 원리로 하고 석고제를 토지소유의 원칙으로 하여 국가적 · 민족

이러한 통설은 도요토미 정권 시기에 근세 막번체제의 원형이 성립한 것으로 본다. 그런데 근년에는 막번체제의 원형을 히데요시 시기에 둘 것이 아니라 그보다 훨씬 앞선 전국시대 이래의 사회변동과 관련지어 파악하려는 움직임이 나타났다. 그 대표적인 연구자는 비토 마사히데尾藤正英이다.[20]

먼저 비토는 "일본 역사를 돌아볼 때 무라村와 마치町의 주위에 호濠와 책柵이 둘러쳐진 일은 야요이彌生 시대와 오닌의 난 후 백 년간의 전국시대, 두 번에 불과"하다는 사하라 마코토佐原眞의 주장에 주목하여 이 두 시기의 역사적 변혁성을 강조한다. 비토에 따르면, 이 두 시기는 무질서한 상황을 극복하고 새로운 질서가 형성되는 시기로 보다 넓은 지역을 통할한 새로운 정치적 권력이 출현함으로써 마을 간 더 이상 서로 대립·항쟁할 필요가 없어지고 마을을 둘러싼 방어시설도 사라진다. 또 야요이 시대(무소유에서 소유로 이전하는 시기) 후 4~6세기[고분(古墳)시대]에 걸쳐 통일국가 형성이 진전되고 7세기에 완성(일본 고대국가의 성립)된다. 이 체제는 나라奈良, 헤이안平安 시대를 걸쳐 점차 변질하고 12세기 말 무가정권(가마쿠라 막부)이 성립하지만 기본 골격은 계속 유지된다. 이 질서가 붕괴되고 무질서로 넘어간 것이 바로 15·16세기 전국시대이다. 따라서 새로 성립된 에도 시대의 국가체제는 일본사상 7세기 고대국가에 병렬할 수 있는 제2의 통일국가이며 이는 일본 역사를 전과 후로 양분할 수 있는 획기적 사건이다.[21]

현재 비토와 비슷한 관점에 있는 연구자는 의외로 적지 않다. 논점은

적 기틀을 쇄국제로써 굳게 한 막부 및 번의 정치체제"(佐佐木潤之介, 「幕藩制國家と東アジア」, 『日本史を學ぶ』3(近世), 有斐閣, 1976, p. 3)라는 입장이다.

20 尾藤正英, 「はじめに」, 『江戶時代とはなにか-日本史上の近世と近代-』, 岩波書店, 1992.

21 나이토 고난 설의 새로운 부활이다. 비토는 고대 일본어와 근대 일본어의 구분을 14, 15세기 무로마치 시대에 두는 일본어학의 통설도 적극적으로 수용한다. 또 사상사 측면에서도 중세와 근세 사이에 커다란 단절이 있다고 지적한다(同上, pp. 42-50).

다르지만 도요토미 시대를 강조한 선행연구를 '급격한 대변혁'설에 기초한 것이라 비판하고 전국시대 이후 도요토미 시대까지의 '완만한 변혁'설을 제기한 연구도 있으며,[22] 통설과 달리 중세 촌락의 질서, 권리, 제도 등이 근세 초기까지 기본적으로 계승되고 있었음을 밝힌 연구도 있다.[23] 이처럼 전국시대와 일본 근세사회의 '연속성'을 중시한 연구가 증가하고 있으며 근세 막번체제의 핵심 요소인 석고제와 병농분리제兵農分離制에 관해서도 매우 새로운 의견이 제시되고 있다.

종래 생산고(수확량)를 기준으로 세금을 부과한 것으로 파악해온 근세의 석고제가 사실은 전국시대의 관고제貫高制와 마찬가지로 수확량이 아니라 연공年貢을 기준으로 부과했다는 연구나,[24] 도량형 통일과 세금 징수 증액을 위해 도요토미 정권이 도입한 교마스京枡(평방 약 14.8cm, 깊이 약 8.1cm)가 사실 용량적으로는 전국시대의 마스枡와 차이가 없고 오히려 그것을 보증하는 형태로 교마스를 도입하였다는 연구도[25] 전국 · 근세사회의 연속성을 지지한다. 또 도요토미 정권을 근세권력으로 파악하는 데 핵심적인 역할을 해온 석고제가 과연 전국적으로 실시되고 있었는가 하는 점에 의문을 표시하며 전국 다이묘의 토지지배 방식이 도요토미 시대에도 상당 부분 그대로 유지되었다고 주장하는 연구도 있다.[26]

---

22 神田千里, 『信長と石山合戰-中世の信仰と一揆』, 吉川弘文館, 1995.

23 久留島典子, 「中世後期の『村請制』について」, 『歷史評論』488, 1990; 稻葉繼陽, 「村の侍身分と兵農分離」, 『戰國時代の莊園制と村落』, 校倉書房, 1998; 藤木久志, 『村と領主の戰國世界』, 東京大學出版會, 1997.

24 池上裕子, 「織豊期檢地論」, 『日本中世史研究の軌跡』, 東京大學出版會, 1988.

25 稻葉繼陽, 「中世社會の年貢收納枡」, 前揭『戰國時代の莊園制と村落』 수록.

26 태합검지(太閤檢地)의 경우 1589년(天正17) 미노 국(美濃國) 토지조사에서 그 전형적인 원칙이 보인다. 300보(步)=1단(段)(종래 360보), 전답(田畠)의 양부(良否)를 상 · 중 · 하 · 하하의 4단계로 평가, 교마스(京枡)의 사용[상전(上田) 1단의 고쿠모리(石盛=斗代: 경지 · 집터의 단당 표준수확량)는 1석 5두] 등을 주요 내용으로 한다. 그런데 도요토미 정권기 우에스기 씨(上杉氏)의 경우 가리타카(刈高)와 영락전(永樂錢)에 근거하여 단당 연공고를 기재하고 면적 측정은 하지 않았으며, 다테 씨(伊達氏)의 경우 이전에 태합검지가 채택한 석고표시 · 300보=1단제를 고쳐 다시 관고(貫高)표시 360보/1단으로 하고 있듯 전국시대의 유제는 많이 남아 있다(三鬼清一郎, 「太閤檢地と朝鮮出兵」, 岩波講座『日本歷史』, 1975, pp. 91-92).

히데요시의 도수령(무기몰수령) 등 병농분리 정책이 과연 얼마나 실제 집행되었는가 하는 점에도 의문이 제기된다. 병농분리를 가져온 가장 기본적인 정책인 백성 무장해제 규정도 17세기 말까지 백성 · 조닌의 대도[帶刀: 가타나(刀) · 와키자시(脇指)] 그 자체를 법적으로 금압한 흔적은 없고, 작은 칼脇指의 소지 휴대도 길이, 색깔 등 형상에 관한 표식 규제 외에 별다른 규정이 없었다는 주장이 있다.[27]

이렇게 볼 때 도요토미 정권이 시행했다는 병농분리도 당시 실상과 크게 다른 허상일 가능성이 있다. 도요토미 정권이 실시된 토지조사(태합검지)와 석고제, 병농분리(도수령) 정책을 통해 중세사회가 질적으로 변화하였다는 전국시대와 근세사회의 '단절'을 지적해온 기존 통설은 재검토할 여지가 있다.

27 藤木久志, 『豊臣平和令と戰國社會』, 東京大學出版會, 1985.

2. 도요토미 정권의 지향과 '임진전쟁'

원인=공명설功名說

도요토미 정권은 과연 무엇을 지향하였는가? 분열된 전국사회를 통합한 히데요시의 목적은 무엇이었으며, 히데요시가 왜 국내통합에 그치지 않고 대외침략의 길을 밟아 나갔는가? 도요토미 정권의 지향점과 '임진전쟁'의 원인에 관해서는 설이 분분하다.

우선 '임진전쟁'의 원인은 대체로 ①무역 · 상업 등 경제적인 측면을 중시하는 견해['감합(勘合)무역 부활'설 등], ②히데요시 개인의 입장을 강조하는 견해[아들 쓰루마쓰(鶴松)의 요절설, 공명설], ③영주계급의 이익이나 도요토미 정권의 구조적 측면을 강조하는 견해[영토확장설, 도요토미 정권의 전제성(專制性) 강조]로 나눌 수 있다.[28]

①은 명과의 화의 교섭 과정에서 감합무역 부활이 제기된 점이 근거이다. 1593년(文祿2) 도요토미 정권은 명에게 화평 조건의 하나로 '관선官船 · 상선商船 왕래'를 제시한다. 그러나 도요토미 정권이 처음부터 감합무역에 뜻이 있던 것이 아니라 후일 외교 교섭 과정에서 필요에 의해 제기한 주장에 불과하다는 반론도 있다.[29] 물론 히데요시가 무역문제에

28 北島萬次, 前揭「豊臣政權の朝鮮侵略に關する學說史的檢討」; 김문자, 前揭「전쟁과 평화의 근세 한일관계」 참조.

29 이러한 비판을 받아 근래 새로운 형태의 주장이 제기되었다. 예를 들어 이 시기 동아시아는 은(銀)을 중심으로 활발한 경제활동이 전개되었는데 정치 · 군사적 관점에서 조선 조정은 일본과의 공식적인 무역행위를 금지하였고 무역에 많은 관심을 갖고 있던 도요토미 히데요시가 이를 해결하기 위해 침략했다는 것이다(村井章介, 「임진왜란의 역사적 전제」, 『남명학연구』7, 1998). 감합무역부활설과 달리 가능성은

깊은 관심을 갖고 있던 것은 사실이고 개연성도 있지만 무역문제를 직접 언급한 사료를 찾을 수 없는 것이 약점이다.[30]

②의 경우는 히데요시가 직접 자신의 침략 동기를 밝히고 있는 점이 무엇보다 큰 매력이다. 히데요시는 조선에 문서를 보내 자신의 침략 의도를 설명하면서 오직 "가명佳名을 삼국三國에 남기고 싶을 따름"이라 밝혔다.[31] 그러나 과연 침략의 원인을 히데요시라는 일개 개인 차원의 문제로만 환원시킬 수 있는가? 기존 공명설은 사회구조적인 측면에서 접근하지 않고 히데요시 개인의 야망이나 망상으로 국한하는 것이 최대 약점이다. 그렇지만 저자는 이러한 히데요시의 공명심 주장에 '임진전쟁'의 진정한 원인이 숨어 있다고 본다. 공명설을 제기한 선행연구의 문제점은 공명심을 단순히 히데요시 개인 차원으로 환원한 데 있다. 그러나 히데요시의 공명심은 결코 히데요시 개인 차원에만 국한된 것이 아니고 당시 무사집단의 일반적인 지향이자 그들의 정서가 반영된 구조적인 산물이다.[32]

그러면 왜 당시 영주들은 공명에 집착했을까. 그것은 공명심이 단순한 개인의 명예문제로 끝나는 것이 아니기 때문이다. 공명은 영주들에

있지만 정황론에 가깝다.

30 히데요시는 중국을 정복하면 천황을 중국으로 옮기고 중일무역의 중심지인 닝보(寧波)에 자신의 거주지를 두겠다는 정권구상을 밝혔다(『朝鮮日日記 · 高麗日記』, そしえて, 1982, p. 71). 히데요시가 무역을 중시했다는 반증으로도 볼 수도 있으나 저자는 오히려 이곳을 거점으로 천축(天竺: 인도) 정복의 의지를 밝힌 점에 주목한다. 영토 확장이 보다 본질적인 것으로 보인다.

31 이케우치 히로시(池內宏)는 ①조선 국왕에 보낸 국서 마지막에 "내가 원하는 것은 다른 것이 없습니다. 단지 가명(佳名)을 삼국에 알릴 따름입니다"라는 구절과 ②히데요시의 서기 오무라 유코(大村由己)가 "고려(조선)국에 알린 취지는 일본 왕궁에 와서 내년 중이라도 대면할 수 있도록 하라는 것이다. 받아들여지지 않더라도 후대까지 이름을 남길 수 있다"고 하는 사료를 근거로 공명설(功名說)을 제시하였다(同, 『文祿慶長の役』(正編第1), 南蠻州鐵道, 1914).

32 예를 들어 '임진왜란'에 참가했던 시마즈 씨(島津氏)는 그 후 자신들의 기록 · 문서를 모아 『정한록(征韓錄)』이란 책을 편찬했다. 여기에는 "오호라. 시마즈 씨의 이름(名)이 이미 중화(中華)에 드러났다. 근래 우리 선조는 조선정벌에 참가하여 이역(異域)에 무위(武威)를 떨쳐 우리 가문의 공업(功業)을 세웠고 그럼으로써 이름을 사해(四海)에 퍼지게 하였다"고 하여 공명을 내세우고 있다(北島萬次, 前揭『豊臣政權の對外認識と朝鮮侵略』, p. 17).

게 영지(경제)의 축소 또는 확대, 가문의 존속 등과도 관련된 사활이 걸린 문제였다. 영지몰수와 가문御家 단절처분을 받은 규슈 다이묘 오토모 요시무네大友義統는 그 대표적인 사례 중 하나이다.

'임진전쟁' 당시 황해도 봉산鳳山에서 평양과 한양의 연락책을 맡고 있던 요시무네는 평양에서 고니시 유키나가가 전사했다는 소식을 잘못 전해 듣고 서둘러 봉산에서 철수한다. 이로 인해 퇴각하는 데 어려움을 겪게 된 고니시는 이 사실을 히데요시에게 보고한다. 보고를 받고 격노한 히데요시는 요시무네의 영지를 몰수하고 그 처분을 다이묘들에게 알렸다. 요시무네와 같은 겁쟁이를 일본에서 일찍이 본 적이 없고 또 그 비겁함은 "삼국(조선 · 명 · 일)에까지 알려졌"기 때문에 몰수처분을 했다는 것이다.[33] 용감하여 전공을 세운(공명을 떨친) 자에겐 많은 보상을 내리지만, 반대로 그렇지 못한 자에겐 가차 없이 처벌이 내려지는 구조이다. 이와 비슷한 예는 많다. 진주성 공략에 즈음한 가토 기요마사加藤清正가 부하들을 불러 모아놓고 "이 싸움에서 다른 사람보다도 뛰어난 공명을 거둔 자에게는 급분給分(영지배분)을 백배 이상으로 하겠다"고 한 것도 공명과 보상의 상관관계를 잘 말해준다.[34] 공명은 단순히 개인 차원의 명예, 심리문제가 아니라 구조적이며 경제적으로 사활이 걸린 문제였다.

이렇게 볼 때 ②공명설과 ③영토 확장설은 사실 별개의 내용이 아니다. 현재는 ②는 무시되고 주로 ①과 ③의 주장만이 통설적 위치를 점하고 있다. 그러나 저자가 보기에는 오히려 ②가 중요하며, ②와 ③은 동전의 앞뒷면 관계이다. 사실 '임진전쟁'의 원인으로 ③을 명확하게

---

33 『島津家文書』2(大日本古文書本), 954号. 기타지마 만지(北島萬次)는 이러한 다이묘의 개역을 히데요시가 "다이묘(大名)를 공포에 떨게 하여 조선군역을 채찍질한 것"(同, 「임진왜란과 진주성 전투」, 『남명학연구』7, 1998, p. 47)으로만 보았으나 이것은 한 측면을 강조한 것에 불과하다. 공명(功名)을 통한 보상과 개역(改易)을 통한 영지 몰수는 동전의 앞뒷면과 같은 관계이다.

34 「九鬼文書」(北島萬次, 前掲「임진왜란과 진주성 전투」, p. 46).

지적한 사료는 존재하지 않는다. 그러나 '공명'과 관련된 사료는 무수히 많이 존재한다. 영주계급의 영토 확장이란 ③의 지향이 구체적인 사료로 나타날 때 ②의 공명이란 이름으로 표출한다.

예수회 선교사 루이스 프로이스는 이 점을 예리하게 지적한다. 프로이스는 히데요시의 대외 침략 움직임에 반대하는 의견이 있다고 하면서, 첫째, 히데요시 불만세력이 이것을 계기로 궐기할 수 있다. 둘째, 일본인은 타민족과 전쟁할 훈련이 되지 있지 않아 중국의 언어, 지리를 전혀 모른다. 셋째, 내지內地에 영지를 소유한 영주의 경우 항해할 수 있는 선박도 선원도 없다. 넷째, 설령 재력이 있다 하더라도 선박, 장비에 필요한 무기, 식량, 탄약을 구입하기까지 정해진 시일이 너무 촉박하다 등을 들었다.[35] 이러한 반대파 주장에 대해 히데요시는 다음과 같이 반박하는데 여기에 '공명'과 영토 확장의 상관관계가 매우 정확하게 지적되고 있다

> 나는 일본왕국, 즉 천하의 군주로 충만한 쾌락, 재보, 번영을 누리고 있음에도 스스로 이것을 방기하고 세계사상 유례가 없는 명예롭고 경탄할만한 일을 나의 힘으로 성취하고자 한다. 일동은 이 기도와 도항渡航에 나를 따라야 하고 만일 목숨을 잃는다 하더라도 그것은 나와 함께 영원히 기념되고 찬미될 것이(다).……일이 순조롭게 달성되면 새로운 정복에 의해 획득된 제국, 봉록, 유리한 영지를 줄 것이며 너희는 많은 즐거움 속에 여생을 보낼 것이다.[36]

35 『フロイス日本史』2, p. 204.

36 同上, pp. 205-206.

‘도요토미 평화령豊臣平和令’의 문제점

그럼 ‘임진전쟁’을 일으킨 도요토미 정권의 성격을 어떻게 보아야 하는가? 이 문제와 관련하여 근년 일본 내 성과를 집대성하였다고 평가할만한 견해가 후지키 히사시藤木久志의 이른바 ‘도요토미 평화령’이다.[37]

후지키는 도요토미 정권의 출현을 주로 군사 정복 활동과 관련지어 파악하는 선행연구를 비판하는 데서 출발한다. 후지키에 따르면, 선행연구는 히데요시의 군사정복 과정을 지나치게 과대평가하는데, 실제 히데요시가 멸망시킨 전국 다이묘는 고호조 씨 하나에 불과하며 도요토미 정권의 군사적 강압성과 권력의 전제적 성격을 강조하는 것은 타당하지 않다.[38] 오히려 도요토미 정권은 군사행위 · 활동을 적극적으로 금지하는 조치를 취하였다. 그 증거가 도요토미 정권이 반포한 총무사령[惣無事令: 다이묘(大名) · 영주 간 전투 금지령], 싸움정지령喧嘩停止令(마을 · 집단 간 싸움 금지령), 도수령刀狩令(무기몰수령), 해적정지령海賊停止令(왜구적 약탈 상황 금지령)이란 네 가지 법령이다. 도요토미 정권은 1587년(天正15) 규슈 정전령九州停戰令(시마즈 씨와 오토모 씨 간 분쟁 금지령)과 동년 12월에 발포된 관동, 오슈奧卅 지역 다이묘 간 분쟁금지령關東奧兩國惣無事之儀 등을 통해 다이묘의 군사행동을 제한하고 지역 분쟁을 해소한다. 이러한 ‘총무사령’이 다이묘 간 분쟁해소, 즉 다이묘의 평화이고, 촌락 간 분쟁을 금지한 ‘싸움정지령’은 촌락의 평화이며, 백성의 무기 몰수를 규정한 히데요시의 ‘도수령’은 백성의 평화이며, 해적의 약탈행위, 왜구적 상황을 금지한 ‘해적정지령’은 바다의 평화였다.

이상이 바로 이른바 후지키의 ‘도요토미 평화령’의 골자인데, 논란의

37 藤木久志, 前揭『豊臣平和令と戰國社會』.

38 鈴木良一, 『豊臣秀吉』, 岩波書店, 1954; 永原慶二, 『日本の中世國家』, 日本放送出版協會, 1980(후에 『日本中世の社會と國家』로 개명).

소지는 평화라는 개념이다. 후지키에 따르면 이 경우의 '평화'는 현대적 의미의 평화가 아니다. 유럽 중세사에 보이는 가家의 평화 · 특별평화(Friede: 프리데), 또는 12세기 중기 독일의 제국평화령(Landfriede: 란트프리데) · 무기규제와 같은 것이며, 이 평화의 반대편에는 중세사회에 일반화된 사전私戰(Fehde: 페데), 즉 복수敵討, 전투合戰, 경계싸움(境論 · 山野水論)에 따른 분쟁 · 다툼 등이 존재한다. 도요토미 정권은 이러한 만연화된 분쟁을 종식시키고 민중들에게 평화를 가져다 주었다. 도요토미 평화령의 출현은 일본 중세의 광범위한 사전私戰의 세계, 이른바 중세 재지사회의 자력구제 관행과 이를 극복하기 위해 분쟁종식(즉 '평화')를 간절히 원하는 민중의 소망이 깔려 있다.[39]

후지키의 주장은 전국시대에 관한 선행 연구성과를 바탕으로 한다. 특히 전국시대 '영국평화령領國平和令'이라고 할 수 있는 「겐카료세이바이 법喧嘩兩成敗法」과 「국질 · 향질國質鄕質규제법」에 대한 연구,[40] 도요토미 시대 반포된 「천하의 모든 분쟁금지령天下悉ケンクワ御停止」은 사실상 중세

39 흔히 일본 중세사회를 자력구제(自力救濟)사회라 한다. 스스로 분쟁을 해결해야 한다는 의미이다. 이는 중세 공권력의 한계를 단적으로 말해주는 것으로 개인과 개인, 집단과 집단 간 끊임없이 반복되는 피의 복수를 연상하는 것이 일반적이다. 후지키가 주장하는 도요토미 평화령=통일권력에 의한 자력구제(自力救濟) 원리의 전면 부정도 일본 중세 재지사회가 가혹한 보복주의에 지배받던 세계였다는 통념에 의거한다. 가혹한 보복을 피하기 위한 민중의 염원이 평화(平和)로 귀결되어 통일권력의 정책을 지지하는 형태로 나타났다는 것이다. 후지키가 도요토미 정권의 싸움 금지령(喧嘩停止令)을 평가하여, "천하의 법이란 권위로 밀어 부칠 수 있던 역사적 근거의 하나는 이 법이 중세 토착의 가혹한 자력(구제) 법의 지배에서 농민을 해방하는 역할을 담당한 점"에 있다고 한 것도 이 때문이다. 그런데 이러한 통설은 근년 점차 부정되고 있다. 중세 재지사회 내에도 싸움을 회피하기 위한 여러 사회적 제어장치 및 시스템이 존재한다. 가령 손익이 균형 상태에 도달했다고 쌍방이 주관적으로 느낀 시점에서 분쟁은 종결되고, 그 해결의 공평성을 담보하기 위해 종교적 초월자에게 위임하는 경우도 있어, 흔히 생각하는 것과 같이 무조건적인 피의 악순환이 전개된 것은 아니다(村井章介, 「中世の自力救濟をめぐって-研究狀況と今後の課題-」, 『歷史學硏究』560, 1986). 따라서 중세 자력구제 사회를 전제로 도요토미 평화론을 주장한 후지키설은 재검토할 여지가 있다.

40 勝俣鎭夫, 『戰國法成立史論』, 東京大學出版會, 1979. 자력구제 관행을 금지하고 싸움을 하면 이치와 상관없이 양자 모두 처벌한다는 겐카료세이바이 법(喧嘩兩成敗法)이나, 손해를 입었을 경우 동일 지역[국(國)이나 향(鄕)]에 사는 다른 사람의 재물을 압수하는 종래의 관행을 금지한 국질 · 향질(國質鄕質) 규제법은 지역통합을 목표로 하던 전국 다이묘 권력의 대표적 지역분쟁 해소책이다.

촌락 간 쟁론을 금지한 「자력구제 규제법自力規制法」의 연장이란 연구를[41] 더욱 발전시킨 것이다. 이들 연구를 바탕으로 후지키는 도요토미 히데요시의 전국 통일이야말로 평화에 이르는 길이며 중세 최후 단계에 이르러 광범위하게 나타난 영국평화령領國平和令의 총괄로 보았다. 그 결과 도요토미 정권의 군사 집중과 전쟁 수행체제는 권력의 재판권 집행과 평화침해를 회복하기 위한 '수단'에 불과하며 이를 본질 내지 핵심으로 볼 수 없다는 결론에 도달한다.

그런데 이러한 후지키의 주장을 따라가다 보면 '임진전쟁'을 일으킨 침략자 히데요시 상像은 없어져 버린다. 오히려 전국동란 등 지역 분쟁을 종식시키고 나아가 동아시아의 분쟁까지도 종식하려 한 '평화' 수호자 히데요시의 이미지가 부각될 따름이다. 그 결과 조선에서 자행한 무수히 많은 약탈, 방화, 만행 등 침략 행위는 어디론가 사라져버렸다. 과연 도요토미 정권은 '평화'를 지향한 권력인가?

후지키 '평화령'론의 가장 큰 문제점은 분쟁종식 과정에 동반된 전쟁의 폭력성을 정확히 평가하지 못한 점이다. 후지키는 의도하진 않았겠지만, 결과적으로 분쟁 종식 과정에서 나타난 무수한 전란, 그 속 전개된 헤아릴 수 없는 방화, 약탈, 참상 등 전국시대 이래의 참혹한 실상과 폭력 행위에 무관심하게 된다. 히데요시가 실제 멸망시킨 다이묘는 고호조 씨만이라 하여 그 의미를 축소하거나, 히데요시의 폭력을 보다 큰 '평화' 회복하기 위한 과정의 일부로 파악한다.

그러나 오다 노부나가를 따라 각지에서 전쟁을 수행한 히데요시는 수공水攻, 병량미 차단 등을 통해 무수히 많은 인명을 살해한다.[42] 1582년(天

41 野野瀨紀美, 「豊臣政権下の水論と村落」, 『ヒストリア』70, 1976.

42 「天正記」, 『太閤史料集』, 人物往來社, 1965; 다카마쓰 성 수공(高松城 水攻), 미키 성(三木城) 병량 차단 공격.

正10) 노부나가가 죽은 후에도 동년 6월, 아케치 미쓰히데明智光秀와의 전투, 1583년 라이벌 시바타 가쓰이에柴田勝家와의 전투, 1584년 도쿠가와 이에야스와의 전투, 1585년 기이紀伊 시코쿠四國 공격, 1587년 규슈 침공을 전개했고, 지루한 외교전 끝에 1590년(天正18) 대규모 군사를 동원하여 관동關東 고호조 씨後北條氏를 멸망시키고 다테 마사무네伊達正宗의 동북 지역도 굴복시켰다. 이로써 일본을 통일한 히데요시는 곧바로 전쟁 준비에 착수, 불과 2년 후인 1592년(天正20, 文祿1) 조선을 침략한다. 이처럼 1598년(慶長3) 죽기까지 히데요시의 전 생애는 전쟁 수행의 연속이다. 비록 전국시대와 같은 지역권력(다이묘) 간 영역분쟁은 사라졌지만 통일을 수행하는 과정에서 무사계급의 폭력성 자체가 해소되거나 사라진 것은 아니다. 특히 도요토미 정권의 국가적 '폭력' 집중을 강조하면서 전국다이묘의 복속을 통한 도요토미 정권의 공의公儀 독점이 본질이란 반론이 있듯,[43] 후지키와 같이 도요토미 정권의 지향점을 과연 '평화령'에서 찾을 수 있을지 의문이다. '임진전쟁'까지를 시야에 넣고 전체적인 관점에서 조망한다면 도요토미 정권의 지향을 '평화'=사전私戰 금지 · 분쟁 종식이 아닌 다른 논리에서 찾아야 할 것이다.

침략의 논리

히데요시는 국내 통합 과정에 천황을 적극적으로 이용했다. 1589년(天正17) 고호조 씨 정벌을 다이묘에게 밝힌 히데요시의 취지에 따르면, "(고)호조의 일, 근년 공의를 업신여기고"라고 하면서, "천도天道의 정리正理에 어긋나고 제도帝都에 대해 간모奸謀를 꾀하니 어찌 천벌을 받지 않겠는

43 永原慶二, 前揭『日本の中世國家』. 미즈바야시 다케시(水林彪)는 중세인민이 평화원망(平和願望)을 갖고 있다는 상정(想定)은 통일권력에 대한 긍정적인 평가만을 가져올 뿐이며, 후지키 설(藤木說)이 모든 논의를 국가와 백성에 국한시킴으로써 개별 영주권력 대 촌락 · 백성이란 계급문제를 경시하고 있다고 비판한다(水林彪, 「一九八伍年度歷史學硏究會大會報告批判 · 全體會」, 『歷史學硏究』594, 1985).

가", "요컨대 보천普天 아래, 칙명을 위반한 무리를 빨리 주벌하지 않으면 안 된다"고 하여 정벌의 정당성을 주장하기 위해 천황帝都을 내세운다.[44] 천황 권위는 도요토미 정권 다이묘 정책의 '핵'이다. 히데요시는 전국 다이묘가 복속의 뜻으로 인질을 내고 천황 알현의 명목으로 교토에 와서 자신을 만나 신종臣從하면 기존 지배 권리를 그대로 보장해주고 그렇지 않을 경우 정벌했다. 알현의 요구를 받아들여 히데요시에게 신종한 도쿠가와 이에야스는 살아남고 이를 거부한 고호조 씨는 멸망했다. 따라서 후지키의 주장처럼 히데요시가 무력을 배제한 '평화'로운 방법만을 지향한 것은 아니었다. 히데요시는 천황 권위를 매개로 항복→지위보장, 거부→정벌이란 서로 다른 두 가지 선택 방식을 갖고 있었다.[45]

그런데 히데요시는 이 방식을 외국에도 그대로 적용하려 했다. 관동關東은 물론이거니와 아직 규슈조차 평정되지 않은 1586년(天正14) 6월 16일 히데요시는 쓰시마 도주島主 소 요시시게宗義調에게 "일본 지역은 동으로 히노시타 지역(日下: 관동과 동북)까지 모두 장악하여 천하를 평정하였다. 지쿠시筑紫(규슈)에도 군대를 보내려 한다. 그 때 고려(조선)도 (협조) 병력을 파견하도록 명령을 해두어라"[46]라는 지시를 내린다. 히데요시는 쓰시마가 조선을 통제하고 있다고 오인해 이런 지시를 내렸는데,[47] 조선이 이 명령에 따를 리 만무하였다. 그러자 1587년(天正15) 6월 1일 히데요시는 다음과 같은 의지를 피력한다.

고려국(조선)이 여러 물품과 중요 인질을 진상하겠다는 뜻을 쓰시마에

---

44 『伊達家文書』1, 452号.

45 오다 노부나가의 충절→보호 · 적대→탄압의 논리도 이와 유사하나 그 중심에 천황이 아닌 오다 정권을 두고 있다는 점에서 차이가 있다(朴秀哲, 「織田政權における寺社支配の構造」, 『史林』83-2, 2000).

46 「宗家文書」, 『朝鮮日日記 · 高麗日記』, p. 23.

47 北島萬次, 『豊臣秀吉の朝鮮侵略』, 吉川弘文館, 1995, p. 16.

> 전해왔다고는 하나 아직도 진상품이 도착하지 않고 있다. (이는) 우리나라의 평판覺에 관한 것이므로 고려 국왕이 참내(參內: 천황을 알현하는 것)해야 한다는 뜻을 전하도록 (쓰시마 도주에게) 명령해두었다. 만약 (조선국왕의 알현이) 늦으면 그 나라로 병력을 보내 처벌할 것이다.[48]

이어 보름 뒤 동월 15일 소 요시시게에게 "(조선)국왕이 일역(日域: 일본)에 참내하러 상경하면 모든 것을 이전처럼 할 것(기존 지배권의 인정-역자 주)이나, 만약 늦어지면 즉시 도해渡海하여 주벌할 것이다"[49]라는 문서를 내렸다. 조선에도 항복→지위보장, 거부→정벌의 논리를 관철시키려 했다.

그럼 도요토미 정권은 왜 끊임없이 영지 확장을 지향했는가? 그것은 지속적인 영토 확대 전쟁을 통해서만이 다양한 구성원의 이해관계를 조정하고 그들의 불만을 잠재울 수 있기 때문이다. 히데요시가 정권 초기부터 명明을 침략하려 한 것은 그런 점에서 조금도 이상하지 않다. 1585년(天正13) 7월 관백에 취임한 히데요시는 그해 9월 부하 히토쓰야나기 스에야스一柳末安에게 명 정복의 포부를 피력한다. 히데요시는 가토 미쓰야스加藤光泰의 토지를 빼앗아 이를 스에야스에게 주면서 그 경위를 설명하였다.

> 원래 20석에 불과한 자(가토 미쓰야스)에게 500석, 1,000석씩 여러 번 나누어주었으며 지금은 2만 관에 해당하는 요충지 오가키大柿(大垣) 성을 주었고 덧붙여 7천 석에 대관代官(연공징수 · 관리자) 자리도 주었다. 사쿠나이作內(가토 미쓰야스)는 히데요시가 일본국은 말할 나위 없이 당국唐國(중국)까

48 「本願寺文書」, 『朝鮮日日記 · 高麗日記』, p. 24.
49 「宗家文書」, 同上, p. 24.

> 지 지배할 것이라 생각하여 히데요시를 따랐을 것이다. 부하에게 나누어주는 지행知行(지배지)은 엄격히 이루어져야 하는데 (미쓰야스는 자신의) 지행보다 많은 군대를 거느리고 있다고 하면서 대소臺所(藏入地: 히데요시의 직할 토지)의 대관 자리를 달라고 하였다. 아무리 히데요시와 막역한 사이라고는 하나 이러한 요구는 도를 지나친 것이다.[50]

일개 무사에 불과하였던 가토 미쓰야스는 히데요시를 따라 전쟁을 수행하는 과정을 통해 대영주로 성장한다. 여기에 도요토미 정권의 군사동원 방식이 잘 드러난다. 히데요시의 부하들은 도요토미 정권의 끊임없는 영토 확장의 주역이며 확장에 따른 이익을 히데요시와 공유하고 있다. 이 과정에서 철저히 중시된 것은 실력(=군사력)과 기량이다. 가토 미쓰야스가 분에 넘치는 군대를 소유하지 않을 수 없었던 이유도 여기에 있다. 전쟁터에 나가 공을 세워야 살아남을 수 있었다. 모든 것이 경쟁체제였다. 능력이 있는 자는 우대받고 그렇지 못한 자는 도태되었다.[51]

1582년 6월 오다 노부나가의 자살 이후 히데요시는 비록 후계자 자리를 계승했지만 처음부터 정권의 정통성을 확보한 것은 아니었다. 여기서 히데요시는 천황을 끌어들여, 천황을 보좌하는 관백직에 취임하고 천황과의 일체성을 강조하기 위해 자신이 천황의 낙윤이라는 황윤설도 제기한다.[52] 물론 당초 히데요시는 쇼군이 되어 막부를 새로 창시

---

50 「伊予一柳文書」(岩澤愿彦, 「秀吉の唐入りに關する文書」, 『日本歷史』163, 1962).

51 예를 들어 1593년 동북 오슈 지역의 다이묘 난부 노부나오(南部信直)는 나고야(名護屋: 임진왜란 당시 규슈의 전진기지)에서 가미가타(上方: 교토 · 오사카 지역) 군대의 조직 원리를 보고 "가미가타 지역[上(方)]은 고모노(小者: 종자)라도 주인에게 봉공(奉公)을 잘하면 신분을 올려준다. 그것을 본 자는 나도 뒤떨어지지 말아야지 하고 봉공을 한다"(『秋田縣史資料』古代中世篇, p. 448)고 하여 출자(出資)와 가문을 중시하는 자신의 출신 지역과 비교하고 있듯, 도요토미 정권 내부의 신분상승(출세) 욕구는 히데요시가 일본을 통합할 수 있었던 핵심 원리였다. 그리고 이러한 신분상승 욕구는 전국시대 이래 근기(近畿) 지역에서 널리 확인된다.

52 박수철, 「豊臣秀吉은 왜 將軍(쇼오군)이 되지 못했나-일본 역사의 한 단면과 특질」, 『전남사학』21, 2003.

할 의지도 있었지만[53] 좌절되고 천황과의 일체화를 통해 국가권력을 장악하는 길을 걷는다. 천황을 내세워 국내 불만세력을 장악하는 방식이었다.

그런데 천황 권위의 효용성은 일본 통일이 가시화됨에 따라 점차 약화된다. 특히 1588년(天正16) 무로마치의 마지막 쇼군 아시카가 요시아키의 승려 출가로 인한 무로마치 쇼군권력公儀의 최종 소멸, 1590년(天正18) 마지막 저항세력이던 고호조 씨의 멸망 등으로 천황 권위의 필요성은 더욱 줄어들었다. 더욱이 명明으로 영토를 확장할 때 국내용에 불과한 천황 권위는 그다지 효용성이 없었다. 여기에 천황 권위를 뛰어넘는 새로운 논리가 필요하였다.[54] 바로 히데요시를 천황의 아들皇胤說이 아닌 '일륜(日輪: 태양)의 아들'로 위치지우는 논리의 등장이다.[55]

'태양의 아들'설은 당시 널리 유행하던 '천명天命'·'천도天道'론이 발전한 것이며 "천하의 일을 무엇이나 노부나가에게 맡긴 이상 누구에 (명령에) 따를 필요 없이, 상의上意를 얻을 필요도 없이"[56]라고 하듯 종래 천天에 대한 관심과 지향을 히데요시 시기에 더욱 발전시킨 것이다. 천황 권위를 극복하고 독자적인 '무위武威'권력을 확보하려는 무가세력의 움직임은 노부나가 이래 꾸준히 있어 왔는데, 히데요시가 이를 더욱 계

---

53 1583년(天正11) 5월 15일 고바야카와에게 보낸 편지. "동국(東國)은 호조 우지마사(北條氏政), 북국(北國)은 우에스기 가게카쓰(上杉景勝)까지 지쿠젠(筑前: 히데요시)의 뜻에 맡겼습니다. 모리 우마노카미(毛利右馬頭)[데루모토(輝元)] 도노께서 히데요시(秀吉)의 뜻에 따르겠다고 마음을 먹으신다면, 일본의 치세가 미나모토노 요리모토 이래 어찌 이것보다 뛰어난 것이 있겠습니까"(『毛利家文書』, 980号).

54 1590년(天正18) 난부 노부나오(南部信直)는 무쓰(陸奥)의 호족 에자시 씨(江刺氏)에 대해 도요토미 정권의 광산 통제에 따를 것을 충고하면서 다음과 같이 말한다. "천하 모든 산하는 양 영주(난부 · 에자시 씨)의 물건이 아닙니다. 어쩔 수 없습니다. 마에다 도시이에(前田利家)의 영지도 (히데요시가 직접 파견한) 엣추(越中) 광산봉행(金山御奉行)이 관장하며, 사도(佐渡) · 에치고(越後) · 가이(甲斐) · 시나노(信濃) 모두 다 그와 같으며 우리만이 그런 조치가 취해진 것이 아닙니다"(朝尾直弘, 「豊臣政權論」, 『岩波講座日本歷史』近世1, 1963, p. 173). 금(金) 광산에 한정하기는 하나 "천하의 물건은 히데요시의 것"이라고 인식하고 있는 부분이 주목된다.

55 北島万次, 前掲『豊臣政權の對外認識と朝鮮侵略』, pp. 99-101.

56 「足利義昭 · 織田信長條書」(奥野高廣, 『信長文書』上卷, 209号, 吉川弘文館, 1988).

승 · 발전시켰다.[57]

1591년(天正19) 포르투갈령 인도총독에게 대명침략을 통보한 편지에 보면 "이때를 맞아 성주(聖主: 천황)의 칙명을 환중[寰中: 일본(國內)]에 전하고 양장良將의 위威를 새외(塞外: 외국)에 떨쳐……대명국大明國을 다스리고자 한다"[58]고 하여 국내통치(천황의 역할)와 국외점령(良將=무사의 역할)을 나누어 구분하고 있음이 주목된다. 국외로의 확장이란 새로운 상황에 직면하여 종래 천황의 역할을 뛰어 넘어 대외로 무위武威[양장(良將)의 위(威)]를 실현시킬 수 있는 새로운 논리가 필요하였다. 히데요시의 '태양의 아들'설은 이러한 움직임의 일환이다. 천황 권위를 이용하여 일본 국내통합을 이루어 나가던 히데요시가 그것이 달성되었을 때 천황 권위와 일체화에 머무르는 황윤皇胤의 논리는 더 이상 매력이 없었다. 여기서 "장년에 반드시 팔표八表[팔방(八方)의 끝] 인풍仁風[인덕(仁德)의 교화]을 듣고 사해에 위명을 입을 것"이란 '태양의 아들'이 등장하여 무가 히데요시의 위치가 다시 재정립된다.[59] 항복→지위보장, 거부→정벌의 논리는 계속되었지만 대외적으로 일본을 대표한 자는 천황이 아닌 '태양의 아들' 히데요시였다.

전국시대 이래 일본사회에서 혼란기에 편승하여 구성원들은 신분상승과 이를 통한 경제적 이익 실현(영토 확보)에 몰두하였다. 민중은 전공戰功을 세워 무사로 성장하고자 했고 무사들은 "일본국은 말할 나위 없이 당국唐國까지 지배할 것이라 생각하여 히데요시를 따랐을 것"이라 하듯 영지 확대에 힘썼다. 그 과정에서 겁쟁이臆病者라 낙인찍힌 자는 하루아

---

57 朝尾直弘, 『將軍權力の創出』, 岩波書店, pp. 27-31. 히데요시가 관백이 되기 위한 필수 조건으로 "검을 맡아" "천하를 따르게 하는"(『駒井日記』, 文祿3年4月13日條) 일을 든 것도 무위(武威)를 핵심요소로 하는 무가권력의 본질을 말해주는 것이다.

58 『異國往復書翰集』11.

59 히데요시와 도쿠가와 이에야스를 사후에 각각 도요쿠니 다이묘진, 도쇼다이곤겐으로 추앙하여 신으로 받든 것도 이러한 움직임의 확대라 생각한다. 이 점은 박수철, 「近世初 일본의 『鎖國』과 神國思想」, 『日本語文學』23, 2004 참조.

침에 모든 영지와 생명을 잃었고 구성원들은 싫건 좋건 '공명功名'을 추구할 수밖에 없었다.[60] 이러한 움직임을 기반으로 하여 끊임없이 확대되어가던 '태양의 아들' 히데요시와 그의 추종자들의 지향이 '임진전쟁'이었던 것이다. 그러나 이러한 영토 확대 지향은 히데요시의 죽음과 전쟁에서의 패배로 무산된다. 이후 일본사회는 더 이상의 영토 확대를 포기하고 다시 '축소'(쇄국제)하는 방향으로 선회한다.

60 1598년(慶長3) 가토 요시아키(加藤嘉明)에게 준 히데요시 주인장을 보면 "재지영주(國持) 중 겁쟁이(臆病者)가 있으면 그 영지를 몰수(闕所)한다. 이 방침을 다이묘(國主)에게도 통보하여 처리하도록 할 것"(「水口加藤文書」, 朝尾直弘, 前掲「豊臣政權論」, p. 187)이라 하여 당시 일반화된 방침이다.

소결小結

한국에서 쓰이는 '임진왜란'은 일본에서는 '분로쿠文祿 · 게이초慶長의 역役', 중국에서는 '만력동정萬曆東征', '만력조선지역萬曆朝鮮之役'으로 불린다. 16세기 동아시아 질서를 근본적으로 뒤흔든 대사건이었음에 틀림없으나, 한중일 삼국 간 공통된 명칭이 없다.

한국에서는 임진왜란이란 명칭이 꾸준히 사용되었으나 일본은 여러 번 변천을 거듭해왔다. 에도 시대에는 '조선정벌', '정한'이 일반적인 명칭이고 이 속에는 조선에 대한 멸시감이 깔려 있다. 이미 에도 시대 전기인 17세기 간에이寬永 연간(1624~1643)에 후지와라 세이카藤原惺窩의 제자 호리 마사오키堀正意가 『조선정벌기朝鮮征伐記』를 편찬했고, 규슈의 다이묘 시마즈 씨島津氏도 참전을 기록한 『정한록征韓錄』을 남긴다.[61] 이러한 조선 멸시관은 일본 제국주의 시대에 부활하여 고착화된다. '조선정벌'사관이 정립되어 일본 국위고양, 식민지배의 정당화에 이용되었다. 1945년 패전 후 이러한 '정벌사관'은 많은 비판에 직면했고 대부분의 논리가 극복된 것도 사실이다. '임진왜란'은 히데요시의 조선정벌이 아닌 무모한 '침략전쟁'에 불과했음이 밝혀졌다. 그러나 최근 후지키 히사시와 같이 이를 히데요시의 폭력적 침략 과정으로 보기보다는 분쟁종식 과정의 연장선에서 파악한 연구도 있어 추후 논쟁의 불씨는 여전히 남아 있다.

---

61 北島萬次, 前揭「豊臣政權の朝鮮侵略に關する學說史的檢討」.

한편 한국의 경우, 1990년대 국사편찬위원회의 『한국사』에 서술된 「임진왜란사」의 연구 특징으로 "과거와는 달리 보다 과학적이고 객관적인 시각의 연구성과가 반영되어 있다는 점"[62]이 지적되었다. 기본적으로 바람직한 방향으로 나아가고 있으며 이순신을 성웅시하는 성웅聖雄사관은 이미 어느 정도 극복된 것으로 보인다. 아울러 '임진왜란 승패론'적 시각도 뛰어넘어[63] 이제는 '임진왜란'의 명칭문제를 포함하여 현재 우리 사회에 강고하게 뿌리내린 인식 전반을 검토해볼 시점이 아닌가 생각한다.

'7년 전쟁'이란 명칭으로 '임진왜란'을 서술하는 경우도 간혹 보이는데[64] 저자는 감정이 선행하는 '임진왜란'이란 명칭보다는 이 용어가 좀 더 객관적이라 생각한다. '임진왜란'의 성격을 '국제적 전쟁'[65]으로 파악하는 견해도 기본적으로 타당하다. '왜란'이란 용어에 국한하지 말고 삼국을 황폐화시킨 국가 간 전쟁이며 동아시아에 새로운 국제질서를 만든 국제 전쟁이라 정의하면서 '도요토미 히데요시의 제1 · 2차 침략전쟁', '도요토미 히데요시의 1 · 2차 해외침략'이란 명칭을 제시한 견해도 경청할만하다.[66]

조심스럽고 민감한 부분이기는 하지만 이제 우리 사회도 조금 더 여유를 갖고 이러한 문제를 바라볼 수 있지 않은가 생각한다. 이러한 입장에서 저자는 '임진왜란'을 대신하여 새로운 명칭으로 한중일 각국에

---

62 조원래, 「임진왜란사 연구의 회고와 전망」, 『새롭게 다시 보는 임진왜란』, 국립진주박물관, 1999, p. 75.

63 허선도, 「임진왜란론-올바르고 새로운 인식」, 『천관우선생환력기념한국사학논총』, 1989.

64 서인한, 「길고 긴 7년전쟁」, 前揭『새롭게 다시보는 임진왜란』.

65 李啓煌, 『文祿 · 慶長の役と東アジア』, 臨川書店, 1996, p. 1.

66 김문자, 前揭「전쟁과 평화의 근세 한일관계」, p. 182. 다만 '도요토미 히데요시의'라는 수식어를 덧붙여 '도요토미 히데요시의 제1 · 2차 침략전쟁'으로 표기하는 것은 재고를 요한다. 자칫 임진왜란을 히데요시 개인 문제로 한정하는 인상을 줄 수도 있기 때문이다. 또 히데요시만을 주체로 표현할 수 없다.

모두 통용될 수 있는 '임진전쟁'이란 용어를 새롭게 제시해본다.[67]

67 임진(壬辰)이란 간지(干支)는 이 시기 한중일의 공통된 시간표시이며 삼국에 모두 통용될 수 있다. 만력(萬曆)이나 분로쿠(文祿) · 게이초(慶長)와 같이 어느 특정한 국가의 연호가 아니라는 점에서도 매력이 있다. 또 '임진왜란'이란 용어가 우리 사회에서 너무나 익숙하기 때문에 갑자기 7년 전쟁이란 명칭으로 비약하기도 어려운 점이 있다. '임진전쟁'이란 용어는 이러한 문제도 해결할 수 있다. 오해를 피하기 위해 덧붙이면 전쟁이란 용어를 사용한다고 해서 침략이란 본질이 없어지는 것은 아니다(*'임진전쟁'의 명칭과 관련하여 이 글을 집필한 후, 정구복, 「임진왜란의 역사적 성격과 의미」, 『임진왜란과 한일관계』, 경인문화사, 2005이 동일한 문제 제기를 했음을 접하였다. 저자 역시 정 교수의 주장에 찬동하는 바이다. 다만 아직 문제 제기 단계이고 시민권을 획득하지 못한 점을 감안하여 '임진전쟁'으로 통일한다. 마찬가지로 임진왜란도 향후 개정되야 한다는 의미에서 '임진왜란'으로 썼다).

제4장

오다 · 도요토미 정권의 특질과 '가부키' · '공명功名'

역사상 일본사회의 변혁기로 거론할 수 있는 시기는 7세기, 12세기, 16세기, 19세기이다. 이 중 7세기는 고대 율령 국가의 성립으로 귀결되며 19세기는 근대 천황제 국가의 수립으로 귀결된다. 이 시기는 각각 중국(7세기)과 서구(19세기)라는 외부 사회의 자극을 주된 요소로 하여 이에 대한 내부의 대응이란 측면에서 여러 사회변혁이 전개된다. 이에 반해 중세 무사사회의 성립으로 귀결되는 12세기와 근세 막번幕藩체제가 형성되기 시작한 16세기는 7세기 · 19세기와 달리 기본적으로 외부의 자극보다 일본 자체의 내부 요소가 사회변혁의 기축이 된다.

그런데 12세기와 달리 16세기 일본사회는 중세사회의 해체라는 내부 변화를 핵심요소로 하면서도 이와 동시에 포르투갈 등 신항로 개척에 나선 유럽과의 만남 · 교류라는 외부 요소에도 큰 영향을 받았다. 여기에 더해 도요토미 히데요시가 '임진전쟁'을 자행하여 조선 · 명 · 일본이 관련된 국제 전쟁이 발발했고 이를 전후한 시기에 일본사회는 주자학 · 도자기 · 인쇄술 등 한반도의 선진 문물에 자극을 받았다. 이 시기는 '하극상'의 시대 또는 '잇키一揆'의 시대로 통칭되며 문화적 측면에서는 기존 질서에 도전하는 새로운 문화 현상이 나타난 점에서 '가부키

かぶき'의 시대라고 할 수 있다.[1]

'가부키'란 '경도되다傾く'라는 동사에서 파생된 명사로 이를 추종하는 사람을 '가부키모노傾き者'라 한다. 가부키모노는 상식을 벗어난 일탈, 불성실한 행동, 눈을 놀라게 하는 특이한 차림의 모습 등이 특징이다.[2] 현재 가부키모노에 관해서는 "전국시대 하극상의 에너지를 동결하려고 하는 도쿠가와 막부의 지배하에 사무라이의 신분조차 위태로운 로닌浪人과 출세의 전망이 보이지 않는 무사의 자제, 풍류광인 조닌町人과 공가公家 등이 하극상을 대신하여 새로 만들어낸 '협기'를 구하는 젊은이의 상이야말로 가부키모노"[3]라고 하듯 중 · 근세이행기의 하나의 일탈적 문화 현상이며 에도 막부가 안정되면 사라질 대상으로 간주한다. 그러나 후술하듯 젊은 시절 오다 노부나가도 가부키모노로 분류할 수 있어 가부키모노가 에도 막부 시기의 일부 젊은이에 국한된 것은 아니며 기존 권위와 전통적 질서에 대한 도전이란 전국시대 이래의 시대적 특질이 잘 내재되어 있다.

'가부키'가 기성 권위에 대한 도전이란 점에서 새로운 가치를 추구한다면 '공명功名'[전공 · 공적과 고명(高名) · 명성]은 이 시기 모든 무사들이 지향했던 보편적이고 일반적 가치체계를 나타내는 개념이다. 저자는 이미 '임진전쟁'과 '공명'의 연관성을 간략히 언급한 바 있다.[4] '공명'이 무사들에게 영지의 축소 또는 확대, 가문의 존속과 멸망의 척도로 기능하고 있음을 밝혀 단순히 개인적 측면이 아닌 구조적 측면에서 '임진전쟁'의 원인을 해명했다. 이 시기 산견되는 공명의 개념은 당시 일본에 거주하

1 守屋毅, 『「かぶき」の時代-近世風俗畵の世界』, 角川書店, 1976; 網野善彦, 『異形の王權』, 平凡社, 1993.

2 「かぶき者」, 『國史大辭典』3, 吉川弘文館, 1983.

3 熊倉功夫, 「'かぶき'から'奇麗數寄'へ」, 週刊朝日百科『日本の歷史』32, 朝日新聞社, 1986, p. 302.

4 박수철, 「15 · 16세기 일본의 전국시대와 도요토미 정권-'임진왜란'의 재검토」, 역사학회 엮음, 『전쟁과 동북아의 국제질서』, 일조각, 2006.

였던 외국인의 기록에 잘 드러나 있는데 그중에서도 임진전쟁 당시 포로로 일본에 끌려갔던 강항과 예수회 선교사로서 일본에 24년간 거주했던 루이스 프로이스가 '공명'을 거론하며 16세기 일본사회의 특질을 잘 지적하고 있다. 이 장에서는 먼저 '가부키'를 중심으로 중 · 근세이행기 일본사회의 전반적인 특질을 살펴보고 이를 바탕으로 '공명'이란 개념에 집중하여 당시 무사의 보편적 가치 체계와 이에 투영된 16세기 일본사회의 특질을 검토한다.[5]

5 공명(功名)에 관한 선행연구는 없다. 참고로 '고명'(高名)이란 용어는 사료상 빈출하는데, '고명장'(高名帳)이란 장부도 존재한다.

1. '가부키모노'와 '남만南蠻문화'

아케치 미쓰히데明智光秀가 주군, 오다 노부나가를 살해하고 도쿠가와 이에야스가 도요토미 히데요시의 아들 히데요리豊臣秀頼를 죽음으로 몰고갔듯 15세기 이래 전국시대의 특징인 '하극상'은 17세기 초까지도 여전히 계속된다. 이러한 시대적 분위기는 대략 17세기 중반 무렵 크게 변한다. 1730년대에 성립된 『무카시무카시물어昔昔物語』라는 수필 속에는 "7, 80년 전은"이란 말이 종종 나온다. 여기서 말하는 7, 80년 전이란 1650~1660년대로 당시 일본인들은 이 시기를 경계로 풍속이 크게 바뀐 것으로 인식하였다.

> 옛날은 사무라이중侍衆의 신분이 높으나大身 낮으나小身 연회나 모임에서 (하는 이야기를) 들어 보면, 전부가 옛날 전쟁 이야기, 선조의 무훈담, 또는 당대의 무도 · 무변武邊(무용)에 관한 토론, 도刀 · 와키자시脇指(허리에 차는 작은 칼)에 관한 품평, 싸움 · 언쟁의 시비에 대한 평가, 남성스러움男道에 대한 기호, (비교적) 덜 딱딱한 것으로는 다도 이야기, 이것 외에는 다른 이야기가 없다.[6]

화제가 오로지 무용과 남성스러움(협기)에 관한 것이며 비교적 부드러

6 熊倉功夫, 「京と江戸-寛永文化を超えて-」, 週刊朝日百科『日本の歴史』32, 朝日新聞社, 1986, p. 317.

운 소재가 다도였음은 전국시대 이래 전란 속에 생존해온 무사들의 모습을 생생히 보여주는 대목이다. 그런데 『무카시무카시물어』에 따르면 18세기 중반인 근년에는 "이러한 일이 없고" 화제는 "대부분 음식에 관한 이야기, 유흥에 관한 이야기, 손해와 이익에 관한 이야기"이며 사람들의 관심과 화제는 조루리浄瑠璃, 샤미센三味線과 배우에 관한 평판으로 바뀌었다고 한다.[7] 바꾸어 말하면 17세기 중반까지는 전국시대의 '여습'이 남아 있고 그 결과 '하극상'으로 대표되는 기존 질서와 권위에 대한 도전은 계속되었다고 할 수 있다. 이러한 움직임이 문화적으로 '가부키'라는 이형異形의 현상으로 표출되었다.

1612년(慶長17) 에도 성江戸城에서 하타모토旗本(1만 석 이하 쇼군알현권이 있는 막부 직속의 무사) 시바야마 곤자에몬柴山權左衛門이 부하에게 살해당한다. 곤자에몬은 잘못을 저지른 고쇼小姓(주군 측근에서 잡무를 보는 무사)를 처형하려 했는데, 이를 보고 있던 고쇼의 동료仲間가 갑자기 칼을 뽑아 주군인 곤자에몬을 살해한 것이다. 주군 시해라는 중죄 사건에 직면하여 수색에 나선 에도 막부가 범인을 검거하여 규명하니 그는 설령 주군이라 하더라도 이치에 맞지 않은 일이 있으면 서로 복수하자고 맹세한 집단 소속이었다. 막부가 고문을 가해 대상자를 파악해보니 그 숫자가 무려 70여 명에 달하였다. 이들이 이른바 '가부키모노傾き者'였다.[8]

구마쿠라 이사오熊倉功夫에 따르면 16세기 말~17세기 초인 게이초慶長 연간(1596~1615)에 가부키모노라는 젊은이들이 대거 등장한다. 시기적으로는 도요토미 히데요시의 말년부터 그의 아들 히데요리가 도쿠가와 이에야스의 싸움에서 패해 죽기까지이다. 『슨푸기駿府記』에는 가부키모

7 同上.

8 熊倉功夫, 前掲「"かぶき"から"奇麗數寄"へ」, p. 301.

노가 빈파쓰鬢髮(귀밑 털)를 아래로 늘어뜨리고 광문狂紋(다양한 모양을 이리저리 섞어 만든 것)의 의복을 입고 자기 키만한 큰 칼을 찬 이형의 모습을 묘사하고 있다.[9] 이러한 색다른 이형의 모습 속에 기존 권위와 질서를 부정하는 의미가 내재되어 있다. 이들 가부키모노는 에도 막부의 질서에 반항하면서 주종의 도를 끊더라도 동료(나가마)와 의리를 지키는 '오토코다테'(男伊達: 협기)를 중시한다.

그런데 이러한 가부키적 풍조는 무사 사회에 그친 것이 아니라 당시에 광범위하게 산견되는 일종의 문화 현상이었으며,[10] 때로는 남북조시대까지도 원류를 거슬러 올라갈 수 있는 전국시대 이래의 문화 현상이었다.[11] 따라서 가부키모노의 출현을 도쿠가와 정권이 성립된 근세 초기의 문화 현상으로 한정한 것은 적절하지 않다. 가부키모노는 전국시대라는 상황이 만들어 낸 문화 현상이며 기존 질서와 통념에 대항하는 하극상의 연장선상이란 당시 시대 흐름과 관련하여 파악할 필요가 있다. 그 대표적인 사례가 젊은 시절의 오다 노부나가이다. 『신초공기信長公記』에는 노부나가에 대해 다음과 같이 묘사하고 있다.

9 同上.

10 시바야마 곤자에몬 사건이 일어나기 3년 전인 1609년(慶長14) 고요제이 천황(後陽成天皇)의 처첩들이 젊은 공가(公家: 중세 귀족)들의 유혹에 빠져 궁궐에서 빠져 나와 밀회를 즐기다가 발각된다. 5명의 처첩과 8명의 공가가 처벌받았고 그 중심 인물로 지적된 이노쿠마 노리토시(猪熊教利)는 극형에 처해졌다. 그런데 이노쿠마는 당시 대단한 미남으로서 머리형과 허리띠의 매듭형태까지 '이노쿠마류'로 불릴 정도로 교토 여성의 동경의 대상이었다. 처첩들이 궁중을 빠져 나올 때도 머리를 화려한 형태로 묶고 '가부키 차림새'로 궁중을 방문한 '가부키 춤꾼'들의 혼잡함을 틈타 빠져 나왔다(同上, p. 302).

11 남북조시대 이형(異形)의 모습은 바사라로 표현된다. 바사라(婆娑羅)의 어원은 '금강 · 금강석'을 의미하는 산스크리트 Vajra의 음역으로 12신장(神將)의 하나인 '바사라대장'(伐折羅大將)을 지칭한다. 이미 가마쿠라 중기부터 '화려', '분에 넘친 사치', '난맥'을 의미한 용어로서 사용된다. 아시카가 다카우지(足利尊氏)의 정치 요강「겐무식목(建武式目)」제1조에는 검약을 강조하면서 '바사라'라고 하여 '과차'(過差)를 좋아하는 풍조를 경계하였다. 과차란 "도를 넘는 신분의 격차를 경시 내지 무시한 화려함 · 사치"를 의미하는데 남북조 동란기 바사라의 미의식 · 가치관을 단적으로 보여주는 용어이다. 그런데 바사라 부채(扇), 바사라 투차(闘茶), 바사라 다이묘(大名) 등의 용어가 있듯 주로 화려, 신분질서의 무시, 사치와 관련된 바사라는 전국시대 이후 가부키모노라는 중하층 무사로 확대되어간다(「ばさら」,『日本事大事典』5, 平凡社, 1993; 網野善彦, 前揭『異形の王權』).

노부나가님은 16, 17, 18세까지 별다른 취미가 없고 말 타는 법을 아침 저녁으로 연습하셨다. 또 3월부터 9월까지 강에서 연습하여 수영을 잘 하게 되셨다. 이때 대나무 창으로 대련하는 것을 보시고 창이 짧으면 나쁘다고 하면서 3간間(5.4m), 3간 반(6.3m)으로 늘리셨다. 그 무렵 노부나가님의 모습을 보면 옷明衣(유카타: 목욕 후 입는 옷)의 소매를 풀어 젖히고 짧은 하의半袴에 부싯돌 주머니와 그 외 여러 가지를 주렁주렁 다셨다. 머리는 자센 모양(茶筅髮: 가루로 된 차를 탈 때 물에 잘 풀리도록 젓는 차기구와 형태가 비슷하여 붙여진 머리형)으로 진분홍색 · 연두색 실로 묶어 틀어 올리시고 붉은 색으로 칠한 칼집을 차시고 무구武具도 모두 붉은 색으로 하도록 지시하셨다. 이치가와 다이스케市川大介를 불러들여 궁술을 배우시고 하시모토 잇파橋本一巴를 스승으로 하여 총포술을 배우셨으며 히라타 산미平田三位를 항상 불러들여 병법을 배우시고 매사냥을 하셨다. 보기 흉한 일도 있었다. 노부나가님은 마을을 지나가실 때 사람들의 눈을 의식하지 않고, 밤 · 감은 말할 것도 없으며 참외를 덥석 드시고 마을 가운데 서서 떡을 드셨다. 사람에게 기대어 그의 어깨에 매달려 의지해 걷곤 하셨다. 이 무렵은 세상이 고상함(公道: 품위)을 추구하는 때였기 때문에 (노부나가님을) 바보 멍청이라고 비꼬아 말하지 않은 자가 없었다.[12]

노부나가는 그 외에도 부친 노부히데織田信秀의 장례식에 커다란 칼과 와키자시를 차고 머리는 자센 모양茶筅髮에 하카마袴도 입지 않는 차림으로 나타나 사람들을 놀라게 했으며 더욱이 불전에 향을 한줌 쥐고 위패에 던지고 나간 비상식적 행동을 하였다.[13] 이러한 모습은 가부키모노

12 太田牛一, 奥野高廣·岩沢愿彦校主, 『信長公記』, 角川文庫, 1969, p. 22.
13 『信長公記』, p. 24.

의 복장이나 정신과 통하는 것으로 노부나가의 복장 · 모습이나 행동에서 기성 권위, 질서, 미에 대한 도전 의식을 엿볼 수 있다.

노부나가 외에도 히데요시 사후 도쿠가와 이에야스를 제어할 수 있던 유일한 인물이었던 마에다 도시이에前田利家도 “가부키할 정도의 배포 있는 젊은이들을 마음에 들어 했다”고 하며 가부키모노를 즐겨 등용하였다. 도시이에 자신도 젊었을 때는 도가 지나칠 정도의 가부키모노였다고 전해진다.[14] 상식을 일탈한 활력이야말로 전국시대에 오히려 중시되는 자질이었다. 혼란과 전란, 죽음과 삶이 교차하는 가운데 격렬하고도 화려함을 추구하는 가부키라는 색다른 이형의 문화가 창출되었다.

그런데 이형의 문화가 창출된 데는 유럽인과의 접촉도 커다란 계기가 되었다. 『오와리기尾張記』에는 1652년 가부키모노가 “주고쇼中小姓 이하 자들로 벨벳 깃天鵞絨襟이 있는 옷을 입고 상투를 세우고立髮 긴 수염大鬚에 큰 칼과 큰 소도小刀를 차고 유행遊行하는 자”로 묘사된다.[15] 이처럼 가부키모노가 기존 질서에 대한 반항을 복장과 차림새로 표현했는데 여기서 유럽에서 수입된 벨벳을 사용해 만든 깃을 복장에 도입한 점이 주목된다. 16세기 말 포르투갈인에 의해 일본에 전해진 유럽 풍속은 17세기 초에 급속히 보급되어 외국을 동경하는 풍조를 일으킨다.[16] 일

14 氏家幹人,「「戰國の餘習」と十七世紀の武士」, 週刊朝日百科『日本の歷史』32, 朝日新聞社, 1986, p. 312.

15 同, 前掲「「戰國の餘習」と十七世紀の武士」.

16 당초 유럽(포르투갈)인이 일본에 온 것은 크리스트교 전파와 관련이 있다. 양자의 접촉은 전국시대로 거슬러 올라가는데, 1549년(天文18) 7월 가고시마(鹿児島)에 도착한 예수회 선교사 사비에르(Xavier Francisco)와의 만남이 최초이다. 사비에르는 1547년 말 말라카(Melaka)에서 일본인인 야지로를 만나 일본 포교를 결심하고, 약 2년 뒤 그 꿈을 실현했다. 가고시마의 일본인들은 사비에르를 열렬히 환영했는데 그들은 사비에르를 불교의 일파로 이해했기 때문이다. 사비에르가 처음에 박해를 받지 않았던 것은 일본인의 범신론적 경향과 관련이 있다. 사비에르는 1549년부터 1551년까지 일본에 거주하면서 활발한 포교를 전개했다. 그는 일본인이 이교도 중 가장 양질의 사람이며 무엇보다도 명예를 중시한 것으로 이해했다. 명예를 부보다도 중요하게 여긴 것으로 파악한 점은 중요한데, 이는 후술할 ‘공명’과 깊은 관련이 있다(松田毅一,「ザビエルの見た日本-イエズス會の世界進出」, 週刊朝日百科『日本の歷史』25, 朝日新聞社, 1986; 吉田光邦,「宣教師とキリシタン」, 前掲『日本の歷史』25; 吉田小五郎,『ザヴィエル』, 吉川弘文館, 1959).

본에서는 이를 남만문화라고 통칭하는데 이형의 복장 · 모습을 중시한 가부키모노에게 포르투갈인의 복장은 매력적이었다.

17세기 전반의 『가부키도권歌舞伎圖卷』을 보면 '온나女 가부키'를 즐기는 포르투갈 상인과 젊은이들이 목에 히다에리(襞襟: 주름이 있는 깃)를 착용한 그림이 보인다. 포르투갈의 복장은 외관상 기교와 화려함을 덧붙여 매우 기능적이었기 때문에 상류층은 물론 일반 서민에 이르기까지 널리 침투했는데, 그중에서도 주반jubān이란 일종의 상의가 일본에 큰 영향을 주었다. 주반의 특징은 목을 감싸 세운 깃(에리)에 있다. 일본인은 포르투갈인을 본따 주반 위에 일본 옷을 겹쳐 입고 벨벳으로 만든 화려한 깃을 밖으로 내었다. 당시 일본인은 이국의 풍습을 표현하기 위한 가장 좋은 수단으로 일본 옷和服에 히다에리를 겹쳐 입었다.[17] 가부키모노의 특징이 이형의 모습에 있다고 할 때 실로 외국 포르투갈인의 복장은 여기에 많은 유무형의 영감을 주었을 것으로 추정된다. 노부나가 역시 늘 이형의 복장을 입었다. 1581년 1월 아즈치 성安土城에서 폭죽과 함께 기마 무사들에 의한 퍼레이드가 펼쳐질 때 노부나가는 붉은 색 비단 옷에 무릎까지 내려오는 호피를 달고 검은 서양풍 모자를 썼다고 한다.[18] 또 동년 교토에서 행한 기마 퍼레이드에서는 선교사가 금장식이 달린 의자를 진상하자 노부나가는 매우 만족해하면서 행렬 시 자신의 앞에 갖고 가도록 하였다.[19]

에도 막부가 성립되자 막부는 점차 전국시대 이래의 '하극상'의 힘을 제약하고 가부키모노와 같은 기존 권위 · 질서를 부정한 이형의 모습을 배제시켰다. 근세 초 '순사殉死'와 그 금지도 기성 권위와 질서에 대한

17 丹野郁,「南蠻ファッション」, 前掲『日本の歷史』25.

18 吉田光邦,「文物による南蠻の發見」, 前掲『日本の歷史』25, p. 85.

19 同, 前掲「文物による南蠻の發見」.

도전을 막으려는 방침과 맥을 같이 한다.[20] 순사는 중세부터 근세 초에 거쳐 나타난 무가사회의 중요 의식 중 하나였다. 심지어 도요토미 히데요시조차 1582년 10월 오다 노부나가의 은혜가 수미산보다도 무겁다고 하면서 그의 장례식이 무사히 끝나면 "십문자로 할복追腹十文字을 해도 하치만 대보살에게 원한이 없다"는 뜻을 피력하고 있을 정도로 일반적이다.[21] 그런데 에도 막부의 3대 쇼군 도쿠가와 이에미쓰德川家光를 따라 홋타 마사모리堀田正盛가 순사하자 아라이 하쿠세키新井白石가 "이 무렵은 전국의 여습이 아직 고쳐지지 않아 순사를 충의라 여겨 오로지 이 일 하나에 마음을 둔 것으로 본다. 그 시세에 끌려 (그리 된 것이니) 더욱 불쌍한 일이다"(『번한보(藩翰譜)』)라고 평가하듯 순사는 전국시대 이래의 시대 분위기와 관련이 있었다.[22] 17세기 중반 4대 쇼군 도쿠가와 이에쓰나德川家綱가 제도적으로 순사를 금지시킨 것도 '무단武斷' 정치에서 '문치' 정치로의 전환으로 평가되는데, 이 또한 전국시대의 살벌한 여습을 일소하기 위한 정책의 하나였다.[23] 그 결과 가부키모노의 시대도 종말을 고하고 이른바 '도쿠가와의 평화'가 서서히 정착된다.[24]

---

20 山本博文, 『殉死の構造』, 弘文堂, 1994; 김나영, 「근세 초 德川정권의 殉死금지정책」, 전남대학교 석사학위논문, 2007.

21 『豊公遺文』, p. 27.

22 순사가 슈도(衆道), 즉 주군과의 성애적 관계(남색)와 밀접한 관련이 있으며 애정 · 집착을 둘러 싼 칼부림의 원인도 되기도 하였다는 점, 예측할 수 없는 정념을 품고 있고, 질서 · 평화의 파괴자라는 점에서 '가부키모노'의 일탈적 활동과 유사한 측면이 있다(氏家幹人, 前揭「「戰國の餘習」と十七世紀の武士」, p. 311).

23 朝尾直弘, 「將軍政治の權力構造」, 岩波講座『日本歷史』10(近世2), 岩波書店, 1975.

24 도쿠가와 이에야스가 오사카 성을 접수한 1615년에 후루타 오리베(古田織部)를 히데요리 측과 내통했다는 죄목을 씌워 할복시킨 경우에서도 동일한 지향을 찾을 수 있다. 오리베는 히데요시가 관백에 취임한 후 야마시로 국(山城國) 니시오카(西岡)에 영지를 받고 종오위하(從伍位下) 오리베노카미(織部正)에 임명된다. 히데요시 사후에는 후시미(伏見)에 은거하여 오로지 다도만 추구하고 센노리큐(千利休)의 뒤를 이어 차에 관한 최고 명망을 얻었다. 오리베는 '세상의 보물을 손상시키는 사람'인데 그 이유는 다기에 "흠집이 없으면 깨트려 수선하려 하였"기 때문이다. 오리베는 천하의 명물이라는 기성 가치와 질서를 인정하지 않았다. 흠 하나 없는 명물 다기를 일부러 흠을 내어 수선하는 과정을 통해 자신의 미를 주장했는데 그 방식은 가부키모노들이 기존 질서를 인정하지 않고 자신의 미의식과 뜻을 복장과 차림새를 통해 표출하는 것과 동일하다(熊倉功夫, 前揭「'かぶき'から'奇麗數寄'へ」, p. 303).

2. '공명'의 내용과 구조

'공명'과 보상

중·근세 이행기에 '가부키'가 유행한다. 이것은 기존 질서의 대한 새로운 도전이자 반항이었다. 반면 '공명'은 중·근세 이행기의 거의 모든 무사가 보편적으로 추구했던 가치라 할 수 있다. 이때 공은 전공·공적을 말하고, '명'은 '이름' '고명高名'으로 명성 또는 명예를 지칭한다. 공을 세우기 위해서는 '용맹'이 필요했고 이것의 발휘가 '명성'으로 나타났다. 따라서 양자는 대부분 한 쌍으로 쓰인다.

도요토미 히데요시가 크리스트교 다이묘의 대표적인 인물인 다카야마 우콘高山右近을 추방하자 루이스 프로이스는 "이러한 불명예나 허구는 무엇 하나 그(우콘)의 인물 및 그 빛나는 명성을 상처 입히지도 오염시키지도 못했다. 왜냐하면 그의 명성과 공적과 생애는 일본 중에 (널리) 알려져 있기"[25] 때문이라 주장한다. 여기서 우콘의 생애를 평가할 때 중요 지표로 '공'과 '명'을 내세운 점이 특이한데 이러한 인식은 프로이스에만 한정되지 않는다. '임진전쟁'에 참가한 시미즈 씨島津氏가 "근래 우리 선조는 조선정벌에 참가하여 이역異域에 무위武威를 떨쳐 우리 가문의 공업功業을 세웠고 그럼으로써 이름(명)을 사해에 퍼지게 하였다"[26]는 주장

---

25 松田毅一·川崎桃太譯, 『フロイス日本史』1, 中央公論社, 1977, p. 340.

26 北島萬次, 『豊臣政權の對外認識と朝鮮侵略』, 校倉書房, 1990, p. 17.

도 공功과 이름名의 상관 관계를 말해준다.

그런데 '명성'과 '명예' 그 자체는 동서양과 고금古今을 막론한 초역사적 개념이다. 16세기 일본의 경우에는 그것이 단순히 정신적이거나 도덕적인 '명성'·'명예'가 아니라 경제적 보상을 매개로 전공과 연결된 명성高名이란 점에 주된 특질이 있다. 가령 다카야마 우콘은 그 부하들에게 다음과 같이 말했다.

> 너희들은 나와 함께 천하의 주(主: 히데요시-역자 주)를 섬겼고 매우 커다란 위험에 처해서도 목숨을 바쳐 나에게 (충성을) 다했다. 너희들은 (전쟁터에서) 용기를 보여주었고 (그것에 의해) 적지 않은 명성과 영예를 획득하였다. (내가 유감으로 생각하는 것은) 지금 이를 보상할 수 없다는 것이다. 다만 내 스스로 너희들에게 은혜를 갚지 못하는 이상 나는 그것을 전능한 하나님의 강력하고 위대한 손길에 맡긴다. 왜냐하면 너희들은 크리스트 교도이며 그 가르침을 분별하고 있기 때문이다. 현재 박해 때문에 너희들이 세속적인 재물을 받지 못하지만 하나님은 내세에 현세의 노고에 대한 보답으로 무한한 영광과 재보를 너희들에게 주실 것이다.[27]

주군은 부하들의 용맹과 그 과정에서 얻은 '명성'에 상응하여 물질적으로 보상해줄 의무가 있다. '공'과 '명'은 재물과 재보(또는 영지)를 획득하기 위해 필요했고 심지어 하나님조차 '재보'를 주어야 할 자로 묘사된다. '임진전쟁' 당시 진주성 공략과 관련하여 가토 기요마사가 부하들에게 "이 싸움에서 다른 사람보다도 뛰어난 공명을 거두는 자에게 급분

27 『フロイス日本史』1, pp. 340-341.

(給分: 영지배분)을 백 배 이상으로 하겠다"[28]고 한 것이나, 1581년 돗토리 성鳥取城 공략과 관련하여 큰 공을 세운 오노 겐바小野玄藩에 대해 도요토미 히데요시가 "반궁半弓으로 적을 쏘아 격퇴하고 그 위에 칼太刀로 적을 쓸어버린 고명은 실로 신묘하다"고 하면서 "100석石을 가증해줄 테니 더욱 군충에 힘쓰라"[29] 한 것도 공명과 보상의 상관관계를 말해준다. 따라서 16세기 일본의 '공명'은 단순히 개인차원의 명예, 심리문제로 끝나는 것이 아니라 구조적이며 생존이 걸린 경제적인 문제였다.

일본에서 억류생활을 한 강항도 이러한 논리구조를 잘 이해하고 있다. 강항은 그 구조를 다음과 같이 파악한다.

> 전쟁에서 공을 세운 자에게는 토지를 상으로 줍니다(A). 식읍이 혹은 8~9주에 뻗치기도 하고 혹은 두어 주에 뻗치기도 합니다. 단 한 주밖에 안 되는 자도 있고 그 밑으로 성 몇 개를 차지한 자도 있고 또 성 하나를 차지한 자도 있습니다.……공을 못 세운 패들의 토지는 도로 깎아 버릴 뿐 아니라 사람으로 치지 않기 때문에 전쟁에서 패하면 못 견딜 일을 당하기 전에 자결하여 버립니다(B). 전쟁터에서 죽으면 그의 아들이나 아우가 그 직품職品을 맡게 마련입니다.……분한 김에 서로 엉켜 싸우다가 상대를 죽여 버리고 다시 쫓아가서 목을 베어 버리고 배를 갈라 헤쳐 버리면 모두들 혀를 널름거리며 떠들어댑니다. '장부야, 장부! 사내대장부야!' 하고 치하하기를 마지않으며 그의 자손을 보고선 '저 애가 죽음을 무릅쓰고 덤빈 그 사람의 아들이야!' 하며 서로

28 北島萬次, 「임진왜란과 진주성 전투」, 『남명학연구』7, 경상대학교 남명학연구소, 1997, p. 46.

29 『豊公遺文』, p. 13. 그 외에도 히데요시는 이른바 시즈가타케(賤ヶ岳)의 일곱 창(七本槍) 중 한 명인 와키자카 야스하루(脇坂安治)에게도 "히데요시의 눈앞에서 첫 공격(一番鑓)을 한 행동은 비교할 수 없을 정도로 훌륭하니 그 상으로 3천 석을 준다"(『豊公遺文』, p. 38)고 했다. 이러한 사료는 일일이 지적하기 어려울 정도로 많이 산견된다.

사위를 삼고 며느리를 삼으려 드는 자들이 수두룩하게 나섭니다(C). 장수들의 토지는 다시 공을 세운 그의 부하들에게 나누어줍니다. 부하들은 또 그 토지의 수입으로 많은 용사를 기릅니다(D). 힘센 놈, 칼 쓰는 놈, 총 쏘는 놈, 활 다루는 놈, 헤엄치는 놈, 병법에 익숙한 놈, 걸음이 재빠른 놈 등 가지각색의 재주풀이 나부랭이들을 길러 내는데, 큰 주州는 그 수가 몇 만이 넘고 작은 주라 해도 몇 천 명씩은 됩니다.[30]

A과 D는 '공'과 '토지'의 상관관계를 보여준다. 공을 세워야 부하(병사)를 확보할 수 있는 구조이다. 즉 공을 세워야 토지를 확보할 수 있고 다시 이를 부하들에게 분배하여 그 수입으로 군사력을 유지할 수 있다. 무사들은 전란 속에서 살아남기 위해 상대방보다 많은 병사를 확보해야 했으며 확보한 많은 병사를 유지하려면 역시 토지가 필요했다. 그리고 토지를 확보하기 위해서는 다시 '공'을 세워야 하는 일이 반복된다. 도요토미 정권이 지속적으로 영지 확대에 나설 수밖에 없는 이유는 여기에 있다. B는 반대로 '공'을 세우지 못한 자와 명名 · 보상의 상관관계를 보여준다. 공을 세우지 못한 자는 영지가 삭감되고 부하를 거느릴 수 없었다. 그나마 '명'을 유지할 수 있는 길은 명예로운 '할복'이었다.[31] 그리고 C에서 알 수 있듯 '명'은 '용맹함'을 핵심 요소로 한다.

강항은 일본인에 대해 "뱀 같은 독기에 범 같은 욕심으로 이를 악물고 덤벼드는 그런 마음은 본래 타고난 성품이어서 그런 것이 아니라 저

30 강항 · 이을호 옮김, 『간양록』, 서해문집, 2005, p. 41.

31 프로이스는 사이가(雜賀)의 주성 오타 성(太田城)의 공략과 관련한 일화를 소개한다. 히데요시가 수공(水攻)을 위해 성 주변에 제방을 축조할 것을 명령하여 공사가 진행되었는데, 우키타 하치로(宇喜多八郞)가 담당한 제방의 일부가 파괴되었다. 그런데 이 공사의 책임자였던 그의 부하는 이로 인해 자신의 주군이 명예를 실추했다고 생각하고 허리에 차고 있었던 소도(小刀)를 빼 그 자리에서 할복자살하였다. 젊은 우키타는 히데요시에게 질책을 받는 것보다 적은 수로 적의 성내로 들어가 전사하는 것이 낫겠다고 생각했으나 히데요시가 만류하였다. 이 에피소드도 '명예'와 '할복'의 상관 관계를 말해준다(『フロイス日本史』1, pp. 171-172).

절로 그런 분위기에 휩싸이기 때문"[32]이라고 하면서 "모든 법령으로 아주 얽어매듯 해놓았고 상벌을 골고루 적시어 부릴 대로 부려먹게 짜 놓았기 때문"[33]에 죽자하고 싸울 수밖에 없다고 일본인을 파악한다.

> 장수나 군졸들에게 언젠가 이런 말을 물어보았다. "살기를 좋아하며 죽기를 싫어하는 것은 사람마다 다 같은 인정이건만 왜 일본 사람들만은 죽기를 좋아하고 살기를 싫어하는 거요?" "그건 모르는 말씀입니다.……한번 담보가 없는 놈이라는 이름이 나면 어딜 가거나 퇴박을 받고, 칼단속을 잘못하고 다니면 사람으로 치지를 않습니다. 칼이나 창대의 흉터가 얼굴에 있으면 씩씩한 사내라 하여 극진한 대우를 받지만 귀 뒤에 있으면 도망질 잘 치는 놈이라 하여 배척을 받습니다. 이 때문에 굶어 죽느니보다 차라리 적과 싸우다 죽는 편이 낫다고 생각하는 것입니다.[34]

'명'의 구체적인 내용을 살펴보면 ①담보가 없는 자=흉터가 귀 뒤에 있는 자와 ②씩씩한(용맹한) 사내=흉터가 얼굴에 있는 자로 나뉜다. '명성'과 '명예'는 '용맹함'을 통해 얻을 수 있는 덕목이며, 반대의 경우는 '비겁함'이다. '임진전쟁' 당시 황해도 봉산에서 서둘러 철수하였다가 히데요시로부터 "이러한 겁쟁이를 일본에서 일찍이 본 적이 없다"며 영지 몰수 처분을 받은 오토모 요시무네大友義統는 '비겁함'의 대표적인 사례이다.[35] 루이스 프로이스도 고니시 유키나가小西行長의 평양 철수에 대

32 강항 · 이을호 옮김, 前揭『간양록』, p. 144.

33 同上, p. 145.

34 同上, p. 144.

35 『豊公遺文』, p. 444. 또 1593년 5월에도 히데요시는 "전대미문의 비겁자"(憶病者)로 시마즈 마타타로(島津又太郎)와 하타 미카미노카미(波多三河守)를 처벌하였다(同上, pp. 446-447). 그 외 "재지영주(國持)

해 다음과 같이 서술한다. "(고니시 유키나가는) 관백(히데요시)을 모범으로 하여 어떤 경우라도 적에게 등을 보이는 일은 비겁한 행동으로 보고 평양성에서 후퇴하라는 조언을 듣지 않았다 그는 (후퇴하여) 살아남더라도 추방에 처해져 영원히 불명예스럽게 되어 관백의 총애를 잃기보다는 (오히려) 긍지를 갖고 전사하는 편이 낫다고 했다."[36] 이에 대해 고니시의 부하들은 "전원이 전사하여 지나(중국)군의 사기를 북돋아주면 후방의 일본군의 사기를 저해되어 관백에게 더욱 나쁜 결과를 초래합니다. 3일간 계속된 전투로 식량과 탄약이 모두 떨어졌으니 퇴각한다고 해서 비겁하다고 간주되지 않을 것이 분명합니다. 그러니 관백을 두려워할 필요는 없습니다."[37] '비겁'=불명예와 '전사'(용맹)=명예가 동전의 앞뒷면처럼 '공명'이란 이름으로 표출됨을 알 수 있다.[38] 평양성에서 철수한 오토모 요시무네가 용맹하지 못한 이름='겁쟁이'로 낙인찍혀 영지를 몰수당한 것이나 이를 두려워한 고니시 유키나가의 사례에서 영주들이 왜 '공명'에 집착할 수밖에 없게 되었는가를 보여준다. 그 이면에는 비겁→영지몰수 · 가문단절, 용맹→영지증가 · 가문존속의 구조가 내재되어 있었다.

'임진전쟁'과 '공명'

'임진전쟁'이란 커다란 사회 현상의 이면에는 당시 무사들이 추구한 '공명'이란 가치 체계가 내포되어 있다. 프로이스는 이 점을 예리하게 지적한다. 그는 도요토미 히데요시의 교토 궁궐이라 할 수 있는 취락제聚樂第와 대불大佛 건립을 히데요시의 '명성'과 관련된 대표적 사례로 든

중 비겁자(臆病)가 있으면 토지를 몰수(闕所)하라"(同上, p. 614)는 지시도 내렸다.

36 松田毅一 · 川崎桃太譯, 『フロイス日本史』2, 中央公論社, 1977, p. 284.

37 同上, p. 285.

38 삿사 나리마사(佐々成政)도 자살할 때 "두려움과 비열은 무사가 행할 바가 아니다"(同上, p. 35)라는 말을 남겼다. 당시 무사들은 늘 '용맹'과 '비겁'을 염두에 두었고 이는 '공명'을 매개로 기능했다.

다. 히데요시는 "칭찬받고 명성을 남기는 일에 열심이어서 쾌락과 환희의 모음이란 의미의 취락聚樂이라는 이름의 궁전과 성을 조영"[39]하고, "자신의 이름을 고양하기 위해"[40] 대불을 건립한다. 히데요시는 신불을 경시 · 조롱하는 입장이며 이 사업을 신불에 대한 신앙심에서 행한 것이 아니었다. 그것은 첫째, 명성과 호평을 얻는 것, 둘째, 귀인들로 하여(히데요시의 입장을) 철저히 주지시키고 그들의 생명과 재산을 소비하도록 하여 히데요시에게 완전히 종속시키는 것, 셋째, 여러 국國으로부터 무기를 몰수함으로써 세력을 삭감하고 그들이 반란을 일으키지 못하는 것을 목적으로 했다.[41] 그런데 히데요시의 대불 건립과 무기 몰수 등은 이미 당시부터 민중 반란一揆 통제와 연관하여 파악했으며[42] 이를 도요토미 평화령과 연결하여 이해한 연구도 있다.[43] 그 외에 대불 건립을 도요토미 가문의 씨사氏寺 건립과 연관하여 파악하는 연구와[44] 남도南都의 팔종八宗에 대비되는 히데요시의 새로운 교토 팔종의 창출로 보는 연구가 있으나[45] 주로 정치적 · 종교적 목적과 관련하여 고찰하며 '공명'과 관련하여 파악한 연구는 없다. 그런데 당시 일본에 거주했던 프로이스가 무엇보다 히데요시의 업적功을 '명성名'과 관련하여 이해하고 있는 점이 주목된다.

프로이스는 히데요시와 천황의 관계도 '공명'과 관련하여 파악한다. 히데요시는 "자신의 명성을 확대하고 지위를 고양하기 위해 교활하게

39 同上, p. 187.

40『フロイス日本史』1, p. 198.

41『フロイス日本史』2, p. 34.

42『多聞院日記』4, 天正16年7月17日條.

43 藤木久志,『豊臣平和令と戰國社會』, 東京大學出版會, 1985.

44 三鬼清一郎,「廣方寺大佛殿造營に關する一考察」,『中世 · 近世の國家と社會』, 東京大學出版會, 1986.

45 河內將芳,「京都東山大佛千僧會について-中近世移行期における權力と宗教」,『日本史硏究』425, 1998.

도 내리內裏(禁裏)의 모든 일에 원조할 방침을 정했"고,[46] 관백 취임도 "모든 일에 있어 자신의 명예를 높이려고 일본 국왕인 황皇으로부터 자신이 받을 수 있는 최고위인 관백직殿을 얻으려고 교토로 갔다"[47]는 것이다. 현재 선행연구에서는 관백 취임 등을 천황 권위를 이용한 것에 불과하며 실권은 무가정권인 히데요시에 있었다는 입장과[48] 전국시대 권위가 부활·상승한 천황 권위에 실질적으로 기대어 다른 다이묘를 통제하였다는 의존론으로 나뉘어 팽팽히 대립하고 있다.[49] 그런데 프로이스는 이를 히데요시의 개인적 '명예'·'명성'과 관련된 것으로 간결하고 명확하게 파악한다.

"히데요시는 자신의 명성을 높이기 위해 늙은 황皇이 지위를 큰 아들誠仁에게 양위할 수 있도록 지극히 아름다운 궁전仙洞御所을 건축"[50]했고, 1588년 고요제이後陽成 천황의 취락제 행차도, 히데요시가 "다른 모든 것에 우월하여 자기 권력과 위업을 과시할 것을 소망하고 또 자기 명성이 사람들의 커다란 박수와 칭찬 속에 영원히 남기를 원하여 전쟁 및 계속되는 여러 나라의 동란으로 5백 년 가까운 이전부터 잊혀 온 일본 천황가의 행사를 부활시킨 것이다."[51] 요컨대 "히데요시는 스스로 말

46 『フロイス日本史』2, p. 187.

47 『フロイス日本史』1, p. 175.

48 池享, 『戰國·織豊期の武家と天皇』, 校倉書房, 2003; 堀新, 「織豊期王權論『日本國王』から『中華皇帝』へ」, 『人民の歷史學』145, 東京歷史科學硏究會, 2000.

49 今谷明, 『戰國大名と天皇』, 福武ブックス, 1992; 同, 『信長と天皇』, 講談社, 1992; 同, 『武家と天皇』, 岩波書店, 1993; 脇田晴子, 『天皇と中世文化』, 吉川弘文館, 2003.

50 『フロイス日本史』1, p. 176.

51 『フロイス日本史』2, p. 26. 다만 15세기 초 무로마치 시대 쇼군 저책 방문을 모델로 한 것으로 5백 년 전이라고 할 수는 없다(池享, 「聚樂第行幸における行列の意味」, 前揭『戰國·織豊期の武家と天皇』). 그러나 프로이스가 미나모토(源) 시기를 염두에 두고 서술한 부분은 많다. 가령 프로이스는 히데요시가 요리토모(賴朝)의 후지 산(富士山) 수렵을 모방하여 벌인 수렵 행위를 다음과 같이 서술한다. "일본에는 매우 지위가 높은 구보사마가 있었다. 요리토모라는 이 귀인은 그가 남긴 위업(=功)과 그 명성(=名)으로 후세에 많은 것이 서술되었다. 구보란 일본 전 국토의 국왕인 다이리(內裏)의 총대장이란 의미이다"(同上, p. 196). 히데요시의 오와리 수렵이 요리토모를 모망한 영예와 명성을 추구한 행위로 인식된 부분이 흥미롭다(同上, p. 197).

하기를 나의 위명을 남기는 것 외에는 무엇도 원하는 것이 없기 때문에 존대한 그의 권력을 과시하려고 교토에서 아주 비범한 행동"에 나섰다. 여기서 말하는 비범한 행동이란 취락제와 상황 거처仙洞御所, 대불의 건립으로, 이러한 업적功을 통해 히데요시는 '명'을 높인다.[52] 저자는 프로이스가 묘사하고 있는 이러한 '공명'이야말로 이 시대의 가치 체계를 가장 잘 반영한 것으로 본다.

그런데 '공명'의 강조는 히데요시 시기에 이르러 갑자기 등장하는 것은 아니며 무사 계층의 일반적인 속성이다. 다만 무가 정권의 등장 이래 일본사회는 '무위'를 자신의 아이덴티티identity로 파악하고 반대로 '문文'의 국가인 명과 조선을 멸시하는 대외관이 싹트는데[53] 이 과정에서 '공명'은 '용맹'과 '비겁'의 상관관계를 통해 표출된다. 또 히데요시의 시기에 이르면 '공명'의 범위가 해외로까지 확대된다는 특질을 갖는다. 전국시대의 분열을 '통합'한 히데요시는 무사층의 경제적 · 정치적 욕구라 할 수 있는 '공명'의 논리를 대외로 확장시켰다.

히데요시는 "고려국에 지시한 취지는 일본왕궁에서 내년 중으로 대면하라"는 것이며, 만약 이를 거부하여 "상경入洛하지 않는다고 하더라도 후대에 명을 남"기기 위해 정벌하겠노라는 뜻을 피력하였다.[54] 1587년 6월 1일에도 히데요시는 조선 국왕의 참내를 "우리 조정我朝의 평판 · 명성覺에 관한 것"이라 인식하고 있다.[55] 여기서 명은 개인과 영주층에 국한되는 '명'이 아니라 일본 국가 전체를 대상으로 한 '명'으로 확장된다. 이 논리가 확대되면 곧 히데요시의 대외 침략 논리와도 연결된다. 사실

---

52 『フロイス日本史』1, pp. 196-198.

53 朝尾直弘, 「十六世紀後半の日本-統合された社會へ」, 岩波講座『日本通史』9(近世1), 岩波書店, 1993.

54 北島萬次, 「九州御動座記」, 『朝鮮日日記 · 高麗日記』, そしえて, 1982, p. 25.

55 同, 「本願寺文書」, 前揭『朝鮮日日記 · 高麗日記』, p. 24.

일찍부터 히데요시의 '명'은 대외로 확대되어 나갈 가능성이 있었다.

프로이스에 따르면, 히데요시의 인도 부왕副王(포르투갈의 인도총독) 답례품에 대해 부하들 사이에 반대의 목소리가 있었다. 히데요시의 부하들은 이처럼 훌륭한 나기나타長刀와 가타나刀를 인도 부왕에게 선물하는 것은 쓸모없는 일이라 주장했다. 그러면서 포르투갈인이 칼날刀身보다 칼의 장식을 중시하기 때문에 가치가 낮은 다른 칼날을 보낸다고 해도 큰 지장은 없다고 했다.[56] 이에 대해 히데요시는 포르투갈인이 도검을 감정할 능력이 없더라도 "나 정도의 자가 우수하지 못한 물품을 부왕에게 증정하는 것은 좋지 않으며 (나는) 일본에서 가치 있다고 알려진 물품을 인도 부왕에게 보냈다고 하는 나에 대한 좋은 평판이 영원히 일본에 남기를 희망하고, 가치가 없는 나쁜 도검을 선물했다는 말이 회자되는 것을 바라지 않는다"[57]고 부하들의 주장을 거부했다. 히데요시는 자신의 '명성'을 크게 염두에 두고 있다.[58]

해외까지 '공명'을 적용하려 한 것은 1592년 '임진전쟁' 당시 시작된 것이 아니라 히데요시가 늘 인식하고 있던 문제이다. 1586년 일본 예수회의 부관구장인 가스펠 코엘류가 오사카 성을 방문한다. 이때 히데요시는, 자신은 이미 최고의 지위에 올라 일본 전체를 귀속시켰기 때문에 이제 더 이상 영국이나 금 · 은을 획득하려고 생각하지 않으며 그 외에 무엇도 원하지 않는다고 하면서, "단지 나의 명성과 권세를 사후에

56 강항도 이에 관한 기록을 남기고 있다. "신이 왜인들 틈바구니에 끼어 3년 간 실제 본 바에 의하면 그들은 군기 창검을 정비하는 데 전력을 쏟고 있습니다. 천 년 묵은 칼이 아니면 칼로 치지도 않고, 6~7백 년 된 것은 그저 '쓸 만하다' 하고 근년에 새로 지어 만든 것은 '그걸 무엇에 쓴담!' 하고 돌아보지도 않습니다"(강항 · 이을호 옮김, 前揭『간양록』, p. 71)라고 하여 이름 있는 오래된 도검의 칼자루를 중시하는 일단의 모습을 지적한다.

57 『フロイス日本史』2, p. 155.

58 그 외 히데요시가 선교사로부터 목재를 징발하였다가 돌려준 일도 그 한 사례이다. "그들에게 호의를 얻을 수 없게 되어 전하(殿下)의 이름과 명예도 반드시 상처를 입겠지요."라는 정처(正妻) 기타노만도코로(北政所, 네네)의 지적에 히데요시가 목재를 돌려주는데 여기서도 '이름과 명예'가 주요 근거이다(『フロイス日本史』1, pp. 258-259).

전하는 것을 소망할 뿐"이라는 생각을 밝혔다.[59] 이어 일본 국내를 무사·평안하게 통치하고 싶고 이를 실현한 후에 동생 히데나가豊臣秀長에게 (일본을) 물려주고 조선과 중국을 정복하는 일에 종사하려 한다고 하면서, 바테렌伴天連이 2척의 대형 선박을 지원해줄 수 있는가의 여부를 타진했다. 그리고 히데요시는 "이 사업의 와중에 죽어도 나는 어떤 후회하는 바가 없다"고 하면서, 그 이유로 "나는 후세에 이름을 남기고 일본 통치자로서 옛날부터 지금까지 시도하지 못한 것을 감히 해보았"기 때문이라 했다.[60] 그 후 히데요시는 1590년 마지막 전국 다이묘였던 고호조 씨北條氏를 멸망시키고 동북東北 지방의 다테 마사무네伊達政宗를 굴복시켜 마침내 일본의 전국 통일을 달성한 후 해외 침략에 나선다.

> 이 승리는 관백(히데요시)의 마음을 놀라울 정도로 오만함과 끝을 알 수 없는 과신으로 충만하게 하여 마치 지금 한 명의 루시퍼가 (재현)한 것 같았다. 그는 스스로 (군대를 이끌고) 중국으로 건너갈 것을 엄숙하게 선언하고 이 원정을 위해 대규모 준비를 개시하도록 명령을 내리고 다음과 같이 말했다. 나는 지금 일본 전국의 유일한 군주이며, 중국을 정복하는 것 외에 내가 할 수 있는 일은 (아무것도) 없다. 설령 이 사업을 수행하는 과정에서 내가 생애를 마친다고 하더라도 나는 이런 시도를 생각에만 그치지는 않을 것이다. <u>왜냐하면 나는 일본(사상) 누구 하나도 도달한 적이 없는 영예와 명성을 (후세에) 남기는 것을 원하기 때문이다</u>. 가령 중국을 정복하지 못하고 도중에 쓰러져 죽는 일이 있어도 나의 이름은 항상 남아 불멸의 영예를 가지고 영원히 기념될 것이다.[61]

59 同上, p. 204.
60 同上.
61 『フロイス日本史』2, p. 46.

이렇게 볼 때 히데요시가 조선에 보낸 국서에서 "제가 바라는 바는 다른 것이 없고 단지 가명佳名을 삼국에 남길 뿐입니다"[62]라고 한 문구를 단순히 미사여구나 개인적 망상으로만 볼 수 없다. 그 속에는 '공명' 이란 일본사회의 특질이 내재되어 있다. 히데요시는 중국 정복이란 사업功을 통해 이름名이 영원히 남겨지기를 간절히 소망했다. 당시 24년간 일본에 살았던 프로이스가 줄기차게 유독 '명'(명성 · 명예)을 지적한 점을 숙고해볼 필요가 있다.

62 田中健夫 · 石井正敏,『善隣國寶記 · 新訂續善隣國寶記』, 集英社, 1995, p. 374.

소결小結

14세기 남북조시대에서 16세기 전국시대까지의 시기는 크게 볼 때 일본 역사상 과도기라 할 수 있다. 이 시기는 기존 질서와 전통적 권위가 크게 흔들리고 도전받던 시기였다. 남북조시대에는 '바사라'가 전국시대 이후에는 '가부키'라는 이형의 새로운 풍조와 문화가 나타났고 '남만문화'라는 유럽의 문화도 여기에 영향을 주었다. 그런데 '가부키'와 같이 이형의 가치와 문화를 추구하는 움직임과는 별도로 당시 일본 사회는 무사를 중심으로 '공명'의 추구라는 공통의 가치 체계를 갖고 있었다.

도요토미 히데요시는 그의 라이벌 시바타 가쓰이에柴田勝家와의 전투에 앞서 "둔병鈍兵의 이름名을 얻는다면 '일생의 비겁不覺'이라 생각하고, 운은 하늘에 있다. 나아가 물러나지 말라고 제졸을 독려"[63]하면서 "오늘의 전투에 히데요시 일세의 천운이 달렸다. 신명身命을 가벼이 여기고 이름을 만대에 남겨야지"[64]라는 각오로 시바타와 싸웠다고 소감을 피력했다. 여기에도 '공명'의 구조가 잘 보이는데, 그 판단 기준은 '용맹'인가, '비겁'인가였다. '용맹'은 곧 '무용'을 의미하며 전쟁을 수행하기 위한 무사로서의 기본 덕목이다. 이 점은 히데요시가 시바타 가쓰

---

63 「柴田合戰記」, 『太閤史料集』, 人物往來社, 1965, p. 52.
64 同上, p. 54.

이에를 높이 평가한 부분에서도 확인된다. 즉 "시바타 가쓰이에는 쇼군(오다 노부나가-역자 주)이 어릴 때부터 조석으로 무용에 힘써 적의 목을 바친 일이 많았다. 공은 천하를 덮고 이름名은 세상에 드러냈다. 특히 상벌이 엄중하였다. 고인이 말하길 미끼 아래 걸린 물고기가 있고 상벌 아래 반드시 사부死夫가 있다고 한다. 어찌 쉽게 패배할 수 있겠는가"[65] 라고 시바타 공략의 어려움을 회고했다. 또 1586년 9월 9일 히데요시는 다치바나 무네토라立花統虎를 칭찬하면서 "적 수십 명을 죽이고 사로잡은 보고서를 읽어보았다. 실로 분골쇄신함을 다른 누구와도 비교할 수 없다. 충절에 대한 보답으로 신지新地와 은상 등을 내려줄 테니 아랫사람들까지 이 뜻을 알려 더욱 용맹으로 충공을 힘쓰도록 하라"[66]고 하여 일반 무사들의 참여까지 유도하고 있다. 1586년 9월 10일에도 "무력突鎗 · 이름高名에 힘쓰고 충절의 무리를 지배하여 더욱 용맹에 힘쓰도록 일러두는 것이 중요하다"[67]라고 동일한 입장을 밝혔다.

16세기 일본사회는 '공명'을 매개로 무사들에게 비겁→영지몰수 · 가문단절, 용맹→영지증가 · 가문 존속의 구조를 강제하였다. 무가 권력자는 무사의 '무용'을 숭상하고 반대로 '비겁'을 비판하였다.

65 同上.

66 『豊公遺文』, p. 83.

67 同上, p. 84.

보론1

전국시대 기록과 사회사상

사서편찬史書編纂이란 관점에서 볼 때 무로마치 시대는 독특하다. 『아즈마카가미吾妻鏡』(東鑑)를 편찬한 가마쿠라 막부나 『어실기御實紀』(德川實紀)를 편찬한 에도 막부와 달리, 무로마치 막부는 자신의 역사를 기록한 독자적인 사서를 편찬하지 않았다. 후대왕조가 자신의 역사적 전통성을 대내외에 과시하기 위해 전대왕조의 역사를 편찬했던 중국과 달리, 일본은 당대에 자신의 역사를 기록하는 것이 하나의 특색이다. 그러나 무로마치 막부는 전대의 역사는 물론 자신의 역사에 관심을 기울이지 않는다는 인상을 준다.

물론 그렇다고, 15대 240년에 이르는 무로마치 막부의 사적을 기록한 역사서가 전혀 없다는 것은 아니다. 『화영삼대기花營三代記』와 『후감後鑑』이 있다. 그러나 "무가武家일기"·"무로마치기室町記"·"무로마치삼대기室町三代記"라고도 하는 『화영삼대기』는 아시카가 요시미치足利義滿·요시모치義持·요시가즈義量의 3대에 한정되며,[1] 무로마치 막부의 정사임을 표방하는 『후감』은 에도 막부 개항 직전인 막부 말기에 편찬된 데

1 『群書類從』26(雜部).

불과하다.[2]

"중세를 가마쿠라 · 남북조시대와 그 이후 시대를 양분하는 경우, 양 시기의 차이점의 하나로 역사서술의 유무를 거론할 수 있지 않는가"[3]라는 주장도 있는데, 이 역시 사서 편찬의 빈곤이라는 무로마치 · 전국시대의 독특한 성격을 지적한 것이다.[4] 이와 같이 사학사상 무로마치 · 전국시대는 이렇다 할 특징이 없어 자연 연구자들의 관심도 엷은 편으로,[5] 달리 말하면 바로 이 점이 무로마치 시대의 가장 큰 특징이다.

그러나 무로마치 막부가 공식으로 편찬한 역사서가 없다고 해서, 바로 무로마치 · 전국시대를 '무사서無史書'나 '기록부재'의 시기로 단정할 수는 없다. 비록 사료적 가치와 뛰어난 역사적 관점에서는 한계를 갖고 있지만, 무가의 흥망성쇠를 다룬 방대한 군기軍記기록물이 존재한다. 역사서를 "역사를 서술한 서책. 역사서. 서적"[6]이란 정의에 근거하면, 넓은 의미로 볼 때 군기기록물 역시 역사서의 일종이라 할 수 있다. 현재도 『군서유종群書類從』, 『속續군서유종』, 『개정사적집람改定史籍集覽』 등에 실려 전해지는 이런 기록은 그 대부분이 무수한 전란의 과정에서 산일되어 그중 극히 일부분만이 남아 전해진다고 할 때, 본래는 상상을 초월

---

2 『後鑑』(增訂增補國史大系本). 분량은 347권, 부록 20권이며, 에도 막부의 오쿠유자[奧儒者: 쇼군의 시강(侍講)을 맡은 유자(儒者)] 나루시마 료조(成島良譲)가 막부 지시로 1837년(天保8)부터 1853년(嘉永6)에 걸쳐 편찬하였다(羽下德彥, 「後鑑」, 『國史大系書目解題』上, 吉川弘文館, 1971).

3 高木豊, 「中世の思想文化」, 岩波講座『日本歷史』26(別卷3), 岩波書店, 1977, p. 124.

4 이즈 기미오(伊豆公夫)도 무로마치 · 전국시대를 역사학 빈곤의 시기이며 괄목한 역사이론이 보이지 않는 '실천의 세기'라 평가하고 있다(同, 『(新版)編日本史學史』, 校倉書房, 1972, p. 164).

5 미우라 히로유키(三浦周行)에 따르면, 육국사(六國史) 이후의 사학사는 실록[實錄: 문덕실록(文德實錄) · 삼대실록(三代實錄)]에서 크게 두 종류로 분파되어 ①관부(官府)일기와 ②사찬(私撰)의 역사가 나타났다. 아울러 이와는 별도로 ③『우관초(愚管抄)』나 『신황정통기(神皇正統記)』와 같은 사론체(史論体) 역사서가 등장하였다. 그런데 미우라는 무로마치 · 전국시대의 역사서에 관해서는 별다른 설명 없이 바로 근세 초로 넘어간다(同, 「日本史學史概說」, 『日本史の研究』第二輯, 岩波書店, 1930). 무로마치 · 전국시대는 사학 사상 언급할만한 특징이 없다고 파악한 것이다. 미우라의 이런 인식은 통설화되어, 이후 연구는 대략 이러한 체제를 따른다(坂本太郎, 『日本の修史と史學』, 至文堂, 1958).

6 『日本國語大辭典』, 小學館, 1974.

하는 막대한 분량이었음을 추정케 한다.[7] 그러나 이 시기의 군기는 문학적인 면에서 질이 떨어질 뿐 아니라, 사료적인 면에서도 일급사료라고는 할 수 없는 군담류가 대부분이다.

군기기록물과 달리 사료적으로 중요한 것이 이른바 일기로 대표되는 고기록이다. 고기록은 문헌사료중 하나로서, 일본에서는 문헌사료를 고기록古記錄·고문서古文書·고전적古典籍 세 종류로 분류하는 것이 일반적이다.[8] 이 세 가지는 기술자가 의도하는 바의 차이에 따라 구별된다. 문서란 자기의 의지를 특정 상대에게 전달함을 목적으로 한다. 편지書狀처럼 발송인과 수취인이 존재한다. 전적[편저(編著)라고도 함]은 자기의 사상과 지식을 불특정한 상대에게 전달함을 목적으로 한다. 기록은 기술자가 자기 비망을 목적으로 하며 일기가 이에 해당한다. 반드시 무로마치 시대에 한정되지는 않지만, 고문서와 더불어 가장 신뢰할 수 있는 기록이 일기(고기록)이다.[9] 일기는 당대 기록이기 때문에, 사료로 중요하며 당대인의 의식을 이해하는 데도 필수 불가결하다. 특히 일본의 경우, 일기는 단순히 개인 비망록 이상의 의미를 갖는데, 그것은 일기 자체가 거의 예외 없이 자손이나 다른 사람의 열람을 전제로 쓰였기 때문이다. 일기는 일종의 참고서의 역할을 수행한다.

이 장에서는 이 중에서도 고후쿠지興福寺 다이조인大乘院 문적門跡 진손尋尊의 일기인 『다이조인사사잡사기大乘院寺社雜事記』를 분석하고자 한다. 오

7 杉浦明平, 『戰國亂世の文學』, 岩波書店, 1965, p 3.

8 기록·문서·전적이란 용어는 물론 이전부터 있지만, 메이지 초기 구로이타 가쓰미(黑板勝美)가 문헌 사료 전반을 분류하는 명칭으로 사용했다(土田直鎭, 「古代史料論」(記錄), 岩波講座『日本歷史』25(別卷2), 1976, p. 72).

9 이에 대한 사적해제·문헌해설은 여러 종류가 있다. 그중에서 竹內理三·瀧澤武雄編, 『史籍解題辭典』上(古代·中世編), 東京堂出版, 1986이 비교적 간편하다. 잡지류이기는 하나 초심자가 접근하기 쉽게 서술되어 있는 『日本歷史「古記錄」總覽』上(古代·中世篇), 新人物往來社, 1989도 유용하다. 또 『增訂版國書總目錄』, 岩波書店, 1993~1994는 고대부터 막말(幕末)에 이르는 모든 문헌사료의 활자본(活字本) 여부, 사본(寫本)·판본(版本)의 소속처명 등을 명기하여 사서검색에 매우 편리하다.

다 노부나가의 히에이 산 방화로 엔랴쿠지 사료가 훼손되고, 그 밖의 많은 중세사료도 전란으로 산일된 지금, 『다이조인사사잡사기』를 중심으로 고후쿠지에 전해지는 여러諸 기록은 다소 과장이지만 "중세란 암흑계에 비추어진 한줄기 광명光明"[10]이라 지칭되며, 『잡사기』의 뛰어난 관찰과 세밀한 필치는 "당대 일기 중 백미"[11]라고 평가된다. 이 장은 『잡사기』를 중심으로 그 성립 과정과 내용을 구체적으로 분석하여, 무로마치 · 전국시대 기록물의 실상과 이 시대의 사상적 특질을 고찰한다.

10 善之助編, 「刊行の趣旨」, 『大乘院寺社雜事記』1(增補續史料大成本), 臨川書店, 1978(원래는 三教書店, 1931년 간행). 이하 『잡사기(雜事記)』로 약칭.

11 永島福太郎, 「大乘院寺社雜事記について」, 『中世社會の基本構造』, 御茶の水書房, 1955, p. 458.

1. 『다이조인사사잡사기』의 성립

『다이조인사사잡사기』(이후 『잡사기』로 약칭한다)의 저자 진손은 1430년(永享2) 8월 7일 관백 이치조 가네요시一條兼良의 다섯째 아들로 태어났다. 그런데 1438년 8월 당시 고후쿠지 다이조인大乘院 문적[천황가(天皇家)·섭가(攝家) 출신 승려] 교가쿠經覺가 쇼군 아시카가 요시노리足利義敎에게 추방되자, 그 후임자로 동년 12월 8일 대승원에 입실入室한다.[12] 헤이안 후기 이래 이른바 '잉여' 공경자제의 사원 진출은 사원 귀족화와 더불어 보편적인 현상이었다.

진손은 1440년 11월 11세의 나이로 출가하고, 동년 12월 수계受戒를 받아 승려생활을 시작한다. 이윽고 1456년(康正2) 2월 27세를 맞이한 진손은 고후쿠지를 총괄하는 최고직 별당別當(寺務)에 취임하고, 왕성한 활동을 전개하였다.[13] 『잡사기』는 이러한 진손의 제반 활동과 관련된 사항을 적은 공적 성격이 강한 개인일기로, 그가 별당에 취임한 1456년 이후 본격적으로 적기 시작한다.

그런데 『잡사기』의 명칭이 처음부터 『다이조인사사잡사기』였던 것은 아니다. 메이지 초년, 고후쿠지 다이조인이 폐절되어 문서기록(이른바 「다이조인문서」) 대부분을 내각문고內閣文庫에 이관했을 때, 내각문고의 담당자가 진손과 그의 제자 교진經尋의 일기를 합쳐 편의상 임의로 「다이조

12 『雜事記』, 應仁3年4月1日條.
13 同上.

인 문서」라는 이름을 붙였다.[14] 당초 진손은 자신의 일기를 「사무방회청寺務坊廻請」이라 했고,[15] 별당을 사퇴한 1459년(長祿3) 3월 이후에는 이를 「사사잡사기寺社雜事記」라 개칭한다.[16] 그럼에도 내각문고에서 굳이 이를 「다이조인사사잡사기」라고 이름붙인 것은 『잡사기』의 전승과정과 관련이 있다.

다이조인을 비롯하여 당시 사원의 문주門主 일기는 개인의 사유물이 아닌 일종의 공공물公物로서 대대로 전승한다. 문주가 입적하면 일기는 정리되어 상자에 넣어져 후대로 전해진다. 그런데 시간이 점차 지나면 자연히 충손虫損이라던가 표지의 파손 · 수미부首尾部의 결손이 생겨 이를 수선하거나 보완하여야 했다. 수선과 보완 과정에서 표지를 새로 만들어야 했고, 바로 이때 잘못된 이름이 붙여진 경우가 많다. 진손의 후계자로 1506년(永正3)에 다이조인에 입실한 교진經尋[구조 히사쓰네(九條尙經)의 아들]도 진손의 『잡사기』의 체재를 본받아 일기를 적었다. 교진은 진손의 『잡사기』를 잇는다는 의미에서 「사원잡요초寺院雜要抄」라 했다. 그런데 후대에 이를 수선할 때 표지를 「사사잡사기」로 달았다. 망실한 표지를 덧붙이는 수선작업 과정에서 후대인이 「사사잡사기」로 잘못 적은 것이다. 이는 진손의 『잡사기』가 압도적인 부분을 차지했기 때문에 발생한 착각이다. 그리하여 교진의 「사원잡요초」도 『잡사기』라 하게 된다. 이윽고 메이지 연간 내각문고에 소장될 때, 담당자는 이것에 전부 바깥 표지를 새로 붙이는 과정에서 일괄적으로 『다이조인사사잡사기』라 적었다.[17]

---

14 『雜事記』1, 凡例.

15 회청(廻請: 請定)이란 법회에 참석해야 할 승려의 이름을 연기(連記)하여 돌린 문서를 말한다. 별당(別當: 寺務)이 직접 서명(署名)하였고, 이것이 다른 각종 문서를 대표한다. 문서의 발급을 위시한 제 사무 집행의 기록이 사무방회청이다.

16 鈴木良一, 『大乘院寺社雜事記-ある門閥僧侶の沒落の記錄-』, そしえて, 1983, p. 20.

17 永島福太郎, 前揭「大乘院寺社雜事記について」, pp. 443-444 · 450. 또 진손의 일기에 대해 『잡사기』 표지가 파손되어 새로 표지를 만들 때 「진손어기(尋尊御記)」라 적기도 했다. 『후감』 등에 「진손어기」란 서명으로 인용되는 것이나, 현재까지도 『잡사기』를 달리 「진손어기」 또는 「진손대승정기(尋尊大僧正記)」라

한편 1931년 삼교서점三教書店에서 출간된 쓰지辻의 공간본 『다이조인사사잡사기大乘院寺社雜事記』는 진손 · 교진의 일기에다가 역시 진손의 제자였던 세이가쿠政覺의 일기까지 포함해 3대 일기를 총망라하려던 것이다.[18] 그 이유를 쓰지는 다음과 같이 언급한다.

> 『다이조인사사잡사기』는 보통 진손 · 세이가쿠 · 교진이 기록한 일기 약 190책冊을 말한다. 이번 간행에 즈음하여 이것에 약 70책을 더하기로 했다. 이는 사사잡사기란 명칭을 붙이지 않고, 사무방제회청寺務方諸迴睛(尋尊筆) · 진손대승정기尋尊大僧正記 · 세이가쿠대승정기政覺大僧正記 · 교진기經尋記 등의 명칭을 붙여 별개 기록처럼 간주되는 것을, 명칭에 의거하지 않고 기록의 성질에 따라 일련의 대계大系 안에 포함하는 것이 적당하다고 믿기 때문이다. 따라서 이제 모두를 합쳐 『다이조인사사잡사기』라 칭한다.[19].

그러나 쓰지의 처음 생각과 달리 진손의 분량만으로도 처음 예정했던 12권에 도달했고 출판 사정도 있고 하여, 진손 편저의 『다이조인일기목록日記目錄』을 첨부하여 우선 간행하는 데 그쳤다.[20] 따라서 현재 『잡사기』는 간본刊本 면에서는 진손의 일기만을 지칭하며, 『잡사기』를 진손의 일기와 동일시하는 견해는 바로 여기에 근거한다.[21] 그러나 명칭의

하는 것은 여기서 연유한다. 한편 스즈키 료이치(鈴木良一)는 『잡사기』는 다이조인 문적 진손의 공적(公的)인 일기이며, 따라서 『잡사기』를 「진손대승정기」라 하여 마치 개인의 사적(私的) 일기처럼 통칭하는 것은 타당하지 않다고 비판한다(鈴木良一, 前揭「大乘院寺社雜事記-ある門閥僧侶の沒落の記錄-」, pp. 21-22).

18 『雜事記』1, 凡例.

19 同上.

20 永島福太郎, 前揭「大乘院寺社雜事記について」, p. 445.

21 나가시마 후쿠타로(永島福太郎)는 세이가쿠대승정기 · 교진기가 간행되면, 그것은 「속(續)다이조인사사잡사기」라 명명할 것을 제안하였다(同上). 그러나 세이가쿠의 일기는 현재 『세이가쿠대승정기(史料纂集本)』란 타이틀로 속군서유종간행회(續群書類從刊行會)에서 출간되었다.

혼란을 극복하기 위한 쓰지의 노력은 진손의 기록만이 『다이조인사사잡사기』란 제목題名으로 공간公刊됨으로써 『잡사기』란 명칭에 한층 더 혼란을 가중시키는 결과만 초래했다.

『잡사기』의 분량과 서술 시기에 관해 여러 다른 견해가 존재하는 것도 이러한 명칭의 혼란 때문이다. 당초 쓰지의 공간본은 1450년(寶德2)부터 1508년(永正5)까지 198권을 진손분, 1483년(文明15)부터 1494년(明應3)까지 37권을 세이가쿠분, 1518년(永正15)부터 1527년(大永7)까지를 교진분으로 편찬하려 했다.[22] 『잡사기』를 진손에 한정할 것인가, 세이가쿠 · 교진까지 포함할 것인가, 아니면 내각문고의 분류를 따를 것인가, 쓰지의 공간본에 따를 것인가 등등 『잡사기』를 어떻게 정의하느냐에 따라 『잡사기』의 분량과 서술 시기는 판이하게 달라진다.[23]

22 『雜事記』1, 凡例.

23 이 장에서 특별한 언급이 없는 한 『잡사기』는 이른바 『진손대승정기』, 즉 현재 공간된 쓰지의 『다이조인사사잡사기』를 지칭한다. 이는 통설이기도 하며, 스즈키의 경우도 『잡사기』를 세이가쿠 · 교진의 일기까지 포함한 것으로 보아야 한다고 주장하면서도, 실제로는 "어떤 문벌승려, 즉 다이조인 진손"(鈴木良一, 「まえがき」, 前揭『大乘院寺社雜事記-ある門閥僧侶の沒落の記錄』)이라고 하여, 진손 일기를 중심으로 서술했다. 이하 『잡사기』에 관한 주요 내용은 특별한 언급이 없는 한 대략 스즈키의 연구서에 의존했다.

2. 『다이조인사사잡사기』의 내용과 사상

『잡사기』는 다이조인에 관련한 기사가 압도적으로 많고, 진손의 사소한 신변잡기도 다수 포함되어 있다. 그러나 의례 · 의식에 치중한 대부분의 공경일기와 달리, 『잡사기』는 당시 중요 정세를 상세히 기록했으며, 특히 오닌應仁의 난 발발과 1493년(明應2)의 호소카와 마사모토細川政元의 쇼군 요시키義材 폐립, 남 야마시로南山城 고쿠진 잇키國人一揆[24] 등에 관한 기록 등 사료적으로 매우 중요한 내용이 다수 포함되어 있다. 또 전국시대 장원 경영의 실상, 법회法會에 관한 준비 상황과 경비 조달 과정[특히 단전(反錢)의 부과징수], 그에 따른 사사 · 무가영주 · 백성 등 여러 세력의 갈등과 대립, 타협 등도 상세히 기록하였다. 아울러 불당佛堂 · 연못의 조영 · 수리 과정에 직인職人 · 인부人夫의 고용 징발 과정, 사람 수 · 수당 · 임금, 자재資材의 수량 · 가격 등까지도 세세히 언급하는 등 실로 이 시대 장원 영주의 장원 지배의 실상을 이해하는 데 핵심적인 내용을 제공한다. 그 외 상공업을 비롯한 세상의 소문 · 예능 · 민속 등은 물론이거니와 본인의 꿈 · 신벌神罰 · 미신 등 당시의 의식과 사상을 알려주는 각양각색의 기록도 많다. 『잡사기』 내에 약 1,900통(산일된 7년분을 감안하면 추정 2,100통)의 고문서가 거의 원문 그대로 수록된 점도 중요하다.[25] 바로 이

24 남 야마시로 고쿠진 잇키(南山城國一揆)에 대해서는 日本史硏究會 · 歷史學硏究會編, 『山城國一揆-自治と平和を求めて』, 東京大學出版會, 1986 참조.

25 鈴木良一, 前揭『大乘院寺社雜事記-ある門閥僧侶の沒落の記錄』, pp. 23-25.

때문에 『잡사기』는 질적으로나 양적으로나 일급사료로서 손색없다고 평가받는다.

그런데 『잡사기』의 전반적인 내용은 이미 스즈키鈴木가 자세히 분석하였고,[26] 야마토 국인층大和國人層의 동향을 중심으로 『잡사기』의 내용을 분석한 모리타 교지森田恭二의 연구도 있다.[27] 『잡사기』의 전반적인 내용 파악은 이들 연구에 의거하면 충분하다. 여기서는 그중에서도 『잡사기』의 핵심 내용을 중심으로, 전통 권위의 굴절 · 변용이란 시각에 입각하여 전국시대의 특질을 재검토한다.

'하극상下剋上'과 '귀종貴種'관념

『잡사기』에도 이 시기의 다른 공경 · 사사 일기와 마찬가지로, 중세 이래 계속 유지된 전통 권위의 실추에 대한 위기의식이 두드러진다. 『잡사기』 곳곳엔 "하극상의 극도下剋上之至" · "전대미문前代未聞" · "기분 나쁜 일比興之事" · "있을 수 없는 일珍事" · "옳지 않은 일不可然事"이란 표현이 산견된다.

그런데 저자가 주목하고자 하는 점은 이러한 사회 풍조를 비판한 배경에 깔려있는 진손의 의식 · 관념이다. 또 당시 보편적 현상이던 하극상 풍조에 저항한 근거가 귀종이란 진손의 출신 성분에 있다는 점이다.

당시에는 범인凡人이라 불리던 일반 평민 출신의 승려와 구분하기 위해,[28] 천황가 · 섭가攝家 출신 승려를 귀종이라 했다. 나라奈良에는 고후쿠지의 이치조인一乘院과 다이조인 두 문적만이 있었다. 귀종 출신인 문

---

26 同上.

27 森田恭二, 『大乘院寺社雜事記の研究』, 和泉書院, 1997.

28 범인(凡人)은 달리 범하(凡下)라고 하며 일반 하층백성을 지칭한다. 또 범인 중 특히 열등한 자, 신분이 천한 자를 강조하는 의미로 범하란 용어가 사용되는 경우가 있다(田中稔, 「侍凡下考」, 『史林』59-4, 1976, p. 8).

적은 비단 평민 출신 승려와 구분될 뿐만 아니라, 일반 공경자제 출신인 원가院家와도 엄격히 구분되었다. 물론 원가 역시 양가良家라 하여 귀종과 더불어 일반 범인 출신 승려와는 다른 신분을 형성하였으나, 이러한 양가조차 귀종 진손의 입장에서 보면 일반 범인과 크게 다르지 않았다.[29] 『잡사기』는 바로 이런 귀종의 입장에서 '범하凡下의 대두'라는 하극상 풍조를 비판하였다.

1476년(文明8) 고후쿠지 말사末寺 나카노카와데라中川寺의 선중禪衆 승려와 학중學衆 승려 간 사원 영지에 관한 분쟁이 발생했다. 이윽고 동년 5월 3일 고조興成(學衆派)란 자가 고후쿠지의 사무집행기구인 롯포六方[30]에 분쟁 해결을 의뢰하였다. 롯포가 선중을 불러 경위를 조사하려 하자, 선중은 롯포중에 갖은 욕설과 비방을 퍼부었을 뿐 아니라, 롯포가 파견한 사자使者들과 싸움合戰을 벌였다.[31]

이 사건에 대해 진손은 『잡사기』에서 다음과 같이 적었다.

> 대략 본사라 하던 말사라 하던 하극상의 때이다. 놀랄만한 일이 아니다. 특히 말사는 선禪 · 학學 각각 범하凡下가 혼재되어 대략 종성하열種性下劣의 무리들이다. 말대이니 더욱 질서를 어지럽힐 것이다. 본사本寺는 공경부터 사무라이侍 등에 이르기까지 각각 유서가 있는 자들이다. 그러나 롯포 게로분六方下臈分의 무리들이 집회의 결정이라 하며, 양 문적兩門跡과 여러 원가院家 등의 일을 농단한다. 이에 말사 또한 이를 본

29 『雜事記』, 康正2年2月21日條.

30 롯포는 롯포대중(六方大衆)이라 하며, 고후쿠지의 사원 내(寺中) · 사원 외(寺外)의 당탑(堂塔) · 제원(諸院) · 제방(諸坊)을 술해방(戌亥方), 축인방(丑寅方), 진사방(辰巳方), 미신방(未申方), 보다이인방(菩提院方), 류게인방(龍花院方)이란 여섯 집단으로 나눈 승도의 총칭으로 이들 방중(方衆)의 연합체이다. 롯포대중은 '롯포중'(六方衆)을 조직하여 학려(學侶) 지휘 아래 제반 사무를 처리하는 집행 기관의 성격을 지녔다(『奈良市史』通史2, 吉川弘文館, 1994, pp. 118-120).

31 『雜事記』, 文明8年5月3日條.

> 받아 이보다 더 할 수 없는 희유의 하극상을 자행하니, (롯포도) 말사를 처벌할 수 없을 것이다. 이를 어찌 하겠는가.[32]

롯포 그 자신이 상위의 문적門跡과 원가院家의 명령을 무시하니, 말사가 롯포의 지시에 따르지 않는 것은 당연한 일이라 진손은 이해한다. 재지영주 중도衆徒 · 국민國民의 대두와 더불어[33] 고후쿠지 내부에는 하층 승려인 롯포중六方衆이 성장하고 있었다. 진손에 따르면 "뛰어난 종성種性(可然種性)은 쇠퇴하고, 범하 · 국민 등이 입신출세"[34]한 결과, 신분질서가 붕괴하여 "근래 인간들은 상하의 계급을 알지 못한다"[35]는 이른바 하극상의 상황이 전개된다.

'종성하열種性下劣'은 달리 '종성부족種姓不足' · '종성미련種姓未練' · '종성자이외하열種姓者以外下劣'라고도 하는데,[36] 귀종 진손의 의식 속엔 이와 같이 '뛰어난 종성種性'과 '보잘 것 없는 종성種性'이란 두 종의 인간이 존재한다. 이런 류의 피지배층 무시는 전근대 지배층에게 보편적으로 나타나는 우민관愚民觀과 일맥상통한다. 다만 종성의 우열이란 것은 결국 귀종 · 양가 · 범인이란 혈통에 유래한 출신 성분에 의한 구분이며, 진

---

32 同上.

33 무가와 사사 간 대립이 점차 격렬해짐에 따라, 고후쿠지는 야마토의 재지영주층을 중도(衆徒) · 국민(國民)으로 편입하여 무력을 강화한다. 중도 · 국민은 고후쿠지의 주된 무장세력이자 검단권(檢斷權: 경찰 · 재판권)을 행사하는 집행 기구의 역할을 맡았다. 이들의 대표가 고후쿠지(興福寺) 사원 내에 거주하는 이른바 관부중도(官符衆徒, 대략 20인 정도)로 그 우두머리를 동량(棟梁)이라 했다. 고후쿠지의 양(兩) 문적(門跡)은 이들 관부 중도를 피관(가신)으로 삼아 이들 무력을 통해 야마토 국을 지배한다. 그러나 중도 · 국민은 남북조 내란기, 오닌 · 분메이의 난을 계기로 점차 문적의 권위마저 위협하는 존재로 성장했다(永島福太郎, 『奈良時代の傳流』, 中央公論社, 1944, pp. 44-45).

34 『雜事記』, 文明7年5月10日條. 1470년(文明2) 8월 가와치 국(河內國)에 출진한 야마토 국 국인영주 오치씨(越智氏)에 대해, 진손은 이는 "이즈미 슈고(和泉守護)를 목적으로 한다고 한다. 국민(이란 신분)으로서는 과분한 생각이다. 다만 근일(近日)은 토민(土民) · 사무라이(侍)의 계급(의 차이)이 보이지 않는 때이다"(同上, 文明2年8月5日條)라고 적었다. 당시 토호적 재지영주층의 신분상승 의지와 행동이 잘 드러나 있다.

35 同上, 康正3年3月26日條.

36 同上, 文明14年12月9日條.

손이 피지배층을 천시한 근거가 혈통이라는 점이 특이하다.

하극상은 결국 상하 계층 · 계급의 분쟁이며 사회 계층의 혼란인데, 진손의 『잡사기』는 이를 종성의 문란으로 파악한다. 이처럼 하극상의 시대를 보다 종합적으로 파악하려면, 『잡사기』처럼 종성이란 관념까지를 시야에 넣고 고찰할 필요가 있다. 하극상은 종성을 기축으로 형성된 중세적 신분질서에 대해,[37] '종성' 질서의 해체를 요구한 운동이란 속성도 내포하였으니 이것이 바로 진손이 우려하던 하극상의 실체였다.

'신벌神罰 · 신국神國'론

『잡사기』에는 장원에 관한 기사가 압도적으로 많은 분량을 차지한다. 물론 이는 『잡사기』만 해당하는 사항이 아니며, 다른 공경 · 사사일기도 기본적으로 이와 유사하다. 장원이야말로 진손의 귀종 관념을 현실적으로 관철시켜주는 물질적 기반으로 진손이 많은 관심을 갖는 것은 지극히 당연하다. 진손은 문적령 장원과 경영에 세심한 주의를 쏟았으며, 무가세력의 고후쿠지령 · 문적령 침탈을 격렬히 비판한다. 『잡사기』를 "장원영주 진손의 기록"이라[38] 지칭한 것도 이 때문이다.

장원은 경제기반이자 생활터전으로, 모든 사사세력은 이를 지키기 위해 부단히 노력했다. 사사령 장원은 기본적으로 신불행사神佛行事와 법회法會를 매개로 성립한다. 이 때문에 어느 특정 장원이 다이묘大名 · 재지영주在地領主의 침탈을 받아 쌀米 · 등유燈油 등 각종 행사에 필요한 물품을 사사에 납부할 수 없을 경우, 해당 법회는 중지될 수밖에 없었다. 각종 법회에 소요되는 모든 경비는 각각 어느 특정 장원의 공납으로 채워졌

37 '고대적'(古代的) 요소의 잔존으로 볼 수 있는 종성(種姓, 이를 근간으로 하는 신분질서 · 사회이념)은 단편적으로는 많이 언급되고 있지만, 전면적인 분석은 그리 많지 않다. 黒田俊雄, 「中世の身分制と卑賤觀念」, 『日本中世の國家と宗教』, 岩波書店, 1975 참조.

38 鈴木良一, 前掲『大乘院寺社雜事記-ある門閥僧侶の沒落の記錄-』, p. 19.

으며, 원칙적으로 다른 용도로 사용하는 것은 금지되었다. 가령 고후쿠지의 창설자라 할 수 있는 후지와라노 후히토藤原不比等의 연기법회年忌法要는 '본원기本願忌'라 하여 매우 중시되었음에도 불구하고, 1469년(文明1年)을 끝으로 이후 행해지지 않았다. 그 이유는 고후쿠지가 법회의 영지料所인 에치젠 국越前國의 기다 장木田庄에 대한 지배권을 상실하여, 정해진 목면綿이 제대로 수납되지 않았기 때문이다.[39]

『잡사기』 곳곳에 보이는 신벌론은 무가세력의 사사령 장원 침탈에 대한 대항 논리의 하나이다. 장원을 침탈하여 법회에 필요한 비용을 거둘 수 없게 하는 등 사사에 피해를 입힌 자[신적(神敵) · 사적(寺敵)][40]에게, 불법佛法의 옹호자인 신이 용서하지 않고 벌을 내린다는 주장이다. 물론 무장한 고후쿠지 대중이 직접 실력행사에 나서는 적극적인 대응도 있지만,[41] 오닌 · 분메이의 난 후 사사세력의 힘이 약해짐에 따라 적극적 행동은 점차 감소하고, 신벌론을 근거로 장원 침탈을 비난하는 데 그치고 마는 소극적 대응이 일반화된다.

사사 측의 관념과 행위는 불법을 옹호하는 신이란 중세 정통사상인 현밀불교 사상에 의거한 것이지만, 여기에는 다소 주관적인 판단이 들어 있다. 가령 진손은 오닌 · 분메이 난에 대해 "이번의 대란 중 모든 다이묘는 하나도 남김없이 전부 신벌을 받았다"[42]고 평가한다. 진손은 여러 다이묘가 대란으로 죽거나 고생하는 것, 다시 말해 대란 자체가 신

---

39 同上, p. 56. 반대로 없어진 신불(神佛)행사를 되살리는 행위는 상실한 장원에 대한 권익을 새로 회복하는 일이다.

40 『雜事記』, 文正元年閏2月7日條.

41 하타케야마 모치쿠니(畠山持國)의 침탈[야마토 우치 군(宇智郡)]에 대한 고후쿠지 대중의 봉기(同上, 享德3年9月29日條), 나라 칠대사(七大寺)의 폐문(閉門)(同上, 康正元年8月10 · 19日條), 호소카와 가쓰모토(細川勝元)의 효고 관(兵庫關) 침탈에 항의하는 칠대사 · 가스가 신사 폐문, 신목 동좌(神木動座)(同上, 寬正4年12月11 · 14日條), 아카자와 도모쓰네(赤澤朝經)의 사원령 침탈에 대한 항의로서 가스가 신목(神木)의 이동(同上, 文龜元年4月1日條), 가스가 신사 · 칠대사 폐문(同上, 文龜2年7月18日條) 등.

42 同上, 文明元年10月26日條.

벌이라 여겼다. 이런 논리는 진손 휘하의 중도 · 국민에게도 동일하게 적용되어, 중도 · 국민이 문적의 명령을 위반하여 무가에 충성을 다 하는 것, 다시 말해 무가武家 봉공奉公을 위해 죽거나 고생하는 것 자체를 신벌이라 주장한다.[43]

신벌론은 과연 재지영주층을 위시한 무가세력의 장원 침탈을 억제하는 실제 효과가 있었는가? 사실 신벌론이 얼마나 현실적으로 기능하였는가 하는 점엔 의문의 소지가 많다. 왜냐하면 신벌론이 있더라도 무가세력의 사사령 장원 침탈은 끊임없이 지속되었기 때문이다.

그러나 당시인 대다수는 신벌에 강한 두려움을 가졌던 것으로 보인다. 이른바 농명籠名 행위는 단적인 예이다. 농명이란 가령 "호소카와 좌경대부가 잔혹하고 나쁜 일을 일삼아 오사五社 · 칠당七堂 등에 농명을 당했다"[44] 고 하듯, 신불의 힘을 빌려 제삼자에게 벌을 내리기를 비는 저주이다. 대상자의 이름을 적어 가스가 신사 건물 앞春日社頭에 묻고籠 기도를 올렸기 때문에 농명이라 하는데, 당시 사람들은 농명당한 자가 미치거나 악병에 시달리고 심지어는 횡사한다고 믿었다.[45] 자기가 스스로 신에 맹세하여 위반시에는 신벌을 청하는 '경백敬白 천벌연서天罰連署 기청문사起請文事'[46] 로 시작되는 기청문(맹세문)과 달리, 농명은 자기가 제삼자의 벌을 청한다는 점에서 특이하다. 또 기청문이 일본 전국 각지에서 보이는 것과 달리 농명은 주로 야마토 지역에 한정된다.[47] 당시인은 농

---

43 鈴木良一, 前揭『大乘院寺社雜事記-ある門閥僧侶の沒落の記錄-』, p. 187.

44 『雜事記』, 文明4年12月7日條.

45 同上, 文明17年11月25日條 · 文明18年4月21日條 · 延德3年4月7日條. 농명을 당한 자가 그 해제를 청하여, 신사에 참배를 하거나 200관(貫)이라는 막대한 금전을 보내 예를 표한 경우도 있다(同上, 明應8年2月20日條).

46 同上, 文明19年5月4日條.

47 酒井紀美, 「名を籠める」, 『ことばの文化史』中世2, 平凡社, 1989.

명이 가져다 준 신벌의 결과가 사망,[48] 일가一家 · 동족 간同族間의 대립,[49] 가문의 단절,[50] 발병發病,[51] 몰락[52] 등 여러 형태로 나타난다고 믿었다.

한편 신벌론과 더불어 신국론도 무가의 장원침탈을 제어하기 위한 대항 논리의 하나로 기능하였다. 다만 '신들이 보호하는 나라 = 일본'이라는 국토를 신성시하는 관념을 중핵으로 하는 신국사상은 일반적으로 일본 전역을 대상으로 하는 데 반해,[53] 『잡사기』에 보이는 신국론은 야마토大和 = 신국이란 특정 지역에 국한한다.

야마토 국은 다른 지역 출신 슈고守護 · 재지영주층의 지배를 인정하지 않음이 오랜 관례였다.[54] 고후쿠지는 야마토 국을 "본조무쌍신국本朝無雙神國"[55]이라 하면서, "신국이므로 무가가 입부하지 않는 땅"[56]임을 줄곧 주장해왔다. 가마쿠라 막부도 이를 존중해 야마토 국에 무가 출신의 슈고를 두지 않았고 고후쿠지 이치조인과 다이조인 양 문적으로 하여 슈고의 역할을 대신하게 했다.[57] 그 결과 야마토 국은 오랜 기간 무사세력의 간여를 받지 않았고, 이는 일종의 전통으로 기능하였다.

그런데 야마토 국 = 신국의식은 진손을 위시한 고후쿠지 승려만에 국한되지 않는다. 야마토의 중도 · 국민도 동시에 공유하고 있었던 관념

48 나카야마 지카미치(中山親通)(『雜事記』, 寬正3年6月17日條), 오다치 다카우지(大館教氏)(同上, 寬正4年7月7日條), 에이칸(英寬)[고센보(香專坊)](同上, 文明17年7月23日條), 다카다 씨(高田氏)의 아들(同上, 長享3年2月14日條), 기시다 씨(岸田氏)(同上, 明應元年12月14日條) 등의 경우.

49 하타케야마 요시나리(畠山義就) · 호소카와 가쓰모토(細川勝元)의 경우(同上, 寬正4年12月25日條).

50 히로하시 가네아키(廣橋兼顯)의 경우(同上, 文明11年5月15日條 · 文明13年5月22日條).

51 사가와 씨(佐川氏) 부(父)의 악창(惡瘡)(同上, 文明11年11月4日條), 후루이치 씨(古市氏) 대관의 종양(腫瘍)(同上, 文明17年8月12日條)(이상 결국 사망), 가쿠조보(學乘房) · 겐테이보(賢定房)의 중풍 · 종양(同上, 明應6年3月19日條) 등의 경우.

52 쓰쓰이(筒井) · 후세(布施) · 도치(十市) 씨의 경우(同上, 文明19年5月29日條).

53 黑田俊雄, 「中世國家と神國思想」, 『日本中世の國家と宗教』 참조.

54 『雜事記』, 康正3年2月8日條.

55 同上, 文明9年9月23日條.

56 同上, 文明2年8月5日條.

57 佐藤進一, 『增訂鎌倉幕府守護制度の研究』, 東京大學出版會, 1971,p. 2; 同, 『室町幕府守護制度の研究』上, 東京大學出版會, 1967, p. 2.

이다. 또한 야마토 = 신국론은 단순히 관념상으로만 존재한 것이 아니라, 현실에서도 실제 기능하고 있다.

1494년(明應7) 2월 가와치 국河內國의 슈고 하타케야마 히사노부畠山尙順는 야마토 국인 만자이 씨萬歲氏의 상속지 지배권을, 자신의 피관이자 역시 야마토 국인인 후세 씨布施氏에게 넘겨주기로 약속했다. 그런데 실제 받는 영지가 상속지의 3분의 1에 불과하다는 사실이 밝혀지자, 후세 씨는 은밀히 고후쿠지에 "신국神國에 무가의 급인給人이 들어오는 것은 희유의 일"[58]이라 주장하면서, 하타케야마 씨에게 압력을 가해줄 것을 타진한다. 진손은 중도 · 국민(국인)이 평소에는 사문寺門의 명령에 따르지 않다가 필요할 경우에만 도움을 청한다고 비판했지만,[59] 야마토 국의 신국의식은 고후쿠지 승려는 물론이고, 야마토 국인도 자신들의 이익을 위해 적극적으로 이에 동조하고 주장한 관념이었다.

결국 신국관념이 존재하는 한 중도 · 국민은 문적의 전통적 권위를 여전히 필요로 했고, 바로 이것이 문적 진손의 중요 존립 기반의 하나이다. 야마토 국에서 문적의 권위가 완전히 몰락하지 않은 것도 야마토 국 재지영주인 중도 · 국민이 야마토 = 신국론에 의존하는 바가 컸기 때문이다.[60]

무가세력의 사사령 장원 침탈, 중도 · 국민을 비롯한 롯포중의 하극상이란 시대 상황 속에서도 문적의 전통적 권위는 일정 부분 기능을 유지하고 있다. 『잡사기』는 표면적으로 볼 때 오로지 장원 침탈과 하극상 풍조만을 서술한 것으로 보이지만, 그 이면에는 이를 비판하고 일정한

58 『雜事記』, 明應7年2月20日條.

59 同上.

60 중도 · 국민이 비록 이전에 비해 성장했지만 고후쿠지로부터 완전히 자립한 것은 아니고, 이들은 여전히 고후쿠지 조직에 의존하였다. "학려 · 롯포는 모두 중도 · 국민의 자식들이다"(同上, 文明5年10月21日條)라고 하듯, 이들은 고후쿠지의 중추조직인 학려 · 롯포에 자제를 침투시켜 이를 기반으로 적어도 고후쿠지의 뜻임을 내세워 여러 정책을 집행했다.

영향력을 행사한 문적으로 대표되는 전통세력의 오랜 생명력을 기술하고 있다. 『잡사기』를 보면 사사세력이란 전통세력이 결코 한순간에 급속히 몰락하지 않았고, 무가세력과의 갈등 · 대립하면서도 타협과 저항을 통해 살아남아 굴절 · 변용해갔음을 알 수 있다.

소결小結

『잡사기』는 문서의 성격으로 볼 때 비망록의 일종인 각서이며, 헤이안 시대 이래 공경일기의 전통을 잇고 있다.[61] 또 승려일기가 급증하는 무로마치 · 전국시대 일기의 특징을 대변한다.

무로마치 · 전국시대의 역사는 어느 일국一國 혹은 어느 일개 다이묘의 흥망을 적은 기록이라든가, 개인이 자신의 견문을 기록한 각서가 대부분이라는 평가를 받고 있다.[62] 동시에 "오닌 시기 역사의식의 멸망"[63]이란 평가가 있듯, 『잡사기』에도 뚜렷한 역사 의식은 발견되지 않는다. 다만 이러한 『잡사기』의 성격을, 스즈키 료이치처럼 '어떤 문벌승려의 몰락의 기록'이라 하여, '몰락'의 관점에서 파악하는 것은 타당하지 않다. 귀종 진손은 '범인凡人'들의 대두라는 시대의 전환기를 맞아 귀종의식을 갖고 이에 대항했다. 후세의 관점에서 본다면 '몰락'에 불과할지도 모르지만, 진손 나름대로 자기 집단의 이익을 지키기 위한 애쓴 생존의 흔적이 곳곳에 보인다. 점차 영향력이 감소하면서도 신벌론 · 신국론의 논리를 내세워 여전히 일정 정도 힘을 발휘한 전통의 힘을 『잡사기』에서 발견할 수 있다. 이 점을 염두에 둔다면 종래 이 시기의 전통

61 鈴木良一, 前揭『大乘院寺社雜事記-ある門閥僧侶の沒落の記錄-』, p. 26.

62 平重道, 「室町時代の歷史思想-神皇正統記と太平記と北條五代記-」, 『日本における歷史思想の展開』, 吉川弘文館, 1965, p. 151.

63 今中寬司, 「戰國 · 安土桃山時代の歷史思想-歷史意識の滅亡と甦生」, 前揭『日本における歷史思想の展開』, p. 161.

세력을 오로지 '몰락'의 관점으로 파악하는 것은 타당하지 않고, 그 이면에 깔려있는 다양한 움직임과 변화를 이해해야 할 것이다. 『잡사기』는 이 점을 실로 잘 묘사하고 있는 무로마치 · 전국시대의 대표적 기록물이다.

보론2

도요토미 히데요시는 왜 쇼군이 되지 못했나

한국과 비교되는 일본사의 특질은 무엇인가? 거칠게 말해 '문'의 사회=한국, '무'의 사회=일본으로 구분하기도 하지만, 일본이라 해서 '문'을 담당한 계층이나 문으로 대표되는 전통이 전혀 없었던 것은 아니다.

그러나 일본의 경우 오랜 동안 문을 주로 담당한 계층은 승려나 귀족(공가)으로 한국사회와 같이 문(학식)을 소유한 자가 지배층의 주류를 담당하지는 않았다. 물론 무사가 행정관료화된 에도 시대에 이르면 무사들 역시 문의 요소를 갖추게 되지만, 이때의 문은 무의 부수적인 요소로서 무사가 무사임을 나타내는 지표는 역시 '무'였다. 역사전개상 일본사회가 한국사회보다 '무' 요소에 많은 영향을 받은 것은 사실이다. 이는 무사(무가) 정권의 장기존속이란 일본의 역사 전개 과정과 밀접한 관련이 있다.

무사를 지배층으로 하는 일본사회가 출현한 것은 매우 오래된 일이다. 1156년 호겐保元의 난, 1159년 헤이지平治의 난을 계기로, 귀족세력의 '경호원' 역할을 하던 무사들이 역사 전면에 나서 이른바 '무사의 세상'[1]이 된다. 이제 무사를 배제하면 정국이 움직이지 않는 상황이 전개되었다. 다소 과도기적인 성격을 띠는 헤이시平氏 정권을 거쳐, 12세기 후반에 이르면 보다 독립적 성격을 가진 가마쿠라鎌倉 막부가 성립된다. 그 이후 '겐무신정建武新政'이란 왕정복고 시기(1333–1335)가 일시 있었지만 1868년 메이지 유신으로 에도 막부가 멸망되기까지 무사정권은 약 6백 년 이상, 호겐 · 헤이지의 난을 기점으로 하면 대략 7백 년 이상 지속된다. 이로 인해 무사 문화는 일본사회 전반에 영향을 끼친다. '문'을 숭상한 한국사회와 달리 '무'를 중시한 것도 일본인의 입장에서 볼 때 당연하다면 당연한 일이다.

그리하여 일본사회 인식 전반에 '무'에 대한 자긍심을 확인할 수 있다. 도요토미 히데요시는 명나라를 평가하여 마치 일본의 '공가'(귀족)와 같이 문약하다고 하면서 무의 나라 일본에 대한 강한 자긍심을 표출한다.

1592년(天正20) 6월 3일 히데요시는 조선에 대한 침략전쟁을 독려하면서 자기 휘하의 부하들大名에게 다음과 같이 말한다. 즉 히데요시는 "혹은 5백 기騎, 혹은 천 기"라는 적은 병사로도 일본전역을 복종시켰는데, 이제 너희들은 수십 만의 군졸을 거느리고 "처녀와도 같은 대명국大明國"을 치는 것이니 이는 "산으로 계란을 누르는" 것과 같이 손쉽다고 하면서[2] 명나라를 여자(처녀)로 비유하였다. 명=문약文=여자라는 관념 이면에는 이에 대비되는 일본=용맹(무)=남자에 대한 우월감이 깔려있다. 또 동년 동일 히데요시가 모리 데루모토毛利輝元에게 보낸 문서에도 "일본이란 무력弓箭이 엄격한 나라조차 5백, 천으로 이와 같이 남김없이 복종시켰는데 너희 모두는 다수로 대명大明 나가소데(長袖: 일본 공가들이 입는 긴 소매 옷)국

1 『愚管抄』(日本古典文學大系本), p. 206.
2 『毛利家文書』(大日本古文書本), 903号.

을 공격하는 바"[3] 손쉽게 정복할 수 있을 것이라는 구절이 나온다. 이처럼 학문에 힘쓰는 문인이란, '무위'를 숭상한 히데요시 입장에서 보면 문약하고 여자와 같은 존재에 불과했다.[4]

쇼군은 무사를 대표하는 수장이다. 그런데 일본 역사에 처음 접하는 대부분 한국인은 히데요시 역시 쇼군이었을 것으로 오해하는 사람이 적지 않다. 한국인으로 히데요시를 너무나 잘 알고 있다고 생각하지만, 정작 실상은 그가 쇼군인가, 아닌가 하는 지극히 간단한 사실조차 잘 모르고 있다. 히데요시가 무사층의 수장이었음은 틀림없으나 쇼군이란 직책을 가졌던 것은 아니다. 히데요시는 관백(關白: 천황 보좌 · 후견인 역)이란 직책을 통해 무사들을 통솔했다. 그런데 이 관백은 당초 무사가 취임할 수 있는 관직이 아니며 귀족이 취임하는 것이 관례였다. 그것도 최상층 귀족인 후지와라 씨藤原氏 적장자嫡長子 가문의 후예가 취임하는 것이 관례였다. 히데요시를 제외하곤 무사의 신분으로 이 직책에 취임한 적은 없다.

그러면 왜 히데요시는 쇼군이 아니라 관백이 되었는가? 쇼군이 아닌 히데요시는 과연 어떤 방식으로 무사세력을 통솔하였는가? 단순해보이는 이 질문 속에 일본을 이해하는 데 매우 중요한 역사적 특질이 내포되어 있다. 이 장에서는 이 점을 중심으로 중 · 근세 이행기 일본사회의 특질을 논하고자 한다.

---

3 同上, 904号.

4 이 시기 '무위'에 대해서는 朝尾直弘, 「十六世紀後半の日本-統合された社會へ」, 岩波講座『日本通史』第11卷(近世1), 1993 참조.

1. 쇼군將軍과 관백關白

우선 간단한 개념부터 언급하고자 한다. 서두에 언급했던 '막부幕府'와 '쇼군將軍', 그리고 '관백關白'의 개념이다. 먼저 이에 대해 간단히 서술하고 이를 바탕으로 히데요시가 쇼군이 아닌 관백이 된 역사적 사실이 갖는 의미와 배경을 고찰한다.

먼저 막부란 일반적으로 일본의 무사정권을 말하며, 쇼군을 정점으로 한 무사들의 통치기구 · 조직을 지칭한다. 원래 막부의 어원은 쇼군이 거주하던 군영(막사)에 있다. 글자 그대로 '막幕'이란 휘장 · 장막을, '부府'는 곳집 · 관청을 의미한다. 후일 쇼군의 거처에서 정사政事를 다루게 되면서, 쇼군의 거처 · 막사를 지칭하던 막부가 무사의 통치기구 · 조직을 지칭하는 것으로 의미가 확대 · 발전하였다.

천황 내지 상황上皇의 조정권력은 무문武門의 동량 · 무사의 수장을 쇼군에 임명하고, 쇼군이란 직책에 임명되면 독자적인 막부를 열 수 있다. 가마쿠라 막부의 미나모토노 요리토모源賴朝, 무로마치 막부의 아시카가 타카우지足利尊氏, 에도 막부의 도쿠가와 이에야스는 모두 해당 천황권력에게서 쇼군직을 수여받아 막부(무사정권)를 창설했다. 일본 역사상 막부는 가마쿠라, 무로마치, 에도 막부 이외에는 존재하지 않는다. 히데요시는 쇼군에 임명받지 못했고, 도요토미 정권을 달리 막부라 호칭하지 않는 이유도 바로 여기에 있다.

한편 쇼군이라 함은 전술한 바대로 무사들의 수장을 지칭하는 용어이다. 쇼군의 정식 명칭은 정이대장군征夷大將軍으로 글자 그대로 '이夷'(오랑캐)를 정벌하기 위해 설치한 관직이다. 오늘날 쇼군은 바로 이 정이대장군의 약칭으로 통칭된다. 또 주의할 점은 최초로 쇼군이란 명칭을 사용한 자는 가마쿠라 막부를 세운 미나모토노 요리토모가 아니라는 사실이다. 이 명칭은 이미 고대에 존재하는데, 797년 정이대장군에 임명받은 사카노우에노 다무라마로坂上田村麻呂가 대표적인 인물이다.

그런데 여기서 '정이征夷'라는 단어가 주목된다. 당시 일본사회는 어느 민족, 어느 지역을 '이夷'로 지칭하고 이를 정벌하려 했는가?

6~7세기 일본은 중국 문물을 열심히 받아들여 국가체제를 정비했으며 수隋·당唐의 율령을 전면적으로 수용했다. 그것은 공지공민公地公民의 대원칙 아래, 반전수수제라는 토지제도, 중앙 및 지방행정조직의 정비 등을 핵심으로 하는 고대 일본 국가체제(통칭 고대 율령제)의 성립으로 귀결된다. 그런데 당시 일본 고대국가는 율령으로 대표되는 중국식 제도를 수용하는 과정에서 그 속에 녹아 있는 화이사상을 기반으로 한 중국적 관념도 그대로 받아들였다. 그 결과 일본 역시 주변 민족을 오랑캐로 멸시하는 자국 중심주의 의식이 확대되었다.

당시 고대 일본 국가를 괴롭혔던 커다란 문제의 하나가 동북부 지방에 널리 분포하고 있던 이민족(蝦夷: 에조, 에미시)이었다. 고대 일본 국가는 이들과 분쟁과 갈등 관계에 있어 전쟁을 벌였는데 이때 파견된 장수가 정이대장군이다.

그런데 후일 무사세력이 성장하여 국가권력의 일부를 장악하게 되자, 그 정통성을 확보하기 위해 쇼군이란 칭호에 집착한다. 본래 사적 무장 집단의 속성을 갖는 무사세력은 고대국가의 병권을 담당했던 유서 깊은 대장군 칭호의 획득을 통해 국가를 보위하고 수호하는 공권력으로 탈바꿈하고자 했다.[5] 무사단 수장은 상황 등 천황권력에게서 쇼군이란 직책을 임명받아 군사 · 병권을 전담하는 명실상부한 국가권력의 한 축을 이룬다. 종래에는 이러한 가마쿠라 막부의 창설을, 천황을 중심으로 한 고대 귀족사회 체제와 다른 새로운 사회(중세봉건제)의 성립이란 측면에서 주목해왔다.[6] 그러나 무사 중심의 중세사회가 성립되었음에도 불구하고 일본 고대국가가 갖고 있었던 이른바 고대적 속성은 해체되지 않고 중세 시기까지 남아 사회 전반에 많은 영향을 주었다. 무엇보다 쇼군의 정식 명칭은 정이대장군이며, 이 명칭 자체는 고대에 이미 있었다는 점, 그리고 이는 천황권력(조정)을 매개로 임명받았고, 결코 무사 집단 스스로 창출해낸 것이 아니라는 사실에 유의할 필요가 있다. 결국 이는 가마쿠라 막부의 성립 자체가 천황권으로 대표되는 고대세력과의 일정한 타협 속에 성립했음을 말해주는 것이다. 이 점은 일본사의 아주 중요한 특질 중 하나인 연속성 · 중층성 · 선례의 중시라는 속성과도 관련이 있다.

한편 관백은 천황을 도와 정무를 집행하는 관직(내지 이에 종사하는 자)을 지칭한다. 거칠게 말해 관백은 천황을 보필하는 조정의 제1인자라 볼 수 있다. 이 관백과 유사한 직책이 섭정攝政이다. 섭정은 천황이 미성년이거나 유사시에 두는 군주 대리인으로 처음에는 황족[쇼토쿠 태자(聖德太子)가 대표적인 예]을 임명했으나 점차 외척인 후지와라 씨가 맡게 된다. 866년 세이와淸和 천황의 외조부 후지와라노 요시후사藤原良房가 섭정에 임명된 것이 천황가 이외의 인물로는 효시이다.

그런데 어린 천황이 장성하게 되면 여러 문제가 생기는데, 섭정은 더

5 이른바 통치권적 원리와 주종제적 원리로, 이에 대해서는 佐藤進一, 「室町幕府論」, 岩波講座『日本歷史』中世3, 1963 참조.

6 石母田正, 『中世的世界の形成』, 岩波書店, 1957.

이상 천황을 대리할 수 없게 된다. 그래서 성년이 된 천황을 보필한다는 의미로 관백이란 관직을 두었다. 887년 우다宇多 천황 시기 후지와라노 요시후사의 적장자 모토쓰네基經를 관백으로 임명한 것이 효시이다. 요컨대 천황이 미성년일 때는 섭정을, 성년이 되면 관백을 두어 사실상 조정의 전권을 맡겼다. 이 섭정과 관백의 직책을 독점한 자가 다름 아닌 후지와라 씨[좀 더 정확히 말하면 후지와라 씨 북가(北家)]였고, 후지와라 씨는 천황의 외척이란 지위를 이용하여 이와 같은 지위를 누렸다. 섭정이나 관백은 율령에 규정되지 않은 직책으로 이른바 영외관이다. 율령에 규정된 최고관직인 태정대신을 대신하여 영외관인 섭정 · 관백이 보다 중시되었다는 것은 고대 율령체제의 변질을 말해준다.

이 시기가 바로 섭관攝關시대라고 하여 일본 궁정 · 귀족문화가 절정에 이른 시기였다. 딸들을 연이어 천황 3명에 시집보낸 후지와라노 미치나가藤原道長가 1018년 "이 세상은 내 세상, 저 둥근 달도 차서 기울지 않으니"라고 와카를 읊조린 것은 그 상징적인 사건이다.[7]

그러나 이에 대한 천황가의 반격[어린 아들에게 천황직을 물려주고 자신은 상황의 신분으로 국정의 전권을 장악한 1086년 시라카와(白河) 상황 이후의 이른바 원정(院政)시대]이 시작되고 그 후 무사세력이 사실상 실권을 장악한 막부시기에 이르면, 관백이란 직책은 명목만 남은 명예직에 불과하게 된다. 물론 관백직 자체는 그 후에도 여전히 살아남아 최종적으로 소멸되는 것은 메이지 시기지만, 히데요시가 관백으로 등장하기 전까지 관백이란 실권은 갖지 못한 귀족(공가)의 최고명예직에 불과했다. 히데요시가 정권을 장악하기 직전 쇼군과 관백은 대략 이런 관계였다.

7 北山茂夫, 『藤原道長』, 岩波書店, 1970, p. 186.

2. 도요토미 히데요시란 인물

도요토미 히데요시는 일본 역사상 비슷한 유례를 찾기 힘든 인물이다. 미천한 백성 출신으로 무사 수장의 자리, 실력으로 보면 사실상 일본 제1인자라 할 수 있는 지위에 오른 인물은 히데요시가 유일무이하다. 전국시대 끝자락에 위치하는 히데요시의 시대는 그만큼 커다란 사회변동을 전제로 한다.

먼저 논란이 되고 있는 히데요시의 '출신'에 관한 문제부터 살펴보자. 현재 히데요시 출생에 관해서는 빈농설과 부농설로 양분되어 있다.

근세 초기 저술된 『태합소생기太閤素生記』[8]에 따르면 히데요시는 기노시타 야에몬木下弥右衛門의 아들로서 아명은 기노시타 도키치로木下藤吉郎였다. 그런데 일본인 모두가 성姓[이른바 묘지(名字 · 苗字)]을 갖게 된 것은 메이지유신 이후이며 그전의 일반 백성은 보통 성을 갖지 못하였다. 그럼에도 불구하고 히데요시가 기노시타라는 성을 칭했다는 점은 적어도 상층 농민 이상의 신분이었음을 반증하는 대목이다. 이것이 바로 부농설의 근거이나,[9] 거꾸로 빈농설을 주장하는 연구자는 『태합소생기』가 당대 사료가 아닌 후대의 전문에 불과한 것으로 보아 그 신빙성을 의심하

8 『改定史籍集覽』第13册, 저자는 다케다 씨(武田氏) 옛 가신 쓰치야 엔토(土屋円都)의 아들 쓰치야 도모사다(土屋知貞)로 알려져 있다. 엔토는 다케다 씨의 오토기중(御伽衆: 영주의 이야기상대로 근무, 군담류에 해박한 지식이 필요) 출신이며, 도모사다는 아버지에게서 전해들은 전문을 바탕으로 1625년에서 1676년 사이에 『태합소생기(太閤素生記)』라는 책을 저술한 것으로 추정된다.

9 鈴木良一, 『豊臣秀吉』, 岩波書店, 1954, pp. 3-4.

는 입장이다.[10] 실제로 히데요시의 출생과 관련해서 사생아설, 낙윤설落胤說, 태양日輪의 아들설 등 다기한 주장이 있다. 이처럼 출생에 관한 설명이 복잡하다는 것 자체만으로도 히데요시가 미천한 신분의 출신임을 반증한다고 할 수 있다.[11] 대략 현재까지 통설은 히데요시가 부농이 아니라 조상을 계보를 확인할 수 없는 하층 농민출신이었던 것으로 본다.[12]

그런데 이러한 일반 평민 출신 인물이 무사의 수장首長이 된다는 것은 히데요시 시대 이전에는 도저히 상상할 수 없는 일이다. 미나모토노 요리토모가 무사의 수장인 쇼군이 되어 가마쿠라 막부를 개창할 수 있던 것도 적어도 그가 세이와清和 천황의 후예로서 동북지방에 무명武名을 떨친 미나모토노 요시이에源義家의 직계 후예라는 신분[이른바 귀종(貴種)]을 내세웠기에 가능하였다. 미나모토노 요리토모를 중심으로 동국東國 지방의 무사단이 집결하게 된 데는 요리토모가 천황의 후예 출신이란 신분상 고귀함이 작용했다. 이 점은 당시 미나모토 씨의 라이벌이었던 다이라 씨平氏도 마찬가지로 다이라씨 역시 간무桓武 천황의 후예임을 내세웠다. 이러한 '피'의 고귀성을 무기로, 실제야 어떻든 천황가 후예라는 것을 명목으로 삼아 미나모토 씨와 다이라 씨는 각각 관동關東과 관서關西 지방을 대표하는 무사단의 우두머리로 군림할 수 있던 것이다. '피의 순수성'이란 고대 이래의 낡은 관념은 여전히 없어지지 않고 살아남아 이와 같이 일정한 영향력을 행사하였다.

히데요시의 시대는 그런 점에서 대변화의 시기이다. 14~15세기의 일본을 '하극상의 시대'라고 통칭하는데, 이 시기는 백성들을 중심으로

---

10 小和田哲男, 『豊臣秀吉』, 中央公論社, 1985.

11 선교사 루이스 프로이스도 "나는 미천하며 가장 하층 출신으로 나의 기량에 의해 최고 최상의 위계에 도달하였다"라는 히데요시의 말을 기록하고 있다(『フロイス日本史』2, p. 199).

12 히데요시의 출신을 비농업인으로 보는 견해도 있다(小林信夫, 「太閤傳說の成立」, 『國學院雜誌』59-8). 이러한 견해를 포함하여 히데요시의 출생에 관한 제설은 小和田哲男, 前揭『豊臣秀吉』 및 桑田忠親, 『豊臣秀吉研究』, 角川書店, 1975 참조.

새로운 움직임인 잇키一揆(농민봉기 · 반란)가 나타나고 신흥 종교세력인 법화종 · 일향종一向宗이 힘을 얻어 대두하던 때이다. 이들 세력의 출현으로 기존 신분질서와 전통적 관념에 적지 않은 변화가 나타났다. 히데요시란 한미한 출신의 인물이 무가의 수장이 될 수 있었던 것도 무로마치 후기 커다란 사회적 변동이 있기에 가능했다. 특히 오닌 · 분메이의 난(전국시대의 시점)을 계기로 사회질서가 크게 변동하여 지배층의 부침이 격심했다. 아시가루足輕라는 서민층이 대거 등장한 것도 이 시기이다. 극심한 사회변동의 와중에 고 · 중세 이래의 명망가, 대부분의 기존 귀족 · 무사가문은 몰락했다.[13]

히데요시 역시 아시가루 출신이다. 그리하여 통설은 오닌의 난을 전후하여 전개된 거대한 사회변화의 정점에 히데요시를 위치시킨다. 바로 이런 입장이 현재까지 이어지는 전형적인 도요토미 히데요시 상이다. 그러나 저자는 이러한 통설에 입각한 히데요시 상에 전적으로 수긍하지는 않는다. 물론 이 시기에 상당한 정도의 사회변동이 있었다는 사실 자체를 부정하는 것은 아니고 그 점에 대해선 이론의 여지가 없다. 그렇지만 히데요시가 권력을 장악해나가는 과정의 이면에 통설의 주장과 다소 다른 점을 확인할 수 있다.

그것은 '하극상'이란 시대변동의 '총아' 히데요시조차 기존 질서체제에 순응하는 측면이 있으며, 이른바 전통적 중세적 관념을 극복하지 못한 부분이 존재한다는 점이다. 그 단적인 사실은 '백성凡下' 출신 히데요시가 대대로 '귀종'이 취임하던 쇼군이 되지 못했다는 사실이다.[14] 이

---

13 內藤湖南, 「應仁の亂について」, 1921(지리역사학회 강연. 후에 『歷史の思想』現代日本思想大系27, 筑摩書房, 1965에 재록).

14 마찬가지로 도쿠가와 이에야스가 정이대장군 직에 취임한 것도 미나모토 씨의 후예가 쇼군에 취임한다는 전통(선례)를 이용한 사례라 할 수 있다. 히데요시나 이에야스가 천황을 타도하고 독자적인 왕조를 수립하지 못한 것은 이러한 일본사회가 갖고 있는 전통과 선례 중시 현상과 밀접한 관련이 있다.

점은 한국사회와 비교해보면 보다 명확해지는데, 그 단적인 예가 고려시대 만적萬積의 경우이다. 고려시대 노비 만적은 1198년 개경開京의 공사노비를 모아 놓고 다음과 같이 주장했다.

> 경계庚癸 이래 공경대부公卿大夫는 천예賤隸 속에서 많이 일어났다. 장상將相이 원래 씨가 있겠는가? 때가 오면 누구든지 할 수 있는 것이다. 우리가 어찌 근골筋骨을 수고롭게 하고도 매질 밑에서 괴로워만 하겠는가.……각기 그 주인을 죽이고 천적賤籍을 불살라 삼한三韓으로 하여금 천인이 없게 하면 공경 장상은 우리들이 모두 할 수 있다.[15]

이처럼 만적은 정해진 씨가 어찌 따로 있을 수 있겠느냐고 역설한다. 실제 이의민李義旼과 같은 천민 출신이 장상(將相: 일본에 비유하면 쇼군, 관백)의 반열에 올랐으니 만적의 주장이 전혀 터무니없는 것은 아니다. 물론 '미천한' 출신인 히데요시도 장상의 반열(관백)에 올랐으니 외견상 일본이나 한국이나 별 차이가 없는 듯 보인다. 그러나 히데요시를 비롯한 당시 일본사회는 적어도 관념적으로는 정해진 씨가 따로 있다고 간주했으니 이 점이 바로 일본과 한국의 당시 사회적 관념의 결정적 차이이다.

참고로 무로마치 막부의 창시자 아시카가 씨足利氏나 에도 막부의 도쿠가와 씨德川氏는 모두 미나모토 씨源氏의 한 분파이다. 이른바 '귀종' 출신이다. 다만 도쿠가와 이에야스의 원래 성은 마쓰다이라 씨松平氏로서 마쓰다이라 씨는 원래 도쿠가와 씨와는 전혀 관계가 없었다. 후일 이에야스가 계도系圖 · 계보 조작을 통해 마쓰다이라 씨를 미나모토 씨의 분파인 도쿠가와 씨로 탈바꿈한다. 전국시대 사회변혁이 극심한 가운데

---

15 『高麗史』卷129(列傳卷第42).

히데요시도 쇼군이 되어 새로운 막부를 열고자 했다. 그러나 문제는 히데요시가 도쿠가와 이에야스처럼 계보조작조차 불가능한 한미한 가문 출신이라는 점이다. 쇼군이 되기 위해서는 어떻든 쇼군=미나모토 씨라는 형식적인 틀에 맞추어야 했다. 그리하여 히데요시는 나이가 동갑인 무로마치 막부 마지막 쇼군 아시카가 요시아키足利義昭의 양자猶子가 되는 형식을 통해 미나모토 씨足利(源)氏로서 쇼군이 될 수 있는 자격을 획득하려 했다. 그러나 이러한 시도는 요시아키의 거부로 인해 좌절되고 어쩔 수 없이 히데요시는 다른 길을 모색한다.[16]

그것은 고대 후지와라 씨의 예를 따른 것이다. 645년 다이카 개신大化改新의 주역인 나카토미노 가마타리中臣鎌足는 그 공을 기반으로 그 후 덴치天智 천황에게서 후지와라 씨藤原氏라는 새로운 성을 하사받는다. 이후 후지와라 씨는 천황가의 외척으로서 섭정 · 관백이 되어 국정을 장악하는데, 히데요시는 아주 먼 옛날의 이 예를 따라 도요토미 씨豊臣氏란 새로운 씨를 창시한다.

그런데 히데요시가 후지와라 씨의 선례를 따른다 하더라도 문제가 없던 것은 아니었다. 관백 역시 후지와라 씨의 적장자가嫡長子家인 이른바 5섭가(五攝家: 近衛 · 鷹司 · 九條 · 二條 · 一條)의 후예가 임명받는 관직으로 히데요시와는 전혀 무관하다. 여기에 조정의 친히데요시 파인 우대신右大臣 기쿠테이 하루스에菊亭晴季 등이 획책하여[17] 고노에 사키히사近衛前久를 설득하여 히데요시를 사키히사의 양자로 삼게 했다. 그리하여 1585년 7월 11일 마침내 히데요시는 관백에 취임한다.

당시 히데요시는 하시바 히데요시羽柴秀吉란 이름을 사용했는데, 이 시

---

16 田中義成, 『豊臣時代史』, 明治書院, 1925(후에 講談社 學術文庫, 1980으로 재간행, pp. 54-55).
17 同上.

점에서 히데요시는 후지와라노 히데요시藤原秀吉가 되고 후지와라 씨처럼 관백이 되어 천황을 보좌한다는 명목을 내세워 사실상 실권을 잡았다. 그리하여 그 해 12월 조정(천황)은 나카토미 씨中臣氏가 후지와라 씨를 새로 수여받았던 것처럼 히데요시에게 새롭게 도요토미란 씨성을 하사하고, 이에 명실상부한 도요토미 정권이 탄생한다.

그러나 관백이나 쇼군이나 기본적으로 천황가 사이에 모종의 '피'의 연관성이 존재한다. 후지와라 씨의 양자로서 관백직에 취임할 수는 있었으나 누가 보아도 '억지'가 분명하고 도요토미 정권의 정통성이 매우 취약하였다. 여기에 히데요시는 새로운 주장을 펴기 시작한다. 히데요시 역시 천황가와 '피'로 연결되어 있다는 주장이다.

이와 관련된 것이 『덴쇼기天正記』라는 책의 유포이다.[18] 권력을 장악한 히데요시는 대내외에 도요토미 정권의 정당성과 자신의 공적을 과시하기 위해 문서행정 비서격인 오무라 유코大村由己를 시켜 자신의 행적을 적은 책, 『덴쇼기』를 편찬하게 했다. 이 책은 「하리마벳쇼기播磨別所記」·「고레토모반기惟任謀反記」·「시바타합전기柴田合戰記」·「기슈출정기紀州御發向記」·「관백임관기關白任官記」·「시코쿠출정 및 북국출진기四國御發向并北國御動座記」·「주라쿠행차기聚樂行幸記」·「오다와라출진小田原御陣」등 총 8권으로 구성되어 있다. 특히 이 중 「관백임관기」의 경우, 1585년 8월 길일吉日에 썼다는 오쿠가키奧書[저술 · 기록 말미에 적어 놓은 유서(由緖)]가 있어 당대 기록임을 알 수 있다. 1585년 8월이면 히데요시가 막 관백에 취임한 직후로서 히데요시의 사전 인지 아래 발간되었음은 두말할 나위 없다. 여기에는 히데요시가 1537년 2월 6일에 태어났다고 하는 등 출생과 관련한 중요한 서술이 기록되어 있다.

---

18 『天正記』, 『太閤史料集』戰國史料叢書1, 人物往來社, 1965.

이 기록에 따르면, 히데요시의 조부는 하기 중납언萩中納言이란 인물로 궁중에 근무하고 있었다. 그런데 그는 히데요시의 어머니가 세 살 되던 때 참언을 받아 유배형에 처해져 오와리 국尾張國 무라쿠모村雲에 칩거했다. 그 후 참언이 무고임이 밝혀져 히데요시 어머니가 상경하여 3년간 궁시宮侍하다가 다시 낙향했는데 얼마 후 히데요시가 태어났다고 하여 히데요시가 천황의 낙윤임을 암시한다. 또 히데요시가 어릴 때부터 기담이 많아 범상한 인물이 아니었다고 하면서, "어찌 왕씨王氏가 아니라면 이러한 준걸을 얻을 수 있겠는가"[19]라고 히데요시가 천황의 후예王氏임을 주장하였다. 이것은 마치 다이라 정권의 수장 다이라노 기요모리平淸盛=시라카와白河 상황 낙윤설을 연상시키는 대목이다.[20] 무엇보다 히데요시 시기에도 무사 수장과 '고귀한 피'를 가진 천황을 연결하는 등 전통적 귀종 관념이 여전히 뿌리 깊게 잔존하고 있는 점이 주목된다. '하극상'의 총아로 통칭되는 히데요시도 결국 무사의 수장=천황과의 밀접한 혈통貴種 관계라는 전통적 관념에서 벗어나지 못했다.

결국 히데요시가 쇼군이 되지 못하였다는 점, '왕씨'임을 적극적으로 주장하였다는 사실은 16세기 일본사회가 얼마나 전통 · 선례를 중시하는가를 단적으로 말해준다. 한국이나 중국의 경우였다면 그냥 힘(무력)으로 쇼군이 될 수도 있을 것이다. 아니 한발 더 나아가 천황도 될 수 있을 것이다. 군사권을 장악한 히데요시로선 사실 그다지 어려운 일이 아

19 同上, p. 85.

20 외견상으로 히데요시의 지향점은 헤이시(平氏) 정권과 유사하다. 쇼군에 올라 관동 지역을 중심으로 독자적인 무사정권 가마쿠라 막부를 개창한 미나모토노 요리토모보다는 조정을 중심으로 귀족화의 길을 밟은 다이라노 기요모리(平淸盛)와 유사한 모습을 보이고 있다. 히데요시=천황낙윤설에 이르면 그 유사도는 극에 달한다. 그러나 당초 히데요시는 어디까지나 미나모토노 요리토모를 지향하고 있었다. 1583년(天正11) 5월 15일 고바야카와 다카카게(小早川隆景)에게 보낸 편지에는 모리 씨(毛利氏)의 분별 있는 행동을 촉구하면서, "동국(東國)은 호조 우지마사(北條氏政), 북국(北國)은 우에스키 가게카쓰(上杉景勝)까지 지쿠젠(筑前: 히데요시)의 뜻에 맡겼습니다. 모리 우마두[毛利右馬頭(輝元)]도노께서 히데요시의 뜻에 따르겠다고 마음을 먹으신다면, 일본의 다스림(「治」), 미나모토노 요리토모 이래 어찌 이것보다 뛰어난 것이 있겠습니까"(『毛利家文書』980号)라고 하여, 미나모토 씨를 강하게 의식하고 있다.

니나 그는 하지 않았다. 아니, 못했다고 하는 편이 보다 맞는 표현으로, 히데요시는 당시 관념에서 벗어나지 못했고 또 당시 일본사회가 이러한 선례의 틀을 넘어서는 것도 용납하지 않았다. 바로 여기에 '하극상'이란 시대적 '총아' 히데요시조차 선례 · 전통 중시라는 일본적 특질에서 완전히 벗어나지 못한 모습이 잘 드러난다. 『덴쇼기』에 기술된 히데요시=천황 낙윤설은 이러한 의미를 내포하고 있다.

소결小結

일본 역사를 살펴보면 한 시기에 신구 세력이 혼재한 경우가 많다. 무사의 정권수립으로 대표되는 가마쿠라 막부 시기에도 고대 귀족 세력은 몰락하지 않고 살아남았다. 이러한 측면을 강조한 것이 공무이원公武二元 정권, 권문權門체제란 개념이다.

현재 일본 사학계는 이러한 중세적 체제를 일소한 자가 도요토미 히데요시였다는 점에 이의를 제기하지 않는다. 일본 근세사회를 구성하는 핵심 요소인 석고제石高制, 병농분리兵農分離, 쇄국鎖國은 모두 히데요시의 정책에서 연유하기 때문이다. 근세권력으로서의 도요토미 정권은 태합검지太閤檢地(석고제), 도수령刀狩令(병농분리), 크리스트교 금제(쇄국)의 정책을 실시했고 이것은 일본 근세사회[막번(幕藩)체제]의 원형이 된다.

이 점이 오다 정권과의 차이이다. 오다 노부나가는 중세적 특질과 근세적 특질을 모두 내포한 점에서 확실히 양면성이 있다. 근세성을 강조하는 아사오 나오히로와 중세성을 강조하는 와키타 오사무로 나뉘어 팽팽히 대립한 것도 이 때문이다. 그러나 히데요시에 관해서는 누구나 근세 인물, 새로운 시대의 지평을 연 인물로 본다. 그런데 실상은 어떠한가? 히데요시 역시 양면성이 있으나 이 점에 대한 학계의 관심은 현재 매우 소홀하다. 사원정책에 대한 히데요시의 복고성은 그 대표적 예이다.

따라서 본격적인 근세의 개시로만 알려진 도요토미 히데요시의 시대에 사실 이와 같이 전통적 특질이 여전히 뿌리 깊게 남아 있는 점에 유의할 필요가 있다. 지금까지는 히데요시의 시대를 근세라 하여 이전 중세사회와 다른 측면만을 강조해왔으나, 이와 같이 중세와 연속하는 측면이 있음에 유념해야 한다. 특히 도요토미 정권과 전통과의 연계라는 측면은 선행연구에서 그다지 중시되지 않던 부분으로, 앞으로 좀 더 연구할 필요가 있다.

오다 노부나가, 도요토미 히데요시, 그리고 도쿠가와 이에야스로 이어지는 16세기 일본사회는 역사상 가장 큰 변혁기의 하나로 간주된다. 무로마치 중반 이후 광범위하게 전개된 하극상 풍조와 잇키(一揆: 반란)는 전국시대를 거치면서 증폭되어 일본사회 전반에 커다란 충격을 가했다. 또 16세기 중반 '총'과 크리스트교의 전래로 상징되는 유럽 세력과의 접촉도 일본 내부의 사회변혁을 촉진하는 데 일조하였다. 그 결과가 오다 · 도요토미 정권이라는 근세 무사 사회의 출현이다. 바로 근세 막번幕藩체제가 출현한 것이다.

그러나 오다 · 도요토미 시기에 커다란 사회변화가 있었던 것은 분명하나 과연 그 변혁이 고대나 근대와 비견될 만큼 거대한 사회변화였는가에는 재고할 여지가 있다. 오다 · 도요토미 시기의 국가체제는 중국 정치시스템을 모델로 삼은 고대 율령국가나 서양사회를 모델로 삼은 근대 메이지 국가와는 구분되어야 한다. 중세사회에서 근세사회로의 이행기에 해당하는 오다 · 도요토미 시기의 일본사회가 내외적으로 큰 자극을 받은 것은 사실이지만, 새로운 국가체제의 수립 모델을 중국이나 서양 등 '내부'가 아닌 '외부''에서 찾았던 고대나 근대 시기만큼 대외 위기감이나 내부 변혁의 의지가 컸던 것은 아니었다. 오다 · 도요토미 시대 무가권력의 지향은 무로마치 · 전국시대의 모순을 해결하는 데 있었으며, 기존 체제를 재편하거나 계승함으로써 대내외 위기를 극복해나갔다. 오다 · 도요토미 정권이 새로운 질서를 만들어낸 것은 틀림없지만, 이와 동시에 천황으로 대표되는 선례를 중시하는 전통적 질서를 완전히 파괴하거나 부정하여 신체제를 만든 것은 아니었다는 점에 주의할 필요가 있다. 중세 유력세력의 일원이었던 사사와 공가세력이 비록 힘과 권위는 크게 축소되었지만 여전히 살아남아 근세 막번체제 아래에서 일정한 역할을 수행한 것이 그 증거이다. 물론 저자가 오다 · 도요토미 정권 시기에 이른바 중세 권문체제에서 근세 막번체제로의 변화로 통칭될 정도로 커다란 '내부' 변혁이 있었다는 사실 자체를 부인하려는 것은 아니다. 다만 통설에서 노부나가='혁명아'로 상징하듯 지나치게 대변혁의 측면만이 논의되는 점에 유의할 필요가 있다는 입장이다.

이러한 문제의식을 바탕으로 이 책은 크게 제1부 오다 · 도요토미 정권과 사사寺社, 제2부 오다 · 도요토미 정권과 천황, 제3부 오다 · 도요토미 정권과 사상이란 총 3부로 구성하였다. 제1부는 주로 신사 · 사원 정책 · 지배의 실상과 특질을, 제2부는 천황과의 관계, 제3부는 오다 · 도요토미 정권 시기의 사상과 관념을 다루었다.

제1부 제1장 오다 · 도요토미 정권과 사사-연구 동향과 과제-에서는 1945년 이전부터 현재까지 오다 · 도요토미 정권의 사원 · 신사 정책에 관한 주요 학설을 다루었다. 이를 통해 향후 과제로서 첫째, '탄압'이란 오다 정권의 근세적 특질을 강조하는 아사오 나오히로朝尾直弘설과 '보호'라는 중세성을 부각하는 와키타 오사무脇田修설을 종합적으로 이해할

필요가 있다는 점, 둘째 오다 정권이 왜 일견 서로 모순된 탄압과 보호 정책을 동시에 실시하였는가, 선행연구가 이러한 오다 정권의 고유 논리와 특질을 제대로 해명하지 못하고 있는 점 등을 지적하였다. 아울러 도요토미 정권의 사사 연구 문제점으로 첫째, 선행연구가 개별 사사의 조영 · 대불천승회大佛千僧會 등에 한정되며, 특히 초기에서 후기로의 전개 과정은 거의 논의되지 않고 있는 점, 둘째, 근세권력인 도요토미 정권이 '복고정책'인 사사 재건 정책을 실시한 이유 등도 깊이 규명되지 않았음을 지적하였다.

제2장 오다 정권의 사사지배에서는 오다 정권이 사사에 대처한 논리와 특질을 규명하였다. 오다 정권의 사사지배 형태를 ①'전면적 탄압'형, ②'전면적 보호'형, ③'일부 보호(또는 일부 탄압)'형이란 세 가지 유형으로 분류하였다. 따라서 선행연구와 같이 노부나가의 탄압정책과 사사 보호정책 중 어느 하나만을 강조하는 주장은 타당하지 않다. 아울러 세 가지 유형으로 분류한 이면에 충절→보호 · 적대→탄압이란 논리가 내재되어 있음에 유의해야 한다. 한편 오다 정권의 사사지배와 관련하여 지금까지 전혀 언급되지 않은 것이 1580년(天正8) 노부나가의 고야 산高野山 '구이카에시悔返し'(환수)령이다. 저자는 이 정책에 주목하고 그 의미를 추구하여 노부나가가 새로운 지향을 추구하고 있음을 지적하였다. 또 오다 정권의 중세와 다른 관념과 관련하여 1582년 가이甲斐 · 시나노信濃 지역에서 행한 노부나가의 '예전禮錢' 면제 정책에도 주목하였다. 이를 통해 노부나가의 사사 정책은 고정적인 것이 아니라 시기와 대상에 따라 변화한 점을 규명하였다.

제3장 도요토미 정권의 사사지배에서는 도요토미 정권의 사사지배를 '무武' 간여 금지와 학문 강제라는 측면에서 고찰하였다. 우선 도요토미 정권의 사사지배 추이와 관련하여 1585년(天正13) 3월에 주목하였

다. 이 시기에 히데요시는 네고로根來 · 사이가雜賀 잇키, 고야 산 정벌을 통해 사원세력의 무장을 해체하고자 하였다. 그 성과가 나타나 이후 사사세력이 무력을 동원하여 무가권력에 대항하는 움직임은 소멸한다. 다만 저자는 선행연구의 주장과 달리, 이 시기 도요토미 정권은 고야 산에 승려의 무장을 금지하면서도, 자신을 위한 군사행동은 허용하는 등 사사세력의 무력을 완전히 배제하지는 않았다고 보았다. 결국 도요토미 정권이 오산五山 선종세력을 포함하여 전全 사사세력을 장악한 것은 1589년(天正17)경이었는데, 저자는 히데요시의 공첩公帖(주지임명장) 발급 현황을 통해 이러한 결론을 얻었다. 한편 1589년 단계까지 히데요시는 '근행勤行[기도(祈禱)] · 수리修理'(사사 건물 수리)를 사원 · 신사의 덕목으로 거론하였으나, 고야 산의 모쿠지키 쇼닌木食上人 오고應其 등의 접촉을 통해 새로운 덕목으로 학문이 점차 강조되었다. 그 후 ①새로운 이념인 학문의 강요, ②승려 대처帶妻의 금지, ③사사의 전통적인 자율권 부정否定으로 이루어진 1594년 4월 이른바 '분로쿠 3년령文祿三年令'으로 이러한 방침은 확고해진다.

보론1 전국 다이묘와 사사-롯카쿠 씨六角氏와 엔랴쿠지延曆寺-는 오다 · 도요토미 정권이 등장하기 이전 전국 다이묘와 사사 관계를 분석한 글이다. 오다 · 도요토미 정권의 주요 거점이었던 오미 국近江國을 중심으로, 통설과 달리 오미라는 지역 단위에서 롯카쿠 씨라는 무가세력이 사원세력을 장악해나가는 통합의 움직임이 존재하고 있음을 지적하였다. 이러한 지역 통합의 움직임은 오다 · 도요토미 정권으로 계승 · 발전된다.

보론2 오다 정권의 신사神社 정책과 요시다吉田 신사는 오다 정권과 밀접한 관련이 있던 요시다 가네미吉田兼見의 요시다 신사를 중심으로 노부나가의 신사 정책을 규명하였다. 1573년(天正1) 아시카가 요시아키足利義

昭가 추방되기 이전에 요시다 신사에 대한 일상적인 지배권은 무로마치 막부 측에 있었으나, 1576년(天正4) 이후 오다 정권이 안정되면서 노부나가에게 교토의 지배권이 넘어갔다. 위상이 높아진 노부나가는 직접 가네미와 접촉하지 않고 교토쇼시다이京都所司代 무라이 사다카쓰를 통해 요시다 신사를 통제하였다. 일반적으로 중·근세 이행기는 인적 지배에서 제도적 지배로 넘어가는데 노부나가 시기는 양 요소가 혼재되어 있는 것으로 파악하였다. 또 1576년 이후 노부나가가 공가·사사의 인물과 거리를 두는 '무대면지의無對面之儀'가 일반화되는 현상에 주목하고 이를 노부나가가 관위를 포함한 전통적 질서에서 벗어나기 위한 움직임으로 이해하였다. 오다 정권은 선례·전통을 부정하는 측면과 존중하는 두 가지 측면이 공존하는데 '가부키'적 요소와 더불어 노부나가의 '무대면지의'는 선례·전통을 부정하는 흐름으로 이해하였다.

제2부 제1장 오다 정권의 공가公家 정책과 '왕권'은 1581·82년에 있었던 일종의 기마 퍼레이드인 우마조로에馬揃 행사를 중심으로 오다 정권의 공가 정책, 나아가 오다 노부나가와 천황의 관계를 분석하였다. 첫째, 행사 성격과 관련하여 오다 정권이 기획한 우마조로에 행사를 선행 연구처럼 '무위武威'의 선양으로 보면서도 노부나가의 가부키적 특색이 내포된 축제의 장이란 성격을 강조하였다. 그리하여 일부 선행연구에서 주장한, 노부나가가 천황의 양위를 위해 우마조로에라는 군사 퍼레이드를 거행하여 조정·천황에 압력을 행사했다는 견해를 비판하였다. 둘째, 이 시기 공가층의 동향, 특히 1581년 2월 노부나가가 우마조로에 행사에 참가시키려한 '진참공가중陣參公家衆'의 동향을 분석하고 오다 정권과 무로마치 막부의 공가정책이 유사한 점을 지적하였다. 그렇지만 이와 동시에 1582년 1월 섭가攝家 출신의 고노에 사키히사近衛前久가 사실상 노부나가 진참중의 일원으로 편입되고, 그가 동년 3월 다케다 씨武田氏

정벌 전쟁에 참가한 점도 주목하였다. 섭가 사키히사까지 사실상 노부나가의 진참중의 일원처럼 행동한 사실은 주로 중하급 귀족을 진참중으로 편성한 무로마치 막부 시기와 구별되는 매우 커다란 변화였다.

제2장 오다 정권의 '무가신격화武家神格化'와 천황에서는 '무가신격화'라는 개념을 키워드로 오다 정권의 특질을 분석하였다. 먼저 종래 아사오 나오히로가 제시한 '무위'개념을 좀 더 구체화하여, 무위란 개념이 사료상 무편武篇이나 무자도武者道로 표기된다는 사실을 밝히고, 무편은 무기 · 병량 등 보다 직접적인 무력을 지칭하고 무자도는 이러한 무편의 개념에다가 조의調儀 · 조략調略의 책략까지를 포함하는 용어임을 지적하였다. 나아가 무가권력이 무가임을 표시하는 징표인 '무위'는 단순히 무력(군사력)만을 의미하지 않으며 자비심과 같은 덕목까지를 포괄하는 개념으로 파악하였다. 한편 노부나가와 천황의 관계도 선행연구처럼 대립인가, 협조인가라는 이분론적 시각이 아니라, 대립하면서도 협조하는 두 가지 측면을 고찰하였다. 노부나가가 상경 직후 수많은 천황 · 조정 보호 정책을 반포한 사실에 주목하고 "노부나가가 신불의 보호御冥加를 받기 위해" 이러한 행위를 한 것으로 이해하였다. 종래 아사오 나오히로는 이러한 노부나가의 지향을 천황 권위의 '초월', '극복'으로 해석하였지만, 저자는 노부나가가 천황 권위를 부정한 명백한 증거는 없다고 보았다. 그렇지만 노부나가의 목적은 어디까지나 자신의 '어위광' 발휘에 있으며 천황 권위 보호가 최종 도달점은 아니었다. 따라서 다른 일부 선행 연구자처럼 노부나가와 천황의 관계를 '운명공동체'로 파악할 수는 없다고 이해했다.

제3장 도요토미 정권의 천황관과 '무위武威'에서는 도요토미 히데요시와 천황의 관계를 통해 도요토미 정권의 특질을 분석했다. 특히 도요토미 정권의 천황 '의존'론과 '이용'론으로 나뉘어 대립하고 있는 선행

연구를 분석하고, 그 문제점을 해결하기 위해 도요토미 정권의 시기별 변화상에 착목하여 고찰하였다. 히데요시가 후계자 자리를 두고 다른 무장과 각축하던 1580년대 초반과 일본 전국을 통일한 1590년대 후반을 구분하여, 각각의 시기에 도요토미 정권의 성격과 천황과의 관계가 크게 변화한 측면에 주목했다. 선행연구에서 주장하듯 도요토미 정권은 천황의 권위를 일관되게 '의존' · '이용'한 것이 아니라, 시기에 따라 히데요시의 천황관이나 천황에 대한 태도는 크게 달랐다. 1580년대 초반 도요토미 정권은 히데요시가 천황의 낙윤이었다는 '황윤설皇胤說'을 널리 유포시켜 천황권력과의 일체화를 도모하여 정권의 정당성을 확보하려 하였다. 그런데 그 후 1590년대 고호조 씨北條氏를 굴복시키고 도쿠가와 이에야스를 관동關東 팔주八州로 이전시킨 이후 도요토미 정권의 지배체제가 어느 정도 확고해지면서 천황 권위를 이용하거나 이에 의존할 필요성도 상대적으로 크게 감소한다. 더욱이 히데요시가 천황의 권위가 통용될 수 없는 조선 · 중국 등 동북아시아로 '무위'를 확대하려고 할 때 이를 정당화할 새로운 논리가 필요했다. 바로 '태양의 아들'=히데요시라는 주장을 제기하여 천황과 다른 계통의 권위를 추구했다.

제4장 도요토미 정권의 추이와 천황에서는 제2부 제3장의 논지인 '황윤'설(전기)에서 '태양의 아들'설(후기)로 변화한 도요토미 정권의 천황관과 그 의미를 한층 심화시켜 의례와 기도권의 측면에서 도요토미 정권의 추이를 추적하였다. 여기서는 히데요시의 정월 참내(參內: 입궐)의식을 중심으로 도요토미 정권의 추이를 세 시기로 나누었다. 제1시기는 1585년(天正13) 히데요시의 관백 취임 이후 1590년(天正18) 고호조 씨가 멸망하기 이전까지로 '무위'를 매개로 독립 노선을 지향하던 히데요시 노선이 좌절되고 1585년(天正13) 관백 취임을 계기로 천황과 밀접한 관계를 맺었던 시기이다. 이른바 히데요시가 천황을 정례적으로 참배하는

정월 참내가 점차 자리를 잡았고, 히데요시의 빈번한 참내가 나타났다. 제2시기는 1590년(天正18) 고호조 씨의 멸망 이후 1595년(文祿4) 도요토미 히데쓰구의 자살 이전까지이다. 고호조 씨를 정벌한 후로 히데요시의 지위가 '태양의 아들'로 승격되었고, 관백의 지위에서 물러난 히데요시는 히데쓰구를 통해 조정을 통제하였다. 히데요시의 권력은 확고해졌고 천황 등 전통적 권위에 대한 의존 · 이용은 현저히 약화되었다. 제3시기는 1595년 히데쓰구 자살 이후 1598년(慶長3) 히데요시의 사망까지이다. 후계자 구도에 변화가 생기면서 히데쓰구가 제거되고, 다시 약화된 도요토미 정권은 이에야스 등 잠재적 위협 다이묘 세력을 통제하기 위해 천황의 전통적 권위를 다시 활용하였다. 이에 따라 히데요시와 천황 · 조정과의 관계가 다시 친밀해져 히데요시 부자의 빈번한 참내가 확인된다. 도요토미 정권의 추이를 2단계의 변화('낙윤설'→태양의 아들)가 아닌 세 시기의 변화로 설정했고 특히 도요토미 정권과 천황의 관계를 세 시기로 나누는 시각은 선행연구에서는 볼 수 없는 관점이다. 선행연구는 주로 도요토미 정권이 천황 권위에 의존했는가, 이용한 것에 불과한가 하는 논점에 치중한 반면, 저자는 시기에 따른 변화에 주목하여 선행 학설을 정합적으로 이해하고자 하였다. 아울러 히데요시가 다시 천황 권위를 활용한 이유를 종교적으로도 고찰하여, 도요토미 정권이 불교와 지방 신사는 장악하고 있었지만, 이십이사二十二社로 대표되는 천황 · 조정 측의 신사 기도권을 장악하지 못한 점에 주목했다. 도요토미 정권이 질병 기도를 비롯하여, 천황의 종교적 권위를 계속 필요로 한 것은 이 때문이다.

제3부 제1장 전국 및 오다 시대의 정치사상에서는 무로마치 시기에 널리 퍼진 천도사상과 공의 개념을 중심으로 오다 · 도요토미 정권 출현의 의미를 분석하였다. 첫째 하극상이란 남북조시기 이후 근세 초까

지 보편적인 현상이라 할 수 있는 사회 풍조 속에서 이를 정당화하기 위한 근거로서 천도가 활용된 사실을 지적하고, 가마쿠라 시기에 많이 사용되었던 도리道理와 비교하였다. 둘째 무사권력이 자신을 정당화하고자 사용한 공의와 오다 노부나가가 즐겨 거론한 천하라는 개념을 살펴보았다. 무사 정권은 자신의 권력을 공의로 규정하였고, 전국시대에 지역 정권인 전국 다이묘까지도 공의라는 용어를 광범위하게 사용하였지만 현실적으로 존재하는 전국 단위의 무로마치 막부를 극복하기 위해서는 새로운 관념이 필요하였다. 이것이 바로 '천하'라는 개념으로서 남북조 이래 천도나 천에 대한 관심이 높아지면서 노부나가가 이를 적극적으로 활용하였다.

제2장 오다 · 도요토미 정권과 신국神國사상에서는 오다 · 도요토미 정권 시기 등장한 신국사상을 근세 '쇄국'론과 관련지어 파악하였다. 근세 초 일본사회가 신국=일본을 내세워 크리스트교를 금지하였고 나아가 쇄국이 단행되었다는 사실은 많은 연구자들이 지적하였다. 그러나 근세 초 쇄국의 배경이 되었던 국가의식에 관해서는 여전히 모호한 점이 많고 이 시기 국가사상의 핵심으로 지목되어 온 신국사상이 구체적으로 중세와 어떻게 다른가 하는 점은 일부 선행연구를 제외하고 그다지 추구되지 않았다. 저자는 종래 막연하게 언급되었던 국가사상으로서의 신국사상은 무가 최고 권력자의 신격화를 주된 내용으로 한다고 보았다. 또 피동적으로 신불의 보호만을 받던 무가세력이 자신들의 최고 권력자를 신의 하나로 만들어 주체적으로 자신들을 보호하는 구조로 바꾸어 놓은 것으로 이해하였다.

제3장 도요토미 정권과 '임진壬辰전쟁'에서는 전국시대가 갖는 역사적 의미와 도요토미 정권이 일으킨 '임진전쟁'의 특질을 고찰했다. 먼저 '임진왜란'이란 명칭에 내포된 문제점을 지적하였다. '임진왜란'이란

명칭에는 '왜倭'라는 비하 표현에서 알 수 있듯 주관적인 감정이 내포되어 있으며 국가와 국가 간의 대등한 전쟁이란 객관적 시각이 존재하지 않는다. 이런 점에서 '임진전쟁'이란 명칭이 보다 타당하다고 보았다. 아울러 임진전쟁의 원인에 대한 선행연구를 ①무역 · 상업 등 경제적인 면을 중시하는 견해('감합무역부활'설 등), ②히데요시 개인의 입장을 강조하는 견해[아들 쓰루마쓰(鶴松)의 요절설, 공명설], ③영주계급의 이익이나 도요토미 정권의 구조적 측면을 강조하는 견해[영토확장설, 도요토미 정권의 전제성(專制性) 강조]로 나누어 파악하고, ②의 공명설을 히데요시 '개인'이 아닌, 당시 무사들의 전체 계급이익과 관련된 '집단'적 측면에서 고찰했다.

제4장 오다 · 도요토미 정권의 특질과 '가부키' · '공명功名'에서는 제3장에서 언급한 '공명'론을, 루이스 프로이스라는 예수회 선교사의 기록과 일본 국내 사료를 중심으로 더욱 상세히 고찰했다. 히데요시가 조선에 국서를 보내 "제가 바라는 바는 다른 것이 없고 단지 가명佳名을 삼국에 남길 뿐입니다"라고 한 문구를 단순히 미사여구나 개인적 망상으로만 볼 수 없다는 입장에서 이와 유사한 사례를 고찰하였다. 히데요시는 일본사상 누구도 도달한 적이 없는 영예와 명성을 후세에 남기기를 원한다고 하면서, "가령 중국을 정복하지 못하고 도중에 쓰러져 죽는 일이 있어도 나(히데요시)의 이름名은 항상 남아 불멸의 영예를 가지고 영원히 기념될 것이다"고 하듯 그의 주장 속에는 '공명'을 강조하는 일본사회의 특질이 잘 드러나 있다. 또한 가부키모노라는 현상에도 주목했다. 남북조시대의 '바사라'와 유사한 형태로 전국시대에 '가부키'라는 이형의 문화가 나타난 점에 주목하고 '남만문화'라는 유럽의 문화도 여기에 영향을 끼친 것으로 추정하였다. 또 노부나가에게도 이러한 '가부키'적 요소가 있음을 지적하였다. 비록 아직 시민권을 얻은 '개념'이 아니어서 향후 좀 더 많은 연구가 필요하지만 '가부키'적 요소와 '공명'은 오다 ·

도요토미 정권을 이해하는 데 많은 시사점을 줄 수 있다.

보론1 전국시대 기록과 사회사상은 나라 고후쿠지興福寺의 승려 진손尋尊의 기록인 『다이조인사사잡사기』를 중심으로 당시의 정치 · 사회사상을 분석하였다. 진손의 『잡사기』에서 특히 주목할만한 점은 하극상을 '종성種性'의 문란으로 파악하고 있는 점이다. 저자는 선행연구와 같이 하극상을 단순히 계층 · 계급의 문란으로만 파악하는 것은 타당하지 않고, 이 시대를 보다 종합적으로 이해하기 위해서는 종성이란 관념까지를 시야에 넣고 고찰할 필요가 있음을 주장하였다. 또 당시 널리 행해지고 있던 무가세력의 장원침탈을 제어하기 위한 대항논리로서 신벌神罰론과 신국神國론이 유포된 점을 밝혔다.

보론2 도요토미 히데요시는 왜 쇼군이 되지 못했나는 히데요시가 쇼군이 되지 못한 사실을 중심으로 도요토미 정권의 특질을 고찰하였다. 하극상의 총아 히데요시가 쇼군이 되지 못한 이유를 고려시대 만적과 비교하여 분석하였다. 도요토미 정권은 일본 근세사회를 구성하는 핵심요소인 석고제石高制, 병농분리兵農分離, 쇄국鎖國을 만들었지만, 역시 중세성과 근세성의 양 속성이 있는 것으로 파악하였다. 히데요시의 관백 취임은 그 귀결로서 본격적인 근세 시대의 개시로만 알려진 도요토미 히데요시의 시대가 사실은 전통적인 특질도 여전히 뿌리 깊게 남아 있었다는 점을 강조하였다. 도요토미 정권과 전통과의 연계라는 측면, 즉 본격적인 근세 시대의 개시로만 알려진 도요토미 히데요시의 시대에도 선례 · 전통의 연속성이란 측면이 관철되고 있는 것은 선행연구에서 거의 언급되지 않은 연구 관점으로 향후 좀 더 고찰할 필요가 있다.

이 책의 초출 일람

제1부

제1장 「織豊政權의 寺社支配에 대하여: 硏究動向과 課題」, 『東洋史學硏究』73, 2001년 1월.

제2장 「織田政権における寺社支配の構造」, 『史林』83-2, 2000년 3월.

제3장 「豊臣政権における寺社支配の理念」, 『日本史研究』455, 2000년 7월.

보론1 「戰國時代 近江守護 六角氏의 〈地域統合〉 過程-延曆寺와의 關係를 중심으로」, 『歷史學報』170, 2001년 6월.

보론2 「織田 정권의 神社 정책과 吉田社」, 『역사학연구』32, 2008년 2월.

제2부

제1장 「織田政權의 公家政策과 '王權'-1581年 馬揃를 中心으로」, 『東洋史學硏究』115, 2011년 6월.

제2장 「織田 정권의 '武家神格化'와 天皇」, 『歷史教育』121, 2012년 3월.

제3장 「豊臣 정권의 天皇觀과 '武威'」, 『歷史教育』105, 2008년 3월.

제4장 「豊臣 정권의 推移와 天皇-儀禮 · 祈禱의 측면에서」, 『일본역사연구』31, 2010년 6월.

제3부

제1장 「무로마치(室町) 후기의 정치사상」, 김용덕 엮음, 『일본사의 변혁기를 본다-사회인식과 사상』, 지식산업사, 2011년 8월.

제2장 「近世初 일본의 『鎖國』과 神國思想」, 『日本語文學』23, 2004년 12월.

제3장 「15 · 16세기 일본의 전국시대와 도요토미 정권-'임진왜란'의 재검토」, 역사학회 엮음, 『전쟁과 동북아의 국제질서』, 일조각, 2006년 6월.

제4장 「'가부키'와 '功名'으로 본 16세기 일본사회」, 21세기리더형 역사학교육사업단 엮음, 『지역 교류 문화로 본 역사』, 심미안, 2008년 2월.

보론1 「室町 · 戰國時代 「記錄」과 『大乘院寺社雜事記』」, 『東亞文化』39, 2001년 12월.

보론2 「豊臣秀吉은 왜 將軍(쇼오군)이 되지 못했나-일본 역사의 한 단면과 특질」, 『전남사학』21, 2003년 12월.

찾아보기

ㅈ

ㅊ

ㅌ

ㅍ

ㅎ